# 기자가 본 한국현대사 현장 1

나남
nanam

▪ 저자 약력

**김인수**(金仁洙)는 1953년 전남 담양에서 태어나 건국대 정치외교학과, 연세대 행정대학원(언론홍보전공)을 졸업했다. 1980년 〈경인일보〉에 입사해 정당, 국회, 청와대 출입기자로 근무했다. 〈경인일보〉 정치부장, 편집부국장을 거쳐 〈인터넷 사상계〉 편집국장을 역임했다. 현재는 인터넷 언론매체인 〈사상타임스〉(sasangge.kr) 대표기자를 맡고 있다.
1989~1990년 기자협회 편집위원,
1991.10 남북총리회담 평양취재기자,
1996~1997년 '이달의 기자상' 심사위원을 역임했다.
주요 저서로는 《대통령과 리더십》, 《시대정신과 대통령 리더십》 등이 있다.

나남신서 1408

기자가 본 한국현대사 현장 1

2009년 7월 15일 발행
2009년 7월 15일 1쇄

지은이_ 김인수
발행자_ 趙相浩
발행처_ (주) 나남
주소_ 413-756 경기도 파주시 교하읍
출판도시 518-4
전화_ (031) 955-4600 (代), FAX : (031) 955-4555
등록_ 제 1-71호(79.5.12)
홈페이지_ http://www.nanam.net
전자우편_ post@nanam.net

ISBN 978-89-300-8408-6
ISBN 978-89-300-8001-9(세트)
책값은 뒤표지에 있습니다

* 이 책은 한국언론재단의 지원으로 저술・출판되었습니다.

나남신서 · 1408

# 기자가 본 한국현대사 현장 1

김 인 수

나남
nanam

# 머리말

"역사는 부단한 진보, 역사는 미래를 비추는 거울"

우리나라 현대사의 비통함과 쓰라림 등 굴절의 현장을 정면으로 다룬 《태맥산맥》(太白山脈)의 작가 조정래(趙廷來)는 "《한강》(漢江)의 집필을 마치며"란 글에서 "우리는 이스라엘 민족인 유대인들이 학살당한 것에서는 인류적 공분을 느끼면서도 정작 우리가 일본 지배 아래서 참살당한 사실에서는 민족의 문제로만 국한시킬 뿐이지 인류적 공분을 불러일으킬 수 있는 인류보편성을 발견하지 못하고 있다. 시기도 같고 죽은 수도 비슷한데 말이다"라고 정곡을 찔렀다.

조정래는 "6·25라는 전쟁의 의미를 매몰시킨 것도 마찬가지다. 베트남 전쟁은 15년이 넘는 기간 동안에 180만 명이 죽었다. 그런데 6·25전쟁은 단 3년 동안에 3백만 명이 넘게 죽었다. 그럼에도 베트남 전쟁은 신제국주의의 악을 세계에 고발하는 데 성공했는데, 6·25전쟁은 세계 어느 한 구석에서 일어났던 사소한 전쟁으로 묻히고 말았다. 냉전을 빙자한 반인류적 열전이 6·25전쟁이었고, 냉전시대의 가장 비인간적인 학살전이 6·25전쟁이었다. 6·25전쟁에서 인류보편성을 찾아내지 못한다면 통일의 길은 또한 멀다"고 주장했다.

참으로 한국인이라면 누구나 공감하지 않을 수 없는 탁월한 혜안이자 우리가 왜 현대사를 새로운 시각으로 새롭게 배워야 하는가에 대한 해답을 제시하고 있다.

영국의 역사학자 카아(E. H. Carr)는 《역사란 무엇인가》에서 "역사는 부단한 진보과정이자 과거와 현재와 미래는 무한한 역사의 쇠사슬 속에 서로 연결되어 있다"고 말했듯이 "역사는 미래를 비추는 거울"이다. 특히 우리의 현대역사를 들여다보면 우리나라의 미래를 찾을 수 있다고 필자는 확신한다.

우리 한국현대사에서 가장 최근 예를 들자면 1997년 우리나라는 뼈아프게 고통스럽고, 혹독한 IMF 외환위기를 겪었다. 특히 서민과 중산층이 겪었던 고통은 말로 표현할 수 없었다. 여기에서 우리나라는 세계경제체제 속에서 살아남는 생존원리를 터득했고, 2008년 9월 미국 월가에서 시작된 글로벌 금융위기에서 이러한 생존원리들이 유감없이 발휘됐다.

대통령은 세계 정상들에게 큰소리 치며 우리가 터득한 생존원리를 전파하기에 바쁘고, 세계 각국은 우리의 쓰라렸던 경험을 전수받으려고 애쓰고 있다. 이처럼 고통스런 현대사도 잘 다듬어서 역사의 교훈으로 간직해 놓으면 얼마 지나지 않아 우리의 값진 보배가 되고 귀감이 된다.

바로 현대사의 묘미는 이런 데서 찾을 수 있으며, 특히 한국현대사는 '우리 미래 지혜의 보물창고'이다. 1950년 북한의 남침으로 시작된 6·25전쟁은 '인간성 상실시대, 인간사냥터'이자 세계에서 세 번째로 참혹한 전쟁이었다. 제 2차 세계대전을 승리로 이끌었던 영국 처칠 수상이 74살의 일생에서 그런 유혈의 참극은 처음이라고 토로했을 정도였다.

## 남북분단 6・25비극, 4・19혁명 등 현대사, "미래 지혜의 보물창고"

특히 미국의 한 종군기자는 6・25전쟁의 참상을 직접 목도하면서 "지금은 한국인으로 태어날 때가 아니다"고까지 말했다. 그러나 우리는 우리의 의지와 상관없이 한국인으로 태어났고, 평생을 한국인으로 살아야 하는 것이 정해진 운명이다.

충격적인 일은 행정안전부가 2009년 4월 '리서치 앤 리서치'에 의뢰해 전국 19세 이상 성인남녀 천 명을 대상으로 '국민안보의식' 여론조사를 실시한 결과, 우리나라 성인 중 36.9%가 6・25전쟁의 발발연도를 모르고 있으며, 전쟁성격에 대해 66%가 북한의 남침이라고 답변한 반면 23.4%는 '미・소 대리전'으로 대답했다는 것이다.

따라서 우리의 현대사 보물창고들을 새롭게 조명함으로써 6・25전쟁이라는 과거에서 걸어 나와 남북대결이라는 차원을 넘어 인류보편성의 의미를 찾아냄으로써 통일의 길을 열어야 하는 것은 우리 몫이다. 이것이 필자가 현대사에 총력을 기울이는 이유이다.

필자는 이 글을 쓰면서 정상적인 한민족(*Korea is one*)의 원칙과 상식에 기준점을 두었다. 진보와 보수를 떠나 한국인이라는 입장에 서서 '보수의 한국과 진보의 한국을 아우르는 통합과 소통의 한국'이라는 관점에서 기술했다.

지구촌은 1988년 서울올림픽 때 한국의 발전된 모습에 놀랐고, 1997년 IMF 금모으기 때도 온 국민의 동참에 놀랐으며, 2002년 서울월드컵 때 수백만 명의 거리응원에 놀랐다. 세계가 놀랐던 건 열심히 응원하면서도 폭력사태가 전혀 없었다는 것이다. 태안 기름유출사건 때도 백만 명이 넘는 자원봉사자들이 참가하여 기름때를 벗겨내는 등 봉사활동, 그런 건 다른 나라에선 찾아볼 수 없는 광경이다. 10만 명이 넘는 촛불 집회 때도 애국심에서 참여했던 마음, 이것들이 우리나라 발전을 위한 원동력이자 에너지이다.

우리나라가 남북분단, 6·25전쟁의 비극과 보릿고개, 4·19혁명, 5·16군사정변, 5·18민주화운동, 6·10민주항쟁, 산업화와 민주화, IMF의 고통과 좌절을 극복하고 국민소득 3만 달러 시대를 활짝 열어놓으며, 백범의 높은 문화국가 이상을 실현하는 데 이 책이 밑거름이 되었으면 하는 바람이다.

그런 의미에서 이 책은 특히 우리나라를 이끌어갈 미래의 주인공인 청소년과 젊은 청년들이 많이 읽고 사고하면서 미래에 대한 꿈을 키웠으면 한다. 또 우리나라를 이끌어갈 미래의 국가지도자들이 갖춰야 할 원칙과 지혜를 터득했으면 하는 희망이다.

끝으로 이 책의 발간에 물심양면으로 지원해 주신 한국언론재단 고학용 이사장님, 서옥식 사업이사님 등 관계자와 나남출판 조상호 사장님께 감사드린다.

서울 강남 아셈타워에서 한강을 바라보며

2009년 7월

김 인 수

나남신서 · 1408

# 기자가 본 한국현대사 현장 1

## 차 례

# 1

# '질곡과 극복의 한국현대사 현장' 키워드

임정요인들과 임정통합을 주도한 안창호.

# 1. "한국정부, '대한민국 통합임정' 출발점"

## "올해 3·1운동, 상하이 통합임정 90주년 '대한민국' 국호 정식사용"

올해는 안중근 의사 의거 100주년이자 3·1운동 90주년, 상하이〔上海〕 대한민국 임시정부 수립 90주년, 김구 서거 60주년, 박정희 서거 30주년이다. 이명박 대통령은 대한민국 임정수립 90돌 기념식에서 "대한민국 임시정부 수립은 3·1운동을 받들어 민족의 운명을 스스로 결정하려는 위대한 선택이었다"며 "임시정부는 '대한민국' 국호를 만들었을 뿐만 아니라 민주공화제의 틀을 만들어 광복 이후 건국의 토대를 마련해주었다. 임시정부는 실로 우리 대한민국의 뿌리요, 정신적 토대"라고 강조했다. 노태우 대통령은 1992년 현직 대통령으로는 처음으로 상하이 임정청사를 방문했다. 한국 현대 정부는 적어도 도산 안창호가 주도해 1919년 9월 15일 통합시킨 '대한민국 임시정부'에서 출발한다. 혹자는 상하이 통합임정이 통상적으로 국민, 영토, 주권의 3대 요소를 갖추지 못했고, 국제적 승인을 받지 못했기 때문에 국가가 될 수 없다고 주장한다. 하지만 상하이 통합임정은 전국 시도대표로 구성된 임시의정원에서 헌법을 통과시켰고, '대한민국' 국호를 처음 사용했으며, 프랑스 등으로부터 국가승인을 받았다. 비록 국민들의 직접선거에 의해 선출되지는 않았지만 온 국민이 봉기한 3·1운동에 의해 우리 민족의 독립의지가 표출됐기 때문에 의정원은 대표성을 지니고 있다. 문화체육관광부가 2008년 건국 60년기념사업회와 공동발간한 《건국 60주년-위대한 국민, 새로운 꿈》이란 책에서 "임시정부는 자국영토를 확정하고 국민을 확보한 가운데 국제적 승인에 바탕을 둔 독립국가를 대표한 것은 아니었다. 실효적 지배를 통해 국가를 운영한 적도 없었다. 이런 점에서 민주주의의 실제 출발기점은 1948년 8월 대한민국 건국이라고 보아야 한다. 대한민국을 건국한 공로는 1948년 정부수립에 참여했던 인물들의 몫으로 돌리는 것이 마땅하다"고 기술했다. 또 대한민국의 민주주의 모태는 사실상 미군정기(1945~1948년)라고 썼는데, 이는 오직 실정법에 준거한 부분에서만 바라본 편협된 시각이 아닐 수 없다.

드골은 제2차 세계대전 당시 독일이 파리를 점령하자 런던으로 망명, 프랑스 임시정부를 구성해 연합국의 일원으로 활동했으며, 미국, 영국, 소련으로부터 정식으로 인정받았다. 대한민국 임시정부 역시 1945년 2월 프랑스 임시정부로부터 공식승인을 받았다. 신용하의 《3·1운동과 독립운동의 사회사》에 따르면 "당시 주중 프랑스대사를 통해 대한민국 임시정부와 외교관계 수립을 통고해왔다. 대한민국 임시정부는 3월 3일 국무회의를 열어 양국 외교관계 수립을 결정했고, 3월 12일 서영해(徐嶺海)를 대한민국 임시정부 주프랑스 대표로 선임했다"고 밝혔다.[1] 1944년 폴란드, 소련도 주중대사관을 통해 임시정부 승인을 통고했다. 대한민국 임정 김구 주석은 1941년 12월 10일 대일선전포고를 발표했다. 임정의 광복군은 1944년 8월 중국의 간섭에서 완전히 벗어나 자주적 통수권을 행사했다. 중국 군사위원회가 '한국광복군 9개항 행동준승'의 폐기를 통고했기 때문이다. 광복군은 연합군과 손잡고 대일항전을 수행했다. 특히 한국광복군과 주중미군 사이에 '한미군사합작' 협정이 체결되어 이범석(李範奭)을 중심으로 장준하, 김준엽 등 112명이 미군 특수군사훈련인 OSS훈련을 받았다. 이처럼 상하이 통합임정은 엄연히 독립국가로서 국제사회의 대접을 받았다. 대한민국정

---

1) 신용하, 《3·1운동과 독립운동의 사회사》(서울대출판부, 2001년), p. 594.

부는 상하이 통합임정을 출발점으로 해야 함은 대한민국 정부수립 역사의 지평을 넓힌다는 의미에서도 당연하다.

드골은 런던으로 망명해 임시정부를 수립, 제 2차 세계대전을 수행하면서도 프랑스의 영광과 위대성에 집착했고, 특히 미국 루스벨트 대통령에 맞서 자유 프랑스의 위상을 손상시키지 않으려 했던 드골리즘을 전시외교에서도 견지했다. 백범 김구도 장제스〔蔣介石〕 중국 총통을 통해 1943년 11월 27일 카이로회담에서 영국의 반대를 무릅쓰고 루스벨트로부터 "한국을 일본의 압제에서 해방시켜 적당한 시기(*in due course*)에 독립시키겠다"는 공동선언을 이끌어냈다. 김구는 1945년 2월 얄타회담에서 신탁통치를 천명하자 "해방 후 한국이 즉각 독립되지 않고 연합국의 신탁통치에 들어가면 '독립운동'을 다시 전개하겠다"고 정면대응하는 성명을 발표했다. 백범은 1945년 12월 미 · 영 · 소 모스크바 3상회의에서 '한국 신탁통치'에 합의하자 이승만과 함께 온 국민의 궐기를 촉구하는 등 목숨을 걸고 총력저지에 나서 탁치를 무산시켰다.

## 이명박 대통령 "임시정부 대한민국 뿌리요, 정신적 토대"

이연복은 《대한민국 임시정부 30년사》에서 "물론 임시정부는 실정적(實定的) 전통 국제법상 정부로서 효력을 갖는 것은 아니었다"면서도 "그러나 3 · 1정신을 한국 민족정신의 결정(結晶) 내지 확대로 볼 때 민족이 위기에 처한 마당에서 이 정신을 집약적으로 계승발전시킨 것이 대한민국 임시정부라고 할 수 있다"고 주장했다. 그는 "대한민국 임시정부는 1919년 수립 이래 1948년 대한민국 정부가 수립될 때까지 30년간 한국민족의 정신적 지주로서 또 한국 독립운동의 최고 대표기관으로서 전통을 이어왔음을 부인할 수는 없을 것"이라며 "임시정부는 3 · 1운동에서 보여준 한국민족의 주권적 의지의 결정으로 독립운동의 조직화에서 통치권적 존재인 정부의 위치에 있었기 때문에 여타의 독립운동 단체와는 차원을 달리하는 것"이라고 강조, 문화체육관광부의 1948년 건국 주장을 정면으로 반박했다.[2)]

'조선의 독립과 자주민'임을 선언한 3·1운동이 전국에서 요원의 불길처럼 일어나자 이에 자극받은 독립운동가들이 대한민국 임시정부 수립에 앞장섰다. 제일 먼저 러시아령 블라디보스토크에서 대한국민의회 임시정부가 3월 21일 최초로 수립됐다. 독립선언서와 5개항의 결의안을 채택하고 손병희를 대통령으로 하는 각료명단을 발표했다. 대한국민의회 임시정부는 이동휘(李東輝)를 중심으로 연해주를 비롯한 각 지방과 북간도를 포함한 수십만 명의 한국인을 기반으로 한 최초의 임시정부였다. 파리강화회의에 파견된 김규식도 대한국민의회 임정수립을 전보로 통보받았으며 강화회의에 제출한 '독립요구서'에 임시정부 각료 중에는 박영효, 이승만, 안창호, 이동휘가 포함되어 있다. 대한국민의회는 2월 5일경 윤해와 고창일을 파리강화회의에 파견했으나 9월 26일에야 파리에 도착, 회의는 이미 끝나 있었다.

두 번째로 대한민국 임시정부는 신한청년당이 중심이 되어 러시아령 연해주와 북간도, 베이징에서 상하이로 모인 독립운동가들과 국내 3·1운동 민족대표 33인 중 한 명인 김병조(金秉祚) 등이 수립했다. 상하이는 교통중심지이자 각국 조계가 있어 치외법권 지역으로 독립운동을 하기에 적당했다. 초기 대한민국 임정 태동과정에는 여운형(呂運亨)의 역할이 컸다. 이정식은 《몽양 여운형》에서 "1917년 정초 상하이에 온 여운형은 미국인 선교사 휘치가 운영하던 서점에 취직, 전도사로 활동하면서 젊은 대학생들의 학비를 지원했다. 그는 상하이 교민단 총무와 단장을 맡아 교포들의 여권수속을 도와주었는데, 70여 명이 혜택을 입었다"며 "1918년 10월 개천절 행사에 외국인을 포함 50여 명이 참석했

2) 이연복, 《대한민국 임시정부 30년사》(국학자료원, 2006년), p. 17.

다. 당시 YMCA 건물에 백여 명이 모였고 예배를 주관했다"고 밝혔다. 여운형은 1918년 11월 28일 닝버루 칼튼 카페에서 열린 크레인 주중 미국대사 환영파티에 참석, 윌슨의 14개조 민족자결주의 제창과 피압박 민족 해방의 절호기회인 만큼 중국도 파리강화회의에 대표를 파견할 것을 촉구하는 연설을 감명 깊게 듣고서 크레인과 면담, 한국의 장래에 대해서도 희망적인 이야기를 들었다.[3)]

여운형은 즉각 파리강화회의에 한국대표 파견을 결심하고 장덕수(張德秀)와 협의했다. 그는 한국이 이미 일본에 병탄된 상태에서 독립청원서를 제출할 단체를 고심하다가 '신한청년당'(新韓青年黨: New Korea Youth Party)을 조직했다. 초기 당원은 김철(金徹), 서병호(徐丙浩), 선우혁(鮮于赫), 조동호(趙東祜) 등이었다. 그는 천진에 있는 김규식(金奎植)을 파리강화회의 대표로 파견하기로 하고 상하이로 불러들였다. 그는 어렸을 때부터 언더우드 집에서 기거, 영어에 능통했는데 여비가 문제였다. 그는 2천 원밖에 갖고 있지 않았다. 장덕수가 국내에 들어가 백산상회 안희제(安熙濟)로부터 2천 원을 받아 전달했는데, 여운형은 3천 원이라고 훗날 구술했다. 2천 원이면 소 30마리 값이었다. 안희제가 장덕수 말만 믿고 거금 2천 원을 선뜻 내놓은 것은 국내에서도 파리강화회의에 대해 큰 기대를 걸고 있음을 말해준다. 이정식은 "김규식의 파송은 독립운동을 시작한다는 신호탄을 쏘는 것과 같은 효과를 가졌다. 여기에서 유의해야 할 것은 그의 파송이 도쿄에서의 2·8운동이나 국내의 3·1운동이 일어나기 전에 이루어졌다는 일"이라며 "그의 파송은 3·1운동을 일으키는 데에 도화선이 되었다. 3·1운동이 국내 기독교와 천도교, 불교 지도자들의 주동으로 조직되고 진행되었다는 것은 잘 알려진 사실이나 이들이 어디에서 영감을 받고서 그 엄청난 사업을 추진했던가를 살펴보면 김규식이 상하이를 떠나기 전에 남겼던 말

3) 이정식, 《몽양 여운형》(서울대출판부, 2008년), pp. 133~141.

로 귀착된다"고 주장했다. 당시 김규식의 심경을 부인 김순애(金淳愛) 여사는 생전에 이정식에게 다음과 같이 생생하게 증언했다.

> "김 박사가 상하이에서 파리에 가기로 결정하고 여러 가지 문제들을 토의하던 중 그는 어떻게 하면 한국민족의 주장과 청원이 보다 효과적으로 전 세계에 선포될 것인가 하는 문제를 의논했는데, 김 박사는 다음과 같이 소견을 말했어요. '내가 떠나기는 하되 세계 각국의 대표들이 내가 누군지 알 리가 없다. 지도상(地圖上)에서 보더라도 조선반도는 쌀알만큼밖에 나타나 있지 않고, 코리아란 나라는 거의 알려지지 않았다. 내가 만일 정식대표라면 회의석상에 좌석이 있고, 발언권이 있겠지만 나는 방청인에 불과할 것이다. 그러니까 나는 가서 일제의 학정을 폭로하고 선전하겠다. 그러나 나 혼자의 말만 가지고는 세계의 신용을 얻기가 힘들다. 그러니까 신한청년당에서 서울에 사람을 보내 독립을 선언해야 되겠다. 가는 그 사람은 희생당하겠지만 국내에서 무슨 움직임이 있어야 내가 맡은 사명이 잘 수행될 것이고, 우리나라의 독립에 보탬이 될 것이다.'"[4]

## 김규식 파리 강화회의 참석, "국내 3·1운동 봉기 촉구"

이렇게 하여 신한청년당은 장덕수(일본), 선우혁(기독교), 김철(천도교) 등을 국내에 보내 거사를 촉구했다. 3·1운동을 최초에 발의하고 주동했던 인물 중 한 사람인 현상윤(玄相允) 당시 중앙고 교감이 김규식을 파리강화회의에 파견한다는 소식을 들은 것은 베이징[北京]에서 급거 귀국한 이광수(李光洙)로부터였다. 그는 다음과 같이 증언했다.

"1918년 1월 8일 제 1차 세계대전의 파리강화조약을 체결하기 전 미국

4) 위의 책, pp. 165~166.

월슨 대통령은 민족자결주의를 천명했다. 이 보도를 접한 나는 김성수, 송진우 교장과 중앙고 구내 사택에 함께 거주, 밤낮으로 이 얘기를 나누며 국내에서 큰 운동을 일으킬 것을 결의, 먼저 단결력이 있는 천도교를 움직이는 것이 상책이라는 데 의견이 일치했다. 나는 천도교가 운영하는 보성고 최린(崔麟) 교장을 만나 의향을 타진, 반대하는 기색이 적어 송진우와 함께 최 교장을 만났다. 현상윤은 최 교장의 제자로 두 사람은 가까웠다. 1918년 11월경부터 시작 수개월 동안 모의거사를 결행키로 하고 최남선(崔南善)의 참여를 권했지만 쉽게 움직이지 않았다. 또 천도교 중진 오세창(吳世昌)과 권동진(權東鎭)은 손병희(孫秉熙)의 궐기를 권유했다."

이광수는 도쿄로 가서 학생들과 독립선언서를 작성했다. 도쿄에서 2·8선언의 주동자였던 최팔용(崔八鏞)은 상하이에서 잠입한 장덕수와 만나 대화를 나눴다. 이 자리에서 김규식이 상하이 신한청년당으로 파리에 파송된다는 사실과 국내외 궐기의 필요성에 대해 얘기를 들었다. 그리고 최팔용은 송계백(宋繼白)을 서울로 보내 현상윤을 만나 이광수가 지은 독립선언서를 전달했다. 현상윤은 1919년 1월 초순 송계백이 모자에 몰래 넣어 갖고 온 일본 유학생들의 2·8독립선언서 초고를 입수, 중앙고를 방문한 최남선에게 보이니 국내선언서는 자신이 짓겠다고 말했다. 손병희도 2·8독립선언서를 보고 "어린 사람들이 저렇게 운동을 한다니 우리로서 어찌 앉아서 보기만 할 수 있느냐"고 말해 그날부터 거사는 일사천리로 진행됐다.

신한청년당은 기독교계를 대표한 이승훈(李昇薰)에게도 사람을 보냈다. 이교현은 《남강 이승훈의 생애와 정신》이란 책에서 "1918년 12월 상하이에서 국내 독립운동을 일으키기 위해 신한청년당의 선우혁을 국내에 보내 남강(南岡) 이승훈을 만나게 했다"며 "남강은 주저 없이 독립선언할 것을 결심하면서 '와석종신〔臥席終身: 안방에 누워서 편히 생

(生)을 마치는 것]할 줄 알았더니 이제야 죽을 자리를 얻었구나' 하고 기뻐했다"고 기술했다.[5] 신한청년당 총무 여운형은 1919년 1월 하순 파리강화회의의 자금모금을 위해 러시아령 블라디보스토크로 떠났고, 이틀 뒤 장덕수는 상하이에서 국내에 잠입하다가 사용했던 가명인 일본이름이 살인범으로 현상수배되었기 때문에 인천에서 2월 초 체포되었다. 그리고 1919년 2월 1일 조소앙(趙素昻)·신채호(申采浩) 등 만주와 러시아 지역 해외 항일독립운동 지도자 39명은 중국 길림성에서 우리나라 최초 대한독립을 선언했다. 일명 '무오독립선언'이라고 부르는 이 선언은 제1차 세계대전 종전에 맞춰 조국 독립을 요구한 최초의 독립선언서로서 한민족 독립의 당위성과 '육탄혈전'의 무력적 대일항전을 전 세계에 선포했다. 이날 김규식도 파리강화회의에 참석하기 위해 상하이를 출발, 일본의 체포를 피해 인도양을 거쳐 2·8독립선언과 3·1운동이 일어난 후인 3월 13일 파리에 도착했다. 이승훈은 2월 초 서울로 올라와 손병희와 직접 만나 3·1운동 거사를 의논했다. 이 자리에서 3·1독립선언서는 최남선이 짓고 인쇄는 천도교에서 경영하는 보성사에서 할 것과 기독교와 천도교 대표는 두 사람이 책임지고 서명날인해오고, 불교 측은 다른 사람을 시켜 참여케 할 것을 결의했다. 현상윤에 따르면 "거사를 준비하고 있을 때 한용운(韓龍雲)이 찾아와 처음에는 일경 프락치로 의심했지만 열심히 궂은 일을 도맡아 했기 때문에 나중에 불교 대표로 참여시켰다"고 밝혔다. 최린은 "한용운은 최남선이 민족대표 서명을 거부, 자신이 독립선언서를 써야 한다고 했지만 끝까지 최남선에게 맡겼다"고 회고했다. 최남선은 보성고 교사 임규(林圭)의 집에서 독립선언서를 작성해 오세창(吳世昌)에게 넘겼으며, 보성사 이종일(李鍾一) 사장이 독립선언서 3만 5천 장 인쇄는 물론 전국배포를 도맡았다.

마지막으로 이승훈은 33인 대표의 서명순서를 놓고 옥신각신하자 "지

---

5) 이교현, 《남강 이승훈의 생애와 정신》(남강문화재단, 2003년), p. 122.

금이 어느 때라고 이러시오? 순서가 무슨 순서냐. 이거 죽는 순서요, 죽는 순서. 의암(손병희)의 이름을 먼저 쓰시오"라고 말했다. 손병희가 제일 먼저 쓰고 다음은 기독교를 대표해 길선주(吉善宙) 목사, 세 번째는 감리교의 이필주(李弼柱) 목사, 네 번째는 불교를 대표해 백용성(白龍成)이 서명했다. 1차 운동이 실패했을 때 2차 운동을 위해 48명 중 조만식(曺晩植), 함태영(咸台永), 안세환(安世桓) 등을 제외시켰다. 임규는 독립선언서와 독립통고문을 갖고 도쿄로 가서 정부, 의회, 언론기관에 배포하다 체포되었다. 이처럼 국내외가 호응하는 줄탁동기(啐啄同機)를 통해 3·1운동이라는 위대한 옥동자를 낳은 것이다.

여운형은 연해주 방문에서 자금모금에는 실패했지만 독립운동본부를 상하이에 설치할 것을 요청하자 이동녕(李東寧), 조완구(趙琬九), 박은식(朴殷植) 등은 이에 호응하여 상하이로 자리를 옮겨 임시정부 수립에 참여하기로 약속했다. 여운형은 1919년 3월 6~7일 하얼빈에 도착해 3·1운동 소식을 처음 접했으며, 장춘에서 자세한 내막을 듣고 심양을 거치지 않고 상하이로 직행, 3월 중순 도착했다. 그는 1930년 2월 일제의 심문조서에서 "1월 하순경 러시아령 블라디보스토크를 갔지만 성공하지 못했다. 돌아오는 도중 같은 해 3월 중순 봉천(奉天: 선양)을 통과할 때 기차에서 '조선 내에 우리 동포가 전 조선적으로 각지에서 봉기하여 일제히 독립만세를 부르고 조선의 독립운동을 개시하여 아주 혼란하다'는 말을 듣고 반신반의하여 상하이에 왔던 바, 신익희, 최창식, 이시영, 이동녕, 이광수, 조성환 등이 조선 내외에서 상하이로 모여들어서 신석우, 조동호, 김철, 신규식 등과 조선 내의 독립운동에 호응하여 조선독립운동을 일으키려고 여러 번 획책하고 있었다. 나도 가담하여 이상 20명 일동이 1919년 4월 1일경 상하이 프랑스 조계(租界) 하비로(霞飛路)의 모 서양인 소유의 집을 빌려 구수모의(鳩首謀議)한 결과 정부조직에 대해 이론이 있기는 했지만 결국 하나의 정부를 건설하여

독립운동에 종사하기로 했다"고 진술했다.[6]

서울에서 3 · 1운동을 주도한 이승훈 · 함태영이 김지환(金智煥) 편으로 보낸 독립선언서 및 독립탄원서를 신한청년당 청년 독립운동가들은 상하이 프랑스 조계 보창로(寶昌路) 329호에 '독립사무소'를 설치하고 현순(玄楯) 목사 겸 총무로 하여금 세계에 배포했다. 3 · 1운동 봉기를 파리강화회의 대표 김규식에게 알렸고, 서울에서는 3월 하순 이봉수(李鳳洙), 4월 8일에는 강대현(姜大鉉)을 파견하여 임시정부 수립의 필요성과 각료들의 구조를 알렸다. 4월 1일 상하이에는 세계 각지에 파견되었던 신한청년당 대표들과 연해주, 서북간도, 베이징 등지의 저명한 독립운동가들이 모였다. 이들은 국내에서 일어난 3 · 1운동에 호응, 독립운동을 해야 한다는 데는 이의가 없었지만 어떠한 단체를 만드는 것이 가장 효과적일 것이냐에 대해서 이동녕(李東寧)을 의장으로 한 모임은 장장 10일이나 장고(長考)를 계속했다.

논의의 중점은 임시정부를 조직해서 조선민족을 대표할 것이냐 아니면 하나의 독립당을 만드느냐 하는 것인데, 양측 논리에 일리가 있어 쉽게 결론이 나지 않았다. 임시정부를 주장하는 측은 정부가 있어야 비로소 민심이 쏠리는 만큼 먼저 민심을 잡는 것이 긴요하다고 했다. 반면 여운형, 이광수 등은 정부조직에는 영토, 주권, 인민의 3개 요소가 필수인데, 우리 입장에서는 하나도 구비되어 있지 않고, 정부를 조직하는 것이 너무 거창하여 오히려 독립운동을 하는 데 장애가 되어 실패하지 않을까 염려했다. 그러나 임시정부설이 대다수로 결정되어 임정 명칭을 사용하게 되었다.[7] 드디어 상하이 한국인 중 각 도별로 경기도 여운형, 최근우, 최창식, 황해도 김보연, 서병호, 김태연, 충청도 이동녕, 조동호, 경상도 김응섭, 이규호, 장건상, 전라도 나용균, 김철, 함경도

6) 이정식, 앞의 책, pp. 176~177.

7) 위의 책, pp. 177~178.

홍도, 이춘숙, 강원도 김세준, 평안도 선우혁, 이유필, 고일청을 각각 위원으로 뽑아 의회조직을 맡겼고, 의장은 이동녕을 추대했다. 이로써 대한민국 임시의정원을 출범시켰다. 4월 10일 저녁 이동녕, 손정도(孫貞道), 이회영(李會榮), 이시영(李始榮), 신익희(申翼熙), 이광수, 조성환(曺成煥), 조완구, 여운형, 신채호, 김병조, 김철, 현순, 신석우(申錫雨) 등 29인은 프랑스 조계에 있는 빌린 외국인 집에 모여 의정원 1차 회의를 밤새도록 하고 마침내 4월 11일 새벽 대한민국 임시정부를 수립하는 데 성공했다. 대한민국 임시정부는 국호를 '대한민국'으로 하고 헌법에 해당하는 '대한민국 임시헌장' 10개조를 제정했으며, 민주공화제를 채택했다. 정부조직은 입법부로 '임시의정원'을 두고, 행정부는 '국무원'을 두며, 사법부는 복국할 때가지 미루기로 했다. 국무원에는 국무총리 이승만(李承晩), 내무총장 안창호(安昌浩), 외무총장 김규식, 재무총장 최재형(崔在亨), 법무총장 이시영, 군무총장 이동휘, 교통총장 신석우(다음날 경질), 문창범(文昌範)을 뽑았다.

'대한민국 임시헌장'은 제 1조 대한민국은 민주공화제로 함, 제 2조 대한민국은 임시정부가 임시의정원의 결의에 의하여 차를 통고함, 제 3조 대한민국의 인민은 남녀귀천 및 빈부의 계급이 무하고 일체 평등함, 제 4조 대한민국의 이념은 신교·언론·저작·출판·결사·집회·주소이전·신체 및 소유의 자유를 향함, 제 5조 대한민국 인민으로 공민자격을 유한자는 선거권 및 피선거권이 유함, 제 6조 대한민국 인민은 교육·납세 및 병역의 의무가 있음, 제 7조 대한민국은 신(神)의 의사에 의하여 건국정신을 세계에 발휘하며, 나아가 인류문화와 평화에 공헌하기 위하여 국제연맹에 가입함, 제 8조 대한민국은 구황실을 우대함, 제 9조 생명형·신체형 및 공창제를 전폐함, 제 10조 임시정부는 국토회복 후 1년 내에 국회를 소집함 등이다.

## 3·1운동 호응 1919년 4월 11일 '대한민국 임시정부 탄생', 13일 선포

대한민국 임시정부는 1919년 4월 13일 세계 각국 신문기자들을 초청하여 임시정부 수립을 알리는 기자회견을 가졌다. 신용하는 《3·1운동과 독립운동의 사회사》에서 "이처럼 대한민국 임시정부는 '대한민국'이라는 국호를 새로 정했고, 임시헌장이지만 기본적인 '헌법'을 제정했으며, 민주공화제의 정치제제를 수립해 입법부와 행정부를 분리하고 의정원과 국무원이라는 정부조직체계를 잘 갖추었다"고 강조했다. 특히 3·1독립선언서에 서명한 33인 중 한 사람인 김병조의 상하이 임정참여는 정통성을 확보하는 데 중요한 의미를 지닌다. 그는 손병희의 양해를 얻어 33인 중 유일하게 상하이 임정에 참여해 국내 민족독립운동계와 연계를 도모했다. 그는 3·1운동 당시 평안도에서 봉기를 주도하기 위해 독립선언서를 낭독했던 태화관 모임에는 불참했지만 임정에서 해방될 때까지 외교·선전활동에 주력했다. 그는 국제연맹에 한국의 독립을 지원해 줄 것을 요청했다.[8] 그러나 신채호(申采浩), 김창숙(金昌淑) 등은 '국제연맹의 위임통치론'을 주장한 이승만을 국무총리로 추대한 데 대해 반기를 들어 임정에 불참하고 적극 반대했다.

세 번째는 서울에서 '한성정부'(漢城政府)라는 임시정부가 수립, 선포되었다. 이 한성정부는 3·1운동의 13도 대표 23명이 4월 23일 서린동 봉춘관에서 국민대회 간판을 걸고 임시정부 포고문과 국민대회 취지서, 결의사항을 발표했다. 한성정부는 약법을 발표했는데, ① 국체(國體)는 민주제를 채용한다. ② 정체(政體)는 대의제를 채용한다. ③ 국시(國是)는 국민의 자유와 권리를 존중하고 세계평화와 행복을 증진한다. ④ 임시정부는 일체내정(一切內政)·일체외교의 권한을 갖는다.

---

8) 한국민족운동사학회, 《한국 항일민족운동과 중국》(국학자료원, 2001년), p. 13.

⑤ 조선 국민은 납세 · 병역의 의무가 있다. ⑥ 이 약법은 정식 국회를 소집하여 헌법을 반포할 때까지 적용한다 등이다. 한성정부는 연합통신(UP)에 보도됨으로써 국제적 선전효과를 갖게 되었고, 서울에서 국민대회라는 국민적 절차에 의해 조직되었다는 점에서 후일 여러 임시정부의 통합과정에서 정통성을 강하게 주장했다.

한성정부의 각료명단은 집정관총재 이승만, 국무총리총재 이동휘(李東輝), 외무총장 박용만(朴容萬), 내무총장 이동녕, 군무총장 노백린(盧伯麟), 재무총장 이시영(李始榮), 법무총장 신규식(申圭植), 학무총장 김규식, 교통총장 문창범, 노동국총판 안창호(安昌浩), 참모부총장 유동열(柳東說) 등이었다. 한성정부는 지하조직으로 구성되었고, 약법이 대한민국 임시정부의 임시헌장에 비해 기본법으로서 미약했으나 전국 13도 대표로 구성된 국민대회의 명의로 조직된 정통정부라는 점에서 다른 임시정부보다 그 지위가 공고했다.

이처럼 세계에는 6개의 임시정부가 공식 수립되었는데, 상하이, 블라디보스토크, 서울의 임시정부가 가장 유력했다. 임정수립 초에는 지리적 여건과 일제의 감시 · 탄압 · 검거 때문에 국내외 각처에서 민주주의를 표방하고 여러 가지 형태로 수립될 수밖에 없었다.[9] 당시 임시정부들에 주목해야 할 점은 모두 민주공화제 정부를 채택했다는 것이다. 강만길은 《한국민족운동사론》에서 "3 · 1운동 이전에도 이미 만주와 노령지방의 교포사회에서는 민주주의적 자치제가 실시되고 있었고, 3 · 1운동의 선구적 역할을 한 도쿄 2 · 8독립선언에서도 '정의와 자유를 기초로 하는 민주주의의 상(上)에 선진국의 범(範)을 취하여 신국가를 건설하면 전제군주를 청산하고 민주주의체제로 독립할 것을 분명히 했다"고 강조했다. 그는 "3 · 1운동의 민족대표 33인도 '민주정체로 할 생각이었다. 그 사실은 나뿐만 아니라 일반적으로 그와 같이 생각하는

9) 이현희, 《대한민국 임시정부사》(한국학술정보, 2003년), p. 108.

것이라 여겨진다'고 한 손병희의 말처럼 대체로 공화주의자였다고 보아도 무방할 것"이라며 "우리 역사상 최초 공화주의 운동으로서 민족주의 운동은 식민지 지배에 대항하는 항일운동과 함께 3 · 1운동이 발발했던 것"이라고 밝혔다. 그는 "이 운동의 결과 비록 독립을 되찾지 못해 한반도에 공화주의 국가를 수립하지는 못했지만 대한민국 임시정부는 공화주의 정부였고, 상하이 정부로 통일되면서도 당연히 공화주의 정부로 되었다"고 설명했다. 10)

초기 상하이 임정에서 빼놓을 수 없는 성과는 김규식의 파리강화회의에서의 활약상이다. 그는 임시정부 파리위원부를 설치해 5월 12일 '독립청원서'를 윌슨 대통령과 클레망소 의장에게 제출하는 등 활발한 독립활동을 펼쳤다. 일본의 방해로 소기의 성과를 거두지는 못했지만 대한민국의 독립의지를 세계 각국 지도자들에게 널리 알렸다. 7월에는 스위스에서 열린 만국사회당대회(萬國社會黨大會)에 조소앙을 파견하여 한국독립승인 결의안을 통과시켰다.

## 임정, "민주공화정 채택, 한민족 통일역량 의구심, 통합 급물살"

그러나 여러 갈래의 임시정부 수립은 항일투쟁에서 힘의 분산과 혼란, 통일의 약화를 초래할 뿐만 아니라 대외적으로는 한민족의 통일된 정치역량을 의심받게 되는 것이므로 당연히 그 통합이 요청되었다고 이현희는 《대한민국 임시정부사》에서 밝혔다. 11) 무엇보다 한성정부 집정관총재 이승만은 5월부터 워싱턴에 총재사무소를 설치해 한성정부는 그 실체가 워싱턴에 있었으며, 안으로 집정관총재 밖으로는 '대통령'(*President*)이라는 관명을 사용했다. 이승만을 국무총리로 하는 상하이

10) 강만길, 《한국민족운동사론》(서해문집, 2008년), pp. 149~150.

11) 이현희, 앞의 책, p. 108.

임정이나 노령 대한국민의회는 난처한 입장이었다. 따라서 헌법개정안 작성제출 직전인 8월 25일 상하이 임정에서는 국무총리 대리 안창호의 이름으로 워싱턴 구미위원부의 이승만에게 전문을 보내 대통령 칭호 사용중지를 종용했다.

> "처음에 임시정부는 국무총리 제도이고 한성정부는 집정관총재 제도이며 어느 정부에나 대통령 직명이 없으므로 각하는 대통령이 아닙니다. 지금은 집정관총재 직명을 가지고 정부를 대표하실 것이요, 헌법을 개정하지 않고 대통령 행사를 하시면 헌법위반이며 정부를 통일하던 신조를 배반하는 것이니 대통령 행사를 하지 마시오."

그런데 이튿날 워싱턴으로부터 대한민국 임시정부 안창호에게 보내온 이승만의 전문은 대통령 칭호의 사용을 중지할 수 없다는 것이었다.

> "우리가 정부 승인을 얻으려고 전력하는 데 내가 대통령 명의로 각국에 국서를 보냈고 대통령 명의로 한국 실정을 발표한 까닭에 지금 대통령 명칭을 변경하지 못하겠소. 만일 우리끼리 떠들어서 행동이 일치하지 못한 소문이 세상에 전파되면 독립운동에 큰 방해가 있을 것이며, 그 책임이 당신들에게 돌아갈 것이니 떠들지 마시오."

어떤 의미에서 보면 한성정부에 민족대표 33인은 참여하지 않았지만 국민적 절차에 의해 수립되었다는 명분 외에도 수반까지 취임했기 때문에 가장 유리했다. 홍순옥도 〈신동아〉 43호 "대한민국 임시정부의 정통화 과정"이란 글에서 "명분에서도 아무리 활동적이고 정열적인 활동분자가 상하이에 많이 모여 세운 정부라 할지라도 지하에서나마 조국역내의 수도에서 전국 13도 국민대회가 수립한 정부에 대해 그 권위에 압박을 느끼지 않을 수 없었다"며 "대한민국 임정수립 당시의 헌장 10개조는 창업기의 헌장으로 조만간 정식헌법으로서 정비될 계제에 있었으니 신헌법에 수반과 국무원의 구체적인 조항도 소상하게 성문화할 단계에 있었다"고 전했다. 그러나 이태복은 《도산 안창호 평전》에서 "이규갑(李奎甲) 등 기독교계 일부, 그것도 YMCA를 중심으로 한 친이승만계 일부, 안상덕(安商悳) 천도교 대표, 이종욱(李鍾旭) 불교 대표, 김규(金奎) 유림 대표 등 일부가 모인 그룹에 지나지 않았다"며 "그들은 국민대표 대회를 제대로 진행하지도 못했다"고 밝혔다. 그는 "한성정부는 민족대표 33인에 의해 정식으로 추진된 정부가 아닌 것은 분명하다"며 "3 · 1운동에 참여한 일부 기독교계 인사들이 주도권을 장악할 의도에서 추진한 국민대회였지만 제대로 개최되지 못했다"고 주장했다.12)

그러면 누가 임시정부 통합을 주도할 것인가가 관심사였는데, 결국 이 임무는 도산 안창호의 몫이었다. 6개 임시정부 내각 공식발표에서 공통으로 모두 들어간 인물은 이승만과 안창호 두 명뿐이었다. 그런데 이승만은 '대통령' 자리에만 큰 관심을 보였지 통합에는 별로 관심이 없었다. 마침 1919년 3월 15일 대한국민회 북미지방총회에서 봉사사명을 띠고 특파원 자격으로 4월 5일 미국을 떠난 안창호는 홍콩을 거쳐 5월 25일 상하이에 도착했다. 당시 임시정부는 국내에서 일제의 무자비한 탄압으로 3 · 1운동이 5월 들어 잦아들었고, 임시정부를 선언했지만 사실상 젊은 청년들뿐이었다. 국무총리 이승만과 6부총장 등 임정각료 중 법무총장 이시영마저 사임하고 상하이를 떠났고, 이동녕 의정원의장도 마찬가지였다. 정부청사는커녕 회의비나 식사비도 마련할 수 없는 등 정부조직이 최소한 존립할 수 있는 조건을 갖추지 못한 상태였다. 안창호는 26일 중국인 교회에서 교민친목회가 주최한 환영회에 참석하여 "대한 사람은 대한을 위해 일해야 하고, 통일 단결과 영광스런 임시정부를 만들자"고 호소했다. 도산은 각지에 난립한 임시정부 문제를 잘 수습

12) 이태복, 《도산 안창호 평전》(동녘, 2006년), pp. 252~253.

해 통일시키지 못하면 3·1운동의 피 흘린 희생이 무의미해지고 독립운동의 지속적 투쟁보다 해외동포간에 분열·대립의 골만 깊어질 것을 우려했다. 그는 각지에 있는 영수들을 상하이로 모일 것과 자신의 자리를 다른 사람으로 추대할 것을 제시하여 동의를 얻고 6월 28일 임시정부 내무총장과 국무총리 대리에 취임했다. 그는 취임 전부터 2개월 이내로 여러 정부의 통일을 약속했다. 도산은 미주에서 가져온 2만 5천 달러로 프랑스 조계 마장로(馬場路) 보강리(寶康里)에 큰 집을 얻어 임정청사를 마련, 애국가를 합창한 후 집무를 시작했다.

도산의 임정 통합방안은 '노령, 만주, 미주 각지에서 정식으로 투표한 대의사로 의정원을 다시 구성하고, 여기에서 3인의 공동대표를 뽑아 각지를 대표하고, 7명의 차장을 뽑아 실무를 담당하게 하며, 워싱턴의 외교도 군사행동도 통일적으로 지휘하게 하자'는 것이었다. 그러나 한성정부 세력에서 상하이로 건너온 이규갑, 장붕, 현순 등이 한성정부의 대표성을 강력하게 주장했고, 3·1운동 전 과정에 대한 정확한 정보가 없었던 도산으로서는 국내에서 나온 일부 대표 얘기를 지나치게 존중했던 것으로 보인다고 이태복은 밝혔다.[13] 도산은 이승만의 위임통치청원서에 대한 비난여론이 비등하자 "이미 국무총리로 선임한 이상 그를 배척하는 것은 손해"라며 이승만에 대한 수용을 설득했다.

이연복은 《대한민국 임시정부 30년사》에서 "이미 이때 상하이 정부와 한성정부 사이에는 상당한 견해차이가 노출되어 있었고, 도산은 사태수습을 위하여 한성정부로 통일할 것을 결심한 모양"이라며 "그 이유로는 ① 상해 정부에는 대통령제가 없고 이승만을 국무총리로 선임하였는데, 미국에 있는 이승만이 대통령 명의를 사용하고 있고, ② 임시정부에서는 이동휘를 군무총장으로, 한성정부에서는 국무총리로 발표했으므로 러시아 방면을 포섭함에도 한성정부로 통일함이 첩경이었다"고

---

13) 위의 책, p. 253.

설명했다.[14] 도산은 대한민국 임시정부 수석국무위원 자격으로 각 계열의 임시정부 대표들과 협의를 거듭한 끝에 상하이 정부와 노령정부를 한성정부로 통합한다는 합의점에 도달했다. 도산은 상하이 정부 내무차장 현순, 김성겸을 연해주로 보낼 때 국무회의 의결을 거쳐 한성정부로 통합을 약속했다. 이에 '상하이와 노령정부는 한성정부를 계승할 것과 정부명칭은 대한민국 임시정부로 하고, 대한국민의회는 의원 4/5가 임시의정원에 들어온다'는 조건으로 실질적 영도자였던 이동휘 주동으로 노령정부의 만장일치 해산을 결의했다. 현순과 이동휘는 전부터 잘 아는 사이라 오랜 만에 만나 손을 부여잡고 감개무량해했다.

안창호는 "이승만이 대통령 명칭을 사용하고 있고, 국민대회를 거쳐 한성정부가 성립된 만큼 한성정부를 그대로 받아들여야 한다"고 설득했다. 결국 의정원 논의는 한성정부를 개조하고 이승만을 대통령으로 하는 길을 통해 통합 임시정부를 만들자는 쪽으로 끝나게 되었다. 임시의정원은 정부요청에 의하여 8월 18일부터 제 6차 회의를 가졌다. 이 임시의정원 제 6차 회의야말로 '대한민국 임시정부'의 기초를 확고히 하며 흩어지고 어수선하던 민심을 수합하여 내외가 호응, 독립운동으로 총결속하는 역사적 회의이기도 했다고 독립운동사편찬위원회는 《독립운동사 제 4권 임시정부사》에서 밝혔다.[15] 회의장소는 전과 같은 상하이 프랑스 조계 장안리(長安里)에 있는 민단사무소였으며, 회기는 8월 18일부터 9월 17일까지 1개월이었다. 안창호 국무총리 대리는 한성정부와 통일을 위해 8월 28일 제 8장 제 58조로 된 임시헌법개정(改正) 안과 임시정부개조안을 의정원 의장에게 제출했다. 임시정부개조안 제안동기는 "4월 23일 '한성정부'가 세상에 발표되고, 따라서 국내외에서 모두

---

14) 이연복, 앞의 책, p. 28.

15) 독립운동사편찬위원회, 《독립운동사 제 4권: 임시정부사》(독립유공자사업기금운용위원회, 1972년), p. 216.

두 개의 정부가 있는 것처럼 의심하게 되었으니 시기에 적응하는 도리를 취하여 전화위복(轉禍爲福)으로 민족 대동단결을 가져오게 하자는 데 있다"고 밝혔다. 임시정부에서는 27일 집정관총재(총리)만을 대통령으로 고치고 다른 정부부서와 인선은 국내에서 조직한 그대로 하는 정부개조안을 작성, 의정원에 내놓았다. 이태복은 "만약 대한민국 임시정부가 이승만을 대통령으로 하는 통합 임시정부안을 추진하지 않으면 이승만은 한성정부를 고수할 것이 분명했기 때문에 임시정부를 통합하려면 이승만을 대통령으로 할 수밖에 없다는 현실론도 설득력이 있었다"고 밝혔다.

## 이승만, "대통령 안 주면 한성정부 고집, 통합불가 현실론 작용"

임정개조안은, ① 총리제를 대통령제로 하고 이승만을 대통령으로 선거할 일, ② 조직을 확장하여 행정 7부 1국(局)으로 하고 총리・총장・국총판을 선임하는 것으로 국무총리 이동휘(李東輝), 내무총장 이동녕(李東寧), 외무총장 박용만(朴容萬), 군무총장 노백린(盧伯麟), 재무총장 이시영, 법무총장 신규식, 학무총장 김규식, 교통총장 문창범, 노동국총판 안창호 등이었다. 독립운동사편찬위는 "이것은 무엇보다 우리 임시정부가 유일무이(惟一無二)한 통일 조직체라는 것, 즉 민족의 통일적인 정부라는 것을 내외에 표시하기 위하여 필요한 일이었다"며 "헌법개정안을 제출하면서 '시의(時宜)에 합한 임시헌법 개정안'이라고 말한 바 있지만 비록 해외에서 조직되는 임시정부라 하더라도 그것이 민족을 대표하고 장기간에 걸친 독립투쟁을 할 정부라고 볼 때 대한민국 임시정부가 처음 조직되면서 제정발표한 임시헌장 10개조만으로는 부족, 미완의 점이 많았기 때문에 정부개조안의 작성제출과 함께 임시헌장을 기본으로 증강, 보완한 임시헌법 초안을 마련하여 제출

하게 된 것"이라고 평가했다.[16]

임시헌법 초안은 제 1장 강령(綱領), 제 2장 인민의 권리와 의무, 제 3장 임시대통령, 제 4장 임시의정원, 제 5장 국무원(國務院), 제 6장 법원, 제 7장 재정, 제 8장 보칙(補則)으로 하여 모두 제 8장 제 58조로 구성되었고, 그 내용은 임시헌장 및 임시의정원법에 의거해서 부연(敷衍) 보강한 것으로서 그 중 몇 가지 다른 점은, ① 임시헌장이나 임시의정원법에 의하면 국무총리 이하 국무원 및 주외 공사를 임시의정원에서 선정(選定)하게 되어 있는데, 이 초안에서는 대통령만이 임시의정원에서 선거되고 다른 국무원 및 주외 공사는 대통령이 임명하게 되었으며, ② 임시헌장 중 제 8조의 구황실 우대, 제 9조의 생명형(生命刑)·신체형·공창제의 전폐 등에 관한 내용이 빠졌으며, ③ 임시대통령·국무원 및 법원·재정에 관한 사항이 자세히 규정된 점 등이었다. 이는 대통령제의 헌법이기 때문에 종전 임시의정원의 권한이 대통령 및 국무원으로 옮겨지는 동시에 종전 임시헌장에는 노장인사들의 의견이 많이 반영된 것에 비해 이 헌법 초안에는 국무총리 대리 안창호를 중심으로 차장급 소장인사들의 의사가 많이 작용했다.

신익희 법무차장이 기초한 대통령제의 헌법개정안은 이춘숙(李春塾) 법제위원장으로부터 원안의 수정보고가 있은 다음 안창호 국무총리 대리 이하 국무원이 출석한 자리에서 원안과 수정안을 대조하며 축조토의(逐條討議)하는 제 2독회에 들어갔다. 먼저 고일청(高一淸) 의원으로부터 제 1장 강령 제 5조의 '대한민국의 입법권은 의정원에 재(在)하고 행정권은 국무원에 재하며 사법권은 법원에 재함'이라는 것이 동 제 2조 '대한민국의 주권은 인민 전체에 재(在)함'과도 모순된다는 점을 들어 '재함'을 '행사함'으로 개정하기를 주장하였는데, 신익희는 몽테스키외의 정치론을 인용하면서 무관하다는 변론이 있었지만 나용균(羅容

16) 위의 책, p. 220.

均)・김병조 의원의 동의재청에 의해 '대한민국의 입법권은 의정원이, 행정권은 국무원이, 사법권은 법원이 행사함'으로 수정되니 이것이 헌법개정안의 수정 제 1호였다. 상하이와 노령정부 통합소식이 9월 2일 임시헌법안을 심의하는 임시의정원에도 알려져 헌법제정에 박차를 가하게 되었다.

9월 4일부터는 제 3독회에 들어가 구황실 우대 조문만은 조완구의 옛날 중국 초회왕(楚懷王)의 사실을 예로 들어 설명, 결국 '제 7조 대한민국은 구황실을 우대함'이라는 1조를 삽입하자는 조완구의 동의와 유정근(兪政根)의 재청이 가결되어 임시헌장의 구황실 우대조항은 개정헌법에도 그대로 들어가게 되었다. 이에 여운형은 반발, 임정활동에서 사실상 손을 뗐다.

9월 6일 오후 3시 임시의정원은 임시헌법안을 통과시켰고, 정부개조안도 통과되었다. 8일 임시헌법에 의해 대통령으로 이승만을 무효 1 반대 무(無)로 선출, 마침내 정부통합작업은 성취됐고, 임시의정원 제 6차 회의목적도 달성했다. 당시 안창호는 이승만의 대통령 선출에 반대하는 대다수 의정원 의원들에게 "분명 이혼할 수 없는 아내라면 분을 사다가 발라주면서라도 같이 살아야 할 것이 아닌가?"라는 설득이 주효했다.[17] 9월 11일 새 헌법이 공포되었고, 국무위원 명단도 발표되어 신내각이 구성되었다. 9월 15일 드디어 통합 임시정부의 시정일(始政日)로 〈독립신문〉 공보호외를 통해 발포했다. 이것이 통합 '대한민국 임시정부'이다.

17) 김인수, 《시대정신과 대통령 리더십》(신원문화사, 2003년), p. 26.

## 9월 11일 새 헌법 공포, 9월 15일 '대한민국 임시정부' 공식출범

이제 초창기 국내 · 노령 · 상하이 세 곳에서 조직되어 동심이체(同心異體)의 형태로 나타났던 세 곳의 독립운동본부는 상하이 '대한민국 임시정부'로 완전히 합일하게 되었다. 이동휘가 국무총리에 취임하기 위해 9월 18일 상하이에 도착함으로써 상하이 정부와 노령정부의 통합이 이루어졌다. 11월 3일 이동휘 국무총리, 이동녕 내무총장, 신규식 법무총장, 이시영 재무총장의 취임식이 3백여 명이 모인 가운데 보창로 밀양리 3호에서 거행되었다. 11월 4일 제 1차 국무회의가 열려 대한민국 임시정부가 공식출범했다. 이승만도 11월 19일 워싱턴으로부터 축전을 보내왔다. 그리고 1920년 3월 2일 이동휘 국무총리는 의정원에서 시정 연설을 했다. 10월에는 신규식을 광둥〔廣東〕의 쑨원〔孫文〕이 세운 호법정부(護法政府)에 파견했고, 호법정부는 상하이 임정을 공식승인했다. 상하이 통합정부 새 출발에 대한 국내외 동포들의 환호와 기대도 대단했다. 머지않은 장래에 통합정부가 국내에서 시무하게 되는 날이 오기를 마음 속 깊이 축원하면서 물심양면으로 협조를 다짐했다. 그 중에도 상하이에 있는 박은식 등 민족 대표자 30명은 선언서와 공약(公約)을 발표, 우리도 정부 있는 국민임을 세계에 선언하고 통합임시정부에 대한 전 민족적인 분발협력을 촉구했다.[18)]

통합 대한민국 임시정부 헌법을 살펴보면 당시 독립운동가들의 이상주의를 잘 표현해주고 있다. 특히 임시헌법은 민주주의적 근대헌법의 주권재민원칙(主權在民原則)에 기초한 헌법전(憲法典)으로서 현대 대한민국 태동의 전범(典範)이 되었고, 1948년 대한민국 제헌헌법의 모체(母體)가 되었다. 그리고 예외 없이 임시정부의 법통을 이어받은 정부가 대한민국이라는 데 합의가 이루어졌고, 이는 1987년 개정된 제 6

---

18) 독립운동사편찬위원회, 앞의 책, p. 241.

공화국 헌법 전문에 "대한민국 임시정부 법통계승"이라고 명기했다. 임시헌법과 관련하여 이현희는 《대한민국 임시정부사》에서 "망명지에서의 독립기구에 불과한 대한민국 임시정부의 임시헌법전(臨時憲法典)을 보편적 유권해석으로서의 헌법이라고 지칭할 수 있을지 하는 것은 논쟁의 여지가 많다"고 지적했다.[19] 반면 김영수는 《한국헌법사》에서 "대한민국 임시헌법은 근대입헌주의적 헌법체제를 갖춘 헌법전으로서, 이후에 개정되는 어느 임시헌법보다 헌법전으로서 체계가 비교적 정비된 헌법이고, 독립운동 초기의 부푼 이상을 골고루 표현한 임시헌법"이라며 "동시에 형식적으로는 장래 국가를 목적으로 형성된 특수한 범주에 속하는 망명정부적 성격을 지니는 임시정부의 임시헌법이라고 할 수 있다"고 강조했다.[20] 따라서 '건국 60년기념사업회'의 주장은 잘못된 것이다. 이는 '통합임정' 수립을 위해 동분서주했던 독립운동가들을 전면 부정하는 처사이자 현행 대한민국 헌법을 부인하는 것이다. 무엇보다 일제통치가 우리나라를 근대화시켰다며 경술국치(庚戌國恥)를 정당화하고, 대한민국 임시정부 실체를 외면함으로써 정통성과 법통을 정면으로 짓밟겠다는 다분히 의도적인 도발세력들의 주장과도 일치한다.

임시헌법은 제 1장 강령 중 제 1조, 대한민국은 대한인으로 조직함. 제 2조(국체), 대한민국의 주권은 대한인민 전체(全體)에 재(在)함. 제 3조(영토), 대한민국의 강토(疆土)는 구대한제국(舊大韓帝國) 판도(版圖)로 정함. … 제 56조 국회가 정식헌법을 제정할 때까지 유효함을 명기했다. 대한민국 임정은 헌법에 따라 구체적인 독립운동방략을 제시했다. 먼저 내정과 교통은 연통제와 교통국의 신설을 통한 국내와 동포의 유기적 연락관계를 취했다. 교통국은 통신기관으로서 정보수집·검토·기밀문서 교환 등에 치중하면서 독립운동자금을 수집했으며, 연통

19) 이현희, 《대한민국 임시정부사》(한국학술정보, 2003년), p. 117.
20) 김영수, 《한국헌법사》(학문사, 2006년), p. 257.

제는 지방행정기관으로서 국내외를 연결해 군자금을 모으고 상호 연락 업무도 함께 했다. 이승만은 1920년 11월 15일 취임했다.

## 임정헌법, "근대입헌주의 헌법체제 갖춘 대한민국 태동 전범"

1919년 임정출범 당시 파리강화회의에 건 한국인들의 독립열망이 매우 커 임정외교는 처음부터 여기에 집중되었지만 파리강화회의에서 한국문제는 거론되지 않았다. 당시 회의에서 윌슨의 민족자결원칙은 패전국 식민지에서만 적용하기로 결정했다고 필자는 《시대정신과 대통령 리더십》에서 밝힌 바 있다. 3·1독립선언서에 유림이 제외되자 김창숙이 주도한 가운데 유림대표 137명이 서명한 '독립선언서'(巴里長書)를 김규식을 통해 파리강화회의에 제출했다. 이제 독립선언서에 모든 세력이 참여했고, 한국 식민지 문제가 국제사회에 공론화됐다.

대한민국 임정은 이승만과 서재필을 미·영·일 군축회의인 '태평양회의'의 대표로 선정했다. 이승만은 1921년 5월 20일 태평양회의에 대비 상하이 임정을 떠났으며 다시는 돌아오지 않았다. 한국대표단은 1921년 11월 워싱턴에서 태평양군축회의가 열리자 한국문제를 의제에 포함시켜 줄 것을 간청하는 진정서와 '독립선언서'를 접수시켰지만 묵살당했다. 한국문제에 대해서는 전혀 거론되지 않았다고 한국민족운동사연구회는 《한국민족운동과 종교》에서 밝혔다. 태평양군축회의를 참관하고 돌아온 〈동아일보〉 김동성 기자는 "세계열강들 모두가 입으로는 정의, 인도를 부르짖지만 약소국과 그 민족은 항상 발전할 기회를 얻지 못한다"고 지적하고 "조선독립은 당분간 절망적이므로 우리 조선인은 힘써 교육, 산업, 문화에 열중하여 실력양성에 주력하지 않으면 안 된다"고 방향전환을 촉구했다. 한국민족운동사연구회는 "1919년 봄부터 개최된 파리강화회의, 국제연맹회의, 태평양군축회의 등에서 단 한번도 한국문제가 거론되지 않자 민족운동가들은 세계열강에 대한 기대를 버리고 자력으로 독립해야 한다는 것을 자각하게 되었다"고 강조했다.[21] 이들은 물산장려운동, 교육과 문화 등 실력양성을 통한 독립으로 방향을 전환, 국내는 민족개조, 정신개조의 신문화 건설에 주력했다.

대한민국 임정의 교육과 문화도 국내의 문화운동에 발맞춰 초등교육의 의무교육화, 고등교육은 외국유학을 실시해 청소년에게 외국견문의 기회를 주고자 했다. 독립투쟁이 장기화됨에 따라 민중에게 민족역량을 기를 교육흥국(教育興國) 실현에 더욱 기대를 걸었다. 이현희는 "이는 민족의식 고조와 민족주의 교육에 기반을 두고 무실역행(務實力行)의 인재를 육성하여 적재적소(適材適所)에 기용하자는 애국충정의 방향이었다"고 말했다.[22] 임정은 군사교육을 특히 강조했는데, 독립운동 방략에는 독립운동을 결행하는 것이 승산이 있다고 생각했다. 임정에서 가장 중요한 일은 재정문제의 해결이었고, 1920년 초부터 애국공채 발행을 검토했다.

## 파리강화회의 · 국제연맹 등 한국문제 외면 "자력독립 자각"

이상과 같은 임정의 독립운동방략은 초기에는 실현 불가능했지만 후기로 가면서 안정을 되찾은 뒤에는 원만하고도 구체적으로 실현되었다고 이현희는 밝혔다.[23] 여기에는 1920년대 중반부터 해방될 때까지 임정을 끝까지 이끌어온 김구의 역할이 컸다. 그는 1940년 다시 주석에 선출되어 대일 선전포고와 좌우합작을 주도했다. 이동녕은 1910년 나라를 빼앗긴 뒤 만주 요녕성 유하현 삼원보에 망명해 한국인 자치기관

---

21) 한국민족운동사연구회, 《한국민족운동과 종교》(국학자료원, 2006년), pp. 155~157.

22) 이현희, 앞의 책, p. 123.

23) 위의 책, p. 124.

인 경학사(耕學社)를 설립·운영하며 서간도 이주민들의 신분보장과 독립정신 고취에 앞장섰고, 훗날 광복군의 초석이 된 신흥무관학교를 설립해 초대교장이 되었다. 안창호는 1926년 독립운동의 근거지로 북만주 미산(密山)에 이상촌 건설을 시도했지만 1930년대 일제 중국침략이 노골화되면서 실패했다. 그는 가족까지 데려올 계획이었다.

이태복은 《안창호》에서 "만주 미산지역 황무지를 매입하여 한 마을에 백~2백 가구의 이상적인 근거지를 구축해 지속적인 독립전쟁 수행을 꿈꾸며 미국에 있던 자신의 가족들을 데려올 생각을 하기도 했다"며 "안창호는 우리의 독립전쟁은 몇 달 안에 끝날 전쟁이 아니오. 그렇기 때문에 동포들이 직접 농사짓고 군사훈련을 하면서 독립전쟁에 나설 수 있는 독립전쟁사령부가 절대적으로 필요한 것이오"라고 말했다. 미산은 블라디보스토크에서 180리 떨어진 만주와 러시아의 국경지대에 위치하며 대한독립군단이 결성된 군사요충지였다.

# 2. 한반도는 일본 때문에 분단됐다

## 한반도 38선 남북분단, "미국 치밀한 계획 아래 진행"

남북한(南北韓) 각각의 정부가 수립된 지도 벌써 60년이 지나 아버지 시대를 넘어 손자(孫子) 시대를 맞고 있다. 우리 현대사에서 가장 큰 의문은 "우리는 왜 한반도에서 남과 북으로 분단되어 전쟁하고, 서로 고통을 받는 것인가"이다. 이는 외국인들에게도 똑같은 이미지로 비쳤다. 한국 이미지커뮤니케이션연구원이 2008년 11월 한국을 경험한 외국인 117명을 대상으로 조사한 결과 '한국하면 제일 먼저 떠오르는 것이 무엇이냐'는 질문에 '분단국가'라는 응답이 39.32%로 으뜸이었다. 5년 전 '분단국가'라는 응답이 17%였던 것과 비교하면 2배 이상 높아졌다. 다음으로 김치 17.95%, 삼성 11.97%, 북핵 5.98% 순이었다.

그러나 우리 민족은 1945년 8월 15일 일본의 무조건 항복으로 해방될 때만 해도 한반도에서 남북이 분단되리라고는 아무도 생각지 못했다. 해방 이전 상황을 살펴보면 미국 루스벨트 대통령이 1945년 2월 한국의 신탁통치 구상을 밝혀 임정(臨政) 김구 주석은 "제 2 독립운동을 할 것"이라며 강력반발했다. 이승만 임정산하 구미위원장은 샌프란시스코 유엔총회에서 "1945년 2월 얄타회담에서 미국이 한반도를 소련에 양보했다"는 밀약설(密約說)을 퍼뜨리며 반소반공운동을 펼쳤다. 이정식은 《대한민국의 기원》에서 "5월 15일 이승만은 트루먼에게 '얄타밀약설' 해명과 임정의 유엔가입을 요청했고, 미국무부 극동국장 대리 로크

하트(Frank. P. Lockhart)는 6월 5일 회신을 통해 밀약설은 사실무근"이라고 밝힌 후 "임정이 한국영토 어느 부분도 통치한 바 없다"고 부정적 반응을 보였다.[24] 이처럼 누구도 남북분단을 전혀 생각하지 않았다. 그리고 남북분단(南北分斷)의 결과, 가장 큰 수혜자는 두말할 것도 없이 김일성과 일본이다. 미·소 냉전이 격화되지 않은 상태에서 한반도에서 단일정부 수립에 착수했더라면 아마 김일성은 국가지도자가 되기는 사실상 어려웠다. 일본 역시 패전국임에도 분단되지 않았을 뿐 아니라 남북한만 갈라져 6·25전쟁까지 발발해 가장 큰 혜택을 입었다.

남북분단에 대해 지금까지 미국이 군사적 편의에 따라 임시로 38선을 설정했다는 '군사적 편의주의설'이 정설(定說)로 받아들여지고 있다. 신복룡 등의 《한국분단보고서(하)》에서 보면 "연합군 최고사령부가 작성한 일반명령 1호에 의해 미국은 일본·북위 38도선 이남 한국·류구·필리핀·태평양 연안의 일본 위임통치령에서, 소련은 만주와 38도선 이북 한국·사할린·쿠릴에서, 중국은 중국본토·대만·북위 16도선 이북 프랑스령 인도차이나에서, 영국은 미얀마·태국·북위 16도선 이남 프랑스령 인도차이나·말레이시아·수마트라 등에서 일본군 항복접수와 무장해제를 담당하게 되었다"고 기술했다.[25] 동아시아에서는 두 개의 국가가 인위적 경계선으로 분할되었는데, 한반도가 북위 38도선을 경계로 남북한, 베트남이 북위 16도 홍강을 경계로 남북베트남으로 갈라졌다. 김학준은 《북한 50년사》에서 "소련은 미국의 원폭투하를 보자 참전 약속 180일을 모두 채운 8월 8일 자정 재빨리 선전포고를 하고, 극동군 총사령관 바실레프스키 원수는 만주 관동군을 동·서·북 세 방면에서 포위해 들어갔다. 소련군은 관동군이 한반도 안으로 후퇴하지 못하도록 철도와 교량을 차단하고 북한지역 점령에 들어갔다.

---

24) 이정식, 《대한민국의 기원》(일조각, 2006년), p. 95.
25) 신복룡 외, 《한국분단보고서(하)》(풀빛, 1992년), pp. 65~70.

소련 극동군은 8월 9일 한반도 북쪽 끝 경성에 발을 들여놓은 뒤 8월 12일을 전후해 경흥과 웅기, 8월 17일 라진항과 청진항을 차례로 점령했는데, 이 과정에서 격전이 벌어져 많은 소련군이 희생됐다. 소련군이 이처럼 한반도 북쪽에서 진공(進攻)해 들어오는 8월 초순 미국 역시 한반도 남쪽으로부터 진공해 들어갈 생각을 갖고 있었지만 미군은 일본 오키나와에 있을 뿐 곧바로 투입하기가 어려웠고, 내버려두면 소련군이 한반도 전체를 점령할 기세였다. 미국은 수도 서울과 제 1 항구도시 부산, 제 2 항구도시 인천만 자신의 점령지역 안에 들어오면 충분하다고 판단했다. 그래서 북위 38도선으로 결정한 뒤 소련에 통고했는데, 소련이 그대로 받아들였다"며 "소련은 나름의 계산이 있었다. 소련은 일본 점령에 참여하고 싶었던 것이다. 일본의 본토가 아니라고 해도 최소한 홋카이도〔北海島〕만큼은 미국과 더불어 공동점령할 수 있기를 희망했다. 그래서 한반도는 북반부 정도의 점령으로 만족해서 미국의 비위를 건드리지 말아야 한다고 생각했던 것"이라고 분석했다.[26]

전 〈워싱턴포스트〉 기자였던 돈 오버도퍼(Don Oberdorfer)는 《두 개의 한국》(*Two Koreas*)에서 "전후 한반도 대책에 대해서 미국이 그나마 심각하게 고민하기 시작한 것은 제 2차 세계대전 종전 마지막 주 소련이 대일 선전포고(宣戰布告)를 하고 만주와 한반도 북부에 군대를 진주시킨 이후였다. 미국 정부는 러시아의 한반도 점령이 향후 군사적으로 일본과 동아시아 전체의 운명에 매우 중요한 영향을 미치게 될 것이라는 사실을 별안간 깨달은 것"이라며 "일본의 식민지배에 따른 한국인들의 강한 반일감정(反日感情)에도 불구하고 미국 정부는 전쟁이 끝나기 전 한국의 망명 독립운동 단체들이 제기한 망명정부 승인요구를 묵살했다. 그리하여 제 2차 세계대전 종전이 임박한 시점에도 미국 정부는 한반도의 미래에 관해 그 주인인 한국인들과는 단 한번도 협의를 한 적이 없었

---

26) 김학준, 《북한 50년사》(동아출판사, 1995년), pp. 65~68.

던 것"이라고 지적했다. 그는 "1945년 8월 10일 일본이 화평(和平)을 청하고 소련군이 한반도를 향하는 가운데 백악관에서는 일본 식민지 문제를 처리하기 위한 철야회의를 소집했다. 미국 정부는 자정 무렵 두 명의 젊은 장교를 옆방으로 호출해 소련이 한반도 전체를 점령하고 이어 순식간에 일본으로 진출하는 사태를 방지하기 위해 한반도에 미국 점령지를 구획토록 했다"며 "딘 러스크(훗날 국무장관) 대령과 찰스 본스틸(훗날 주한미군사령관) 중령은 이 느닷없이 주어진 임무를 제대로 완수할 준비가 돼있지 않았다. 상부의 채근과 심리적 압박감에 시달리면서 두 명의 미군장교가 내셔널 지오그래픽에서 제작한 지도를 참고로 한반도의 허리를 가로지르는 북위 38도선을 기준삼아 미군은 그 이남을 점령하고 소련군은 이북을 점령한다는 계획을 제안했다"고 밝혔다.

### "한반도 분단 최종결정 순간, 한국문제 정통 전문가 전혀 없어"

돈 오버도퍼는 "한반도 분단이 최종결정되는 순간까지 한국문제에 정통한 전문가는 단 한 명도 그 과정에서 참여하지 않았다. 후에 러스크 등 한반도 분단결정에 참여한 그 누구도 20세기 초 러시아와 일본이 38도선을 중심으로 세력권을 분할하는 문제를 논의한 적이 있었다는 사실을 알지 못했다고 말했다"며 "아마도 소련 지도부는 미국이 자신들이 이전에 일본과 논의한 적이 있었던 기준선을 분단선으로 결정했다고 생각했을 것이다. 그로부터 수년이 지난 후 러스크는 '우리가 그런 사실을 알고 있었다면 38도선이 아닌 다른 기준선을 토대로 군사분계선을 결정했을 것'이라고 회상했다"고 전했다. 그는 "트루먼 대통령은 8월 11일 일본 점령지였던 한반도를 38도선을 기준으로 분할점령한다는 내용을 '일반명령 제 1호'에 포함시켰다. 소련은 미군이 한반도에 도착하기까지 수주일이 더 소요될 것을 알고도 38도선에서 신중하게 멈췄다"며 "이렇게 해서 한국은 두 개의 '잠정적인' 점령지로 분할됐고, 냉전 심화에 따라 남북한에는 정반대의 이념과 지원국을 등에 업은 적대적인 정권이 세워졌다"고 말했다.[27] 이러한 미국의 '군사적 편의주의설'에 대해 여러 음모설이 제기되고 있다.

첫째는 포츠담 합의설이다. 이는 1945년 7월 포츠담회담에서 한반도의 38선 분할이 결정되었다는 주장이다. 포츠담 밀약설은 1946년 맥큔(George McCune) 등에 의해 제기되었고, 한 걸음 더 나아가 리처드 라우터백(Richard Lauterbach) 등은 "얄타에서 시작된 미·소의 한반도 분할논의가 포츠담에서 38선 분할로 이어졌다는 얄타-포츠담 혼합설을 주장했다"고 신용하는 《한국현대사와 민족문제》 및 《백범과 민족운동 연구》 제3집에서 각각 밝혔다. 그는 "포츠담회담에서 분계선이 39도선이 될지 40도선이 될지 38선은 획정되지 않았지만 소련이 참전하는 경우 '미·소의 한반도 남북분단 점령(占領)' 그 자체는 포츠담회담에서 정치적으로 밀약(密約)되었거나 야합(野合)되었다는 사실"이라며 "미·소의 이러한 한반도 남북분단 점령정책은 양 대국이 전체 한국에 대한 단일군정과 신탁통치 후의 독립 한국에 대한 제로섬게임의 위험부담률을 없애고 최악의 경우에도 한반도의 반쪽씩을 지배할 수 있다고 보아 최소한 50%의 목표달성을 담보하는 정책으로 채택된 것"이라고 분석했다. 그는 "미·소는 각각 두 개의 카드를 갖고 한반도 정책에 야합했다"고 주장했다.[28] 포츠담회담에서 미·소가 38선 분할에 합의했을 것이라는 추정은 이후 학자들에게도 많은 영향을 끼쳤다.

둘째는 일본 음모설이다. 일본이 소련에 점령될 것에 두려워해 일부러 군작전 관할지역을 변경하고 정보를 누설하면서 미국으로 하여금 38

27) 돈 오버도퍼 지음, 이종길 옮김, 《두 개의 한국》(길산, 2002년), pp. 27~29.

28) 신용하, 《한국현대사와 민족문제》(문학과 지성사, 1990년), pp. 313~320; 신용하, "열강의 한국남북분단 및 신탁통치 정책과 백범 김구의 노선," 백범학술원, 《백범과 민족운동 연구》 제3집(백범학술원, 2005년), pp. 26~37.

선 분할을 유도했다는 주장으로서 고준석, 김기조, 하리마오 박, 도진순 등이 이러한 주장에 신빙성을 두고 있다고 했다. 북한도 "1945년 2월 일본 대본영이 38도선 이북의 일본군을 관동군 지휘하로, 이남의 일본군은 대본영 직할 야전군인 조선주둔 제 17 방면군의 휘하에 두게 했고, 이러한 일본군 배치변경에 따라 38선 분할이 생겨났다"고 주장했다. 이처럼 여러 설이 나온 데는 미국에서 새로운 자료들이 속속 발견됐기 때문이다. 미 국립문서보관소(NARA)의 Record Group 226에서 발견된 많은 면접자료들은 1944년 말부터 1945년 초에 걸쳐 미국이 한국에 관한 정보를 집중수집했음을 보여준다. 특히 한국인들이 미국에 대해 갖는 태도와 미국이 한국을 점령할 경우 예상되는 한국인들의 반응 등에 관해 매우 세심한 주의를 기울였다. 여기서는 상하이 임정에 대한 한국인들의 태도, 남북한 사람들의 사상적 차이 등을 분석, 북한지역을 공산주의 경향이 강하고 종전 후 혁명가능성이 있는 지역으로 분리이해하고 있어 주목된다. 이 점을 중시, 미 · 소의 한반도 분할점령과 관련해 암시하는 바가 크다고 주장하는 이도 있다.

NARA는 1944년 4월 10일 미 육군 정보당국이 김성수 · 조만식 등 국내 지도자 5명의 자질과 친미여부 등 성향을 평가했다. 2008년 8월 7일 공개된 A4 절반 크기의 '평가카드' 앞면에는 이름 · 나이 · 출신지 · 활용도 · 자질 · 현직 및 특장(*special skills*), 정치 · 사회적 성향, 정치체제에 대한 신조를, 뒷면에는 간단하게 인물평을 적었는데, 이 카드는 비밀로 분류돼 있다. 작성자는 로버트 키니로 1935~1937년 서울 외국인학교 교사 및 교장대리를 지냈다. 일제와 태평양전쟁을 치르던 미국이 일제치하 조선 명망가들의 신상을 파악해 활용방안을 모색하기 위한 것으로 보인다. 먼저 김성수와 관련 '정치 · 사회적 성향'에 대해 '반일적'(反日的, *anti-Japanese*), '민족주의적'(*nationalistic*), '보수적'(*conservative*), '친미적'(*pro-American*), '공공의식 있음'(*public spirited*) 이라고 적었다. 자질은 능력 · 신뢰도 · 타인과의 협업능력 · 공동체 내의 위상 등 4개 항목 모두 '뛰어남'(*superior*)이라고 평가했다. 현직은 '대학총장, 사업가', 특장은 '행정과 교육'이며 영어가 능통한 것으로 기록됐다. 인물평에서 "조선의 유복한 가정에서 태어나 한국과 일본, 서양에서 교육받았다. 거부이며 많은 땅을 소유하고 있다. 사학인 보성전문 교장이다. 비(非)기독교인이며 신뢰할 만하고 신중하다. 교육을 잘 받은 '코즈모폴리턴'(사해동포주의) 적 지도자"라고 썼다. 조만식은 "유복하고 귀족적인 한국 가정에서 태어났다. 북부 출신이지만 모든 그룹에서 많은 존경을 받고 있다. 한국의 잠재적 지도자 가운데 한 명이다. 기독교 활동에 적극적이며 신뢰할 만하고 능력이 있다"고 평가했다. 정치 · 사회적 성향은 '공공의식'과 '국제적 감각'이 있고 '민족주의적', '친미적', '반일적'이라고 기록했다. 이광수는 "교육을 잘 받은 한국의 대표적 작가이자 언론인으로 잘 알려져 있고, 안창호와 긴밀한 관계이다. 조선 문인협회장이며 1930년대 일본에 체포 구금돼 고문을 받았다. 석방된 후 일본에 협력했다는 비난을 받게 되며, 이로 인해 이전까지 쌓았던 영향력을 잃게 됐다"고 기록해 이때부터 이광수가 친일행각으로 비판받고 있다고까지 자세히 적었다.

## 미 문서, "1944년 남북한 사람 사상적 차이, 공산주의 경향"

이처럼 NARA에는 적어도 1943년부터 장래 한국을 어떻게 관리할 것인가 하는 문제를 연구한 미국의 문서가 나타난다. 그 문서의 주요 내용은 다음과 같다.

> "어떤 부대가 한국을 점령하든지 연합군사령부는 미국과 마찬가지로 중국 · 러시아 · 영국이 공동대표가 될 가능성이 많다. (중략) 지정학

적(地政學的)으로 한국은 일본과 아시아 대륙의 두 주요 세력, 즉 중국과 러시아 사이에 이권(利權)이 얽혀 있는 지역이다. 19세기에서 20세기에 걸친 세 세력 사이의 경쟁 덕분에 한반도에는 강력한 군사력이 존재하지 못했다. 이 사실 자체만으로도 한국을 지배하는 단일세력이 출현하여 한반도를 군사행동의 실험지로 이용하는 것을 방지하기 위해 강력한 군사조직의 필요성이 제기된다. 초기에는 국제연합(UN)에 의해 그 조직이 구성되어야 한다." "군사전략적 견지에서 볼 때 한국에서는 전체 연합국들이 합의한 군사기구의 결성 없이는 어떠한 독립적 정치체제도 출범되어서는 안 된다. 이 기구는 네 세력에 의해 우선 동의가 이루어져야 한다. 중-소 간의 경쟁을 막기 위해서라도 한국의 안정보장기구에 영국·미국이 모두 참여해야 한다." "한국의 안정보장과 관련 어느 한 세력이 군사적으로 한국을 지배하는 것을 막기 위해 처음부터 연합군 부대가 협조해야 한다. 그렇지 않으면 한국의 독립은 아무 가치가 없게 될 것이다. (중략) 실제로 한국에서는 어느 한 세력이 위임통치하도록 합의하기보다 네 세력 이상의 군사적 협력을 구하는 편이 쉬울 것이다." "중국의 동의와 협조적 참여로 뒷받침된 러시아·영국·미국의 군사협의체를 만드는 편이 어느 한 세력이 한반도를 위임통치하도록 하는 것보다 합의를 이루기 쉬울 것이다" (이상은 Council on Foreign Relations, 'studies of American Interests in the War and the Peace, Political Series' No. P-B 81과 "The Problem of Constituting an Independent Political Regime in Korea", May 22, 1944에서 발췌).

"한국이 어떤 식으로 해방되든 장래 한국의 정치적 지위에 관심을 가진 여러 연합국들의 이권 때문에 한국에서 성립될 군정은 연합적 성격을 가져야 한다. 중국·미국·영국 내지는 영연방국가, 태평양전쟁에 참전한다는 전제에서라면 소련도 참여하는 편이 바람직하다"(이상은 in Foreign Relations of the united States 1944, Vol. V, "Korea: Occupation and Military Government: Composition of Forces",

Memorandum Prepared by the Inter-Division Area Committed on Far East, March 29, 1944에서 발췌).

이희진·오일환은 공저 《한국전쟁 수수께끼》에서 "이러한 자료들을 봤을 때 미국이 한국의 사정을 잘 몰랐고 특별한 정책을 가지고 있지 않았다는 식의 주장은 허구임을 알 수 있다"고 반박했다.[29] 다만 이들은 "불과 4천 명의 소련군이 한반도에 진주할 계획은 만주에서 작전하는 소련군 부대의 측면을 보호할 목적에서 짜여졌던 것이지 한반도 자체가 목적이었던 것은 아니다"며 "미국 역시 고생해가며 한반도 진주계획을 세울 필요를 느끼지 못했다. 가급적 한반도 진주를 회피하는 게 당연하다. 오히려 소련군이나 미군은 38선이 그어지고 난 이후에야 한반도 작전을 본격적으로 진행시켰다"고 주장했다. 심지어 리처드 휠란(Richard Whelan) 예일대 역사학과 교수는 "이 시기(일본의 항복) 미국정부는 '차라리 한국이라는 나라가 존재하지 않았다면 이런 고민도 없었을 텐데' 라고 생각했다"고 전했다. 미국은 일본에서 군정을 실시하기 위한 준비작업으로 약 2천 명의 민정관을 양성했지만 한반도와 관련해서는 아무런 준비를 하지 않았다고 했다. 미국 학자들의 이러한 주장에도 불구하고 새로 발굴된 자료들을 종합해보면 38선 획정이 미국의 고도의 정치적 의도가 담겨 있었다는 것이다. 따라서 최근 연구는 38선 분할이 돌출적이고 즉흥적 결정의 소산이 아니라는 것이 주류이다.

정병준은 《한국전쟁》에서 "38선 분할의 발안자는 헐(Cordell Hull) 중장과 링컨(George A. Lincoln) 준장이었으며, 특히 전략정책단장인 링컨 준장이 1944~1945년간 한반도에 대한 미국의 군사전략적 이해라는 관점에서 한반도 분할을 준비했다"며 "미 육군부 작전국 전략정책단(Strategy and Policy Group)이 38선의 기획·결정 담당부서였다"고 밝

29) 이희진·오일환 공저, 《한국전쟁 수수께끼》(가람기획, 2000년), pp. 72~75.

혔다.[30)]

이완범도 "미국의 한반도 분할선 획정에 관한 연구" 논문에서 "미국은 1945년 초부터 한반도의 분할과 소련의 영향력 저지를 기획해 한반도의 분할은 미국의 현실적 힘의 한계와 정치군사적 최대목표를 적절히 타협하고 조정한 과정에서 파생되었다"며 "링컨 준장을 중심으로 한 그룹이 1945년 2월 이래 일본항복에 대한 문제를 검토했으며, 7월 하순에는 헐선(Hull線)과 합동전쟁계획위원회(JWPC: *Joint War Plan Committee*)의 비밀보고서 390-1 등 여러 문서를 통해 한반도 분할문제를 검토했고, 다른 지도를 통해 38선의 존재를 알고 있던 상황에서 8월 중순 내셔널지오그래픽 지도에 38선을 그려 넣었다"고 주장했다. 그는 "따라서 미국의 38선 분할과 진주는 1945년 8월 초순 돈 오버도퍼의 지적처럼 불현듯 제기되고 결정된 것이 아니라 최소한 수년간 준비된 정책의 발현이었다"며 "이미 한반도 석권을 목전에 두고 있던 소련은 미국의 제안을 수용했다. 소련이 38선 제안을 수용한 것은 얄타체제에 대한 소련의 의존, 미국과의 정면대결에 대한 스탈린의 우려, 유럽에서의 기득권 유지, 일본의 분할점령 의도 등 때문이었다"고 지적했다.[31)]

## 미국, "1945년 초부터 한반도 분할, 소련 영향력 저지 기획"

이처럼 미국은 한국문제를 등한시하긴 했지만 소련 공산주의가 태평양으로 진출하는 것을 저지하기 위해 처음부터 한반도 분할점령을 구상했다. 브루스 커밍스도 《김정일 코드》에서 "미국은 진주만 사건이 벌어진 지 채 6개월도 지나지 않아 종전과 동시에 한국을 점령할 계획을

30) 정병준, 《한국전쟁》(돌베개, 2006년), p. 126.

31) 이완범, "미국의 한반도 분할선 획정에 관한 연구," 연세대학교 박사학위논문, pp. 39~45.

세우기 시작했다"며 "1945년 8월의 38선 분할 결정은 국무부에서 3년간의 준비 끝에 나온 결과물"이라고 강조했다.[32] 미국 외교관을 지낸 저명한 한국전문가 그레고리 핸더슨(Gregory Henderson)은 1974년 한반도 분단결과를 다음과 같이 기술했다.

> "이 시대, 이 세계에서 한반도의 분단만큼 그 연원이 놀랍고, 충격적인 사례는 다른 어느 곳에서도 찾아볼 수 없다. 분단 당시 당사자들의 의지와 상황은 전혀 고려되지 않았고, 지금까지도 그 과정을 설득력 있게 설명할 수 없다. 한반도의 분단은 강대국(强大國)들이 저지른 엄청난 실수의 부산물(副産物)이다. 때문에 미국 정부는 한반도 분단에 따른 엄청난 부담을 감내할 수밖에 없게 된 것이다."

이희진·오희일은 "전후 처리에 대한 정책을 짜놓았던 루스벨트 행정부의 구상과는 상관없이 트루먼 행정부가 들어서면서 기본 틀 자체가 바뀌었다. 소련의 참전을 저지하려 했다는 것 자체가 소련과 협조를 통해 한반도를 관리하겠다던 애초의 태도가 근본적으로 바뀌었음을 의미한다"며 "트루먼 행정부는 더 이상 소련을 신뢰할 수 있는 동반자로 보지 않았던 것"이라고 분석했다. 남북 분할점령에 따라 서울을 점령하고, 주둔하게 된 하지 사령관은 9월 9일 남북 지역간 정책조정의 중요성을 느끼고 교섭에 나섰다. 하지는 9월 24일 '분할점령'을 '통일된 임시정부 수립'으로 전환시켜 줄 것을 맥아더에게 요구했다. 한국점령의 궁극적 목표는 '자유롭고 독립적인 국가의 수립'(*the establishment of a free and independent nation*)이었다. 북한을 점령한 소련점령군사령부도 그러한 중요성을 느꼈는지 소련군 연락장교들이 9월 25일 서울에 도착했고, 9월 30일에는 미군 연락장교들을 평양에 보냈다. 이와 관련 이완범은 "소

---

32) 브루스 커밍스 지음, 남성욱 옮김, 《김정일 코드》(따뜻한 손, 2006년), p. 49.

련에게 한반도는 일본점령에 참여하거나 분할점령을 도모하는 등 다른 지역에서 더 많은 이권을 확보하기 위한 흥정의 대상이었다"고 주장했다.[33] 그런데 이들 연락장교들은 2주일도 지나기 전 모두 철수하게 된다. 소련은 10월 11일, 미국은 13일 각각 연락관들을 철수시켰다. 치스치아코프 소련점령군사령관의 서한에 의하면 "고위 레벨에서 경제·정치적 문제가 해결되기 전에는 연락사무소가 필요 없다"는 것이다.

이정식은 《해방 전후사의 재인식 2》의 "한반도 분단의 고착화-스탈린 한반도 정책 1945"에서 "치스치아코프는 9월 30일까지도 스탈린의 9·20 지령내용을 모르고 있다가 10월 초 전달받은 듯하다"며 "연락장교단이 철수한 후 일어난 또 하나의 사태는 10월 말까지도 연해주 사령부와 치스치아코프 사령관이 스탈린 지령의 해석에 얼마나 망설이고 있었는지를 보여준다"고 분석했다. 그는 "한반도를 부차적 관심사로 생각했던 스탈린은 일본 홋카이도 일부라도 공동통치 참여가 거절되자 9월 20일 연해주 및 제 25군 군사평의회에 전문을 보내 '북조선에 반일적인 민주정당조직의 광범위한 연합(블록)을 기초로 부르주아 민주주의 정권을 수립할 것'을 지시했다"며 "이는 북한에 단독정권이 들어서고, 한반도 분단의 고착화를 의미한다"고 주장했다. 그는 "9월 12일부터 10월 2일까지 미·영·중·소·프랑스의 런던 5개국 외상회의에서 미국과 소련은 패전한 일본의 통치문제에 대해 심각한 의견대립을 보여 15, 16일부터 교착상태에 들어갔다"며 "런던회의가 시작되기 전인 9월 7일 몰로토프는 일본에 공동관리위원회 설립을 요구했지만 미국은 회의도중인 9월 22일 일본의 단독통치를 발표, 회의 분위기가 매우 악화된 상태였다"고 전했다. 그는 "스탈린은 10월 25일 미국대사 해리먼과 대담에서 일본문제에 대해 소련을 전적으로 무시하고 있다면서 경직된 태도를 취했고, 동유럽이나 한반도 등 소련 점령지역에 대한 정책에 종지부를

33) 이완범, 앞의 논문, p. 45.

찍는 발언을 했다"며 "미국은 오랫동안 고립주의자들이 권력을 장악했는데, 소련도 이제 고립주의를 택하는 것이 좋을지 모르겠다. 이로써 스탈린도 독단적 정책을 취하겠다는 선언을 한 셈"이라고 밝혔다.

이정식은 "이처럼 제 2차 세계대전이 끝난 후의 첫 외상회의에서 미국 등이 보여준 태도는 스탈린을 분개하게 만들고도 남았을 것이다. 미국이 만주에서의 특권문제는 협조적이었지만 일본에 대해서는 소련을 전승국으로 대우하기보다는 그저 자국보다 열등한 국가 중 하나로 취급하고 소련의 팽창을 제지하고 고립화시키려 한다는 인상을 가질 수밖에 없었을 것"이라며 "한반도 통일은 미국으로 하여금 북한지역의 통치에 참여케 하는 것이고, 통일된 정권에 미국이 관여하면 한반도는 소련의 안전보장에 위협을 주는 존재가 될 수 있었다. 따라서 소련은 북한지역에 믿을 수 있는 공산체제를 구축하는 길을 택할 수밖에 없었다"고 분석했다. 결국 일본 분할통치 문제가 한반도 분단의 결정적 요인으로 작용했던 것이다. 이정식은 "스탈린은 한반도 전체를 점령할 의도를 갖고 있었던 것은 아니고, 한반도에 대한 일관성 있는 계획이 따로 있었던 것도 아니었다"며 "런던회의의 대결이 북한에서 기득권을 공고히 하게 결심하도록 한 것이고, 한반도 분단이 고착화되는 계기가 됐다"고 밝혔다.[34] 반면 양동안은 《대한민국 건국사》에서 "스탈린이 서울점령 지령을 내렸다"고 주장했다.[35] 김학준은 《한국전쟁》에서 "1945년 6~7월 사이 작성된 것으로 보이는 미 합동전쟁계획위원회 비밀보고서(JWPC 385-1)는 미·영·중·소 4강에 의해 한반도를 공동점령할 것을 건의했다. 서울은 미국과 소련이 공동점령하기로 했다"고 기술했다. 그는 "소련이 일본에 선전포고할 당시 소련 극동군은 한반도에 진공해 들어

---

34) 이정식, "냉전의 전개과정과 한반도 분단의 고착화-스탈린의 한반도 정책 1945," 김일영 외 공저, 《해방 전후사의 재인식 2》(책세상, 2006년), pp. 13~55.

35) 양동안, 《대한민국 건국사》(현음사, 2001년), pp. 35~36.

올 충분한 전투태세를 갖추고 있지 않았다. 또 소련의 1차적 관심은 일본 홋카이도 분할점령에 있었지 한반도 분할점령에 있지 않았다"고 강조했다.[36)]

찰스 암스트롱은 《북조선 탄생》에서 "북한의 친소공산화는 제 2차 세계대전 종전 당시 모스크바의 주요 현안이 아니었다. 한반도 양쪽 점령지역에서 조선인 사이의 정치적 조정, 그리고 조선문제에 대한 미국과 소련의 입장경색은 유럽에서의 미·소 경쟁과 관련한 일련의 사건들과 무관했다"며 "무엇보다도 소련군은 점령을 위한 인원도 크게 부족했고, 준비도 되지 않았다. 점령초기 계획은 모스크바로부터 나온 것이 아니라 소련군 극동 25군의 즉흥적인 것"이라고 주장했다. 그는 "대일 참전 선언 7일 만에 일본이 전혀 예상치 못한 항복을 선언했기 때문에 소련은 당황했다"며 "미국의 계획대로 소련은 일본점령에 참여할 수 없었고, 소련은 미국이 제안한 조선에 대한 공동점령안을 받아들였다"고 밝혔다. 찰스 암스트롱은 또 "1945년 10월에 이르러 미국은 조선에 대해 소련의 강경노선을 감지했다"며 "그것은 9월 11일~10월 2일의 런던외무장관회의 이후 미국이 일본점령에 참여하려는 소련의 요청을 거절한 것과 관련이 있다"고 미 국립문서보관소 자료를 통해 밝혀냈다.[37)]

## 소련, "북한은 일본점령 참여나 분할점령 도모 위한 흥정대상"

소련은 홋카이도 분할점령이 가장 큰 관심사였지만 미국은 이를 완강히 거부, 소련의 조선에 대한 입장이 강경하게 돌아섰다. 따라서 일본 홋카이도 문제가 한반도를 남북으로 분단시킨 결정적 계기가 되었다. 독일이 동서독으로 분할되었듯 일본 홋카이도가 분할됐더라면 역으로

36) 김학준, 《한국전쟁》(박영사, 1989년), pp. 20~21.

37) 찰스 암스트롱 지음, 김연철 옮김, 《북조선 탄생》(서해문집, 2006년), pp. 75~76.

한반도는 통일되었을 가능성이 높다. 1944년 당시 남한인구는 1,657만여 명이고, 북한은 855만여 명이었다.

외세에 의한 분단고착화를 온몸으로 막아내며 남북통일을 죽을 때까지 추진했던 인물이 바로 김구이다. 그는 임정 주석으로 있으면서 좌우합작을 통한 광복군 창설과 임정지도부를 구성, 운영했기 때문에 남북통일에 확신을 가졌다. 반면 소련과 미국의 분단고착화에 편승, 남북이 각각 단독정부를 구성해 집권을 추구했던 인물이 바로 이승만과 김일성이다. 이승만은 남한에 친미 민주주의 국가를, 김일성은 북한에 스탈린 독재 공산국가를 수립했다.

손자 시대를 맞은 남북관계는 이에 맞는 변화가 필요하고, 개성공단은 매우 중요한 매개체가 되고 있다. 2000년 6·15남북정상회담 결과 남한이 북한 땅에 조성한 개성공단은 2003년 6월 착공식을 갖고 공장건설에 착수, 2004년 12월부터 제품을 생산, 2009년 4월 현재 북한 근로자는 4만 명에 달했고, 생산액도 5억 달러를 넘어섰다. 남북열차도 2007년 12월 11일 56년 만에 개통됐다. 개성공단에는 2009년 6월 현재 106개 업체가 입주했다. 개성공단에는 2006년 12월 1일 짐 맥더모트, 마이클 혼다, 엔니 팔레마베가 의원 등 미 민주당 소속 하원의원 3명이 처음 방문했고, 1999년 미국 대북정책을 총괄 '페리보고서'를 만들었던 윌리엄 페리 전 미 국방장관은 2007년 2월 22일 이곳에 들렀다. 세계 언론인 150명도 3월 16일 개성공단을 방문했고, 돈 오버도퍼는 2008년 2월 12일 방문해 '훌륭한 구상'(*great idea*)이라고 했다. 하버드 경영대학원의 2009년 봄 MBA과정 1학기 필수과목인 '사업관리와 국제경제' 수업에서 학생들은 총 8시간에 걸쳐 개성공단 사례를 공부했다. 한반도 전문가 마커스 놀랜드는 11월 14일 이곳을 방문, "근로환경이 예상보다 훨씬 좋다"고 감탄했다. 11월 20일 프랑스 투자시찰단도 방문했다.

## 개성공단, 국제학계 공식 주목, 하버드대 MBA 공식 교과 채택

백낙청은 한반도 통일과 관련 《한반도식 통일, 현재진행형》에서 “한반도의 분단현실은 세계 어느 곳에도 유례가 없는 그 나름의 특이한 구조를 지녔기 때문에 한반도의 통일 또한 교과서에 없고 현대정치사에 선례도 없는 독특한 방식을 창안하지 않고는 달성할 수 없다”며 “일을 해나가면서 그때그때 최대한의 창의성을 발휘하는 일이 중요하지 기존개념들 가운데서 이게 맞냐 저게 맞냐를 놓고 싸워대는 일은 백해무익한 것”이라고 강조했다.[38]

반면 서울대 행정대학원 통일정책팀은 “한반도 통일을 재추진하기 위해서는 남북한 간에 시장경제와 민주주의 미래에 대한 공감대를 형성시키는 작업이 무엇보다 절실하다. 북한주민의 인성(人性)과 문화(文化)가 시장 친화적이고 민주주의적으로 바뀌어야 한다”면서 “독일 통일의 실패에서 보듯 동족개념의 ‘감성적 통일론’이나 경제교류의 ‘남북분업론’은 마츠(H. J. Maaz)와 볼프강 엥글러(Wolfgang Engler)의 지적처럼 실패한다. 따라서 남한은 통일을 위한 전혀 새로운 전략과 접근이 필요하다”고 주장했다.[39]

지난 60년간 남북 당국이 온갖 노력 끝에 겨우 결실을 맺은 개성공단 사업은 결코 좌초돼서는 안 된다. 그런데 북한은 키 리졸브 한미연합훈련과 이명박 정부가 6·15선언과 10·4선언을 수용하지 않는다는 이유로 2009년 3월 9일부터 20일까지 세 차례 개성공단 통행을 중단시켰고, 현대아산 직원 1명을 탈북책동·체제비난 혐의로 체포, 억류했다. 상주인원도 880명으로 절반 이상 줄이고 육로통행을 엄격히 제한했으며

---

38) 백낙청, 《한반도식 통일, 현재진행형》(창비, 2006년), p. 20.

39) 서울대 행정대학원 통일정책연구팀, 《남과 북 뭉치면 죽는다》(랜덤하우스중앙, 2005년), pp. 302~304.

2010년부터 토지료를 받고 임금을 대폭 올리겠다고 통고했다. 급기야 남한 체류자 억류와 통행제한 등 남북관계가 경색되고 바이어들의 주문이 급감하자 2009년 6월 8일 스킨넷 의류업체가 개성공단 철수서류를 개성공단관리위원회에 접수시켰고, 17일 철수했다. 이어 6월 19일 남북 개성공단실무대표회담이 경협사무소에서 열려 남한은 개성공단을 국제적 공단으로 발전시키기 위한 3개 원칙을 제시했고, 북한은 기업경영 애로 타개를 위해 통행 및 체류 제한조치 해제 용의를 표명했다.

이러한 현실을 감안해 볼 때 북한주민의 인성과 문화가 시장 친화적이고 민주주의적으로 바뀌지 않는 한 '감상적 통일론'이나 '남북분업론'은 남북통일을 실패로 이끌 수밖에 없다는 느낌이 든다.

# 3. 독도, "미국 이중태도, 한·일 분쟁 빌미제공"

## 일 침탈야욕 "분쟁지역 비치지 않게 이성적 전략적 대응 필요"

독도와 동북공정은 우리 현대사의 가장 민감한 현안이자 일본과 중국에 맞서 우리 민족영토를 지켜내야만 하는 불퇴전의 싸움이다. 우선 독도는 우리가 실효지배하는 고유영토이다. 한승수 국무총리는 2008년 7월 29일 역대 총리로는 처음 독도를 방문해 '동해의 우리 땅 독도(獨島)'라는 문구가 새겨진 가로 32㎝, 세로 22㎝ 크기의 표지석 제막식을 갖고 독도 영토주권 수호의지를 굳건히 다졌다. 한 총리는 "독도는 울릉도의 자도(子島), 아들 섬으로 남이 뭐라고 해도 우리의 자식"이라며 "최근 이웃나라에서 독도를 자기네 땅이라고 하지만 호적을 따져보면 독도는 우리의 아들임을 알 수 있다"고 '자식론'과 '호적론'으로 일본 주장에 적극 맞섰다. 그는 "독도는 동쪽 끝이 아니라 세계로 뻗어가는 관문이고 이번 일을 계기로 독도가 우리 영토임을 세계만방에 각인시켜야 한다"며 "주권수호 차원에서 단호하게 대처해 나가되 너무 감정적, 즉흥적으로 대응할 필요는 없고, 국제분쟁지역으로 비치지 않도록 이성적이고 전략적이며 차분하고 장기적인 안목으로 대처해야 한다"고 주문했다. 그는 특히 "독도수호를 위해서는 모든 국민이 힘을 합치는 것이 무엇보다 중요하다"고 강조했다.

일본은 독도를 1905년 '무주지(無主地) 선점'이라고 처음에는 궁색한 변명을 늘어놓다가 우리의 '고유영토'임을 입증해 국제사회에서 통하지 않자 이제는 '고유영토'라는 허구주장을 내세우고 있다. 자신들의 고유영토라면 무엇 때문에 1905년 사마네현 고시로 '독도'를 시마네현에 포함시켰는지 설명을 제대로 못하고 있다. 일본인 나이토 세이추는 《한일 전문가가 본 독도》에서 "이렇게 '무주지'라고 했던 것을 '고유영토'라고 변경한 이유가 명확하지 않다"며 "1952년 4월 28일 발효된 대일강화조약 중 독도가 기술되어 있지 않다는 이유가 곧 일본령이 되는 것이라는 견해가 일본정부나 민간에 널리 유포되어 있던 가운데 당시 '독도논쟁'에 깊이 관여하고 '고유영토론'에 이론적 측면에서 지도적 역할을 담당했던 가와카미 겐조가 굳이 '미해결지역 중의 하나'라고 말한 의미가 크다. 가와카미가 그렇게 말한 배경을 생각해 볼 필요가 있다"고 지적했는데 그의 예상은 적중했다.[40] 2008년 7월 미 국립지리원 지명위원회(BGN)는 독도를 '한국령'(*South Korea*)에서 '주권 미지정 지역'(*Undisignated Sovereignty*), 즉 분쟁지역으로 표기를 바꿨다. 이는 일본의 집중 로비 때문이었다. 미 국무부는 7월 28일 "독도에 대한 이름과 분류라는 측면에서 미국은 수십 년간 주권문제에 관해 입장을 표명하지 않았고 '리앙쿠르 록스'(*Liancourt Rocks*)라는 명칭을 사용했다"며 "BGN이 '주권 미지정 지역'에 넣은 것은 전혀 정치적 고려 없이 전문가들이 내린 결정으로 미국정부 입장과 관련이 없으며 미국정부 입장은 변하지 않았다"고 밝혔다. 하지만 미국이 독도문제를 놓고 한국과 일본 사이에 중립입장을 빌미로 이중적 태도를 보이고 있다는 비판이 강력 제기됐다. 독도를 실효지배하는 '한국령'에 대해 연방기관이 부인하는 '분쟁지역'으로 포함시킨 반면 센카구 열도나 쿠릴열도의 북방 4개 섬은 전혀 손대지 않았다.

이 같은 미국정부 입장은 한국시간 7월 31일 전면 바뀌었다. 부시 미 대통령은 30일 콘돌리자 라이스 국무장관으로부터 독도 표기사태 해결

---

40) 김정렬 · 나이토 세이추 공저, 《한일 전문가가 본 독도》(다다미디어, 2006년), pp. 275~279.

방안 검토결과를 보고받고 원상회복을 지시했다. 라이스 등 미 지명위원회 관계자들은 3시간 동안 논의 끝에 독도지명을 원상회복시키기로 결정했다. 부시 지시로 이날 미 BGN은 '미지정 지역'으로 변경했던 독도의 영유권 표기를 '한국'(*South Korea*)과 '공해'(*Oceans*)로 원상회복했다. 이에 따라 독도는 다시 한국점유를 나타내는 '한국령'으로 표기됐다. 다만 독도의 표준명칭은 1977년 7월 14일 채택된 '리앙쿠르 암'으로 사용되고 '독도'(Dokdo)는 리앙쿠르 암의 변형어로 다케시마와 함께 지오넷 사이트에 소개됐다. 신용하는《한국과 일본의 독도 영유권 논쟁》과 "독도의 민족영토사 연구"에서 "한국은 서기 512년부터 독도를 고유영토로서 영유했기 때문에 독도는 역사적으로나 국제법상으로나 고유영토로서 완벽한 한국영토이다. 일본이 국제사법재판소 판결을 요청해도 절대로 응할 필요가 없다"며 "일본정부가 아직도 독도를 일본영토라고 억지주장하는 것은 일본 제국주의자들의 침략정책을 계승하려는 침략적 대외정책이므로 철저하게 비판받아야 한다"고 강조했다.[41] 독도문제가 한일 간 분쟁을 일으키는 데는 일본 침략야욕과 해방 후 확고한 입장을 견지하지 못한 미국 잘못도 크다.

## 부시 미국 대통령 지시, 독도 '주권 미지정 지역'서 '한국령' 원상회복

미국은 제2차 세계대전 후 처음부터 '독도는 한국령'이라고 분명하게 못박았다. 연합국 최고사령부(SCAP)는 1945년 8월 15일 일본의 무조건 항복을 받은 후 5개월간의 연구검토 끝에 1946년 1월 29일 연합국 최고사령부 지령(SCAPIN: *Supreme Commander Allied Powers Instruction*) 제677호로서 '특정의 주변지역을 정치상과 행정상 일본으로부터 분리하는 것에 관한 각서'(*Memorandom for Governmental and Administrative*

41) 신용하,《한국과 일본의 독도 영유권 논쟁》(한양대출판부, 2003년), p. 241.

*Separation of Certain Outlying Areas from Japan*)를 발표하고 일본정부에 전달했다. 이 SCAPIN 제 677호는 일본의 항복문서를 집행하기 위해 '일본 영토와 주권행사 범위'를 정의한 것이었다. 최고사령부는 이것을 '일본의 정의'(*the definition of japan*)라고 표현했으며, 일본영토와 정치·행정권 행사지역이 명백하게 규정됐다. 여기서는 분명히 독도(*Liancourt Rocks*)는 일본영토에서 제외시키고 한국령에 포함시켰다.

SCAPIN 제 677호 중 독도관련 제 3조는 "이 지령의 목적을 수행하는데 일본은 4개 주요 섬을 포함한다. (중략) 그리고 제외되는 지역은 (a) 울릉도, 독도, 제주도이다"〔*For the purpose of this directive, Japan is defined to include the four main islands of Japan* (중략) *and excluding* (a) *Utsryo* (*Ullung*) *island, Liancourt Rocks, Quelpart* (*Cheju*) *island*〕"라고 했다. 또 제 4조는 '한국'도 일본 영토와 주권행사로부터 제외지역으로 규정했다〔*Further areas specifically excluded from the governmental and administrative jurisdiction of Imperial Government are the following:* (c) *Korea*〕.[42] 이처럼 연합국 최고사령부는 지령 제 677호에 의해 한국은 물론 울릉도, 독도, 제주도는 일본영토로부터 제외시켰다. 신용하는 《독도 영유권에 대한 일본주장 비판》에서 "여기서 주목할 것은 그 집단분류이다. SCAPIN 제 677호에서 일본 영토와 정치·행정적 주권행사로부터 제외해야 할 곳을 (a)(b)(c)의 3개 범주로 집단분류하면서 (a) 집단 안에 '울릉도, 독도, 제주도'의 3개 섬을 범주화하고 있다. 이것은 연합국 최고사령부가 일본영토에 포함시킬 대상의 섬들을 조사한 후 일본과 한국의 영토를 구분하여 '울릉도, 독도, 제주도'를 명백하게 한국영토로 판정한 것"이라고 말했다. 신용하는 "이 지령의 제목이 '특정의 주변지역(*Certain Outlying Areas*)을 일본으로부터 정치적·행정적으로 분리하는 것에 대

---

42) 독도협회, 《독도 영유권 자료의 탐구》 제 3권(독도연구보전협회, 2000년), pp. 248~249.

한 각서'라고 규정했고, 연합국 최고사령부 자신이 이것을 '일본의 정의'라고 하여 명백히 영토규정임을 선언했으니, 여기서 '지역'(地域)이 '영토'(領土)임은 더 말할 것도 없다. 따라서 SCAPIN 제 677호가 1946년 1월 29일자로 독도를 한국영토로 판정하여 한국에 반환하는 것은 논란의 여지가 없는 것"이라고 강조했다.[43] 이로써 독도는 SCAPIN 제 677호에 의해 제주도 및 울릉도와 함께 국제법상 합법적으로 한국이 배타적 영유권을 가진 영토로 연합국에 의해 국제적으로 판정받았다.

특히 연합국 최고사령부가 작성하여 SCAPIN 제 677호에 첨부한 지도는 이를 더욱 명확히 해준다. 지도 공식명칭은 '연합국 최고사령부 행정구역: 일본과 남한'(*SCAP Administrative Areas: Japan and South Korea*)이다. 지도에서는 한국과 일본의 구역구분을 선으로 그려 표시했는데, 해양면적을 직선으로 그어가다가 독도수역에 도달하자 반원을 분명하게 그려가면서까지 독도(*Liancourt Rocks*)가 한국영토이며 일본영토가 아니라는 사실을 명백히 하고 있다. 신용하는 "SCAP의 이 지도는 연합국 최고사령부가 독도를 한국영토로 판정, 반환시켜서 미군정에 관리시켰음을 극명하게 보여주며, 국제법상 아직도 효력을 갖는 독도가 한국영토라는 연합국의 결정을 극명하게 증명해주는 지도인 것"이라고 주장했다.[44]

## 연합국 최고사령부 지령 SCAPIN 제 677호 '독도 한국령' 명시

연합국 최고사령부는 1946년 6월 22일 SCAPIN 제 1033호를 발표, '일본인의 어업 및 포경업의 허가구역'인 맥아더 라인(*MacArthur Line*)을 설정하여 일본인의 독도접근을 금지시켰다. 즉, "일본인 선박 및 승

43) 신용하, 《독도 영유권에 대한 일본주장 비판》(서울대출판부, 2001년), p. 150.

44) 위의 책, p. 154.

무원은 금후 북위 37도 15분, 동경 131도 53분에 있는 리앙쿠르 암(독도)의 12해리 이내에 접근하지 못하며 또한 동도(同島)에 어떠한 접근도 하지 못한다"〔*Japanese vessels or personnel thereof will not approach closer than twelve* (12) *miles to Takeshima* (*37° 15′ North Latitude, 131° 53′ East Longitude*)〕[45] 고 규정했다.

신용하는 "이 SCAPIN 제 1033호는 1949년 9월 19일 SCAPIN 제 2046호에 의해 폐지되었지만 연합국 최고사령부는 1952년 해체될 때까지도 SCAPIN 제 677호는 전혀 수정하거나 폐지하지 않았다"며 "연합국 최고사령부는 1946년 1월 29일 SCAPIN 제 677호를 통해 독도를 일본영토에서 제외시켜 한국에 반환하고, 1948년 8월 15일 한국 정부수립과 국제연합(UN)에서 주권국가로 승인받아 독도에 대한 주권을 행사할 때까지 독도는 SCAPIN 제 677호에 의해 일본영토로부터 완전히 최종 분리되어 국제법상으로 완벽한 한국영토가 된 것"이라고 강조했다. 그는 "따라서 독도는 대한민국 승인 없이는 어느 나라도 영유권을 협상할 수 없는 주권국가 대한민국 고유영토로서 국제사회에서 확고하게 정립되고 공인된 것"이라고 주장했다. 그는 "일본정부가 '독도 영유권 논쟁'을 제시하면서 SCAPIN 제 677호가 편의상의 행정조치이지 영토규정이 아닐 수 있다고 주장한 것은 억지에 불과하다"고 반박했다.[46]

## 미 공군, 1951년 3월 23일 "한국방공구역 '독도포함' 설정"

미 태평양 공군사령부도 1951년 3월 23일 KADIZ(한국방공식별구역)를 설정하면서 독도를 이 구역 내에 포함시켰다. KADIZ에는 독도 동쪽 외곽의 동해상 KADIZ까지 가장 가까운 거리는 23㎞다. 이는 독도가 한

45) 독도협회, 앞의 책, pp. 257～261.

46) 신용하, 《독도 영유권에 대한 일본주장 비판》(서울대출판부, 2001년), pp. 155～157.

국영토임을 뒷받침하는 국제법적 근거 중 하나로 꼽히고 있다. 한 국가의 방공식별구역(ADIZ)은 '영공'(嶺空)은 아니지만 영공방위를 위해 외국 항공기의 운항을 통제하는 구역이며, 군용기와 민항기를 막론하고 외국항공기가 진입하려면 24시간 이전에 해당국 군당국의 허가를 받아야 한다. KADIZ는 동·서·남해상 8개의 지리상 좌표를 직선으로 연결한 것으로, 특히 동해상공의 KADIZ와 일본방공식별구역(JADIZ)은 거의 붙어 있다. 이후 미 공군은 1987년에 발행된 항법지도에도 KADIZ 내에 독도가 있음을 분명하게 명시했다. 미국 스스로 독도가 한국관할권하에 있음을 인정하는 자료이다. 일본은 미국이 독도 외곽으로 KADIZ를 설정할 당시 아무런 이의를 제기하지 않았다. 1969년 9월 방위청 훈령 제36호(방공식별권 비행요령에 관한 훈령)에 근거해 JADIZ를 설정할 때와 1972년 5월 오키나와〔沖繩〕 반환에 따라 JADIZ 범위를 늘릴 때에도 독도를 포함시키지 않았다. 일본의 민간항공기(C-500) 1대가 1995년 10월 26일 KADIZ를 처음 침범한 이후 2005년 3월에는 정찰기 1대가 KADIZ로부터 10마일, 독도 남쪽 36마일 지점까지 접근했다가 우리군의 경고통신을 받고 퇴각했다. 서영득 전 공군법무감은 "방공식별구역은 국제관행으로서 어느 정도 시간이 지나면 국제관습법으로 굳어진다"며 "한국방공식별구역도 국제관습법으로 인정받아가는 과정"이라고 강조했다.

연합국은 1951년 9월 8일 미국 샌프란시스코에서 대일강화조약을 체결, 1952년 4월 28일부터 발효되었는데, 이때 미국은 독도문제에 빌미를 제공했다. 연합국의 대일강화조약 체결에 앞서 미국이 1947년 3월 26일 작성한 제1차 초안부터 1949년 11월 2일 작성한 제5차 초안에 이르기까지 독도를 한국영토로 분명히 규정했는데, 내용은 다음과 같다.

"일본은 이에 의거하여 한국(조선)과 제주도, 거문도, 울릉도, 독도를 포함한 근해의 모든 다른 섬들에 대한 권리와 소유권을 포기한다"〔*Japan hereby renounces in favor of the Korean people all rights and titles to Korea* (*Chosen*) *and offshore Korean islands, including Qualpart* (*Saishu To*: 제주도), *the Nan How group* (*Komun Do*: 거문도), *Dagelet Island* (*Utsuryo To*: 울릉도), *Liancourt Rocks* (독도); *and all other islands*〕.

그러나 대일강화조약 제 5차 초안이 일본에 유출되자 일본이 맹렬한 로비를 벌였다. 신용하는 로비 증거로 "미국의 일본정부 고문 시볼드(W J. Sebald)가 독도를 일본에 귀속시켜서 미 공군 기상관측소 및 레이더 기지로 사용하는 것이 미국에 유익하다고 주장한 곳에서, 일본이 독도를 미국 공군기지로 제공하기로 하고 맹렬한 로비를 한 것임을 알려주고 있다"고 밝혔다. 시볼드는 미 국무부에 전보를 쳐서 "독도를 일본영토에 포함시키자"고 건의하면서 "안보적 관점에서도 이 섬에 미군 기상관측소 및 레이더기지를 설치하는 것이 바람직하다"고 강조했다. 시볼드는 11월 19일 서면으로 "한국에 넘겨졌던 전에 일본이 소유했던 섬들의 처리와 관련 독도(獨島)는 초안 제 3항에 일본소유로 넣을 것을 건의한다. 이 섬에 대한 일본의 주장은 오래되었고, 타당한 것으로 보이며, 이 섬을 한국근해의 섬으로 간주하기 어렵다고 본다"(*With regard to the disposition of islands formerly possessed by Japan in the direction of Korea it is suggested that Liancourt Rocks be specified in our proposed Article 3 as belonging to japan. Japan's claim to these islands is old and appears valid, and it is difficult to regard them as islands off the shore of Korea*)고 건의했다.[47] 미국은 시볼드의 건의를 받아들여 1949년 12월 29일 제 6차 초안에서 일본영토 규정에 처음으로 독도를 포함시키고, 주석(*commentary*)을 달아

47) 신용하, 《한국과 일본의 독도 영유권 논쟁》(한양대출판부, 2003년), pp. 222~223.

독도를 일본영토로 옮긴 이유를 설명했다. 즉, 독도는 동해상 한국과 일본의 등거리 중간지점에 있고, 1905년 한국의 항의 없이 명백하게 일본이 영토편입을 주장하여 시마네현〔島根縣〕 오키도사〔隱岐島司〕 관리하에 두었다. 독도는 바다사자 집단서식지로서 오랫동안 일본 어부들이 특정계절에 이동해 거주했다는 기록이 있다. 서쪽에 조금 떨어져 있는 울릉도와는 달리 독도는 한국 명칭이 없으며 한 번도 한국영토로 주장된 바 없다. 그 섬은 점령기간 동안 미 공군 폭격연습장으로 사용되었으며, 기상관측소와 레이더기지로서 가치가 있다고 했다.

이에 대해 신용하는 "시볼드가 미국의 안보적 고려를 내세우며 제 5차까지의 미국 초안 수정과 원주인 한국에 반환된 독도를 일본영토로 수정권고한 것은 맥아더의 동의를 받은 것으로 서류에 시사되고 있다"며 "연합국은 이미 1946년 1월 사실에 입각, 독도를 한국영토로 판정하여 주한 미군정에 반환했고, 1948년 8월 15일 대한민국 정부가 수립되자 한국정부에 인계되어 한국영토로서 이미 대한민국이 독도주권을 행사하고 있었다. 한국은 1948년 12월 12일 유엔에 의해 국제법상 합법정부로 공인받았다. 따라서 대한민국 영토로서 국제법상 공인되고 확립된 대한민국 영토인 독도에 대해 미국이 일본에 부속시키려고 획책한 것은 천부당한 시도들이며, 분쟁의 씨앗을 뿌리는 일"이라고 비판했다.[48] 특히 미국의 주석은 사실과는 너무 다른 허위였다. 우선 1905년 일본이 독도를 영토편입했을 때 명백히 한국의 항의를 받은 바 없었다는 것은 전혀 사실이 아니다. 당시 일본은 내각회의에서 '독도를 영토편입한다'고 결정해 놓고 한국이 알까 두려워 관보에 게재하지 않고 중앙신문에 보도하지 못하게 했다. 오직 시마네현 지방청에서 한국인들이 모르도록 고시했다. 뒤늦게 1906년 3월 일본이 한국 몰래 독도를 도둑질하려 했음을 안 한국정부・신문・지식인들이 강력히 항의하고 이를 인정하

48) 위의 책, pp. 224~225.

지 않았다. 독도는 울릉도 생활권이어서 독도에 들어가 계절적으로 거주하며 고기잡이를 한 것은 바로 울릉도의 한국어민들이었다. 더구나 한국은 512년부터 독도를 우산도(宇山島)·석도(石島)·독도(獨島)라는 이름으로 부르며 점유했음을 고문헌에 의해 잘 증명되고 있다. 대한제국은 1900년 칙령 제 42호를 발표하여 독도를 강원도 울릉군수의 관장하에 두어 잘 통치하고 있었다. 따라서 독도는 무주지(無主地)가 아니라 엄연히 한국이 주인인 유주지(有主地)로서 일본이 대한민국 땅을 강탈한 것이다.

미국이 제 6차 초안에 독도를 일본영토로 수정하자 뉴질랜드, 호주, 영국으로부터 강력한 항의를 받았다. 특히 영국은 독자적으로 대일강화조약 초안을 3차까지 만들었다. 초안에는 제주도와 복강도(福江島) 사이, 한반도와 대마도(對馬島) 사이, 독도와 오키도〔隱岐島〕 사이를 연결하는 선을 그어 제주도와 독도를 한국영토에 포함시키고, 대마도와 오키도를 일본영토에 귀속시키도록 정확하게 복원했다. 당황한 미국은 영국을 설득하여 1951년 5월 3일 미·영 합동초안을 만들었는데, 일본은 한국에 대한 모든 권리와 소유권·청구권을 포기한다고 하고 괄호 안에 제주도, 거문도, 울릉도를 포함한다는 문구를 넣었다. 그러자 뉴질랜드가 미·영 초안에 반대하고 영국 초안처럼 경위선(經緯線)을 정확히 표시하여 일본영토를 정확히 한정시키자고 주장했다. 그래야 일본주변에 있는 어떠한 섬에 대해서도 주권분쟁의 여지를 남기지 않도록 보장되기 때문이라고 했다. 뉴질랜드 주장은 영국 초안처럼 독도와 오키도 사이에 명확하게 선을 그어 독도는 한국영토, 오키도는 일본영토임을 표시해야 일본 부근의 섬들이 주권분쟁의 여지가 없어지게 된다는 것이었다(*New Zealand "In view of the need to ensure that none of the island near Japan is left in disputed sovereignty, the New Zealand Government favours the precise delimitation by latitude and longitude of the territory to be retained by*

*Japan as suggested in Article 1 of the United Kingdom's draft. The adoption of the device could for example make it clear that the Habomai Islands and Shikotan at present under Russian occupation will remain with Japan*"). 이에 미국은 그렇게 하면 일본에게 울타리를 쳐 심리적으로 일본에 불이익을 줄 것 같아 폐기했고, 일본인들이 영국 초안에 반대해 폐기하기로 했다고 일본을 일방적으로 편들었다.

## 뉴질랜드 · 호주 · 영국 "독도 일본편입 강력 항의", 미 "당황 삭제"

신용하는 "대일본 강화조약 초안에 한국영토 부분을 다루면서 한국정부에 대해서는 하등의 협의나 의견조정 없이 정보까지 주지 않으면서 일본에 대해서는 일본인들이 반대하는 것은 미국이 하지 않는 매우 불공정한 상태에서 한국의 영토문제를 다루었음을 주목할 필요가 있다"며 "그러나 뉴질랜드는 독도가 한국영토임에도 미국의 일방적인 친일적 초안작성으로 후에 일본이 분쟁을 일으킬 여지를 남기는 것이라고 분명하게 지적했다"고 전했다.[49] 1951년 6월 14일 작성된 미 · 영 합동개정초안은 '일본은 한국의 독립을 인정하고 제주도 · 거문도 · 울릉도를 포함한 한국에 대한 모든 권리와 소유권을 포기한다'며 독도를 한국영토에서 누락시켰고, 일본영토 표시조항 자체도 빼버렸다. 뉴질랜드가 지적한 허점을 만든 것이다. 우여곡절 끝에 1951년 9월 8일 미국 샌프란시스코에서 대일강화조약이 체결되었다. 독도는 제 1~5차 초안에서 한국영토로 표시되었다가 일본이 미국을 앞세워 맹렬한 로비결과 6차안에서 일본영토로 수정되었지만 미국 내 반대의견과 뉴질랜드 · 호주 · 영국의 강력한 반대로 일본영토로부터 삭제하고, 독도명칭 자체를 조약문에서 빼버렸다. 대일강화조약에서 한국영토 관계는 제 2장 영토의

---

49) 위의 책, pp. 231~233.

제 2조 a항에서 "일본은 한국의 독립을 인정하며 제주도 · 거문도 · 울릉도를 포함한 한국에 대한 모든 권리 · 소유권, 그리고 요구를 포기한다"〔*Article2. (a) Japan, recognizing the independence of Korea, renounces all right, title and claim to Korea, including the islands of Qualpart*(제주도), *Port Hamilton*(거문도) *and Dagelet*(울릉도)〕고 되어 있다.

일본은 이 조약문을 근거로 독도가 일본영토임을 인정받았다고 주장하는 사람들이 있으나 이것은 전혀 그렇지 않다. 일본영토로 인정받으려면 독도가 일본영토라고 명백히 표시되어야 한다. 그러나 미국은 최종안에서 독도명칭을 아예 빼서 다루지 않고, 애매모호하게 독도 영토귀속문제를 회피하고 넘어갔다. 그 결과 독도의 영토귀속문제는 연합국 강화조약 이전 독도의 영토귀속을 명문으로 명백하게 결정한 나라의 소유가 계속 인정되게 되었고, SCAPIN 제 667호는 계속 유효하게 된 것이다. 이와 관련 일본 일부에서 이 과정을 모르거나 무시한 채 일본이 포기하는 섬에 이름이 명시되지 않은 섬은 모두 일본 섬이라고 주장하는 사람들이 있는데, 이는 억지이다. 이한기는 《한국의 영토》에서 "독도는 울릉도의 부속도서로서 SCAPIN 제 677호에서 이미 반환되어 해결되었으니, 1951년 대일강화조약에서는 일본에 면한 방향의 대표적 섬들만 3개 들고 만 것"이라며 "마라도가 대일강화조약에서 거명되지 않아도 일본영토가 되지 않고 제주도의 부속도서로서 한국영토가 되는 것과 같이 독도가 거명되지 않아도 울릉도의 부속도서로서 한국영토로 인정된 것"이라고 반박했다.[50)]

신용하는 "진실과 허위가 절충되어 독도는 처음 한국영토로 명기되고 일본영토가 아님이 명시되었다가 결국은 독도명칭을 조약문에서 빼버리고 이 문제를 회피해버린 형식으로 조약을 성립시킨 것"이라며 "연합국이 대일강화조약에서 독도명칭을 한국 · 일본 양측에 모두 누락시켜

---

50) 이한기, 《한국의 영토》(서울대출판부, 1969년), p. 269.

조약문에 거론하지 않음으로써 문제를 불명료하게 회피해 넘겼다면 더 논의할 여지도 없이 1945년 SCAPIN 제677호와 1년 전의 '연합국의 구(舊) 일본영토 처리에 관한 합의서'의 결정에 의해 국제법상 한국영토로서 대한민국이 주권을 행사하기 때문에 대일강화조약 발효 이후에도 대한민국의 독도 영유만이 국제법상 합법적인 것"이라고 밝혔다. 그는 "독도는 역사적으로나 국제법상으로나 대한민국의 완벽한 배타적 영토이며, 따라서 대한민국의 독도에 대한 실효적 지배는 완벽한 배타적 영유권에 의거한 국제법상 완벽하게 합법적인 것"이라며 "이에 비해 1952년부터 일본이 독도를 일본영토라고 논쟁을 걸어오면서 주장하는 것은 그야말로 한갓 '주장'에 불과한 것이다. 대한민국의 독도 영유권은 '완벽한 배타적 영유권'이고, 일본의 것은 한갓 '주장'에 불과한 것이기 때문에 독도에 대한 양국의 입지는 하늘과 땅 차이"라고 주장했다.[51] 나이토 세이추는 "1946년 1월의 SCAPIN 제677호에 의해 일본으로부터 분리된 독도는 대일강화조약이 발효된 1952년 4월 28일 한국정부가 통치하고 있었다. 이처럼 가지고 있는 기존의 통치권을 비조약국인 한국으로부터 대일강화조약에 의해 박탈할 수 있는 것인가?"라고 반문하고 "한국은 1948년 8월 15일 독립과 함께 미군정으로부터 독도를 넘겨받아 경상북도 울릉군 남면 도동 1번지로 행정력이 미쳤는데, 당시 일본정부로부터 어떠한 이의제기도 없었다. 일본은 연합군에 의해 점령지배하에 있었지만 일본정부는 존재했다. 따라서 아무것도 말하지 않았다는 것은 한국에 의한 독도의 영유를 승인한 것으로 보아야 한다"고 강조했다. 그는 "1949년 12월 시볼드의 제안은 일본정부로부터 일방적인 정보에 근거를 둔 것이며, 한국의 반론에 귀 기울이지 않았음에도 불구하고 미국이 대일강화조약에서 독도를 일본령이라고 단언하지 않았다"며 "영토에

51) 신용하, 《한국과 일본의 독도 영유권 논쟁》(한양대출판부, 2003년), pp. 237~240, 298.

관해 명확히 해야 할 강화조약에서 굳이 명확히 하지 않았던 것은 초안을 작성했던 당국자가 일부러 애매하게 했다고 해석하지 않을 수 없으므로 강화조약에 기술하지 않은 이상 독도는 일본 것이 되었다는 설은 아무리 생각해도 경솔한 판단임에 틀림없다"고 지적했다.[52)]

## "한국 1948년 8월 15일 독립 독도지배, 일본정부 이의제기 안 해"

미국은 독도문제에 대해 공식입장을 밝히지 않는 정책을 1952년부터 취했다. 미국인 '독도 지킴이' 마크 S. 로브모는 미 국립문서보관소(NARA)에서 입수한 비밀문서에 주일 미국대사관이 1952년 10월 3일 미 국무부에 보낸 "리앙쿠르 락스(독도)의 한국인들"이란 제목의 보고서를 통해 "물개들의 번식처인 락스(독도)는 원래 한국영토였으나 일본제국을 한국으로까지 확장시키면서 일본제국에 합병, 빼앗았다"며 "1953년 1월 한국정부에 독도를 미 공군 폭격훈련장으로 사용하지 않겠다고 통보하고 이때부터 독도를 한국과 일본의 분쟁지역으로 규정하는 정책을 취하기 시작했다"고 밝혔다.[53)] 〈워싱턴포스트〉(WP)지는 2005년 3월 20일 '일본의 영유권 주장이 한국의 신경을 건드리고 있다'는 기사에서 "일본 군국주의가 부활하고 있다"며 "한국의 반일감정 분출은 일본의 군국주의 부활에 대한 동아시아 국가들의 반발심을 선명히 보여 준다"고 보도했다. 〈LA타임스〉는 독도를 검은 색에 흰 고딕체로 'Dokdo'로 처리하고 "불행하게도 현재 미국 교과서에도 독도가 일본 땅이라고 명기된 것이 있다. 미국학자들의 교과서 집필 실력과 역사의식이 문제가 있는 것"이라고 비판했다.

52) 김정렬 · 나이토 세이추 공저, 앞의 책, pp. 279~283.

53) 차종환 · 신법타 · 김동인 공편저, 《겨레의 섬 독도》(해조음, 2006년), pp. 172~173.

영국 〈파이낸셜 타임스〉(FT)는 2005년 4월 8일 사설을 통해 "전쟁의 역사라는 부담을 안고 있는 일본이 아시아인들의 분노를 가라앉힐 수 있는 유일한 방법은 과거를 되살펴 보는 것"이라며 "일본이 과거에 대해 깨끗해지지 않는다면 일본정부가 주장하는 '미래지향적이고 우호적인 관계'에 대한 희망은 없다"고 충고했다. 독일 프랑크푸르트 〈알게마이네 차이퉁〉은 1997년 7월 12일 독도분쟁과 관련 "한국의 영유권 주장이 더 설득력이 있다. 일본이 강압적으로 이뤄진 한일합방조약을 근거로 내세우는 반면 한국은 제 2차 세계대전 뒤 작성된 최근문서 등 역사적 근거를 제시하고 있다"며 종전 후 연합군사령부의 'SCAPIN NO. 677' 문서 중 "패전한 일본은 독도에 대한 영유권을 주장하지 않는다"는 내용을 소개했다. 프랑스 AFP통신도 "일본은 지난 수십 년 동안 독도의 지배권을 사실상 한국에 넘겨줬다"며 한국의 입장을 거들었다. 중국 언론은 '독도'라 칭하며 역사적으로 한국영토임을 강조했다. 신화통신은 "독도는 역사적으로나 국제법상으로 한국영토"라고 못박았다. 〈인민일보〉도 "일본 외무성이 1896년 작성한 '조선국교시말내탐서'조차 독도를 한국영토로 인정하고 있다"고 전했다. 베이징 CCTV는 "독도는 512년에 신라 소속인 우산국이었다"며 독도가 한국영토임을 강조했다. 러시아방송도 "독도가 한국과 더 가까이 있다는 사실에서도 한국의 입장이 옳다"고 거들었다.

## 영국 FT, "일본 독도 항의, 침략 제국주의와 영토야심 부활 반영"

호사카 유지〔保坂祐二〕는 《일본 고지도에도 독도 없다》에서 "독도문제 핵심은 1948년 최남선이 독도는 한국 땅이 아니라고 말했듯이 일본인들이 왜곡된 독도관련 자료를 그대로 믿고 있다는 데 있다. 역사를 되풀이 하지 않기 위해서 한국은 본격적으로 일본의 독도 영유권 주장을 하나씩 하나씩 상세하고 완벽하게 논파해야 한다"며 "독도는 역사상 · 국제법상으로 우리 한국 땅임에 틀림없다. 그러므로 논리와 자료를 둘러싸고 적당히 넘기지 말고 비판과 역비판을 거듭해 나가야 한다"고 촉구했다. 그는 "염려스러운 일은 한국인들 못지않게 일본인들의 마음속에도 독도가 일본 땅이라는 확고한 신념이 있다는 사실"이라며 "이처럼 왜곡된 대의명분이 신념이 되면 무서운 결과를 초래하게 된다"고 일본의 침략가능성을 걱정했다. 이 같은 우려는 일본의 대표적 극우지 〈산케이(産經) 신문〉과 후지뉴스네트워크가 2008년 8월 2~3일 전국의 성인남녀 1천 명을 대상으로 공동실시한 여론조사결과 '독도를 일본영토로 생각한다'는 응답이 전체의 73.7%에 달했다고 보도한 데서 알 수 있다. 일본국민 10명 중 7명 이상이 독도를 일본 땅으로 생각한다는 것이다. 신문은 특히 40대와 60대 이상의 남성과 50대 여성의 연령층에서는 80% 이상에 이르렀다고 전했다. 독도를 '일본영토가 아니다'고 생각하는 비율은 8.1%를 기록했으며, '잘 모르겠다'는 응답도 18.2%로 조사됐다. 또 응답자의 75%는 "일본정부가 더욱 강력하게 영유권을 주장해야 한다"는 데 동감을 표시했다고 밝혔다.

그러나 일본 경제평론가 오마에 겐이치는 8월 말 발간된 시사주간지 〈사피오〉에 "독도의 한국 실효지배를 인정해야 한다"는 기고를 게재했다. 그는 "21세기는 '국경 없는 세기'인데도 일본 내 일부 정치인이나 관료는 아직도 19세기에 살고 있다는 착각을 하는 것 같다"며 "일본은 전국에 섬이 6천 8백 개가 넘는 나라로서 지금 시점에서 (무인도인) 독도 영유권 주장이 꼭 필요할까 하는 의구심이 여전하다"고 지적했다. 그는 독도에 대한 한국 실효지배 인정 기고 뒤 반응에 언급 "일주일 동안 항의전화나 메일을 한 통도 받지 않았다. 내 주장이 맞다고 본 일본인이 많은 것인지, 아니면 개인적 견해라고 치부해버린 것인지는 잘 모르겠다"며 "만약 한국에서 이같이 주장했다면 적지 않은 반발을 샀을 것"이라고 피력했다. 그는 독도를 둘러싼 무력충돌 가능성과 관련 "독도문제를 놓고 양국이 무력충돌로 가지 않을 것이다. 세계평화를 주창하는 유엔사무총장도 한국 출신(반기문 총장 지칭)이 아닌가"라고 반문했다. 그는 일본의 군사대국화 가능성에 대해 "쓸데없는 걱정"이라고 일축하고 "일본의 당면과제는 제 2차 세계대전 이후 이뤄놓은 경제성장을 잘 유지하고 보다 성숙한 시민사회로 이전하는 것으로 이는 정부와 국민이 모두 똑같이 느끼고 있다. 자위대 전력강화는 북한 핵위협 등과 연관된 방어차원이지 인접국가를 침략하겠다는 발상과는 거리가 멀다"고 주장했다.

## 호사카 유지, "일 독도 주장, 논리와 자료로 완벽히 꺾어야"

호사카 유지는 2008년 8월 13일 한국해양연구원 주최 '역사와 과학으로 본 우리 영토 독도' 심포지엄에서 "한국의 독도 영유권을 훼손하려는 일본의 중장기적 목표는 독도 공동관리이다. 일본의 학자들이 내세우는 주장이 바로 독도의 한일공동관리"라며 "일본이 아예 미 지명위원회에 '주권 미지정 지역' 기준을 자국에 유리하도록 설득작업을 이미 시작했다고 봐야 한다. 한국은 독도영유 논리를 체계화해 전문가들을 통해 세계 주요 기관과 인물에게 홍보해야 한다"고 주문했다. 그는 "독도문제는 전략적으로 접근해야 한다. 일본의 독도 영유권 주장에 대해 논리와 실천, 그리고 대안을 내걸고 완벽하게 꺾어버려야 한다. 이 문제에 정치적 타협여지는 없다"며 "그러나 '복안'적 눈을 갖고 일본국민과는 인간적 교류를 통해 그들이 한국을 더 좋아하게끔 배려해야 한다. 한류 붐이 계속되도록 힘쓰면서 일본관광객들을 친절하게 대해야 한다. 이제 한국이 적극적으로 나서서 일본 내 양심세력을 키우는 노력을 해야 할 시기"라고 밝혔다. 그는 "임진왜란 때 일본으로 끌려간 조선의 많은 유학자들이 일본 땅에서 주자학 스승이 되어 많은 제자를 배출, 3백 년 가까이 한일 간 평화시대를 창출한 원동력이었다"며 "한국이 적극 나서는 것은 역사에 대해 잘 모르는 대다수 일본인을 일깨워주는 유일한 방법이다. 우선 일본 내 영향력을 갖고 있거나 양식있는 지식인들을 대상으로 우리의 논리와 주장을 알리고 그것이 일본사회 전체에 스며들도록 해야 한다"고 강조했다.[54]

홍성근은 국제법상 독도문제 해결방법에 언급 해양관광단지로 조성해 외국 관광객들을 불러들이고, 외국기업과 독도개발 추진을 통한 실효적 지배강화를 주장했다.[55] 정부는 이명박 대통령 지시로 동북아재단에 독도연구소를 설립 2008년 8월 14일 개소했다. 이 대통령은 "독도를 포함한 영토주권과 관련 대통령으로서 단호하고 냉철한 의지를 가지고 대처해 나갈 것"이라며 "독도는 역사적·국제법적으로 명백히 우리 영토이며, 영토의 보전은 대한민국 헌법이 대통령에게 부여한 책무"라고 천명했다. 그는 "전략적이고 장기적인 관점에서 치밀하게 대응하는 것이 필요하며 적극적인 국제여론의 조성도 중요하다"고 강조했다.

나이토 교수는 2008년 10월 10일 "일 외무성의 독도자료는 역사적 근거가 없는 엉터리"라며 일본의 주장을 조목조목 반박하는 책을 출간했다. 그는 일본 외무성의 '다케시마〔竹島〕 문제를 이해하기 위한 10가지 포인트'라는 자료를 조목조목 반박한 《다케시마=독도문제 입문》이란 책을 펴냈다. 그는 "일본 외무성 독도자료의 가장 큰 문제는 고유영토라고 주장하면서 그것을 역사적 사실에 근거해 증명하지 못한다는 점이다. 완전히 엉터리 자료"라고 반박했다. 그는 "엉터리 외무성 팜플렛에 휘둘려 일본국민이 창피를 당하는 일만은 피하고 싶은 마음에서 책을 썼다"고 말했다. 비판대상은 외무성이 2008년 2월 인터넷 홈페이지에 올린 팜플렛으로 여기에는 독도가 일본 고유영토라는 일본정부의 공식

---

54) 호사카 유지, 《일본 고지도에도 독도 없다》(자음과 모음, 2005년), pp. 68~78.

55) 이석우, 《독도분쟁의 국제법적 이해》(학영사, 2005년), p. 264.

견해가 정리돼 있다. 문부성이 중학교 새 학습지도요령 해설서에 독도 일본영유권 교육을 명기할 때도 이 자료를 중요한 근거로 삼았다. 자료를 처음 읽고 '해도 너무한다'고 생각했다는 나이토 교수는 일본이 17세기 중반 독도 영유권을 확립했다는 주장부터 비판하고 나섰다. 그는 "바쿠후〔幕府〕가 독도의 존재를 처음 안 것은 1695년 12월부터 1696년 1월에 걸쳐 돗토리〔鳥取〕번과 의견을 주고받는 과정에서다. 이때 바쿠후는 다케시마〔竹島: 울릉도〕와 마쓰시마〔松島: 독도〕가 돗토리번에 속하는 섬이 아니라는 것을 확인하고 일본영토가 아니라는 결론을 내린 뒤 일본인의 도항을 금지했다. 메이지〔明治〕 새 정부 역시 독도 대처방안을 묻는 시마네현의 질의에 대해 1877년 정부 차원의 조사를 실시한 뒤 '일본영토와 관계없다'는 결론을 내렸다"고 주장했다.

나이토 교수는 "1905년의 영토편입을 영유권 재확인이라고 한 것은 사실과 정반대"라고 지적했다. 그는 한국의 독도 불법점거 주장에 대해서도 "한국의 독도통치는 1948년 독립 때 미 군정청에서 이어받은 것"이라며 "샌프란시스코 강화조약에 아무런 기술이 없는 데 일본령이라고 주장할 수 있을까"라고 되물었다. 그는 "새로운 독도자료가 나오고 있고 관련자료를 한일양국이 공유할 수 있는 환경이 돼 있다"며 "함께 머리를 맞대고 역사인식을 공유하기 위해 노력하고 한일 정부는 역사적 사실에 기초한 연구성과를 올바르게 수용하면 된다"고 충고하자마자 독도가 한국 땅이라는 문서들이 일본 등 국내외에서 속속 쏟아져 나왔다.

12월 1일 울릉도와 독도를 침범해 사형에 처한 일본 고문서가 시마네현 하마다 역사사료관에서 발견됐다. 문서는 1838년 2월 당시 시마네현 통치자인 '마쓰다이라가 하마다〔浜田〕'가 각 어촌에 보낸 '어해서어제본장'(御解書御諸本帳)으로 내용은 1690년대 안용복 장군 등이 일본에 가서 울릉도와 독도를 '조선의 땅'이라고 항의한 뒤 일본 바쿠후가 죽도와 송도(당시 독도)에 일본인의 출입을 금하는 '해금령'(海禁令)을 내렸지만 한 일본인 어부가 이를 어겼다가 사형을 당했다는 것이다. 일본정부는 해금령을 어기고 울릉도에 몰래 들어가 밀업을 한 요나고〔米子〕의 어선선주 '카이즈야 하치에몬'〔會津屋八右衛門〕을 처형했는데, 심문조서에 독도도 해금령에 포함됐다. 모두 4장으로 된 이 문서는 비슷한 사건재발을 막기 위해 어촌 촌장들에게 이 문서를 보내 받은 서명날인까지 선명하다. 이후 일본인들은 19세기 말까지 울릉도와 독도를 넘보지 않았다고 김문길 부산외국어대 교수는 밝혔다. 하치에몬이 직접 그렸다는 지도에도 한반도와 울릉도 · 독도는 붉은색, 오키섬과 일본열도는 하얀색으로 구분했다. 이는 18~19세기 일본인들의 영토의식을 보여주며 울릉도와 독도가 조선 땅임을 인정했다.

일본 교토의 한 골동품 경매회사도 1837년 에도막부 공식문서인 가로 73㎝, 세로 33㎝ 크기의 '낡은 나무 팻말'을 경매에 내놨다. 내용은 "다케시마(독도)는 조선의 영토이기 때문에 넘어가서는 안 된다"며 "이를 어길 경우 엄벌에 처한다"고 적혀 있다. 독도가 한국 땅이라는 주장을 일본 스스로가 인정한 물증이다. 발레리 글루시코프 러시아 과학아카데미 자연사연구소 부소장은 2008년 12월 10일 "독도에 대한 역사적 유래를 알려고 러시아에 있는 많은 고지도를 조사한 결과 독도가 한국영토라는 점이 분명해졌다"며 "1785년 일본의 지도제도사 하야시가 발간한 지도에서도 독도가 한국 땅으로 표시돼 있다. 일본의 영토주장은 근거가 없다"고 일축했다. 그는 "일본사람도 18, 19세기 양국 사이에 있는 바다를 조선해로 불렀다. 지명의 역사와 위치로 볼 때 '동해'(일본해)로 병기해야 한다"고 주장했다.

먼저 고문서 수집가 김기훈 씨는 2008년 7월 23일 "지난 6월 뉴욕의 한 고서점에서 동해를 '한국해'(*Sea of Korea*)로 표기한 18세기 영국의 고지도 두 점을 발견해 구입했다"며 공개했다. 김씨가 공개한 두 점의 지도는 모두 1740년 영국 왕실 지리협회 소속의 지도제작자 이만 보웬

(Eman Bowen)이 만든 것으로 서쪽 아라비아 반도에서 동쪽 우리나라, 일본까지 당시 아시아 각국이 다 나와 있는 아시아 전도이다. 하나는 흑백본, 다른 하나는 직접 손으로 채색한 컬러본으로 둘 다 우리나라와 일본 사이의 바다를 '한국해'로 표기하고 있다.

## 1960년 '대장성령 43호', 1968년 '37호' "독도, 일본영토 제외"

2008년 12월 31일 일본정부가 제 2차 세계대전 패전 후 전후처리 과정에서 독도를 일본의 부속도서에서 제외한 법령을 공포한 결정적 자료가 발굴됐다. 1951년 6월 6일 공포한 '총리부령 24호'는 조선총독부 교통국 공제조합 소유 일본 재산을 정리하기 위해 제정한 상위법(정령, 政令)을 시행하기 위해 세부사항을 정한 것으로 일본의 부속도서에서 울릉도와 독도, 제주도를 제외했다. 또 같은 해 2월 13일 공포한 '대장성령 4호'는 '구령(舊令)에 의해 공제조합 등에서 연금을 받는 자를 위한 특별조치법 제 4조 3항 규정에 기초한 부속도서를 정하는 명령으로서 울릉도와 독도, 제주도 및 치시마 열도와 하보마이 군도, 시코탄 섬을 부속도서에서 제외시켰다. 한국해양수산개발원(KMI) 독도·해양영토 연구센터는 "일본은 적어도 1952년 샌프란시스코 강화조약 전까지 독도를 자국영토로 인정하지 않았다"며 "이 법령은 일본정부가 공식 제정한 것으로 일본의 독도 고유영토설이 허구라는 점을 입증할 자료로 활용할 수 있다"고 강조했다. 이에 일본 외무성은 "문제의 법령은 미국의 일본 점령 당시 일본정부의 행정권이 미치는 범위를 표시한 것 일 뿐 일본의 영토범위를 나타낸 것은 아니라고 설명했다"고 〈요미우리신문〉이 1월 7일 보도했다. 그런데 일본에서 미군정이 끝난 뒤에 공포되어 독도를 일본영토에서 제외시켰던 대장성령 37호와 43호가 발굴됐다. 최재원 유미지재권 법률사무소 선임연구원은 2009년 1월 12일 "1960년 시행된

'대장성령 43호'와 1968년 시행된 '대장성령 37호'는 독도를 일본영토에서 제외하고 있으며, 이 두 법령은 현재에도 법령으로 유효하다"고 밝혔다. 일본의 대장성령 43호는 1951년 공포된 '총리부령 24호'를 일부 개정한 것이고, 대장성령 37호는 1951년 공포된 '대장성령 4호'를 개정한 현행법령이다.

김문길 교수는 2009년 1월 30일 "바쿠후와 메이지 교체시기인 1852년 일본인 스이도호우〔翠堂彭〕가 제작한 일본 고지도인 '지구만국방도'(地球萬國方圖)에는 한반도의 동쪽바다(동해)가 '조선해'(朝鮮海)로 표기돼 있다"고 공개했다. 그는 특히 "스이도호우는 에도〔江戶〕 바쿠후 말기 일본 지도학자 다카하시 가케야스〔高橋景保〕가 그린 지도를 보고 '지구만국방도'를 만든 것으로 알려진 점으로 미뤄 일본이 바쿠후 시대 때도 동해를 '조선해'로 부른 것으로 추정된다"고 밝혔다. 그는 "가로 130㎝, 세로100㎝ 크기의 지구만국방도는 일본에 있는 민속박물관 곳곳에 소장돼 있을 정도로 많이 발행된 지도"라며 "지구만국방도에는 일본 본토의 동쪽 바다를 '대일본해'(大日本海)라고 표기해 현재의 '일본해'라는 표현은 이후 메이지 시대를 거치면서 일본이 다른 의도를 갖고 동해를 표기할 때 사용한 것"이라고 주장했다. 1951년 3월 영국이 작성한 지도 역시 독도를 한국령으로 인정했다. 일본인과 외국인들이 일관되게 말하는 것은 독도가 일본 땅이 아닌 '한국영토'이고 '일본해'는 '동해'(한국해)라는 것이다.

서울대 규장각이 소장하는 19세기 초 조선시대에 제작된 '해좌전도'에는 울릉도 옆에 지금의 독도인 '우산도'가 그려져 있다. 일본은 독도를 표기한 고지도(古地圖)가 나올 때마다 독도가 아니라 울릉도의 부속섬인 죽도라고 주장했다. 하지만 죽도는 산이 없는 평평한 모양이지만 이 지도에는 산봉우리가 명확히 그려져 있어 실제 독도의 봉우리를 그대로 표시한 것이다. 특히 경희대 혜정박물관이 소장한 19세기 중반 작성된 '강원도 지도'에는 아예 봉우리가 2개로 표시, 독도가 더 자세히 그려져 있다. 호사카 유지 교수는 해좌전도와 관련 "우산도에 산봉우리가 있다는 건 상당히 중요한 이야기"라며 "그렇게 되면 우산도가 바로 독도라는 이야기가 되기 때문"이라고 설명했다. 그는 '강원도 지도'에 대해서도 언급, "현재 동도하고 서도를 말하고 있다고 볼 수 있다"며 "이러한 지도는 상당히 희귀한 지도라고 할 수 있다"고 높이 평가했다. '해좌전도'와 19세기 '강원도 지도'뿐 아니라 '대조선국전도'와 '해동여지도' 필사본에도 이처럼 봉우리가 그려져 있다.

하지만 일본은 이미 이를 알고 왜곡작업을 벌이는 것으로 확인됐다. 일본 국립공문서관에 보관중인 '해좌전도 필사본'에 대해 호사카 유지 교수는 "일본사람들이 (우리나라 지도를) 19세기 정도에 베껴갔는데, 그때는 산봉우리를 잘 그려놓고 갔다"고 말했다. 그런데 일본 학계는 2년 전부터 이 봉우리 표시가 산봉우리 그림이 아니라 글자의 일부라고 왜곡하고 있다. 즉, 우산도의 于자를 아예 집우(宇)자로 바꿔버리면서, 봉우리가 于자 위에 있는 갓머리라는 것이다. 그는 "산봉우리가 있으면 독도가 되니까 우주의 우자식으로 왜곡하고 있다"며 "누가 봐도 그러한 한자가 아닌데"라며 일본의 억지주장을 반박했다.

# 4. 청(淸) 전성기 '만주 간도 조선 땅' 명기, 프랑스·영국지도 발굴

## 동북공정, "고구려사, 중국 역사로 편입 주도면밀 추진"

북한 김정일 국방위원장이 2008년 8월 14일 이후 뇌졸중 수술을 받아 건강에 이상이 생기면서 후계자로 3남 김정운이 공식 결정되었다. 김정일 이후 북한에 대한 중국의 영향력을 놓고 동북공정(東北工程)이 다시 주목받고 있다. 동북공정이란 중국 동북방향에 있는 3성(길림성 · 랴오닝성 · 헤이룽장성)에 기반을 둔 고구려와 발해역사를 중국역사로 강제 편입시키려는 일련의 작업을 말한다. 동북공정은 '동북변강역사여현상계열연구공정'(東北邊疆歷史與現狀系列研究工程)의 줄인 말로서 "동북변경지역의 역사와 현상에 관한 체계적 연구과제"를 뜻한다. 동북공정의 핵심은 고구려를 고대 중국의 지방정권으로 규정한 것이다. 이는 고대 중국역사서인 《구당서》(舊唐書), 《삼국지위지동이전》(三國志魏志東夷傳) 등 자신들의 역사서를 모조리 부정하고 뒤집어버리는 참으로 해괴한 일이 벌어진 것이다. 동북공정은 1983년 중국 사회과학원 산하 변강역사지리연구중심이 설립된 이후 1998년 중국 지린성 퉁화사범대학 고구려연구소가 '고구려학술토론회'를 개최하면서 본격 추진되었다. 2001년 6월 동북공정에 대한 연구를 계획하면서 2002년 2월 18일 중국정부의 승인을 받아 공식적으로 동북공정이 시작되었다. 중국 최고의 학술기관인 사회과학원과 동북 3성이 연합, 5년 동안 총 연구비 약 천 5백만 위안(약 23억 원)을 투입해 추진했다.

동북공정은 1992년 한중 수교가 이루어지면서 많은 한국인들이 고구려와 발해의 유적을 답사하기 시작하자 중국은 위기감을 느껴 본격 착수했다. 2001년 한국 국회에서 재중동포의 법적 지위에 관한 특별법이 상정되었고 같은 해 북한이 고구려의 고분군을 유네스코(UNESCO)에 세계문화유산으로 등록을 신청한 데 자극받아 이에 대한 대책을 준비하는 과정에서 나왔다. 장기적으로는 남북통일 후 국경 및 영토문제에 대비한 사전포석으로서 백두산과 간도 국경선 문제를 놓고 한국과 중국이 첨예하게 대립할 수밖에 없기 때문이다.

동북공정은 마다정〔馬大正〕이 전문가그룹 위원장을 맡고, 리다룽〔李大龍〕이 동북공정사무실 상근직원으로 근무하며 동북공정을 실질적으로 주도했다. 그 결과물이 《고대중국고구려사총론》(古代中國高句麗史叢論)과 《고대중국고구려사속론》(古代中國高句麗史續論)이란 두 권의 책이다.

그런데 이 두 사람은 원래 동북지방의 역사, 특히 고구려사 전공자가 아니다. 마다정은 산동대 역사학과를 졸업, 중국사회과학원에 들어가 1995년 이후 동북지방의 역사와 고구려사에 관심을 갖기 시작했다. 리다룽은 서북대 역사학과를 졸업, 중국사회과학원 민족문제연구소에서 2000년까지 〈민족연구〉라는 잡지의 편집을 맡았다. 리다룽의 '고구려사연구'는 동북공정과 맞물려 처음 시작한 새내기에 불과했다. 서길수는 《동북공정 고구려사》에서 "중국 고구려사를 처음 쓰면서 왜 기라성 같은 고구려 연구가들을 놔두고 시작한 지 몇 년 안 되는 초보자 두 사람에게 주도적 역할을 맡겼을까"라고 의문을 제기하면서 "이 책은 그동안 고구려에 대한 연구를 바탕으로 개연성 있는 서술을 한 것이 아니라 '동북공정'이란 목적을 달성하기 위해 미리 짜놓은 프로그램에 맞추어 만들어낸 것이기 때문"이라고 그 의도를 정확히 짚어냈다. 그는 "비록 이처럼 학술적인 측면에서 치명적 결함을 가지고 태어난 책이지만 이 책의 위력은 막강하다"며 "이 책이 나온 지 상당기간이 지났지만 이 책에 대한 비판을 아직 본 적이 없다"고 지적했다.[56] 이는 중국정부가 고구려사를 자국의 역사로 편입시키기 위해 주도면밀하게 추진했기 때문에 기라성 같은 학자들까지 자신들의 고대 역사서를 깡그리 부정하는 데도 비판이나 이의 한마디 제기하지 못한 채 입을 다물고 있다는 것이다.

먼저 동북공정은 고구려사가 중국의 역사라는 것을 정당화하기 위해 고대중국의 번속이론(藩屬理論)을 내세웠다. 번속이론이란 이 세상 한가운데 한족〔華夏〕만 문명하게 살고(中華), 주변에는 모두 미개한 오랑케들〔동쪽 동이(東夷), 서쪽 서융(西戎), 남쪽 남만(南蠻), 북쪽 북적(北狄)〕이 살고 있으며 이들이 중원의 한족에게 번속되어 있었다는 것이다. 이런 중화사상(中華思想)은 한족과 오랑케는 전혀 다른 인간으로 절대 같을 수 없다는 철저한 차별에서 나온 것으로 이들 오랑캐는 중국역사에 포함시키지 않았음은 당연하다. 그런데 이제 와서 《고대중국고구려사총론》과 《고대중국고구려사속론》은 전통적 화이사상(華夷思想)과는 달리 오랑캐라는 말을 전혀 쓰지 않고 소수민족이란 표현으로 소수민족 역사도 자신의 역사라고 정당화시키고 있다. 이것은 또 다른 힘의 논리이자 자신만이 최고라는 변형된 형태의 중화사상에 불과하다. 중국이 공룡처럼 주변 소수민족들의 역사도 모두 중국의 역사라고 강변하면서 주변국들의 역사를 마구잡이로 삼키는 것을 볼 때 그 무자비함과 교묘함에 치를 떨며 분노하지 않을 수 없다.

서길수는 "세상이 많이 변했음에도 불구하고 중국의 역사인식은 2천 년 전이나 지금이나 하나도 변한 것이 없다"며 "21세기라는 시점에서 2천 년 전의 번속이론이나 화이관(華夷觀)을 가지고 주변국의 역사를 자

56) 마다정 외 지음, 서길수 옮김, 《동북공정 고구려사》(사계절, 2006년), p. 9.

국의 역사로 만들려는 사고방식은 중국이 다시 전설적인 3황 5제 시대로 되돌아가려는 것이 아닌가 하는 착각이 들 정도"라고 꼬집었다. 그는 "지난 천 년 동안 중국의 선조들이 가졌던 역사관(歷史觀) 마저 부정하면서 새로운 역사관을 창조하여 무장하려는 의도가 뚜렷이 보인다"며 "이는 근세에 나타난 제국주의나 절대주의 못지않게 경계해야 할 흐름이라고 보아야 하고, 주변 국가들은 이에 대해 철저히 대비해야 할 것"이라고 경고했다.[57]

동북공정은 고구려의 연원은 은인(殷人), 즉 상(商)나라 후예라고 보고 있으며, 고구려인 스스로가 한족의 선조 가운데 하나인 고양씨(高陽氏)의 후손이라고 했다는 황당한 설을 제기했다. 그 증거로 고구려 출신인 북연의 모용운(慕容雲)이 한 말을 인용했는데, 정작 고구려에서는 왜 한 번도 그런 기록이 없는지 의아하지 않을 수 없다. 동북공정은 또 한사군(漢四郡) 연구에서 고구려가 한사군 가운데 현도 땅에서 세워졌음을 강조해 결국 "고구려는 중국 땅에 세워졌기 때문에 중국의 역사"라는 논리를 내세웠다. 즉, 서기 전 108년 한나라 현도군에 고구려현이 설치되었는데, 이 고구려현에서 주몽이 고구려를 세웠다는 주장이다. 나아가 현재 북한 지역도 한나라의 낙랑 땅이기 때문에 평양지역 고구려도 바로 중국의 역사라고 주장한다. 이것은 앞으로 김정일 사후 권력공백기를 생각해보면 실로 중요한 의미를 지닌다. 우리로서는 이에 대한 철저한 대비책 마련은 물론 남북관계를 획기적으로 진전시켜 남북한이 하나로 통일을 이루는 발판을 구축할 필요가 있다.

그러나 주몽이 현도 땅에서 고구려를 세웠다는 주장에는 엄청난 오류가 있다. 추모(주몽)가 고구려를 세운 서기 전 37년 홀본(졸본) 땅은 한나라 현도가 아니라 이미 부여의 땅이었다. 삼국사기를 보면 "주몽은 졸본부여에 이르렀고, 왕에게 아들이 없었는데 주몽을 보고 범상치 않아

---

57) 위의 책, pp. 17~18.

그 딸을 아내로 삼게 했다. 왕이 죽자 주몽은 왕위를 이었다"고 기록, 주몽이 고구려를 세운 것은 현도가 아니라 졸본부여임을 알 수 있다. 따라서 중국학자들도 현도의 고구려현과 주몽이 세운 고구려와는 다르고, 고구려가 부여에서 비롯됐다는 것을 강조하고 있다. 이처럼 엄연한 역사적 사실에도 불구하고 동북공정에 따라 중국 환인(桓仁: 졸본)의 오녀산성사적진열관에는 고구려가 바로 한나라 현도 땅에서 건국한 것처럼 왜곡하고 있다. 고구려는 중국 현도 땅에 건국되었기 때문에 중국의 역사라는 근가가 되는 것이다. 이 진열관에는 이 문제를 더욱 부각시키기 위해 현도군에서 출토된 유물까지 전시하는 실정이다.

## 주몽, "고구려 졸본부여 땅에 건국, 중국학자들도 인정"

《고대중국고구려사총론》과 《고대중국고구려사속론》에서는 동북공정의 입맛에 따라 고구려가 705년간 계속 중원왕조에 조공을 하고 책봉을 받아 신하로서 활동한 지방정권이지 독립된 국가가 아니라는 것이다. 그러나 고구려는 한나라를 지나 위진남북조(魏晋南北朝) 시기에 광개토대왕과 장수왕 시대를 거치면서 동아시아 강국으로 등장했다. 그리고 수당(隋唐)과는 국운을 건 전쟁을 펼쳐 수나라를 멸망시켰다. 그런데 중원에 무슨 조공을 바치고 신하로 활동했다는 것인지 도저히 납득할 수 없다. 오히려 고구려가 705년 동안 안정적으로 국가를 유지한 반면 중국에서는 35개의 나라가 이합집산을 계속하는 혼란기였다. 그 가운데 70% 가까운 24개 나라가 50년도 못가서 멸망했으며 86%가 넘는 30개 국가가 백 년도 못가서 망했다. 2백 년 이상 간 나라는 한나라와 당나라뿐인데 한나라는 고구려 건국 초기, 당나라는 고구려 멸망시기에 존재했다. 만약 동북공정 주장대로라면 소수민족 지방정권인 고구려는 705년간 유지된 반면 중원은 35개 나라가 수없이 세우고 멸망했다는 우스꽝스러운 논리가 형성되고, 나아가 고구려가 지방정권이라면 35개 나라의 어느 지방정권인지 도저히 설명되질 않는다.

동북공정은 심지어 고구려와 고려는 서로 다른 나라로서 중국의 정사인 《송사》(宋史) 도 잘못 기록했다고 부정했다. 하지만 고구려 후기에는 나라 이름을 '고려'로 불렀고, 이는 충북 충주에 있는 장수왕 시절 세워진 고구려 중원비에 잘 나타나 있다. 따라서 《송사》는 "장흥(長興, 930~933) 년간에 왕건이 고씨 왕을 이어 왕위에 올랐다"고 적었다. 중국의 정사를 그대로 인정하면 고구려사가 한국사가 되어버리기 때문에 동북공정은 자기나라 정사까지 부정하고 나선 것이다. 동북공정은 "《송사》의 착오를 그 뒤 사서들이 계속 따라 '고구려=고려'라고 잘못 인식하게 되었고, 한국사에서 조선이 들어서면서 중국사였던 고조선(기자조선, 위만조선) 도 마치 조선의 선대인 것처럼 되었다"며 "그 결과 동북 3성 사람들에게 중국 고대 동북지역 지방정권의 연혁에 대한 인식에 여러 가지 잘못된 견해를 가져다주었다"고 주장했다. 이처럼 동북공정은 역사를 마음대로 조작하는 후안무치의 극치를 보여주었다.

특히 고려 성종 12년(서기 993년) 요나라(거란) 소손녕(동경유수) 이 20만 대군을 이끌고 고려를 쳐들어왔을 때 그 침략이유가 지금과 같았다. 소손녕은 서희에게 "당신 나라는 신라의 땅에서 일어났고, 고구려 땅은 우리가 차지했는데, 당신들이 조금씩 먹어 들어왔다"고 주장했다. 반면 《고려사》 서희전에서 서희는 "그렇지 않다. 우리나라가 바로 고구려 옛 땅으로 나라 이름을 고려라 했다. 국경을 따진다면 귀국의 동경(지금의 베이징) 도 모두 우리 국경 안에 있었던 것인데 어찌 조금씩 먹어 들었다고 할 수 있는가?"라고 반문했다. 이런 논리에 소손녕은 싸움 한 번 하지 않고 물러났다. 이때 한족의 정사인 《송사》는 당연히 고려가 고구려를 이어받았다는 것을 인정할 수밖에 없었던 것이다.

서길수는 "정사(正史) 까지 부정하면서 세운 '고려는 고구려를 계승하지 않았다'는 논리를 중국 동북지방 현장에 일반화하기 위해 중국은 많은 힘을 쏟고 있다"며 " '고구려(고려)=조선'이란 현지의 인식을 빨리 해소해야 한다는 절실한 요구 때문"이라고 분석했다.[58]

## 동북공정, "자신들의 정사(正史)인 《송사》까지 부정, 역사조작"

결국 동북공정의 귀결점은 중국이 만주지역을 독차지하기 위한 정당성을 부여받을 뿐 아니라 '북한도 중국의 역사'라는 주장을 뒷받침하는 데 있다. 이는 백두산정계비 및 국경회담과 밀접하게 연관되어 있다.

백두산정계비는 숙종 36년 1712년 5월 15일 목극등이 백두산에 올라 청과 조선의 국경을 분명히 정하고 정계비를 세웠다. 이 비문내용은 '서위압록(西爲鴨綠), 동위토문(東爲土門)'이다. 후일 토문강 위치를 송화강 상류로 보는 조선과 토문강이 두만강과 같은 강이라고 주장하는 청 사이에 분쟁이 일어나는 원인이 되었다. 1882년 길림장군 명안이 토문강 이북의 조선인 쇄환을 요구했는데, 어윤중은 토문강은 송화강 상류이며 간도지역은 우리 영토라고 주장하면서 백두산정계비와 토문강 발원지에 대한 공동조사를 제기했다. 이에 1885년 을유 국경회담이 열렸지만 회담은 결렬되었고, 1887년 2차 정해국경회담도 결렬되었다. 그러나 통감부를 설치 조선의 외교권을 박탈한 일본은 1909년 9월 4일 간도협약을 체결, 중국에 양보하고 말았다. 이때부터 한중국경선은 정계비로부터 석을수·두만강으로써 경계를 삼았다.[59] 따라서 국제법과 역사학 전문가들 사이에서는 간도협약에 대한 무효화를 2009년 9월 4일 이전에 선언해야 한다는 목소리가 높다. 정부는 이들의 요구에 귀 기울이고 정부 차원의 정당한 조치를 취해야만 한다. 정부는 김정일 이후를

58) 위의 책, p. 46.

59) 이일걸, 《대고구려 역사 중국에는 없다》(예문당, 2004년), p. 223.

철저히 대비해야 한다. 다만 북한이 1962년 중국과 국경조약(朝中邊界條約)을 체결했는데, 이를 어떻게 받아들이느냐가 관건이다. 간도협약 문제는 북한과의 긴밀한 협조가 우선이다.

최근 간도가 한국 땅임을 증명하는 자료들이 속속 발굴되고 있어 중국의 동북공정이 얼마나 허구인가를 증명해 주고 있다. 먼저 북한과 구소련이 1948년 서간도, 동간도, 북간도와 무단장〔牡丹江〕 무링〔穆陵〕 일대 지역에 한인 자치구를 건설한 뒤 북한영토로 편입하려 했다는 내용의 대만(중화민국) 국방부 내부문건이 발견되어 언젠가 중국과 간도 소유권 분쟁이 발생할 경우 우리에게 유리한 자료로 활용될 수 있다는 점에서 주목된다. 이는 해방 직후에 북한은 물론 구소련까지 간도지역을 우리 영토로 인식하고 있었다는 점이 확인된 것은 의미가 크다. 북한과 구소련이 체결한 '평양협약'의 구체적 내용과 협약체결 배경 등에 대한 추가연구가 필요한 상황이지만 당시 북한이 왜 정규 군부대를 간도지역에 파견했으며, 제 3자인 구소련이 구체적 영토범위를 정해 이를 뒷받침해줬는지 하는 점 등은 눈여겨봐야 할 대목이다. 지금까지는 "1947년 3월 북한공산당 대표들과 간도의 해룡, 혼춘, 왕청, 연길 4개현 대표가 중국공산당 동북당 정치국에 이 지역의 할양을 요구했다"(주한미군 주간정보 요약, 한림대 아시아문화연구소 자료총서 5, 1990)는 등 북한의 독자적 영토편입 시도만이 미국과 중국 사료를 통해 알려져 있었다. 그러나 이번 자료를 통해 간도지역이 한국 땅임이 증명된 셈이다. 박선영 포항공대 교수는 "이 문서는 간도 영유권 문제를 새롭게 연구할 수 있는 단서"라며 "간도 영유권이 단순히 중국과 한국의 영토문제가 아니라 러시아와 일본 등 동아시아 전체가 얽혀 있던 문제임을 보여준다"고 말했다.

1732년 프랑스의 지리학자인 당빌(J. B. B. D'Anville)이 제작한 시나아틀라스(중국전도)에는 만주와 간도, 독도를 모두 조선영토로 표기했다. 길이 78.5㎝, 폭 51㎝인 이 지도에는 우리나라와 중국, 일본, 러시아가 함께 그려져 있고, 우리나라가 고려국(Kaoli Koue), 코리아 왕국(Royaume de Coree), 조선(Tchao-Sien) 등으로 불리고 있다고 적혀 있다. 조계종 원각사 주지 정각 스님은 2008년 9월 11일 원본을 공개하면서 "중국 및 러시아와의 국경선도 뚜렷이 나타나 만주, 간도, 녹둔도(鹿屯島), 독도의 영토권 문제를 다루는 데 중요한 자료가 될 것"이라고 말했다. 고문서 수집가 김기훈 씨는 2008년 7월 23일 만주와 간도를 옛 조선영토로 표기한 18세기 영국의 고지도를 공개했다. 김씨가 공개한 두 점의 지도는 모두 1740년 영국 왕실 지리협회 소속의 지도제작자 이만 보웬(Eman Bowen)이 만든 것으로 컬러본 지도에는 당시 조선의 영토가 북쪽으로 간도, 만주지역까지 아우르는 것으로 표시돼 있어 학계의 주목을 끌었다. 지도에 표시돼 있는 조선과 중국 사이 국경은 서쪽에서 중국 선양(瀋陽)을 기점으로 시작해 동쪽의 러시아 접경지역까지 연결돼 현재 북한과 중국의 국경기준인 압록강과 두만강 위치보다 훨씬 북쪽으로 치우쳐 있다. 간도 전문가인 김우준 연세대 동서문제연구원 교수는 "1708년 중국 청나라가 제작해 유럽으로 전해진 강희제의 '황여전람도'(皇輿全覽圖)를 토대로 만들어진 지도들로 추정된다"며 "그렇다면 중국이 당시 간도지역을 조선영토로 인정했다는 사실을 확인시켜주는 증거가 되는 셈"이라고 밝혔다.

### 만주와 간도 '조선영토' 표기 18세기 영국 고지도 발견

북한과 중국은 1962년 10월 12일 북한 김일성과 중국 저우언라이〔周恩來〕 총리가 맺은 '조중변계조약'이 있는데, 이 조약에서 중국과 북한은 압록강 경계와 백두산 천지 주권 등에 관한 국경협약을 맺은 것으로 알려지고 있다. 백두산 천지 일부를 중국에 넘겨준 것으로 알려진 이 조약은 북 · 중 두 나라가 최대의 기밀사안으로 다루고 있어서 외부에 거의 공개되지 않고 있다. 앞으로 남북통일이 되면 이 문제에 대해서도 재협의가 불가피하다.

또 중국은 서귀포시 서남쪽 마라도 밑에 위치한 수중 암초 이어도를 자기 땅이라고 주장하며 2007년 12월 24일 인터넷 사이트에 자국 영토로 올렸다. 그러나 우리 정부가 강력히 항의하자 2008년 8월 이를 지웠다. 동경 125도 10분 58초, 북위 32도 7분 31초에 위치한 이어도는 마라도에서 149㎞, 중국의 무인도 둥따오〔童島〕에서는 245㎞가 떨어져 있고, 이어도에 우리나라가 종합해양과학기지를 건설 운용하는 등 사실상 지배하기 때문에 억지주장에 불과하다. 강효백 국제법무대학원 교수는 "중국의 현재 지도를 상세히 검수한 결과, 중국은 이어도의 기점을 '둥따오'로 두지 않고 한국의 마라도와 비슷한 규모의 유인도인 '위산다오'〔余山島〕라는 곳을 기점으로 두고 있다. 중국 스스로도 이미 기점을 달리하는 상황"이라며 "국제법에 따르면 무인 암초를 기점으로 삼을 수 없다. 도서와 관련한 해양경계획정에서 우선 고려해야 할 원칙은 해양법협약 제121조 3항으로서 이 조항에는 '사람이 지속적으로 거주하거나 자체 경제생활이 불가능한 암초는 배타적 경제수역 또는 대륙붕을 가질 수 없다'고 규정돼 있다"고 주장했다. 강 교수는 "중국이 이어도 기점을 위산다오로 옮겨도 40㎞, 22해리 정도 후퇴하는 것이고 그래도 2백 해리 안에는 포함돼 있어 국제법까지 위반해가며 무리수를 둘 필요 없다고 판단한 듯하다"며 "기존의 중간선보다 20㎞나 더 중국 해역으로 전진하게 되고 이어도의 관할권 확보는 물론 우리나라 쪽에 더욱 유리하게 광대한 해역을 획정할 수 있는 확고한 근거가 마련된 셈"이라고 분석했다.

# 5. 1997년 IMF체제, '경제주권 상실'

## 2008년 글로벌 금융위기, 1997년 IMF 악몽 되살아나 불안

2007년 8월 미국발 서브프라임 모기지론(비우량 주택담보대출)으로 촉발된 뉴욕 월가의 금융위기는 미국 투자은행들을 모두 초토화(焦土化)시킨 데 이어 AIG생명과 시티은행, 세계 제1의 자동차 GM과 크라이슬러가 파산하는 등 전 세계를 강타, 미국 유럽 아시아 등 지구촌 금융시장은 물론이고 세계경제가 요동쳤다. 특히 2천 6백억 달러가 넘는 외화를 보유해 세계 6위 외환보유국 한국이 2008년 10월 제 2의 외환위기, 즉 제 2의 환란을 맞지 않을까 하는 두려움과 공포에 휩싸여 금융시장은 온통 '셀 코리아' 일색이었다. 이러한 현상은 증시와 환율에서 뚜렷했다. 2007년 10월 31일 코스피 지수는 2,064.85에 마감해 사상 최고치를 기록했고, 코스닥 지수도 810.07에 장을 마쳤다. 서울외환시장에서 원 달러 환율은 1 달러 대 900.70원에 거래됐다. 이는 1997년 외환위기 이전인 1997년 8월 22일의 899.80원과 90전 차이밖에 나지 않았다. 그런데 1년이 지난 2008년 10월 24일 코스피 지수는 938.75로 마감, 1,126p나 폭락했다. 코스닥 지수도 276.68로 마감해 코스닥 사상 최저치를 기록하며 1년 만에 584p가 폭락했다. 환율은 2009년 3월 2일 1,570.5원으로 급등해 외환위기 당시인 1998년 3월 13일 이후 최고치였다. 2월 23일 엔화는 1,604.56원으로 사상 최고였다. 금융시장상황을 종합해 보면 1997년 외환위기 당시와 흡사한 형태로 전개되어 온 국민이 불안감에 떨었다. 외국인은 2008년 36조 7천억 원어치 주식을 투매했다. 글로벌 금융위기 이후 아일랜드, 아이슬란드, 파키스탄, 우크라이나, 헝가리 등 10여 개국이 IMF 구제금융을 받았다.

우리는 1997년 외환위기의 환란(煥亂)으로 말미암아 경제주권을 상실했던 IMF체제를 6·25전쟁 이후 최대 국난(國難)이라고 일컫는다. 무엇보다 IMF체제를 되돌아보면서 대통령을 비롯한 권력핵심들이 적절한 정책결정과 추진을 실기(失機)했을 때 결국 힘없는 민초들만 엄청난 피해를 입는다는 사실을 뼈저리게 절감했다.[60] 1997년 외환위기는 이미 1년 전부터 예고되어 있었고, 우리가 환란을 피할 몇 번의 기회가 있었지만 이를 놓쳤다.

첫 번째, 최종현 전국경제인연합회장은 1996년 11월 20일부터 28일까지 필리핀 수빅에서 열린 아시아태평양경제협력체(APEC) 정상회의 때 김영삼 대통령에게 긴급명령발동을 건의했다. 최 회장은 12월 4일 국회 경쟁력강화특위위원들과 간담회에서 "최근 동남아 순방 때 김 대통령에게 국가경제위기를 극복하기 위해 앞으로 5년간 임금을 동결하고 금리를 대폭 인하하는 재정·경제상의 긴급명령 발동을 건의했다"고 공개했다. 그는 "1987년 민주화 이후 우리나라 임금이 5백%나 상승했으며 이는 세계 유례가 없는 일"이라며 "기업회장에서 말단사원까지 앞으로 5년간 임금을 동결하지 않으면 국가경제가 파탄지경에 이를 것"이라고 경고했다. 그러나 대통령을 비롯한 권력핵심은 이를 외면했고, 최 회장의 경고는 적중했다.

두 번째, 정부가 야심차게 추진했던 금융개혁이 한국은행의 독립문제를 놓고 진통을 겪으며 물거품이 되고 말았다. 김 대통령은 1997년 1월 7일 연두기자회견을 통해 금융개혁위원회를 설치, 금융개혁을 강력

---

60) 김인수, 《대통령과 리더십-청와대 출입기자가 쓴 IMF 고백기》(나남, 1999년), p. 10.

히 추진하겠다고 천명했고, 1월 22일 박성용 금호그룹 회장을 위원장으로 금융개혁위가 발족됐다. 금개위는 마지막 쟁점인 '중앙은행 및 금융감독제도 개선방안'과 관련 6월 16일 최종 확정했다. 그러나 금융개혁법안은 6월부터 대선정국으로 진입하고 한은 독립문제와 구조조정 등 여야 이해관계 때문에 국회에 방치, 급제동이 걸렸다.

세 번째, 1997년 한보를 시작으로 삼미와 진로, 해태 등 재벌그룹 부도사태가 잇따르자 정치・경제계에서는 5월 금융대란설이 공공연히 나돌았다. 김영삼 대통령은 3월 31일 과천 재정경제원에서 열린 경제장관회의에서 '주요 경제현안과 대책'을 보고 받고 "우리 경제에 대한 신인도가 떨어져서 국제금융시장에서 자금을 조달하는 데 어려움을 겪고 있다"고 우려했다. 금융과 외환이 요동칠 기미를 보였다.

## 폴 크루크먼 "한국 무역적자, 부패한 금융체제 외환위기 경고"

특히 자본시장 개방을 서두른 결과 재벌기업과 은행, 종금사들이 단기 해외자금들을 무분별하게 마구잡이로 들여와 환란의 직접원인이 되었다. 헤지펀드가 문제였던 것이다. 김 대통령이 이때부터 우리 기업의 무리한 차입경영, 금융과 외환문제를 직접 챙기며 독려했더라면 아마 12월 국가부도와 외환위기는 없었을 것이다. 이처럼 국정 최고 책임자인 대통령의 역할이 중요한 것이다.[61] 그러나 청와대는 5월 금융대란설 진화에만 총력을 기울였지 위기상황은 외면했다.

네 번째, 경제수석실에서 청와대 출입기자들에게 비보도를 전제로 5・6・7월 3개월 동안 '월별 경제동향과 정책방향' 자료를 배포했는데, 이 자료들은 1997년 환란을 겪기 직전의 우리나라 전체 경제상황을 청와대가 공식자료로 남겼다는 점에서 역사적으로 매우 귀중한 의미가 있

61) 위의 책, pp. 132~134.

다. 이 중 6월중 경제동향에서 1996년 말 가용외환보유고는 294억 2천만 달러였고, 1997년 6월 말 가용외환보유고는 253억 천만 달러로 41억 천만 달러가 줄었다. 당시 외국계 은행들은 한국금융시장에 불안을 느껴 한국계 은행에서 달러를 인출해 갔으며 유동성 자금이 부족한 시중은행들이 한국은행에 긴급 자금지원을 요청해 지원했다. 이때부터 즉각 청와대가 나서서 유동성 위기에 대해 주도면밀한 관리를 해야 했지만 청와대는 심각해지는 우리 신용상황을 간과했고, 결국 외환위기를 부른 원인이 되었던 것이다.[62] 2008년 11월 말 외환보유고가 6백억 달러 줄자 미국·일본·중국과 통화스왑협정을 체결한 것도 모두 이 때문이다. 당시 청와대 경제수석실은 6월 10일 우리나라 경제와 관련 '개도국에 구름이 끼었다'는 내용으로 다음과 같이 언급했다.

> "태국은 금융위기에 있고, 이러한 현상은 2008년 노벨경제학상을 수상한 '폴 크루크먼'의 우려대로 국제수지 적자 속에서 자산시장이 호조를 보이는 말레이시아, 필리핀 등에도 옮겨질 소지가 있다. 한국은 불과 한 세대(일본은 백 년 소요) 만에 농업국에서 산업국으로 발전되었으나 생산성 향상 이상의 임금인상을 요구하는 노조에 직면해 있다. 한국도 타 아시아제국과 마찬가지로 통제되고 정치화(따라서 부패한)된 금융체제로 인해 많은 부실금융 문제를 안고 있다."[63]

다섯 번째, 청와대가 재계서열 8위인 기아부도를 적절하게 대응하지 못해 국가부도로 몰아갔다. 청와대 경제수석실이 7월 12일 기자들에게 정례브리핑을 통해 "경제지표상으로 (경제가) 호전되는 기미를 나타내고 있고, 경기도 저점에 접근하는 것으로 판단된다"며 경제 호전전망을 장담한 지 3일 만인 15일 기아그룹이 부도를 전격발표, 경악했다. 이로

62) 위의 책, pp. 153~154.

63) 위의 책, p. 155.

써 1월 한보를 시작으로 삼미, 진로, 대농, 한신으로 이어진 부도사태 이후 간신히 회복기미를 보이던 대외신인도는 다시 추락했고, 국가경제는 치명타를 입었다. 그러나 김인호 경제수석은 "환율안정, 외환수급 개선, 수출 및 산업생산 회복에 따라 한보부도 이후 악화되었던 대외신인도가 점차 회복추세"라며 '경제위기론'을 일축했다.[64)]

## 7월 15일 재계 8위 기아부도, "청와대 부적절 대응 국가부도 초래"

기아사태가 장기화되자 시장상황은 최악으로 번졌고, 10월 15일 쌍방울과 태일정밀 등 7개사가, 20일 뉴코아그룹에 이어 해태가 각각 부도났다. 정부는 10월 22일에야 기아에 대해 법정관리를 신청키로 방침을 결정했다. 강경식 부총리는 10월 28일에도 국회에서 '금융대란설'에 대해 "한국 경제는 펀더멘털이 튼튼하기 때문에 문제가 없다"고 답변했다.

국가부도 위기에서 언론도 큰 책임을 면할 수 없다. 언론은 경제위기론을 부정하기에 바빴다. 당시 〈조선일보〉는 1997년 3월 8일부터 "한국경제 위기 아니다"라는 보도를 시작으로 내내 경제위기 가능성을 부정했다. 9월 11일자는 "한국 경제, 대기업 부도 견딜 수 있다"고 했고, 9월 18일자는 "한국 경제위기 아니다"고 했다.[65)] 〈창작과 비평〉 1997년 가을호에는 '한국경제의 활로를 모색한다'는 주제의 좌담이 7월 4일 이루어졌다. 이 좌담에서 전문가들은 모두 '한국경제 위기론'을 부정했다. 서울대 총장을 지낸 정운찬 교수는 "안타까운 것은 사회 일각에서 한국경제 위기론을 펼치고 있는 것"이라며 "경제가 어려운 것은 사실이지만 위기라고 진단하는 것은 조심해야 하지 않나 생각한다"고 말했다.[66)]

---

64) 위의 책, pp. 154~155.

65) 최용식, 《경제 역적들아 들어라》(지인, 2001년), pp. 65~66.

66) 〈창작과 비평〉 1997년 가을호, "좌담: 한국경제의 활로를 모색한다," pp. 8~12.

IMF사태의 직접적 원인은 은행과 재벌기업의 유동성 위기였다. 태국과 인도네시아 등 동남아가 환란에 빠지자 외국투자자들은 한국에서 대출금 회수에 혈안이 되었다. 1997년 10월부터 외국투자자들은 단기외채를 모조리 회수했다. 특히 11월 일본 은행이 단기자금 70억 달러를 일시에 회수하자 국가부도 위기에 몰렸다. 그런데도 언론은 1997년 11월 들어서도 '위기론'을 부정하기에 바빴다. 훗날 〈한겨레 21〉은 "'경제위기 과장말자'(〈중앙일보〉 11월 1일 사설), '경제 비관할 것 없다'(〈조선일보〉 11월 3일 기고), '외신들의 한국경제 흔들기'(〈동아일보〉 11월 10일 사설) 등을 보도했는데, 이것이 한국 언론의 현실이다. 경제위기로 한국경제가 침몰하기 시작하던 시점인 1997년 11월 초 국민들은 언론에서 위기를 발견하지 못했다"고 비판했다.[67]

## 정부, "11월 21일 밤 10시 50분, IMF 구제금융 지원요청 발표"

급기야 11월 21일 밤 10시 50분 임창렬 경제부총리는 IMF에 구제금융 지원요청 계획을 발표했다. 이로써 우리나라 경제주권은 IMF에 넘어갔으며 6·25전쟁 이후 최대 국란은 시작됐다. 그리고 12월 3일 밤 10시 김대중, 이회창, 이인제 등 대통령 후보들의 IMF협상 수용각서가 포함된 이행각서를 캉드쉬에게 전달됐다. 언론은 이날을 '국치일'(國恥日)이라고 썼다. 김용환은 〈사회비평〉에서 "1910년 경술국치와 더불어 민족수치를 온 국민에게 안겨 준 날"이라며 "경제적 종속도 국민에게 실상이 제대로 알려지지 않은 채 숨겨져 오다가 졸지에 당한 꼴이 되었다. 대통령은 물론 세 대선후보들도 IMF총재에게 불려가 각서를 써야 할 정도로 수모를 당했다. 이것은 대통령과 후보들만의 수치가 아니고 온 국민이 당한 수모였다"고 적었다.[68]

---

67) 송현순, "무식한 언론에 책임을 묻는다," 〈한겨레 21〉 1998년 2월 12일, p. 50.

한국이 IMF체제로 들어가자 영국의 한 유력 일간지는 '졸부의 예견된 몰락'이라고 꼬집었다. 이에 박영규는 《특별한 한국인》에서 "오늘날 한국인이 누리는 대단치 않은 부(富)는 피와 고통과 눈물의 대가다. 조선의 망국과 일제의 국토유린이 모두 세상을 제대로 알지 못한 데 원인이 있다고 판단한 우리 부모들은 영양실조에 시달리면서 자식들을 교육했다. 다시는 나라 잃는 설움을 겪지 않겠다고, 가난과 무지로 손가락질 받는 민족이 되지 않겠다고 어금니를 깨물며 반백 년을 악착같이 살았다. 덕분에 겨우 가난을 면하고, 약간의 경제적 여유를 누리게 되었다. 그런 한국인에게 졸부라니 정말 가상치 않은 소리요, 망발이다. 피와 눈물과 한으로 가난을 극복한 사람들을 향해 졸부라고 부르는 것보다 심한 욕이 어디 있단 말인가"라고 비분강개(悲憤慷慨) 했다.[69)]

2년 가까운 IMF체제를 살펴보면 먼저 IMF이사회는 12월 4일 총 210억 달러 지원을 승인했다. 12월 23일 환율이 1,960원으로 최고로 폭등했다. 1998년 2월 25일 김대중 대통령이 취임했고, 4월 1일 금융감독위원회가 공식 출범해 재벌 빅딜, 산업전반 구조조정, 은행 퇴출 등 IMF체제 극복을 위한 작업을 진두지휘했다. 5월 18일 강경식, 김인호 씨를 직무유기 및 직권남용 혐의로 구속했고, 6월 12일 5대재벌 그룹간 빅딜을 추진하며 한전 등 9개 공기업 조기민영화를 확정했다. 6월 15일 일본 엔화 환율이 8년 만에 1,468.5원으로 최고치를 보였다. 6월 18일 금감위는 5대 재벌그룹의 20개사, 6~64대그룹의 32개사, 비재벌계열 3개사 등 퇴출대상 55개 기업을 발표한 데 이어 6월 29일 금융기관 구조개혁을 단행해 동화, 동남, 대동, 경기, 충청 등 5개 시중은행을 폐쇄시켰다. 은행이 처음 무너졌다. 10월 19일 5대재벌이 계열사업 구조조

68) 김용환, "위기의 한국사회를 위한 실천적 제안," 〈사회비평〉 1999년 봄, p. 150.

69) 박영규, 《특별한 한국인: 박영규의 속 시원한 우리 역사, 우리 문화이야기》(웅진닷컴, 2000년), pp. 17~18.

정 방안을 발표, 10월 28일 은행권이 117개 기업 워크아웃을 선정했다. 11월 5일 국가부도위기로 몰았던 주범인 기아차가 현대차에 낙찰됐다. 정부와 재계는 12월 7일 5대재벌 구조조정안에 합의했으며, IMF체제 1년 만인 1998년 12월 18일 IMF자금 18억 달러를 첫 상환, IMF체제 탈피를 위한 조치에 들어갔다. 12월 30일 IMF 긴급보완금융 10억 달러를 상환했다. 영국 피치사는 1999년 1월 19일, S&P는 25일 한국국가신용등급을 투자적격으로 각각 상향조정했다. 이날은 또 경제청문회가 시작됐다. 2월 12일 무디스도 투자적격으로 상향조정했고, 정부는 7월 1일 긴급자금지원 40억 달러 조기상환을 IMF와 합의했다.

## 2001년 8월 23일 IMF에 195억 달러 전액 상환, "경제주권 되찾아"

같은 날 대우그룹이 부도를 내 재계 4위 재벌이 무너졌다. 그리고 9월 1일 현대증권 이익치 회장이 현대전자 주가조작 사건으로 구속됐고, 9월 17일 제일은행이 미국 뉴브리지캐피털에 매각됐다. 경제주권을 되찾아 오기 위한 작업에 박차를 가했다. 정부는 9월 18일 IMF에 보완준비금융 135억 달러를 9개월 앞당겨 조기상환 완료했으며, 19일에는 김우중 회장이 유럽으로 출국해 사실상 도피 길에 올랐다. 정부는 2000년 9월 20일 IMF에 대기성차관 60억 달러 조기상환을 발표한 가운데 10월 30일 현대건설이 부도를 냈고, 11월 3일 2차 29개 퇴출대상 기업으로 삼성자동차, 대우쌍용차, 진로, 우성건설 등을 발표했다. 11월 8일 대우차, 11월 10일 동아건설이 부도났다. 12월 4일 김대중은 노벨평화상을 수상했다. 정부는 2001년 1월 8일 대기성차관 조기상환을 개시, 8월 10일 IMF는 조기상환을 발표했다. 김대중 대통령은 8월 22일 외환위기 진원지인 기아자동차 공장을 방문했고, 8월 23일 IMF 구제금융 195억 달러 전액을 상환, IMF체제를 졸업하고 경제주권을 되찾았다.

2

# 김구(金九) 편

죽음을 각오하고 1948년 4월 19일 38선을 넘는 김구(사진 왼쪽부터 선우진, 백범, 아들 김신).

김구가 1949년 6월 26일 오전 11시 안두희의 흉탄에 맞아 숨질 때 입었던 피묻은 옷.

# 1. 일제·해방공간 가장 큰 영향력 '민족지도자'

## "대한민국 건국하면 떠오르는 인물 김구 37.1%, 이승만 16.6%"

2009년은 3·1운동이 일어나 대한민국 임시정부가 태동한 지 90년이고, 김구 서거 60주년이다. 오늘날 문화(文化)와 정보(情報)가 국력의 척도(尺度)가 되는 가운데 세계 유일의 초강대국 미국을 떠받치는 펜타곤(국방부)이 중국 인민해방군, 이라크 사태, 테러리즘, 회교의 종교적 원리주의 등 장래 미국의 안보위협(安保威脅)으로 판단되는 문제들을 연구하는 대규모 인문사회과학 연구프로젝트에 착수했다. 〈뉴욕타임스〉(NYT)는 2008년 6월 18일 "국방부가 앞으로 5년간 5천만 달러를 쏟아 부을 프로젝트 이름은 '미네르바'(로마신화에 나오는 지혜의 여신 이름을 따온 것)"이라며 "국방부가 제안한 연구분야는 이라크에서 확보된 문건을 포함한 원문해석 작업, 중국이 보다 개방된 정치체제(政治體制)로 전환하면서 예상되는 인민해방군의 변화, 탈레반의 부활이유 등"이라고 보도했다. NYT는 "이 프로젝트는 텍사스 A&M대학 총장 출신이자 러시아 역사학박사인 로버트 게이츠 국방장관이 특별히 관심을 쏟는 정책"이라며 "게이츠 장관은 군사력(軍事力)을 넘어서는 국력(國力)의 핵심요소로 지식(知識)의 힘인 '소프트 파워'의 중요성을 강조했다"고 지적했다. 이 '소프트 파워'를 우리말로는 '문화의 힘'(*The power of Culture*)이라고 일컫는다. 세계 초일류 강대국 미국이 안보위협에 대처하는 방법을 상대국가 문화를 통해 찾아내고자 한 것이다. 이는 백범(白

凡) 김구(金九)가 60년 전 주창했던 강력한 군사력을 갖춘 강대국(强大國) 보다는 '높은 문화국가(文化國家) 지향점'과 정확히 일치한다. 60년이 지난 오늘날 세계 초강대국 미국이 안보위협에 대처하기 위한 연구 프로젝트로 '소프트 파워'를 제시할 정도로 김구는 빼어난 혜안(慧眼)을 지녔다.

캐슬린 스티븐스 주한 미국대사는 2009년 1월 3일 아들과 함께 백범기념관을 방문했다. 그는 부임 전 모교인 하버드대 한국학연구소에서 2007년 4월 24일 개최한 '김구포럼'에 참가하여 '한미관계'를 주제로 강연하는 등 대한민국 임정과 백범 김구의 역할에 대해 깊은 관심을 가졌다. 백범은 임정 주석 시절 미국 OSS부대(현 CIA 전신) 도너번 장군과 대일 군사공동작전에 긴밀한 협조관계를 유지하여 조국광복의 기틀을 다졌다. 하버드대는 김구 초빙교수 제도를 2010년부터 시행한다. 백범기념관은 "대북특사인 보스워스 전 주한 미대사가 2002년과 2006년 두 차례에 걸쳐 기념관을 방문했지만 개인자격이었으며, 현직 주한 미대사가 방문한 것은 스티븐스가 처음"이라고 밝혔다.

김구의 위대성은 6·25전쟁을 되돌아 볼 때마다 발견한다. 백범이 왜 동존상잔(同族相殘)의 참화를 가져올 전쟁을 온몸으로 막으려 했는지 능히 짐작할 수 있다. 최소 3백만에서 최대 450만 명의 동족 등이 죽고 한반도 전역이 초토화되었다. 박명림은 《한국 1950: 전쟁과 평화》에서 "상대의 적멸을 통한 전쟁의 방식으로는 통일에 성공하지 못했다"며 "한국에서 전쟁은 통일의 길이 아니었던 것"이라고 주장했다.[1] 중일전쟁과 제 2차 세계대전을 통해 전쟁참상을 누구보다 절감했던 김구는 철저하게 전쟁을 배제한 가운데 평화통일을 주장했다.

2007년 11월 5일 한국은행은 새롭게 발행될 10만 원 고액권 화폐에 김구를 선정했다. 한은은 5월 여론조사와 8월 12일부터 21일까지 여론

1) 박명림, 《한국 1950: 전쟁과 평화》(나남, 2002년), p. 733.

수렴 결과 독립운동가 도산 안창호(安昌浩)와 함께 가장 많은 국민지지를 받았다고 발표했다. 한국은행은 "김구 선생은 뛰어난 실천력과 포용력을 갖추고 통일(統一)의 길을 모색한 지도자로서 대한민국 독립애국지사에 대한 존경을 표하고 애국심(愛國心)을 고취함은 물론 청소년을 포함한 국민에게 미래의 바람직한 인물상(人物像)을 제시하는 효과가 기대된다"고 선정이유를 설명했다. 신용하는 "김구 선생이야말로 대한민국 임시정부의 주석(主席)으로서 임시정부의 상징이 되는 인물"이라며 "한민족 독립운동은 제 2차 세계대전 종전 이전 약소민족 독립운동에 심대한 영향을 끼쳤으며, 세계 모범적인 독립운동으로서 한국이 대표적 민족독립운동가 백범 김구 선생을 고액권 초상으로 선정한 것은 뒤늦었지만 매우 정확하고 잘한 결정"이라고 강조했다.

〈조선일보〉 2007년 8월 보도에는 대한민국 건국하면 떠오르는 인물 1위가 김구로 37.1%를 차지했고, 이승만은 16.6%로 2위였다. 2008년 고려대에서 '가장 닮고 싶은 인물' 조사에서도 김구가 1위였다. 7월 대산문화재단이 정부수립 60주년을 맞아 대학생 8백 명에게 '대한민국 건국에 가장 큰 기여를 한 인물'을 설문한 결과 36.4%인 291명이 김구를 꼽았고, 이승만은 3위였다. 선정이유에 대해 "김구는 임시정부를 이끌며 수많은 애국지사들과 힘을 모아 일제에 직접 대항함으로써 건국기반을 마련했고, 광복 후 이념을 초월해 민족통일문제에 접근했다"고 밝혔다.

김구는 분단된 조국과 민족을 하나로 통일시키는 일은 우리 민족의 과업(課業)이라며, 민족통일은 반드시 평화통일이어야 한다고 강조하고 이를 몸소 실천에 옮겼다. 일제 강점기와 해방공간에서 김구는 좌우익 모두로부터 가장 영향력이 큰 민족지도자였다. 김일성도 소련 88여단에 있을 때 김구에게 편지를 보내 광복군(光復軍) 일원으로 참가할 수 있도록 해달라고 요청했다.[2] 윤무한은 《인물대한민국사》에서 백범이 우리 역사에 남긴 발자취를 크게 두 가지로 설명했다. 첫째는 만난(萬難)을 무릅쓰고 대한민국 임시정부를 사수하면서 대한민국 법통성(法統性)을 누구보다 강력하게 주장하고 끝까지 지켰다는 점이다. 둘째는 우익전선 한가운데 우뚝 섰으면서도 민족자주와 통일을 위해서는 좌우익(左右翼) 협상에 앞장섰다는 점이다. 김구가 오늘에 와서 단순히 흘러간 과거인물이 아니라 더욱 새롭게 해석되는 까닭은 백범이 험난한 역정에도 불구하고 임정을 떠받친 대들보 역할은 물론 민족독립과 통일에 대한 간절하고 뜨거운 심장이라는 점들이 두루 평가받는 일은 당연하다고 할 수 있다. 그러나 더욱 중요한 것은 민족분단 65년이 계속된 뒤 평화통일의 전망이 보이는 오늘의 시점에서 본다면 일제 강점기와 해방공간을 통해 백범이 추진하고자 했던 통일 민족국가 수립운동이나 남북협상에 더 강력한 역사적 의미를 부여할 수 있다.[3]

## "임정 대들보 역할, 민족독립과 통일 뜨거운 심장, 후세 교훈"

백범 김구 사후 20년, 그리고 4·19혁명 후 9년, 이 나라 초대 대통령 이승만의 동상을 끌어내린 서울 남산 바로 그 자리에 백범 김구 동상이 우람하게 들어섰다. 이는 결국 역사는 반드시 정의(正義)가 이긴다는 것을 후세에게 가르쳐 주고 있다. 그 동상 앞에서 2009년 4월 13일 이명박 대통령이 참석한 가운데 임정수립 90주년 기념식이 열렸다. 1945년 8·15광복 당시 대한민국 임시정부 주석 김구는 민족이 일본 압제의 사슬에서 해방되고 3개월이 지난 11월 23일에야 상하이에서 귀환

2) 신용하는 하바로프스크 88여단에 있던 김일성은 백범에게 편지를 보내 임정에 합작과 광복군 최종작전 참가희망 서한을 보내 유아류 등에게 전달을 맡겼으나 이들은 해방 때까지 서한을 전달하지 못했다고 그의 회고록 제8권에서 밝혔다고 전했다.

3) 윤무한, 《인물대한민국사》(나남, 2006년), p. 170.

할 수 있었다. 그것도 개인자격으로 입국을 허락받은 것은 약소민족의 슬픈 비애가 아닐 수 없다. 반면 이승만은 한 달 이상 빠른 10월 16일 귀국해 조직구축에 한 발 앞섰고, 김일성은 백범보다 두 달 이상 빠른 9월 19일 푸가초프호를 타고 원산항에 입항해 북한에서 주도권을 잡았다.

김구의 입국과정을 살펴보면, 하지 사령관은 1945년 11월 5일 이승만·김구중심의 '고문회의안'을 만들었고, 김구를 귀국시킬 결심을 했다. 그러자 국무부는 김구·이승만을 지지하는 것을 삼가는 등 국내 정치세력에 대한 공평한 정책을 계속 지시했지만 미군정은 자신들의 계획대로 추진했다. 1942년 신탁통치 필요성을 주장한 보고서를 미 국무성에 제출했던 하지의 정치고문 랭던(William Langdon)은 1945년 11월 20일 신탁통치안을 거둬들이고 대신 임정 김구 주석을 중심으로 한 정무위원회안(*Governing Commission*)을 구체화시켰다. 정무위원회안은 탁치안에 대한 대안으로 검토되었기 때문에 명백한 '단독행동'이었다. 하지만 소련과 논의하지 않고 추진하려던 단독구상으로서 정무위원회안은 실현되지 않은 '도상작전'이었으며 여러 대안 중 하나에 불과했다. 이완범은 《한국해방 3년사》에서 "국무장관 번스는 즉각 전문을 보내 그러한 기구를 창설(創設)한다는 데 대해 소련이 비우호적 반응을 보일 것이며, 비록 협의를 거친다 하더라도 동의(同意)하지 않을 뿐만 아니라 그런 기구의 단독수립은 소련과의 협상에 방해가 되므로 제안 자체를 폐기하라고 지시했다"며 "특히 번스는 김구와 같은 인사를 필요에 따라 개인자격으로 활용하되 김구의 임정조직을 인정하지 말라는 경고도 덧붙였다"고 밝혔다.[4] 따라서 미군정은 김구의 입국까지 철저히 비밀에 부쳤고, 개인자격으로 귀환시켜 앞으로 한반도 통치(統治)에 걸림돌을 사전에 제거했다. 미국은 백범이 신탁통치에 극렬 반대하자 즉각 집권대열에서 제외시켰다. 그리고 1949년 6월 26일 오전 11시 조금 지

4) 이완범, 《한국해방 3년사》(태학사, 2007년), pp. 143~144.

나 경교장에서 안두희에게 피살당할 때까지 3년 7개월간 백범 김구의 삶은 우리 민족의 명운(命運)이 결정된 시기였다. 그는 오직 민족통일(民族統一)만을 염원하며 숨을 거둔 것이다. 김구는 우여곡절을 겪은 끝에 망명 27년 만에 하지가 보낸 미군 수송기에 몸을 싣고 귀환하던 날 당시를 장준하(張俊河)는 《돌베개》에서 다음과 같이 술회했다.

> "1945년 11월 23일, 그때 주한 미군사령관 하지 중장의 알선과 지시로 날아온 비행기는 은익(銀翼)도 찬란한 중형 미군수송기 한 대였다. 조국의 품에 우리들의 몸을 실어다 줄 C-47은 한 대의 비행기같이 보이지 않고 신비스런 한 덩이의 기교처럼 군림하고 있었다. 맑게 갠 중원 땅 상하이 강만(江灣) 비행장의 하늘은 우리들의 비행을 축복하여 주는 듯이 푸르렀고, 우리는 탑승하는 시간까지 알 수 없는 초조와 흥분을 누르기 위해 이 중국의 대기를 마음껏 심호흡하였다. 이윽고 1시 정각, 우리는 눈부신 C-47기의 은익의 반사광을 피해 눈을 가리며 차례로 비행기에 올랐다. 그리던 내 나라 내 땅에 정작 닿을 것인지 새삼스러운 회의가 비행기에 오르는 나의 체중에 엇갈려 몸이 무겁게 느껴졌다. 그것은 지난 8월 18일 여의도 비행장에서 흙 향기에 취하여 다시 돌아온 그때의 울분이 아직 가슴에 풀리지 않고 멍울져 있었기 때문이었다. 아니 그보다 앞서 8월 14일의 쓰라린 경험도 다시 솟아오르기 때문이기도 하다. '아아, 이제 정말 이 중국(中國)을 마지막 떠나는 것일까?'"

## 하지, C-47 수송기 한 대 상하이 보내 김구 등 임정요인 15명 탑승

> "나는 발을 올려 디디며 다시 한번 뒤를 돌아보았다. 청명한 11월의 맑은 대기가 상하이의 기류를 조용히 흐르고 있었다. '잘 있거라 대지여, 나는 다시 오지 않으리. 이번엔 어떤 일이 있어도 내 조국 내 땅에 떨어지고 말리라.' 나의 이런 결심이 가라앉자마자 폭음이 일고 비행기

의 기관이 돌기 시작했다. 환국(還國) 제 1진의 일행 전원이 모두 자리를 잡고 앉았다. 기내가 갑자기 조용해지는 듯했다. 노(老) 혁명투사의 안면에서도 무엇인가 말로 형용할 수 없는 긴장이 흐르고 있었다. 폭음이 몇 번 크게 울리면서 기창 밖의 풍경이 움직이기 시작했다. '아, 떠난다.' 누군가 이렇게 감격의 소리를 질렀다. 저만치 옆으로 몇 자리 건너 앉으신 백범 선생도 감았던 눈을 뜨셨다. '이십 년을 나라 밖에서 투쟁하던 혁명가들이 이제 고국의 품으로 안기려 움직이기 시작한다. 그리고 그들의 수행원으로 내가 이렇게 엄숙히 자리를 같이하고 있다.' '황무지(荒蕪地)의 조국운명에 나의 신념을 심을 때가 왔도다.' 나는 기도와 같이 경건한 순간을 빈주먹으로 휘어잡고 묵상에 잠겼다. 이윽고 수송기는 활주로를 박차고 솟아올랐다. 귀가 아프던 소음이 한결 가벼워졌다. 다시 잠에서 깨어난 듯이 우리는 서로 얼굴을 침묵으로 훑어보았다. 비행기 이륙 '아! 떠난다' 감격소리, 노혁명투사 감았던 눈 떠 '광복강토(光復疆土)로 날아가는 하나의 정부와 그 정신이 이제 바다를 건너고 있다'고 하는 뿌듯한 자부심이 벅차게 가슴 속에 담긴 감회를 포화상태로 만들었다. 나는 천천히 이 날아가는 하나의 정부를 살폈다.

김구 주석, 김규식 부주석, 이시영 국무위원, 김상덕 문화부장, 유동열 참모총장, 엄항섭 선전부장 등 정부요인들과 김규식 박사 아들이며 비서일을 보던 김진동 씨, 주석의 시종의무관 유진동 박사, 수행원으로 나와 이영길, 백정갑, 윤경빈, 선우진, 민영완, 안미생 등 15명이 우리 일행이었다. 이 가운데 단 한 사람의 여자가 안미생 여사로 우리는 '안 스잔나'로 불렀다. 김구 주석의 며느리였지만, 김인(金仁: 김구 선생 장남) 씨가 돌아가자 시아버지의 비서로 일했고, 임시정부에서 재충칭 애국부인회의 일을 거들며 일했다. 사실 안 여사는 안중근 의사의 조카딸이라는 것으로 더 잘 기억할 것이다. 나는 차례로 이들의 표정을 눈여겨보았으나, 한평생 생애를 다 바쳐 투사가 되신 그 위엄 앞엔 아무 말도 할 수가 없었다. 다만 굳어지는 안면근육의 움직임으로 무쇠 같은 의지와 신념의 표정을 읽을 수 있었다. 각자의 몸에 품은 권총 한 자루씩을 제외하고서는 모두가 조국의 독립에 투신(投身)할 애국의 덩어리들이다. 투쟁의 경력과 애국의 신념이 한데 어울린 체중들이다. 어서 서울에서 벌어지는 복잡한 정계에, 이들 열다섯의 몸이 들어가 기틀이 흔들리지 않게 하자.

수송기의 쾌음이 상쾌하게 들리고 바닷물빛이 변하면서 기체가 흔들렸다. 어느새 3시가 가까워졌다. 누군가 크지 않은 소리로 외마디를 외쳤다. '아 … 아, 보인다. 한국이!'"

## "아 … 아, 보인다. 한국이 …" 외마디, 애국가 합창 흐느낌과 절규

"그 광활한 황해(黃海)의 푸르름 아래 거뭇거뭇한 섬들이 나타나기 시작하였다. '아, 조국의 땅이 우리를 맞으러 온다. 우리를 마중하러'라고 나는 소리치고 싶었다. 눈에 띄지 않던 솜구름이 버섯처럼 돋아나 시야에 들어오고, 그 밑에는 서해안(西海岸)의 섬들이 바다에서 솟아나는 듯이 옹기종기 떠올랐다. 저 위에 나의 사랑하는 부모형제, 처자가 있을 것이다. 저 위에 하늘을 우러러 울고 땅을 치며 발을 굴러 울던 나의 조국이 있고, 나의 동포가 목이 아프게 기다리고 있다. 갑자기 나의 목이 메어 올랐다. 기체(機體) 안에는 애국가(愛國歌)가 합창되었고, 마침내 우리들 가슴 속의 포화된 감격을 안에서 흐르는 울음소리로 변질시켜버렸다. 그것은 노래 아닌 하나의 절규였다. 애국가는 우리들의 심정에 경련을 일으키면서 조국을 주먹 안에 움켜잡은 듯이 떨게 했다. 드디어 애국가는 끝까지 부르지 못하고 울음으로 끝을 흐렸다. 울음 섞인 합창, 그것이 그때의 나의 가슴 속에 새로 지어진 애국가다.

감상(感想)을 내어버린 지 오래고 울음을 잊어버린 지 이미 옛날인 강인한 백범 선생, 그의 두꺼운 안경알에도 뽀얀 김이 서리고, 그 밑으로 두 줄기 눈물이 주르르 번져 내린다. '조국을 찾고 눈물을 찾으셨구나.' 나는 마치 한 소년처럼 여울지는 가슴을 느끼며 어깨를 두 팔로 감싸 안았다. 그러나 김구 선생은 눈물지는 눈을 지그시 감은 채 뒤에 기대고 있을 뿐 눈물을 닦으려 하시지도 아니했고, 입을 비죽거리지도 않았으며, 고개를 숙이지도 않았다. 하나의 거대한 돌부처처럼, 우는 돌부처처럼, 그런 모습으로 주먹을 쥐어 무릎 위에 얹은 채 새로운 앞일을 감당하고 있었다. 이때 이미 김구 선생은 앞으로 닥쳐올 민족과 자신의 운명을 예견했을지도 모른다. 그래서 돌부처처럼 주먹을 불끈 쥐며 지그시 눈을 감고 눈물을 흘렸을 것으로 보인다.

환국 비행기는 각기 심각한 명상 속에 잠긴 임시정부를 싣고 오후 4시 가까워질 무렵 강화도(江華島)를 순식간에 지나쳤다. 김구 주석은 그 무엇을 구상하는지 끝내 먼 하늘을 바라보고 있었다. 인천(仁川)이 발 아래로 깔리고 우리는 김포(金浦)의 활주로를 돌고 있었다. 두서너 번의 충격으로 굳어졌던 긴장이 다시 풀리고 우리는 무사히 착륙을 마쳤다. 김구 주석이 앞서고 그 뒤를 따라 엉거주춤하고 서 있었다. 미 공군 하사관이 문을 열어 재꼈다. 시야에 들어온 것은 황량한 벌판뿐이었다. 우리의 예상은 완전히 깨지고 동포의 반가운 모습은 허공에 모두 사라져버렸다. 일행이 한 사람씩 내렸을 때 우리를 맞이하는 것은 미군 G. I. 들 뿐이었다. 우리는 장갑차 승차에 앞서 경건히 목을 떨구었다. 우리는 망명(亡命)에 성공하여 이제 산사람으로 돌아와 이 땅을 밟고 있다. 그러나 그 얼마나 많은 애국투사(愛國鬪士)가 이 땅 위에서 또는 이역만리(異域萬里)에서 그대로 넘어지고 숨지었던가. 경건히 고개를 숙이고 묵념의 시간을 가졌다. 조국 광복의 이 보람이 우리들에게가 아니고 선열(先烈)들에게 돌아갈 것을 빌었다. 그들의 피가 스며든 땅에 서기가 송구스러웠다."

## 김구, "두꺼운 안경알 뽀얀 김 서리고, 두 줄기 눈물 주르르"

"김구 주석 등 임정요인들은 일반인 접근이 철저히 봉쇄당한 채 장갑자동차에 올라 한강철교와 용산, 서울역을 지나 경교장(京橋莊)에 다다랐다. 시간은 오후 5시가 조금 지났다. 나는 미군정이 철저히 통제한 장갑차 안에서 "조국의 독립을 위해서 우리가 싸울 수밖에 없는 이유가 바로 여기 있다"는 신념을 굳게 결정하고 있었다. 김구 주석이 경교장 안에 들어와 장갑차를 내릴 때까지 '임시정부환국 환영준비위원회' 자체도 전연 우리들의 입국사실을 알지 못하고 있었다. 이들은 너무나도 뜻밖이라 백범을 보고도 멍하니 움직이질 못했다. 우리는 여장(旅裝)을 풀었다. 조국의 품에 다시 안긴 노(老) 혁명투사는 27년 만에 고국의 수도 서울에 그 몸을 편히 머물게 한 첫 순간이었다. 미군정청 공보과는 6시 정각 조선주둔 최고사령관 하지 중장의 성명을 통해 김구 주석의 귀환(歸還)을 짤막하게 발표했다. '오늘 오후 김구 선생 일행 15명이 서울에 도착하였다. 오랫동안 망명하였던 애국자 김구 선생은 개인의 자격으로 서울에 돌아온 것이다'고 유난히 개인자격을 강조했다."[5]

이처럼 '민족자주독립'을 외쳤던 백범은 철저한 통제와 아무도 환영해주는 사람 없는 초라한 귀환에 비해 독립운동과 '반소반공'을 외쳤던 이승만의 환국은 화려했다. 맥아더 사령관은 전용비행기 바탄(Bataan) 호를 내주고 융숭하게 대접했고, 하지는 20일 중앙청 광장에서 열린 귀국환영대회에서는 맨 먼저 단상에 올라 이승만을 최고 독립지도자로 소개했다. 그는 5만 명이 넘게 몰려든 거국적 환영인파 속에 "뭉치면 살고 흩어지면 죽는다"는 유명한 말을 남겼다. 김일성은 10월 14일 평양에서 조만식 등이 참석한 가운데 소련점령군사령부에 의해 귀국환영대회를 가졌다. 미국은 김구보다는 이승만이 훨씬 활용가치가 높았기에 이승만과 김구를 노골적으로 차별화했으며, 이들 두 지도자의 앞으로 운명을 예견케 했다. 이승만은 숭미주의자로 비칠 정도로 미국에 의지해 외교와 교육을 통한 독립을 추구했고, 해방 이후에는 자신의 권력획득과 기반강화를 위해 '반공'을 내세우며 미국에 크게 의존했다. 반면 김구는 시종일관 민족자주독립과 통일에 중심축을 두고 활동해 미국과 정면으

5) 장준하 10주기추모문집발간위원회, 《장준하문집 2권(돌베개)》(사상, 1985년), pp. 269~278.

로 자주 충돌했고, 결국 김구의 죽음에 미국이 사전인지했거나 적어도 방관했다는 비판을 받고 있다.

다시 장준하의 《돌베개》로 돌아가 보자. 백범 김구 주석이 서울에 도착했다는 발표가 있자 서울 거리가 갑자기 소란해졌다. 백범의 환국(還國)을 환영하는 벽보가 나붙은 것은 말할 것도 없고, 환영인사들이 경교장으로 몰려들었다. 가장 먼저 이승만 박사가 6시 조금 지나 경교장에 나타났다. 김구 주석으로서는 국내에서 처음 보는 이 박사였고, 두 사람은 길지 않은 회담을 했다. 며칠 전 이승만은 중앙방송을 통해 "나는 임시정부의 한 사람이다. 임시정부가 들어와서 정식타협이 있기 전에는 아무런 데도 관계할 수 없다. 며칠 안 돼서 그들이 귀국하게 되면 전 국민이 대환영할 줄 믿는다"고 말했다. 이것은 사실이었다.

이승만의 뒤를 따라 서울중앙방송국 문제안 기자가 경교장에 달려와 우리들의 입국경위를 취재하고 돌아갔다. 방송이 나가자 경교장을 중심으로 서대문(西大門)에서 광화문(光化門)까지 사람들로 붐비기 시작했다. 기자들이 몰려들자 오후 8시 경교장 응접실에서 기자회견(記者會見)을 하기로 결정했다. 장준하는 엄항섭 선전부장을 따라 김구 주석의 귀국 제일성의 성명문(聲明文)과 임시정부 당면정책(當面政策) 14개 조항이란 프린트 뭉치를 들고 들어섰다. 기자들에게 유인물을 나눠주었고, 엄 부장은 김구 주석을 대신하여 성명문을 낭독했다.

## 귀국일성, "혼이 왔는지 몸이 왔는지 분간할 수 없는 심정"

"27년간 꿈에도 잊지 못하던 조국강산을 다시 밟을 때 나의 흥분되는 정서는 형용해서 말할 수 없습니다. 나는 먼저 경건한 마음으로서 우리 조국의 독립을 전취(戰取)하기 위하여 희생하신 유명무명의 무수한 선열(先烈)과 아울러 우리 조국의 해방을 위하여 피를 흘린 허다한 연합국 용사들에게 조의를 표합니다. 다음으로는 충성을 다하여 3천만 부모 형제자매 및 우리나라에 주둔하는 미 · 소 등 우방군(友邦軍)에게 위로의 뜻을 보냅니다. 나와 나의 동사(同事)들은 과거 20, 30년간을 중국의 원조하에 생명을 보지(保持)하고 우리의 공작을 전개하여 왔습니다. 더욱이 금번에 귀국하게 되는 데는 중국의 장제스 총통 이하 각층 각계의 덕택을 입었습니다. 그러므로 나와 나의 동사는 중 · 미 양국에 대하여 최대의 경의를 표하는 바입니다. 또 우리 조국의 북부를 해방하여 준 소련에 대하여도 동량(同量)의 경의를 표하는 바입니다.

금번 전쟁은 민주를 옹호하기 위하여 파시스트를 타도하는 전쟁이었습니다. 그런데 이 전쟁에 승리를 얻은 원인은 연합이라는 약속을 통하여 호상 단결 협조함에 있었습니다. 그러므로 금번 전쟁을 영도하였으며, 따라서 큰 공을 세운 미국도 승리의 공로를 독점하려 하지 않고 연합국 전체에 돌리는 것입니다. 우리는 미국의 겸허한 미덕을 찬양하거니와 동심육력(同心戮力) 한 연합국에 대하여도 일치하게 사의를 가지고 있습니다.

나와 나의 동사는 오직 완전 통일된 독립자주 국가를 완수하기 위하여 여생을 바칠 결심을 가지고 귀국했습니다. 조국통일과 독립을 위하여 유익한 일이라면, 불 속이나 물 속이라도 들어가겠습니다. 우리는 미국과 중국의 도움으로 여러분과 기쁘게 대면하게 되었습니다. 우리는 미국과 소련의 도움으로 북쪽의 동포도 기쁘게 대면할 것을 확신합니다. 그리고 완전히 독립자주하는 통일된 신민주국가를 건설하기 위하여 공동분투합시다."

## 임시정부 14개 당면정책

이어 엄 부장은 임시정부 14개 정책을 발표했다. 전문은 아래와 같다.

1. 본 임시정부는 조속한 기일 안에 곧 입국할 것.
2. 우리 민족의 해방독립을 위하여 혈전한 중 · 미 · 소 · 영 등 우방 민

족으로 더불어 절실히 제휴하고 연합국 헌장에 의하여 세계 일가의 안전 및 평화를 실현함에 협조할 것.

3. 연합국의 중요 국가인 중·미·소·영 등 강국에 향하여 먼저 우호 협정을 체결하고 외교도경(外交途經)을 영벽(另闢)할 것.
4. 연합국 주재 기간에 일체 필요한 사의(事宜)를 적극 협조할 것.
5. 평화회의급(及) 각종 국제집회에 참가하여 한국의 광유(廣有)한 발언권을 행사할 것.
6. 국외 임무의 결속과 국내 임무의 전개가 서로 접촉됨에 필요한 과도조치를 집행하되, 전국적 보선에 의한 정식 정권이 수립되기까지의 국내 과도정권을 수립하기 위하여 국내의 각 계층, 각 혁명당파, 각 종교집단, 각 지방대표의 저명한 민주 영수회의를 소집하도록 적극 노력할 것.
7. 국내 과도정권이 수립된 즉시에 본 정부의 임무는 완료된 것으로 인(認)하고, 본 정부의 일체 직능급(及) 소유물건은 과도정권에 교환할 것.
8. 국내에서 건립된 정식 정권은 반드시 독립국가, 민주정부, 균등사회를 원칙으로 한 신헌장에 의해 조직할 것.
9. 국내의 과도정권이 성립되기 전에는 국내 일체 질서와 대외 일체 관계를 본 정부 부책(負責)으로 유지할 것.
10. 교포의 안전급(及) 귀국과 국내외에 거주하는 동포의 구제를 신속히 처리할 것.
11. 적의 일체 법령의 무효와 신법령의 유효를 선포하는 동시에 적의 통치하에 발생된 일체 처벌범을 사면할 것.
12. 적산을 몰수하고 철교(撤僑)를 처리하되 맹군과 협상 진행할 것.
13. 적군에게 피박 출전한 한적 군인을 국군으로 편입하되 맹군과 협상 진행할 것.
14. 독립운동을 방해한 자와 매국적에 대해서는 공개적으로 엄중히 처벌할 것.

대한민국 27년 9월 3일

대한민국 임시정부 국무위원 주석 김구

이로써 역사적 스테이트먼트가 영원한 문헌적 가치를 갖게 됐다. 하지만 임정 14개 정책은 유감스럽게도 선언적 의미에 그쳤을 뿐 실질적으로는 미군정의 통치를 받는 국내정치 현실에서는 아무런 구속력도 없었다. 기자들은 김구 주석의 육성방송을 원했고, 우리도 당연히 그러길 바랐다. 김구 주석이 돌아왔다는 소식에 동양극장 앞에는 인산인해(人山人海)를 이루었고, 국민들은 환호성을 올렸다. 따라서 군정당국은 별로 달갑지 않게 생각하고 특히 김구 주석의 육성방송을 꺼려하고 있었다. 귀국 이튿날, 아침식사를 마치자마자 오전 8시도 안 되어 사람들이 몰려들었는데, 송진우(宋鎭禹), 정인보(鄭寅普), 안재홍(安在鴻), 김병로(金炳魯), 33인 중 한 분이었던 권동진(權東鎭), 옥중생활 14년에 두 다리를 모두 잘린 김창숙 등이 눈에 띄었다. 김구는 수행원 몇 사람을 대동하고 세단으로 돈암장(敦岩莊)의 이승만에게 답례예방을 떠났다. 돈암장에서 잠시 지체한 김구는 이승만과 함께 곧바로 하지 사령부로 가서 입국에 대한 편의에 감사를 겸해 귀국인사를 했다. 경교장으로 돌아와 김구 주석의 첫 기자회견이 열렸다. 〈조선일보〉, 〈동아일보〉, 〈서울신문〉, 〈인민보〉(공산당지), 〈대동신문〉 등 30여 명의 기자들이 김구를 둘러쌓다. 귀국인사를 마치자 질문이 이어졌다.

문: 이승만 박사를 중심으로 현재 국내에는 통일전선(統一戰線) 결성에 최대 노력을 하는데, 선생의 포부는 어떠신지요.

답: 아직 자세한 사정을 몰라서 오늘은 무엇이라고 말할 수가 없다. 그러나 통일전선을 결성하는 데 있어 내가 이승만 박사보다 나은 생각을 갖고 왔으리라고 믿는다면 그것은 곧 잘못이다. 30년 동안 국내사정을 잘 모르고 지내온 터이니 이 문제에 대하여는 다음 날로 미루어주기 바란다.

문: 지금 통일전선 결성을 위하여 먼저 민족 반역자와 친일파를 제외하자는 소리가 높은데, 이에 대해서는 어떤 생각이신지요?

답: 나쁜 분자를 먼저 제외하고 뭉치는 것이 매우 좋은 방법일 것이나, 뭉쳐가지고 나쁜 분자를 골라내는 것도 한 방법이 아닐까 생각한다. 그러므로 우리는 현재 무엇보다도 시급한 통일부터 하는 것이 옳지 않을까 생각한다.

## 김구 첫 기자회견, "무엇보다 시급한 통일부터 하는 것이 옳다"

문: 어제 귀국 첫 밤을 보낸 감상은?

답: 나는 어제 고국 땅을 밟았으나 … 나의 혼이 왔는지 육체가 왔는지 분간할 수 없는 심정이다(이 말을 마친 순간 한동안 침묵이 흘렀다).

문: 선생은 개인자격으로 입국하셨다고 발표했는데, 이 점에 대해서는?

답: 우리 한국에는 현재 군정이 실시되는 관계로 대외적으로는 개인자격이 될 것이나, 우리 한국사람 입장으로 보면 임시정부가 환국한 것이다.

여기서 장준하는 충격을 받았다고 했다. 우리의 입장에선 엄연한 임시정부의 환국이었지만 미군정 통치 아래서는 이 모든 것이 깡그리 무시되고 한 개인의 입국일 수밖에 없었다. 그가 새삼스러운 분노를 느끼는 순간 김구 주석은 엄 부장에게 질문을 넘기고 2층으로 올라갔다. 사람들을 면담하느라 피로에 지쳐 저녁 일찍 저녁식사를 하는데 엄 부장이 호출했다. 장준하는 김구 주석 방으로 갔다. 그동안 김구 주석의 육성방송을 허가하지 않던 미군정 당국이 오늘 밤 8시 단 2분 내외의 말씀을 해도 좋다는 공식연락을 막 받았다는 것이다.

"장 목사가 좀 이 원고를 알아서 써 주어야 하겠소. 간단한 도착소식만을 내 목소리로 알리라니 … ." 장준하가 영문을 몰라 할 때 김구 주석은 " … 단 2분 동안에 할 수 있는 말이라"라고 대뇌였다. 백범은 장준하에게 "그저 나 여기 왔소. 그러면 되는 거야"라고 말했다. "무엇이냐? 내

나라 내 땅에 돌아와서도 민족의 지도자가 제 할 말을 다 못하고 마는 이 운명은… ,” “왜 내 나라 동포에게 말을 다 못하는가?”라는 의문이 붓 끝에 짓 엉켜질 뿐이었다.

> “친애하는 동포 여러분!
>
> 27년간이나 꿈에도 잊지 못하던 조국강산에 발을 들여놓게 되니 감개무량합니다. 나는 지난 5일 충칭을 떠나 상하이로 와서 22일까지 머물다가 23일 상하이를 떠나 당일 서울에 도착하였습니다. 나와 각원 일동은 한갓 평민의 자격을 가지고 들어왔습니다.
>
> 앞으로는 여러분과 같이 우리의 독립완성(獨立完成)을 위하여 전력하겠습니다. 앞으로 전국 동포가 하나가 되어 우리의 국가 독립의 시간을 최소한도로 단축시킵시다.
>
> 앞으로는 여러분과 접촉할 기회도 많을 것이고, 말할 기회도 많겠기에, 오늘은 다만 나와 나의 동사 일동이 무사히 이곳에 도착되었다는 소식만을 전합니다.”

## 김구 첫 육성방송, “전국 동포 하나되어 독립완성 위해 전력”

단숨에 내려 읽은 김구 주석은 “됐어!”라고 말하고 정동방송국으로 향했다. 녹음방송이 없던 생방송이라 시간에 늦지 않게 달려간 것이다. 평민(平民)의 자격으로라는 말은 ‘하지 사령부가 꼭 넣어 달라’는 구절이니 참으로 서글픈 일이 아닐 수 없었다.

11월 24일 밤 8시 정각, 힘찬 김구 주석 목소리 한마디 한마디가 살아나왔다. 그러나 너무나 짧아 허황했다. 아나운서가 김구 주석의 환국성명(還國聲明)을 계속 낭독해 주었다.[6]

---

6) 위의 책, pp. 287~295.

# 2. 송진우 "임정사절 파견, 자주독립 실력 연합국 설득" 요청

## 백범 "4인 당수회담 결론 이승만보다 먼저 실천, 역사 달라졌을 것"

1945년 11월 25일은 일요일이었고, 날씨는 맑았다. 김규식 일행은 장로교의 새문안교회로 갔고, 김구는 감리교 정동예배당으로 갔다. 이날 설교는 정일형(鄭一亨)이 했다. 그는 어느 미국 대통령의 이야기를 한 미국 목사의 설교를 되풀이 인용하면서 "여기 한 위대한 사람(김구 지칭)이 앉아 계십니다. 장차 이 민족을 이끌고 나갈 참 지도자가 이 자리에서 하나님 앞에 무릎을 꿇고 계십니다"고 설교했다. 이 말은 괴테가 나폴레옹을 보고 한 말 "저기 한 위대한 인간이 있도다"고 한 내용을 연상시켰다. 백범의 공식활동은 11월 26일부터 본격적으로 시작되었다. 이날 아침 10시 미 군정청(중앙청 건물) 제 1회의실에서 내외기자단과 공식회견을 가졌다. 하지의 안내로 김구 주석이 들어섰고, 장내는 우레와 같은 박수가 터져 나왔다. 기자들은 40여 명이 진을 치고 있었다. 이윽고 김구 주석이 말문을 열었다. 먼저 귀국인사를 정중히 한 다음 "나는 앞으로 여러 선배와 그리고 각급 각계 대표자들을 방문 또는 초청하여 담론(談論)할 것이며, 미국 당국과도 깊이 의논한 뒤에 우리의 할 일을 알려 드리겠습니다"로 결론을 맺었다. 공식 기자회견을 마친 김구 주석은 조선호텔로 자리를 옮겼고, 이승만 박사와 하지 중장 셋이서 요담

(要談)을 나누었다. 그리고 돈암장으로 자리를 옮긴 69세의 김구와 70세의 이승만은 오랜 시간 이야기를 나누며 앞으로 이 나라 이 민족을 어떻게 이끌어갈 계획인지에 관해 서로 흉금을 털어 놓았다. 김구는 27일 송진우 한민당 수석총무 등 당시 거물급 정치인 4인과 각각 개별회담을 가졌다.

김구는 먼저 언론인 출신 안재홍 국민당 당수를 만났다. 그는 "지금 민족진영과 계급진영과의 대결 속에 말할 수 없는 혼돈이 계속되고 있습니다. 그 속에 건국준비위원회를 기반으로 하여 인민공화국이 결성되어 혼란을 격화시키고 있으니, 이를 방관할 것이 아니라 임시정부가 과도정부로서 일을 맡아 주었으면 좋겠습니다. 임정이 입국 전 과도정부가 수립되면 그 법통을 넘기겠다고 했는데, 과정(過政)을 새로 수립할 것이 아니라 현재의 이 혼란을 하루속히 안정시키는 의미에서 직접 임정이 집정(執政)을 해주셔야 합니다"라고 요청했다. 이에 백범은 "각 각료들의 입국을 기다려서, 또 모든 정당 사회단체와 협의해서 결정하도록 하겠소. 그러니 총 단결의 기운을 조성해 달라고 하는 한 가지 부탁을 드리고 싶소"라고 당부했다.

안재홍은 임정 태도에 언급 11월 9일 신문에 "쌍수를 들어 김구 선생 일행의 환국을 환영한다. 세평에는 충칭 임시정부가 민족 파쇼적 경향을 갖지 않았나 하고 말하는 사람이 없지 않으나 나는 그렇지 않으리라고 믿는다. 김구 선생과 나와는 면식(面識)이 없으나 김구 선생과 함께 일하는 분으로 조소앙 씨 같은 분은 친분이 있다. 그들은 모두 견식(見識)이 풍부하고 다년간 해외에서 혁명생활에 경험이 많으신지라 새 시대에 어그러진 민족 파쇼적 경향은 가지고 있지 않다고 본다. 김구 선생은 나이 많으시나 열렬한 민족주의자시다. 동지 제씨의 의견을 언제나 경청하여 만사(萬事)를 경정(更正)하고 독단(獨斷)으로 가는 길을 피하는 분이라고 들었다"고 썼다. 안재홍은 임시정부를 '민족 파쇼적 경향', 김구를 '독단적으로 가는 길을 피하는 분' 등이라고 밝혔다.

이어 언론인 출신 송진우 한민당 수석총무와 마주앉았다. 임정의 귀국을 누구보다 열렬히 환영하며 반겼던 그는 다섯 가지를 제안했다. "첫째, 이번 제 2차 세계대전은 민주주의 대 파쇼의 대결이었으니만치 승리로 이끈 연합국의 기치 아래로 우리도 나아가야 할 것이므로, 국가가 통일되어 민주국가(民主國家)를 완성시키는 데 최선을 다해야 할 것입니다. 둘째, 가급적 속히 최선을 다하여 몇 개조의 친선사절단을 조직, 선생님의 친서를 가지고 각 연합국을 방문토록 하여 우리 국내외에 사상적 통일이 되어 자주독립(自主獨立)을 할 만큼 실력이 양성되었음을 선전하여 연합국으로 하여금 우리의 독립을 승인하도록 독립촉성을 기해야 할 것입니다. 셋째, 재정문제에서는 국내외 유지들의 희사를 받는 것도 가능할 것으로 생각합니다. 넷째, 집무계통의 사무조직을 하루 속히 완비(完備)시키는 것을 최선책으로 판단합니다. 다섯째, 하루빨리 광복군(光復軍)을 모체(母體)로 국군을 편성시키는 것이 필요할 줄로 생각합니다. 이와 같은 다섯 가지 건의를 채택하신다면 어느 정도 치안도 유지되고 생산활동도 상당히 활발해지리라고 전망합니다."[7]

## 송, '하루빨리 광복군 모체 국군편성, 통일 민주국가 완성' 등 5개항 건의

김구 주석은 아무런 응답을 하지 않고 역시 두 손을 마주 비비며 시종 침묵으로 일관, 송진우의 제안에 가부(可否)를 말하지 않았다. 만약 이승만이 1946년 6월 3일 남한만의 단독정부 수립을 천명한 정읍발언에 훨씬 앞서 김구 주석이 김구·송진우 회담에서 나온 얘기들을 임정을 중심으로 실천에 옮겼더라면 우리 현대사가 어떤 결과를 가져왔을지 아무도 알 수 없다. 아마 지금과는 사뭇 다르게 역사(歷史)가 진행되었을

7) 위의 책, p. 309.

지도 모른다. 송진우는 백범 김구와 회담에 앞서 25일 임정의 환국(還國)과 관련 발표한 담화에서 다음과 같이 밝혔다.

> "조선이 일본 제국주의의 가반에서 해방된 것은 미·중을 비롯하여 제 연합국의 호의와 노력에도 있겠지만 우리가 해방된 유일한 힘은 임시 정부 주석 김구 선생 이하 여러분들의 힘이 절대 다대(多大)하였다는 것은 잊을 수 없는 일이다. 특히 김구 선생은 일본놈의 가슴을 서늘케 한 상하이 폭발사건 이후 장제스 주석의 절대 신임을 받아 난징〔南京〕, 충칭〔重慶〕까지 장 주석과 같이 조선해방을 위하여 투쟁했고, 특히 카이로회담에서 장 주석의 발안(發案)으로 조선을 적당한 시기에 자주독립시키겠다고 만장일치(滿場一致) 가결된 것은 유명한 사실이다. 이러한 위대한 혁명가요, 지도자에게 복종하는 것이 당연한 일이다. 이제 그분들이 환국하였으니, 그분들의 위대한 지도안이 확립되어 있겠고, 또 '대한독립촉성중앙협의회'가 생겼으니, 다 같이 흉금을 털어놓고 한국의 독립완성을 위하여 매진(邁進)하기를 충심으로 바란다."

오후에는 여운형 건준 위원장과 대면했다. 그는 상하이에서 김구와 임정 초기부터 같이 일했기 때문에 누구보다 서로를 잘 알았다. 여운형은 "선생님이 들어오신 후 일하실 수 있는 토대를 만들어드린다고 애써 보았습니다. 그러나 뜻대로 되지 않았습니다. 이제 선생님이 돌아오셨으니, 제가 할 일은 없어진 줄로 압니다" 정도가 전부였다. 백범은 이날 처음으로 웃음을 가볍게 풍기면서 눈을 한번 떴다 감았으며, 일체 정치적 대응을 하지 않았다. 여운형은 계속 여러 사람의 안부를 물었고, 또 자기가 상하이 임시정부를 떠나던 이야기를 풀어놓았으며 40분 만에 끝났다. 여운형은 신문 담화에서 백범에게 "인민(人民)의 의사를 토대로 하여 새 시대의 조선을 그르침이 없도록… "이라는 메시지를 보냈다.

마지막으로 허헌 인민공화국 국무총리와 대면했다. 그는 인민공화국은 친일파와 민족반역자를 제외한 전국적 조직이라고 설명했다. 이에 대해 김구는 "아직은 국내 사정에 어둡고 임정 각원들도 대부분 입국치 않았으니 앞으로 잘 생각해 봅시다"는 정도로 응대했다. 이날 김구 주석은 한결같이 "전 각료들의 입국(入國)을 기다려 상의하여 행동하겠다"는 여운을 남겨두는 말이었다.

E. H. 카아는 《역사(歷史)란 무엇인가》라는 저서에서 '역사를 부단한 진보(進步) 과정'이라고 설명했다. 그는 "앞날을 내다보는 원망(願望)과 불안은 걸어 나온 과거에 대한 통찰(洞察)을 북돋아주는 것"이라며 "과거와 현재와 미래는 무한한 역사의 쇠사슬 속에서 서로 연결되어 있다"고 강조했다.[8] 백범 김구가 '역사의 부단한 진보'를 믿고 4인 당수 회담을 통해 얻은 나름대로의 결론을 이승만보다 한 발 앞서 일찍 실천에 옮겼더라면 하는 아쉬움이 남는다. 역사의 기회는 항상 머뭇거리는 자에게는 오지 않는 법임을 절실하게 가르쳐 준다.

## "4인회담 결론, 이승만보다 앞서 실천에 옮겼더라면 아쉬움"

김구는 11월 28일 오전 3·1운동을 이끌었던 의암 손병희 선생의 묘소에 참배했다. 이날 33인 중 한 사람인 오세창, 권동진과 동행했다. 권동진은 손병희의 3·1운동 참여를 다음과 같이 증언했다.

> "1월 말경 최린과 오세창이 나에게 와서 기독교 측에서는 독립운동을 하려고 천 6백 명가량이나 되는 목사와 장로 중에서 450명은 동지가 된다고 하며, 그 주동자는 이승훈(李昇薰)이라는 것을 최남선(崔南

8) E. H. 카아 지음, 길현모 옮김, 《역사(歷史)란 무엇인가》(탐구당, 1990년), p. 177.

善) 에게서 들었다고 하므로 우리 천도교 측에서도 독립운동을 아니하면 안 된다고 말했다. 그런데 교주 손병희의 의견을 듣지 않으면 안 되므로 나와 오세창이 동대문 밖 손병희 사저(私邸) 에 가서 지금 기독교 측에서 독립운동을 계획하는 것을 말하고 찬성을 구하니 손병희도 '나도 조선민족의 한 사람이라 민족자결(民族自決) 에 대한 것을 실행하고자 일신을 희생할 결심을 가지고 있었다고 쾌락'하였던 것이다."

현상윤은 기독교와 천도교가 합동으로 독립운동을 추진하게 된 과정과 관련 "이승훈은 최린에게 기독교도만으로 독립운동을 단독으로 진행하고 있다는 뜻을 알리니 최린은 독립운동은 한국민족 전체에 관한 문제이니 종교의 이동(異同) 을 불문하고 마땅히 합동하여 추진시켜야 한다며 기독교, 천도교가 합동하자고 제의했다. 이승훈은 동지들과 협의한 후에 회답할 것을 약속하고, 만일 합동하는 경우에는 생계지원 등 운동비를 얼마만큼 빌려달라고 했다. 이승훈은 최린으로부터 운동비 5천원을 빌렸고, 기독교는 천도교와 독립운동을 합동으로 추진할 것을 결의했다"고 증언했다.

'최린 선생 자서전'에서 "한용운은 독립운동에 직접 책임을 질 수 없는 최남선으로서 선언문을 짓는 것은 불가한 일이니 선언문은 자기가 짓겠다"고 주장했다. 그러나 최린은 선언문만은 육당(六堂) 이 짓는 것이 타당하다고 생각했기 때문에 한용운의 제의를 완곡히 거절했다.[9] 독립선언서 인쇄운반 과정에도 아슬아슬했던 에피소드가 숨어 있다. 독립선언서는 2차에 걸쳐 3만 5천 장이 인쇄되었다. 2월 27일 밤 10쯤 제 2차분 1만 장의 인쇄가 끝나자 경운동(慶雲洞) 78번지에 신축중인 천도교당(현재의 천도교 예식장) 기지에 있는 이종일 사장 자택으로 운반하기로 했다. 운반책임은 인쇄를 담당한 보성사 공장감독 김홍규(金弘奎) 와 사원

9) 이병헌(李炳憲) 편저, 《3·1운동 비사》(시사시보사출판국, 단기 4292년), p. 53.

최동식(崔東植)이 맡았고, 사람이 끄는 손수레로 운반했다. 그 시간 전기고장으로 정전이 되어 서울시내가 캄캄하였다. 하늘이 도운 것만 같았다. 갓 인쇄한 독립선언서를 실은 손수레는 보성사와 보성학교 문을 나서서 안국동과 재동파출소 앞을 무사히 지났다. 용케 형사들의 눈에 띄지 않았다. 곧 목적지였다. 그때 캄캄한 골목길에서 순사가 서 있었다. "그거 뭐야?"라고 묻자 "이거 천도교에서 인쇄하는 조선사람 족보입니다"라고 대답했다. 당시 천도교인쇄소에서 족보를 찍는 것은 알 만한 사람은 다 알았다. 그래서 가까스로 고비를 넘길 수 있었다.[10)]

1919년 3월 1일 오후 2시 정각 손병희 등 29인은 서울 인사동 명월관 지점인 태화관(泰和館)에서 민족대표 33인 이름으로 독립선언서(獨立宣言書)를 선포(宣布)했다. 독립선언식은 불교를 대표한 한용운의 "조선 및 조선인이 독립국임과 자주국임을 선언하노라"는 선언과 함께 그의 선창에 따라 "대한독립 만세"를 제창했다. 《보성고 80년사》는 손병희가 3·1운동 참여를 결정하면서 "장차 우리 면전에 전개될 것은 참으로 중대하다. 우리들이 이 천재일우(千載一遇)의 호기를 무위무능(無爲無能)으로 간과할 수 없는 것이다. 내 이미 정한 바 있으니 제군은 십분 분발하여 대사(大事)를 그르침이 없게 하라고 말했다"고 전했다.[11)] 의암은 독립운동 3대원칙으로 一. 독립운동은 대중화할 것, 一. 독립운동은 일원화할 것, 一. 독립운동의 방법은 비폭력으로 할 것을 세웠다. 의암은 이병헌에게 파고다공원에 가서 학생들을 무마하도록 당부했다. 이병헌은 파고다공원을 갔다 오더니 "서울시내 전문학교 학생대표들이 흥분한 나머지 태화관으로 달려오고 있다"고 보고했고, 이윽고 학생들이 몰려와 손병희에게 "민중시위운동을 인도해 달라"고 요청했다. 그러나 의암은 "학생들의 말은 내 모르는 바 아니다. 그러나 우리는

---

10) 위의 책, p. 56.

11) 보성80년사 편찬위원회, 《보성 80년사》(보성중고, 1986년), pp. 194~195.

지금 대한의 독립운동을 평화적으로 당당한 의진(義陣)에 가득 찬 호기로 진행하는데, 학생과 시민 앞에 선다면 필경 폭동화(暴動化)할 것이니, 이는 우리의 당초 목표가 아니다. 대중을 이끈다면 곧 폭동화하여 공연히 희생을 낼 우려가 있는 것이다. 그러니 그대들 학생은 곧 돌아가 온건한 방법으로 일본에게 우리 민족의 평화적 성품(性品)을 인식시켜 그들이 스스로 물러나게 하도록 하라"고 간절히 타일러 보냈다.

## 손병희, "독립운동 평화적으로 당당히 의진, 비폭력 대중화"

백범은 권동진, 오세창 두 노인을 모시고 손병희 묘소가 있는 우이동으로 향해 앞장섰고, 김규식, 이시영, 유동열, 안중근 의사의 조카이자 김구의 며느리인 안미생이 함께 했다. 더 이상 차로 올라갈 수 없게 된 백범 일행은 오솔길을 더듬어 한참을 걸어 올라가 묘 앞에 다다랐다. 아직 손질을 못한 묘소는 어딘지 엉성하기만 하여 김구 일행을 슬프게 했다. 백범은 묘소 앞에서 한참 머리를 숙이고 나서 안미생이 들고 온 꽃다발을 받아들고 묘지 앞에 놓아드렸다.

김구는 귀로에 망우리 공동묘지에 묻혀 있는 도산 안창호의 묘에도 성묘했다. 백범은 조용히 묘소 앞에 꽃다발을 놓고 한참을 묵념했다. 백범은 상하이 임시정부 초기 국무총리 대리를 지낸 도산이 임정 문지기를 원했던 자신을 감찰국장으로 발탁, 요인보호 활동을 시켰던 여러 기억들이 주마등(走馬燈)처럼 스쳤을 것이다. 안창호는 김구와 한국은행 고액화폐 도안인물 선정과정에서 마지막까지 경합했던 한국 독립운동사에 큰 족적을 남긴 인물이다. 그는 1919년 9월 여러 갈래 임정을 한데 모아 대한민국 통합임시정부 출범에 산파역(産婆役)을 했고, 9월 11일 이승만을 대통령으로 선출하는 데도 결정적 역할을 했다.

# 3. 임정 국내 첫 국무회의, "국가방향 제시 없어 실망"

## 임정 제2진 19명, "맨발 학동들 보고 조국참상 절감 말문 막혀"

1945년 12월 1일, 눈이 내린 가운데 '임시정부 환국(還國) 봉영회(奉迎會)'가 주최한 깃발 행렬이 서울운동장에서 열렸다. 학생, 시민, 청년단체 등 3만여 명이 운동장에 가득 차 있었으며 그들은 손에 태극기를 들었다. 김구를 비롯해 이승만 등 임정요인들이 전부 참석했다. 윤보선(尹潽善)이 대회사회를 맡았고, 오세창이 개회사를 했다. 그는 감격적인 말로 임정요인들의 환국을 환영했고, 봉영문은 이인(李仁)이 낭독했다. 권동진이 만세삼창을 선도해 외쳤으며, 임정요인치고 감격의 눈시울을 붉히지 않은 사람은 아무도 없었다. 임정이 이처럼 국민대중(國民大衆)의 환영을 받아보기는 처음이었다. 이어 서울운동장에서 서울역까지 깃발행렬이 이어졌는데, 임정요인들은 안국동 로터리 조선생명보험회사 건물이 있던 2층에서 깃발행렬을 맞았다.

눈이 펑펑 쏟아진 가운데 여학생들이 눈을 이고 태극기를 흔들며 다가왔다. 깃발행렬이 함성을 지르며 지나가자 김구와 이승만은 창문을 열어제치고 감격에 겨운 모습으로 답례했다. 마침 임정요인 제 2진이 이날 눈으로 김포공항 착륙이 불가능해 오후 3시 무렵 옥구비행장에 무사히 착륙했다. 임정요인 2진들은 모두 조국 땅에 발을 내디뎠다는 감격으로 눈물을 흘렸다. 특히 신익희 같은 분은 조국의 흙 향기를 맡으며 몸부림쳤다. 환국한 임정요인 제 2진은 홍진, 조성환, 황학수, 장건상, 김붕준, 성주식, 유림, 김성숙, 조경환, 조완구, 조소앙, 김원봉, 최동오 등 14명과 수행원 안우생, 이계현, 노능서, 서상렬, 윤제현 등 모두 19명이었다. 비행장에서 내린 이들은 미군 트럭 한 대에 몸을 싣고, 흙먼지 뿌연 자갈길을 마구 흔들어 대며 달리는 것이었다. 마침내 "원, 이럴 수가 있나?"라고 한 임정요인이 분노를 터뜨리자 장건상이 안내원에게 정지를 명령했다. 임정요인들은 눈썹과 머리에 흙먼지로 뒤범벅이 된 가운데 트럭에서 내려 꽁꽁 언 손발을 녹이고 있었다. 그러자 학교에서 돌아온 마을 학동(學童) 들이 무슨 구경거리나 생긴 것처럼 기웃거렸다. 그런데 어린이들의 발이 신발도 없는 모두 맨발이었다. 이에 놀란 임정요인 한 분이 어린이에게 "아가, 왜 발을 벗었니?" 하고 물었지만 대답이 없었다. 그러자 마을 어른이 다가와 대답했다. "요즈음 신발 신고 학교 다니는 아이가 어디 있어요. 신발 사 신고 다닐 수 있어야죠. 사 신을 신발도 없구요 … ."[12)]

이 말을 듣는 순간 임정요인 모두는 말문이 막혔고, 입을 다물지 못했다. 일행은 그동안 동포들이 얼마나 일제로부터 착취를 당했는가를 이 한마디로 짐작할 수가 있었다. "이게 조국의 현실이구먼 … , 이 지경에서는 무슨, 우리도 참읍시다. 참고 어서 올라갑시다." 누군가의 이 말에 임정요인들은 두말없이 행동을 함께 했다. 트럭을 타고 몰려오는 바람을 다 맞으며 달려서 논산 읍내에 닿아 몸을 눕힌 것은 밤 10시였다. 임정요인 제 2진 환국 첫날밤은 한 이름 없는 작은 시골 여관방에서 지냈다. 다음날 오전 10시에 논산을 떠난 이들은 오후 4시 유성비행장에서 서울서 보낸 수송기에 탑승하여 김포비행장에 내린 것이 저녁 5시, 경교장에 도착한 것은 5시 50분이었다. 임정요인들의 목멘 환성과 박수가

---

12) 장준하, 앞의 책, pp. 324~325.

터져 나오고 극적 상봉이 이뤄졌다.

## 신문, "임정 국무회의 대서특필, 국민기대 바람 절박, 천재일우 기회놓쳐"

12월 3일(일부에서는 6일이라고 함) 임시정부의 국무회의가 국내에서 처음으로 열렸다. 회의장은 경교장 응접실에 마련되었다. 사전에 언론(言論)의 예상기사가 크게 보도되었다. 임정의 국내 첫 국무회의라는 점에서 그 의의와 역사성(歷史性)에 대해 대서특필(大書特筆)로 보도되었고, 국민들의 이목(耳目)을 집중시키기에 충분했다. 신문들은 오늘로써 시국의 어떤 전환점이 이루어질 듯 기대감을 갖고 전면을 임정 관계 기사로 취급하는 데 인색하지 않았다. 언론은 매우 흥분된 상태였고, 그만큼 임정에 대해 국민들의 기대와 바람이 절박했음을 말해준다. 경교장 응접실에는 보도진들이 몰려들었고, 전 국민의 시선이 경교장으로 집중되었다. 장내는 엄숙한 분위기 속에 침묵이 흘렀다. 오후 3시가 가까워지자 국무위원들이 먼저 들어와 착석했고, 마침내 김구 주석과 이승만도 입장했다. 20여 명의 각료들이 한자리에 둘러앉고, 이루 말할 수 없는 감회가 몰려온 듯 국무위원들은 눈을 지긋하게 감은 표정에는 깊은 심연처럼 침전하고 있었다. 이날 국무회의는 김구 주석이 주재, 개회사에 이어 현재 국내 상태의 유동적 상황을 잠깐 설명했다. 이승만은 구미위원단 단장으로 참석해 임정의 경과보고 등을 꼼꼼히 듣고 있었다. 엄항섭 선전부장의 경과보고에서는 정당난립을 이루는 국내동태와 적극적으로 미군정의 지지를 받지 못하는 임정의 입장, 그리고 이에 대한 임정의 조처가 주 내용이었다. 이어 이승만은 역시 공산주의자들의 움직임을 상세히 설명했고, 경고적인 의미로 그의 독특한 화술(話術)을 구사했다. 이렇게 회의가 진행된 가운데 한 국무위원이 발언권을 얻어 "우리 국무위원 대부분은 바로 어제 입국했으니, 오늘은 보고를 듣는 것만으로 하고, 우리들도 국내정정(國內政情)에 직접 접할 기회를 가진 다음에 다시 이야기하자"는 의견을 제시, 동의가 채택되어 첫 국무회의는 간담회로 들어갔다.

그러자 한 노인 국무위원이 "한마디 이 자리에서 아니할 수 없다"며 그동안 입국과정에서의 푸대접에 대해 불만을 터뜨렸다. 제 2진이 그냥 내버려진 것처럼 뒤늦은 환국에 대한 불만이었다. 더구나 이들의 고생스런 입국으로 감정이 비등했던 것이다.[13] 그러나 정작 우리 국민들이 아쉬웠던 것은 이날 임정 첫 국무회의(國務會議)가 국민과 국가가 나아갈 방향을 제대로 제시하지 못했다는 점이다. 이 당시 임정에 대한 국민들의 믿음과 기대는 상상을 초월했다. 하지만 임정의 첫 국무회의가 형식적으로 끝남에 따라 국민들은 허탈해 했고, 이 점에 대해서는 김구 주석도 일차적 책임을 면하기 어렵다. 이때 임정 국무회의가 국민에게 정신적 지주(支柱)이자 구심점(求心點)으로서 우리 국민과 국가가 나갈 방향을 확고하게 제시하고, 강력히 추진했으면 당시 정국혼란은 훨씬 쉽게 해결되었을 것이다. 임정은 천재일우(千載一遇)의 기회를 놓친 것이다. 12월 3일, 임정의 첫 국내 국무회의 이후 회의는 계속됐으나 국가와 국민을 이끌어갈 방향에 대한 뚜렷한 내용이 없었다. 대신 임정 국무위원들은 마치 개선장군인 양 각종 환영회 명목으로 명월관이나 국일관에 불려 다녔다. 이들은 기생과 주지육림(酒池肉林)에 파묻혀 임정의 본래 모습이 변질(變質)되었고, 국민들의 관심도 식어갔다.

### 홍명희 환영사, "(임정이) 어찌 일개 시민으로 처하려 하십니까?" 일침

임정에 대한 국민의 기대와 바람이 차츰 실망으로 바뀌기 시작한 12월 19일 서울운동장에서 '임시정부 개선환영회'가 열렸다. 임정환국 2

13) 위의 책, p. 331.

진의 임정요인들은 국민들로부터 처음받는 환영회라서 그런지 무척 큰 기대를 갖는 눈치였다. 임정 국무위원 등 관계자 전원이 입장하자 대회 위원장 김석황이 개회를 선언, 서울음악협회 연주에 맞춰 일동 기립해 태극기를 게양했다. 임정요인들은 애국가를 제창하면서 모두 감격의 눈물을 흘렸다. 이어 이화여전 합창단이 환영가를 불렀고, 권동진을 대신하여 《임꺽정》의 저자인 홍명희(洪命熹)의 환영사가 있었다. 그는 "(임정이) 어찌하여 일개 시민으로 처하려 하십니까?"라고 따끔한 지적이 있었다.[14] 그리고 신임 군정장관 러취 소장이 축사를 했고, 김구 주석이 다음과 같이 답사를 했다.

"친애하는 동포 제군! 수십 년간 해외에서 유리전패(流離顚沛)하던 우리들로서 그립던 조국의 땅을 밟게 되고 사랑하는 동포들의 품에 안기게 된 것은 참으로 무상한 영광이외다. 우리 임시정부는 3·1대혁명의 민족적 대유혈 투쟁중에서 산출한 유일무이(唯一無二)한 정부이었습니다. 그야말로 온 민족의 총의(總意)로 조직된 정부이었고, 동시에 왜적의 조선통치에 대한 유일한 적대적 존재이었습니다. 우리 임시정부는 과거 27년간, 3·1대혁명의 정신을 계승하여 온 민족 총단결의 입장과 민주주의 원칙을 일관하게 고수하여 왔습니다. 우리 임시정부는 전 민족, 각 계급, 각 당파의 공동한 이해 입장에 입각한 민주단결(民主團結)의 정부이었습니다. 그러므로 우리 정부의 유일한 목적은 오직 온 민족이 총 단결하여 일본제국주의를 타도하고, 한국에 진정한 민주공화국(民主共和國)을 건립하자는 데 있습니다.

사랑하는 동포 제군! 이 해방은 무수한 동맹국 전사들의 고귀한 피와 땀의 대가로 된 것이며, 또 망국 이래 수십 년간 우리 독립운동가들의 계산할 수 없는 유혈희생(流血犧牲)의 대가로 된 것임을 잊어서는 아니 됩니다. 지금 우리는 국토와 국민이 해방된 이 기초 위에서 우리의 독립주권(主權)을 창조하는 것이 무엇보다 긴급하고 중대한 임무

14) 위의 책, p. 337.

이외다. 우리 이 임무를 달성하자면 오직 3·1대혁명의 민주 단결정신을 계속 발양(發揚)해야 합니다. 남북의 동포가 단결해야 하고, 좌익우파가 단결해야 하며, 남녀노소가 단결해야 합니다. 오직 이러한 단결이 있는 후에야 비로소 우리의 독립주권(獨立主權)을 창조할 수 있고, 이른바 38선을 물리쳐 없앨 수 있으며, 친일파 민족반도들을 숙청할 수 있습니다. 우리 민족 내부가 철같이 단결될 때에 동맹 각국은 다 같이 우리 독립주권을 승인해 줄 것이며, 우리의 신생국가(新生國家) 건설을 위해 적극 협조할 것입니다.

사랑하는 동포형제 자매들이여! 우리 국가의 즉시 완전한 독립은 정히 이때입니다. 우리 동포들은 3·1대혁명의 전 민족 총 단결 총 궐기의 정신을 다시 한번 발양(發揚)해서 우리의 독립주권을 찾고 자주, 평등, 행복의 신한국(新韓國)을 건설합시다."

## 백범, "임정은 민족 총의로 조직된 정부, 민주단결의 정부"

김구의 외침에도 아랑곳 하지 않고 미·영·소 3국 모스크바 3상회의는 '한국 5년간 신탁통치(信託統治)'라는 가혹한 운명(運命)을 결정하고 있었다. 미국은 '4개국에 의한 10년간 신탁통치'를 주장했고, 소련은 '5년으로 단축시키자'고 제안했다. 이미 미 국무성 극동문제 담당국장인 빈센트의 서한이 한국의 운명을 예고해 주었건만[15] 임정요인들은 석조전에 마련된 울긋불긋한 향연에 취해 있었다. 이처럼 임정이 환영과 초대에 분주히 쫓아다닐 때 조국의 운명은 다시 신탁통치라는 절체절명의 위기에 처하게 됐다. 임정은 국제정치 흐름과 시대정신을 외면했고 그 점 김구 주석은 비판받아 마땅하다.

---

15) 정병준, 《우남 이승만 연구》(역사와 비평사, 2005년), pp. 474~479. 미 국무성 극동국장 빈센트는 한반도 신탁통치가 불가피한 만큼 임정을 인정해서는 안 된다고 주장했다.

# 4. 김구, '반탁운동 진두지휘, 집권대열 탈락'

## 모스크바 3상회담, 미국주도 4개국 5년간 신탁통치 발표

서울서 영사를 지낸 랭던(William R. Langdon) 보고서를 바탕으로 만들어진 신탁통치(信託統治)는 당시 미국의 일관된 한반도 정책이었다. 루스벨트 대통령은 1943년 10월 소련 스탈린에게 "식민지 상태에 있는 한민족을 강대국 보호하에서 자치능력(自治能力)을 키워 독립자격을 갖춘 다음에 독립시킨다"는 구상을 통고했다. 11월 28일 열린 미·영·소의 테헤란회담에서도 루스벨트는 "한국은 독립하기 전 약 40년간의 훈련을 거쳐야 한다"고 제시했다. 1945년 2월 알타회담에서는 "미·중·소 3개국이 대표를 구성해 한국을 신탁통치할 구상"이라며 "기간은 필리핀을 독립시키는 데 30년이 걸렸으나 한국은 20~30년이면 된다"고 말했다. 이에 임정 김구 주석은 "해방 후 한국이 즉각 독립되지 않고 연합국의 신탁통치에 들어가면 '독립운동'을 다시 전개하겠다"는 성명을 발표했다. 하지 고문 랭던도 1945년 11월 20일 미 국무성에 "탁치(託治)는 현지의 현실과 부합되지 않으며, 한국인들의 반대 때문에 이를 유지하는 것은 오직 무력에 의해서 가능하므로 비현실적 신탁통치안은 기각시켜야 한다"고 건의했다. 그러나 국무성은 신탁통치안이 소련의 간섭을 극소화시키면서 통일된 독립한국을 출현시키는 데 도움을 줄 것이며 미·소 간의 구두합의 때문에 기각시킬 수 없다고 알려왔다. 단지 소련이 조선의 통일·독립에 대한 확약을 한다면 더 이상 신탁통치를 주창하지 않을 수도 있다고 부기했다.

1945년 12월 16일부터 열린 모스크바 3상회의에서 12월 27일 한국문제에 대한 4개항에 합의했고, 다음날 세 나라 수도에서 동시에 발표됐다. "① 일제 청산과 모든 시설을 취할 조선민주주의 정부를 수립한다. ② 조선임시정부 구성을 원조할 목적으로 미・소 점령군의 대표로 공동위원회를 설치한다. 공동위원회는 조선의 민주주의 정당 및 사회단체와 협의한다. ③ 독립국간의 수립 원조・협력할 방안을 작성함에는 또한 조선임시정부와 민주주의 단체의 참여하에 공동위원회가 수행하되 공동위원회의 제안은 최고 5년 기한으로 4개국 신탁통치의 협약을 작성한다. ④ 2주일 이내에 조선에 주둔한 미・소 양군 사령부 대표로서 회의를 소집한다."

그런데 〈동아일보〉가 12월 27일 '소련 신탁통치 주장, 미국 즉시 독립 주장'이란 제목의 외신보도를 전했다. 사실은 소련보다 미국이 탁치를 주장했기 때문에 명백한 오보였다. 즉각적인 자주독립을 생각했던 한국민에게 신탁통치란 상상할 수도 없고, 결코 받아들일 수도 없는 청천벽력이었다. 김구는 물론 이승만, 한민당, 조선인민당과 조선공산당 등 한반도의 모든 정치세력이 한목소리로 신탁통치 반대를 외쳤다. 김구 주석은 이시영과 함께 이날 저녁 긴급국무회의를 소집, "전 민족의 투쟁의 길만이 있다"고 호소하고 회의결과 4개조항의 성명을 발표했다. 첫째, 임시정부는 전 국민과 더불어 신탁통치를 반대하고, 둘째, 즉시 각 정치단체를 소집하여 탁치(託治) 반대투쟁을 벌이며, 셋째, 미국 중국 소련 영국 4개국에 탁치 반대전문을 보내고, 넷째, 즉시 미국 소련 군정당국에 질문하고 우리의 태도를 표명할 것 등이다. 그는 조소앙 외무부장 명의로 4개국 원수에게 결의문을 보내게 했다.

> "① 민족자결(民族自決)의 원칙을 고수하는 한국 민족의 총의(總意)에 절대로 위반된다. ② 제 2차 세계대전중 누차 선언한 귀국의 약속(約

束)에 위배된다. ③ 연합국(聯合國) 헌장(憲章)에 규정한 3국 통치 적용 용례의 어느 항도 한국(韓國)에 부합되지 않는다. ④ 한국에 탁치를 실시함은 원동(遠東)의 안전(安全)과 평화(平和)를 파괴한다."

## 백범 긴급국무회의 소집, 전 국민 '제 2독립운동' 반탁투쟁 촉구

백범은 반탁운동을 효율적으로 전개하기 위하여 '신탁통치반대 국민총동원위원회'를 결성했다. 임정은 1945년 12월 31일 그해 마지막 날 눈 덮인 서울운동장에서 반탁대회를 개최했다. 그는 "한국에 대한 4대국 신탁관리는 4국 공동합병(共同合倂)이라는 결론에 이르고 말 것"이라며 "신탁을 반대하는 자가 의인(義人)이며 애국자가 될지언정, 독립 방해자나 반동분자(反動分子)가 될 이유가 어디 있으랴. 이것이야말로 신일진회(新一進會)를 산출할 가능성을 가진 위험한 논법(論法)"이라고 반박했다. 백범은 "다른 약소국들은 자기 손으로 조인해 놓은 국제조약도 억굴(抑屈)한 것이면 불평등조약(不平等條約) 취소를 세계에 호소하여서 필경 목적을 관철하거든, 우리만이 우리의 사정을 세계에 호소하지 못할 이유가 어디 있으랴"고 강조했다. 이날 반탁운동 궐기에는 좌우 각 정당 사회단체, 시민, 학생 수만 명이 참여했고, 시가행진을 벌였다. 백범은 내무부장 신익희에게 임시정부 포고문 '국자'(國字), 1·2호 발령을 지시했다. 미군정과 정면대결도 불사했다.

▪ 국자 제 1호

① 현재 전국 행정청 소속의 경찰기구 한국인 직원은 전부 본 임시정부 지휘하에 예속케 함. ② 탁치반대의 시위운동은 계통적, 질서적으로 할 것. ③ 돌격행위와 파괴행위를 절대 금함. ④ 국민의 최저생활에 필요한 식량, 연료, 수도, 전기, 교통, 금융, 의료기관 등의 확보운영에 대한 방해를 금함. ⑤ 불량상인들의 폭리 매점 등은 엄중 취체함.

▪ 국자 제2호

이 운동은 반드시 우리의 최후 승리를 취득하기까지 계속함이 요(要)하며 일반국민은 우리 정부 지도하에 제반 사업을 부흥(復興)하기를 요망(要望)한다.

이와 관련 김삼웅 전 독립기념관장은 《백범 김구평전》에서 "백범의 국자 1, 2호 선포는 신탁통치 반대를 계기로 미군정을 상대로 하는 임시정부의 '주권회복(主權回復) 선언'이었다"며 "전국의 군정청 소속 경찰과 한국인 직원을 임시정부의 지휘하에 두겠다는 독립선언이었다"고 평가했다.[16] 이 포고문(布告文)이 전국 방방곡곡에 나돌게 되자 독립을 열망하는 국민의 환호와 격려가 쇄도하고, 서울지역 경찰관 대표들이 경교장을 방문하여 김구 주석에게 "앞으로 모든 경찰(警察)은 임시정부의 지도하에서 치안(治安)과 국가의 질서유지(秩序維持)에 나서겠다"는 결의를 표명했다. 미 군정청의 한국인 직원들도 백범의 지휘에 따르겠다는 뜻을 밝히고 총파업(總罷業)을 준비했다.[17] 이렇게 국민적 환호와 지지를 받았던 백범이 한 달 전인 11월 27일 송진우와 회담을 가졌을 때 몇 개 조의 임시정부사절단을 연합국에 파견하여 우리가 자주독립할 만큼 실력이 양성되었음을 선전하고, 연합국으로 하여금 우리 독립을 승인하도록 독립촉성을 기하며, 광복군(光復軍)을 모체(母體)로 국군(國軍)을 편성시키는 것이 급선무라고 건의받았지만 묵살했다. 이는 참으로 애석했다. 김구가 미 군정청의 국외추방 위협을 무릅쓰고라도 이때부터 연합국의 독립승인(獨立承認)을 얻기 위해 발 벗고 나섰더라면 신탁통치 문제와 한국정국 상황은 180도 달라질 수 있었을지 모른다. 기회를 놓친 것이 안타깝다. 마침 송진우는 1945년 12월 30일 종로구 원서동 자택에서 한현우에게 암살당했다.

---

16) 김삼웅, 《백범 김구평전》(시대의 창, 2004년), pp. 493~494.

17) 위의 책, p. 495.

임정주도하에 반탁운동이 요원의 불길처럼 번져나가자 하지는 백범을 '쿠데타'로 간주하고 백범과 임정요인들을 인천소재 전 일본군포로수용소에 감금했다가 중국으로 추방하는 계획을 세웠다. 하지만 미 군정청의 조병옥(趙炳玉) 경무부장이 "애국자들의 국외추방은 한민족의 민심을 이탈시키는 결과를 초래하게 된다"고 적극 만류해 취소되었다.

## 임정 반탁운동 주도, 미군정 당황 백범 '쿠데타' 간주 추방계획

하지의 정치고문 배닝호프(H. W. Benninghoff)는 애치슨에게 서신을 보내 "공산주의자들조차 임시정부를 부인하지 못하는 상황이므로 김구 세력을 활용하는 것이 미군정에 매우 유리하다"면서 이를 본국 정부에 주지시켜 줄 것을 요청했다. 그러나 미 국무성 극동국장 빈센트(J. C. Vincent)는 "한국인들이 그들의 장래 지도자를 선택하기 위한 의사표시 기회가 주어지기 전에 이루어지는 특정 개인 내지 집단에 대한 지지는 군정(軍政)이 당면하는 정치적 문제를 더욱 복잡하게 만들 뿐 아니라 소련군 사령관을 자극하여 자기네 지역(북한)에 유사한 개인 내지 집단을 후원케 함으로써 통일한국(統一韓國)의 건설을 지연시킬 것"이라며 하지에게 삼가도록 촉구했다. 그런데 소련은 이미 김일성을 북한 통치의 후계자로 내세웠음이 속속 밝혀지고 있어 당시 미국은 소련의 의도를 전혀 파악하지 못했음을 알 수 있다. 미국은 한국민의 여론이나 지지보다는 소련과 자국 이해논리에서 한국문제를 풀려고 했다.

반탁운동을 통해 확고한 정치적 주도권을 잡은 백범 김구의 반탁 독립투쟁은 1946년 1월 들어 가속화되었다. 백범은 반탁운동을 계기로 민족통합의 대의명분 아래 좌우익을 포용하는 방책을 강구, 1월 4일 과도정권 수립을 위한 '비상정치회의' 개최를 주장했다. 백범은 점점 극우적으로 나아가는 이승만의 독립촉성중앙협의회와 좌파계열 정파들까지 끌어들여 민족통일전선의 완성을 이루고자 조소앙, 김붕준, 김성숙, 최동오, 장건상, 유림, 김원봉 등 6인을 특별정치위원회 중앙위원으로 임명, 활동케 했다. 백범은 친일파와 반민족주의자를 제외한 남북한의 좌우 각 정당과 문화, 종교, 기타 대중조직과 국내외의 모든 혁명인사를 총망라하여 민족통합을 이루자는 뜻이었다. 이승만이 비상정치회의에 합류하자 백범은 비상정치회의를 대한민국 임시정부 의정원을 계승한 '비상국민회의'로 이름을 바꿨다. 2월에 열린 '비상국민회의'에서는 과도정부의 내각에 해당하는 '최고정무회의' 설치를 결의하고 김구와 이승만에게 인선을 일임했다. 비상국민회의는 사분오열되었던 해방정국에서 새로운 구국(救國) 비전이었다. 김구와 이승만 두 영수 외에도 김규식, 권동진, 오세창, 김창숙, 조만식, 홍명희 등을 비롯하여 임시정부 의정원 대표 14명, 각 정당 사회단체대표 90명, 지방대표 65명, 준비회위원 18명 등 2백여 명이 참여했다. 여기서 주목해야 할 일은 이승만이 임정 의정원을 계승하는 비상국민회의에 참여하며 정치전면에 부상했다는 점이다. 그동안 독립촉성회를 이끌었던 이승만이 이제 임정에서 김구 주석과 나란히 동격에 오르면서 앞으로 우리나라 정치를 주도하는 발판을 마련한 것이다. 김구로서는 정치적 입지가 그만큼 축소될 수밖에 없었다. 두 사람은 최고정무위원들을 선임했다. 백범은 당초 혼미(昏迷)한 정국을 타개하고, 통일정부를 세우기 위해서는 비상정치회의가 '비상국민회의'를 소집하여 정식정권을 수립하자는 구상이었다. 이 과정에서 임시정부를 강화시킨다는 포부도 갖고 있었다.

### 김구, '비상국민회의' 통해 통일정부, 정식 정권수립 구상

하지만 이승만에 의해 최고정무위원들은 백범의 뜻과는 상관없이 2월 14일 미군정의 '남조선 대한민국대표 민주의원'으로 변질시켰다. 하지는 자신의 '자문기구'로 확대했다. 특히 민주의원 의장에 이승만, 부의장에 김규식을 앉혔다. 미국은 이미 순수하고 정열적인 민족주의자이자 국민들의 절대 지지를 받는 백범과 같은 민족주의자보다는 친미파인 이승만을 정점에 내세웠고, 김규식 같은 임정요인들이 뒷받침하도록 치밀하게 계산했다. 백범은 민주의원에서 물러났다. 미군정은 미·소공위에 대비 남한정치세력 대표를 염두에 둔 포석이었다.

좌익세력이 당초 반탁을 외치다 1월 2일 소련 지침에 따라 찬탁으로 돌아서면서 신탁통치 문제는 좌우익(左右翼) 간 이념투쟁(理念鬪爭)으로 변질되었다. 서울 거리는 반탁과 찬탁의 시위대가 충돌하면서 극도의 혼란에 빠졌다. 국민들의 시선은 백범에게 집중되었다. 김구 주석과 임정은 확고한 반탁의 입장을 견지했다. 해방된 조국이 또 다른 외세의 신탁통치를 받는다는 것은 어떤 이유로도 용납될 수 없다는 독립운동의 연장이었다. 그러자 조선공산당 등 좌익은 격렬한 찬탁투쟁을 전개하면서 백범이 대중(大衆)을 기만하고 있다고 비난했다.

좌익도 '민주의원'이 발족된 다음날인 2월 15일 '민주주의민족전선'(민전) 결성대회를 가졌다. 민전에는 조선공산당, 인민당, 독립동맹을 비롯해 전평, 전농, 청총, 부총과 문화단체 등 60여 명이 가담했다. 임정을 탈퇴한 김원봉, 장건상, 김성숙 등 6명도 참여, 임시정부는 좌우익으로 분열됐다. 공동의장에는 여운형, 박헌영, 김원봉, 장건상 등 15명이 선임되었다.

미·소공동위원회는 3월 20일 서울 덕수궁에서 열렸지만 신탁통치를 위한 임시정부 협의대상을 놓고 미국과 소련의 입장차로 교착상태에 빠졌다. 백범은 하지 중장을 만나 "장군, 당신들은 우리나라를 전략적(戰略的)으로 점령한 데 불과하오. 우리 민족은 자주독립정부(自主獨立政府)를 세워야 할 것이 절실한 당면과제인데 미·소 양국이 한국에 신탁통치를 실시한다는 것은 잘못 아니겠소"라고 따졌다. 하지는 "신탁통치안은 잠정적 조치에 불과할 뿐입니다. 우리 역시 한국의 자주정부 수립을 희망하고 있습니다"고 답했다. 백범은 대뜸 "잠정적 조치라니, 이번 미・소공위는 한민족 전체의 염원을 짓밟는 강대국(强大國)의 처사이오. 신탁통치를 반대하는 것은 우리 민족의 당연하고도 엄숙한 의사표시인 것이오"라고 일갈했다.

미・소공위는 4월 18일 과거 반탁행위를 불문에 부치고, 임시정부를 수립 협의대상으로 삼겠다고 하자 이승만은 22일 김천, 23일 대구에서 공식 참여의사를 밝혔고, 한민당은 5월 1일 참여를 결정했다. 김규식은 먼저 임시정부를 수립한 뒤 탁치에 반대하자고 민주의원들을 설득했다. 그러나 백범과 조소앙, 김창숙 등은 한사코 반대했다. 김구는 각 도에 책임자로 경기도 신익희, 충청도 조완구, 경상도 조소앙, 전라도 조경한, 강원도 엄항섭을 선정, 반탁투쟁 강도를 높였다. 이 같은 백범의 조처는 한국에 신탁통치를 노리는 미국과 소련에 대한 정면도전이었다. 제1차 미・소공위는 1946년 5월 8일 결렬됐다.

김구는 좌우합작운동을 전개했다. 미・소공위가 결렬되자 김구와 이승만의 합작으로 이끌어간 비상국민회의가 주목받았다. 좌우익세력을 한데 모은 비상국민회의는 국민에게 과도정부(過渡政府) 수립을 위한 모체라는 인식을 주며 기대를 모았다. 백범은 비상국민회의를 통해 좌우합작을 위한 민족진영 대동단결(大同團結)을 도모했지만 좌익세력은 민전을 앞세워 찬탁 등 좌익운동을 활발히 전개, 결국 좌우합작은 수포로 돌아갔다. 백범은 갈수록 벌어지는 좌우세력의 분열 앞에서 울분을 금치 못했다. 한편 윤무한은 당시 백범은 반탁노선을 견지하면서도 이승만과 김규식의 중간에서 다소 애매한 입장을 취했다고 지적했다.[18]

---

18) 윤무한, 앞의 책, p. 194.

# 5. "김구 올바른 민족주의 노선, 배워야 할 교훈"

## 백범, "세계평화 문화국가 이상추구, 열린 민족주의자"

백범 김구는 위대한 민족지도자였지만 동시에 현실지도자로서는 한계점을 지니고 있었다고 남시욱(전 〈동아일보〉 편집국장)이 밝혔다. 남시욱은 《한국보수세력 연구》에서 "'민족의 평화통일'이라는 엄청난 과제를 안고 있는 지금 우리가 배워야 할 교훈은 무엇보다 백범의 '올바른 민족주의 노선"이라며 "그는 철저한 반일주의자이면서도 세계평화와 문화국가의 이상을 추구한 열린 민족주의자였다"고 평가했다. 그는 "백범의 이 점은 세계화 시대 우리 민족이 깊이 새겨야 할 정신적 좌표가 아닐 수 없다"며 "그러나 김구는 민족주의적 열정 때문에 냉엄한 국제정치 환경을 요리하는 데는 일정한 한계를 드러냈다"고 지적했다.[19] 그것은 백범이 지닌 분명한 한계였다. 제 1차 미·소공위가 결렬되자 백범은 '비상국민회의'를 통해 남한 내 좌우합작운동을 본격 추진했다. 김구는 비상국민회의에서 "조국의 완전한 독립과 동포의 진정한 자유를 위하여서는 삼천만이 단결하여 일로로 매진할 뿐"이라며 "좌(左)니 우(右)니 하는 것은 민족자멸의 근원이 될지니 생각할수록 오중(五中)이 찢어질 듯하다"고 토로했다. 백범은 "중류(中流)의 풍파는 오월(吳越)도 합작하였거늘 하물며 사위(四圍)에 고립하여 독립을 절규하는 우리로서야 차

---

19) 남시욱, 《한국보수세력 연구》(나남, 2005년), pp. 281~283.

마 동족분열(同族分裂)을 요연 자행할 배라"라고 절규했다.

하지만 미군정은 반탁운동에 앞장섰던 김구와 이승만이 중심이 된 비상국민회의를 달갑게 여기지 않았다. 이 무렵 이범석(李範奭) 광복군 총참모장은 1946년 6월 3일 5백여 명의 광복군을 이끌고 인천항으로 귀국했다. 이범석은 미 전략정보국(OSS)과 합작하여 국내진공작전인 독수리계획(*Eagle Project*)을 추진했다. 50명의 광복군이 서전트 대위 지휘 아래 1945년 5월부터 8월까지 교육훈련을 받았으나 일본의 항복으로 무위에 그쳤다. 만약 이 계획이 성사됐더라면 우리도 연합국 일원으로서 최소한의 대우를 받았을 것인데 참으로 통탄할 일이었다.

미·소공위가 결렬되자 미군정은 미 국무성의 정책에 따라 온건 중도파 중심으로 전환함으로써 단독정부수립을 주장하는 이승만과 강력한 반탁통일운동을 펴는 김구를 견제하고 좌익세력의 힘을 분산시킬 수 있다고 생각했다. 당시 현실은 백범이 바라던 좌우합작을 통한 남북통일정부 수립의 꿈은 점차 멀어져갔다. 백범은 7월 6일 윤봉길, 이봉창, 백정기 3의사를 국민장으로 효창공원에 모셨다. 백범은 "한국인이 걸어온 험난한 길을 세상에 호소하여, 정당한 공론을 구하려 함과 아울러 우리는 이른바 폭행을 찬양하는 자가 아니며, 혁명사선을 넘나든 우리에게는 이 길이 최소 역량을 가지고 가장 위대한 효과를 거둘 수 있는 길이라는 확고한 인식에서 출발되었다"며 이들의 행동을 찬양했다.

김구 주석은 8월에는 연합국 원수 및 정당대표에게 임시정부 수립의 지원을 요망하는 메시지를 발표했다. 그러나 백범의 이러한 메시지 발표 등은 이미 1945년 11월 귀국하자마자 최우선적으로 했어야 할 일이었다. 당시 송진우 한민당 수석총무는 백범에게 한국이 독립할 충분한 자격이 있음을 연합국에게 알리기 위해 몇 개 사절단을 파견하자고 제의했지만 거절당했다. 백범으로서는 소중한 기회를 놓친 것이다.

김구는 1946년 8월 15일 미군정 주관으로 중앙청 광장에서 열린 광복절 1주년 기념식에 참석, 축사를 통해 "우리 스스로가 경축(慶祝)의 주인이 되지 못하고 남이 주관하는 연회에 춤추는 격이니, 이 기념식을 '춤팔이 경축'이라 하자"며 "독립은 타력(他力)에 의지하여 되는 것이 아니요, 오직 자력(自力)으로써 자주성(自主性)을 갖춘 독립이라야 비로소 민족의 안도(安堵)와 국가의 영원한 번영(繁榮)을 재래할 것"이라고 역설했다.

## 46년 8월 뒤늦게 연합국에 임정지원 메시지, '국제정치 안목한계'

신탁통치 문제는 남한 좌우익을 결정적으로 갈라놓았다. 백범은 반탁과 남북통일정부 수립을, 이승만은 반탁과 남한단독정부 수립을, 여운형 등 좌익은 찬탁과 남북통일정부 수립을, 김규식 등 중도세력은 신탁통치 문제를 일단 접어두고 우선 통일된 임시정부 수립을 각각 주장했다. 무엇보다 이승만 계열은 우남이 좌우합작운동에서 배제되자 이번 기회에 신탁통치 반대와 함께 남한만의 단독정부(單獨政府) 수립으로 눈길을 돌렸다. 이승만은 남부지방을 돌면서 6월 3일 정읍발언을 통해 '남한만의 단독정부 수립'을 처음 표명했다. 이승만의 정읍발언을 계기로 한민당 등 일부 우익세력들은 단독정부수립 작업을 본격화했다.

미군정은 이승만의 단독정부 수립을 저지하기 위해 우파의 김규식, 좌파의 여운형을 중심으로 좌우합작을 모색했다. 46년 7월 10일 좌우합작위원회를 구성했고, 25일에는 좌우합작위원회의 정식회담이 개시됐다. 좌익의 민전에서는 좌우합작 7원칙을, 우익은 8원칙을 각각 발표했으며, 숱한 우여곡절을 겪은 끝에 1946년 10월 김규식과 여운형은 공동명의로 7원칙을 발표했다. 주요 내용은, ① 남북을 통한 좌우합작(左右合作)으로 민주주의 임시정부 수립, ② 미·소공동위원회 속개 요청, ③ 토지개혁(土地改革)은 몰수한 토지를 농민에게 무상분여하고 주요 산업 국유화, 정치적 자유보장과 지방자치 실시, ④ 친일파, 민족반역자 처리를 위한 조례마련, ⑤ 남북한 정치범(政治犯) 석방과 테러행위 제지, ⑥ 입법기구(立法機構) 구성 실행, ⑦ 언론, 출판, 집회, 결사, 교통, 투표(投票) 등의 자유보장 등이다.

어렵사리 마련된 좌우합작 7원칙에 대해 이승만과 한민당, 그리고 공산당은 각각의 이해타산 때문에 이를 반대했다. 임정 외교부장인 조소앙 역시 반탁을 전제로 하지 않은 좌우합작은 무의미하다며 반대했다. 결국 좌우합작 7원칙은 좌초되고 말았다. 그러나 백범은 개인자격으로 담화를 발표하여 좌우합작을 지지하고 이에 협조하겠다고 천명했다. 김구는 좌우합작만이 남북을 하나로 묶을 수 있는 길이었기에 지지했다. 백범은 9월 목포연설을 통해 "38이북은 내놓고라도 반쪽정부를 세우자는 사람들은, 남북통일정부 주장은 공염불이니 관념론이니 비방하지만 기독교인들은 천당에 가본 일 없고 예수를 보지 못했지만 예수 이름으로 하나님 앞에 기도를 드리고 그분 뜻대로 행하면 천당에 꼭 갈 수 있다고 믿는다"며 "우리는 오천 년 역사를 통해 독립국이고 자유민(自由民)임을 확신하는 것이니, 우리의 주장은 공염불이 아니라 삼천만 동포의 일관한 신조(信條)이며 민족 절대명령이다"고 강조했다.

특히 백범은 9월 23일 함평연설에서는 "위도로서의 38선은 영원히 존재할 것이지만, 조국을 양단(兩斷)하는 외국군대들의 경계로서의 38선은 일각이라도 존속시킬 수 없는 것"이라며 "38선 때문에 우리에게는 통일과 독립이 없고 자주와 민주도 없다"고 역설했다. 백범은 "어찌 그뿐이랴. 대중의 기아가 있고 가정의 이산이 있고 동족상잔까지 있게 되는 것"이라고 동족상잔의 6·25전쟁 가능성을 경고했다. 김구는 이날 단정으로 인한 전쟁가능성을 처음으로 제기했다는 점에서 주목된다. 이후 그는 기회 있을 때마다 동족상잔의 위험성을 경고하며 남북통일의 중요성을 정치지도자들에 강조했다.

## 백범 좌우합작 지지, "38선으로 동족상잔 있게 될 것" 6·25전쟁 예고

하지만 김규식과 여운형의 좌우합작 7원칙 중 신탁통치문제 때문에 적극성이 결여된 한계를 지녔다고 윤무한은 지적했다. 또 북한은 1946년 8월 28~30일 북조선공산당과 조선신민당이 합당, 북조선노동당을 결성했고, 토지개혁을 단행하는 등 공산주의 단독정부 수립을 위한 작업을 착착 진행했다. 미국이 제 2차 세계대전을 하루라도 빨리 끝내라는 국민여론이 빗발쳐 한국문제를 등한시하긴 했지만 미국은 소련 공산주의가 태평양으로 진출하는 것을 저지하기 위해 처음부터 한반도 분할점령을 구상했다.[20] 그리고 김구와 이승만을 중심으로 한 우익과 한독당 등 민족진영의 신탁통치 반대가 워낙 심해 미군정은 계속 벽에 부닥쳤다. 하지만 1947년 초까지만 해도 미국은 신탁통치안을 계속 옹호하고 이를 실현시키려고 했다. 이에 따라 김구는 1947년 1월 1일 신년사를 통해 미·소의 신탁통치안을 강력히 비판하고, 38선으로 인해 민족이 겪는 고통과 국민들에게 민족적 자각과 각성을 촉구했다.

백범은 "40년간의 노예생활에서 전례 없는 심각한 민족적 고난 비애를 경험한 우리 민족이 아직도 민족적 자각이 부족하다는 것"이라고 날카롭게 꼬집었다. 백범은 "남의 덕분에 무엇이 되리라고 헛꿈을 꾸고 있었기 때문에 지난 1년 동안 아무 성과도 없이 귀중한 시간만 허송한 것"이라며 "지금 세계 강대국들은 약소민족(弱小民族)을 해방시키고 그들을 원조 육성하려는 고마운 뜻을 보이고 있으나 우리 민족은 불행하게

---

20) 브루스 커밍스 지음, 남성욱 옮김, 《김정일 코드》(따뜻한 손, 2006년), p. 49: "미국은 진주만 사건이 벌어진 지 채 6개월도 지나지 않아 종전과 동시에 한국을 점령할 계획을 세우기 시작했다"며 "1945년 8월의 38선 분할결정은 국무부에서 3년간의 준비 끝에 나온 결과물"이라고 주장했다. 그 밖에도 많은 학자들이 이미 미 육군성 전략정책단장 링컨 장군을 중심으로 국방성에서 일본이 항복하기 오래 전에 분할계획을 수립했다고 보고 있다.

도 그 뜻과 반대의 것, 즉 괴로움을 받는 것"이라고 미·소의 신탁통치안을 정면 비판했다. 백범은 "보라, 단일민족인 우리가 천만요외(千萬料外)로 38선이란 압축대로 인하여 질식하고 있지 않는가?"라며 "북조선에서 남조선에 대한 정책을 본다든지 또 현재 남조선에서 북조선에 대한 대책을 보라. 비근한 예를 들면 최근 법령 127호로 발표된 북조선 미곡(米穀) 수출금지령 같은 것은 실로 외국에 대한 법령과 같은 것"이라고 지적했다. 그는 "이남에 있는 자제가 이북에 있는 부모를 공양할 수 없게 되니, 부모와 형제가 아사해도 속수무책(束手無策)으로 보고만 있어야 할 것인가"라며 "우리는 새해를 맞아서 국제공약(國際公約)에서 해결해 줄 것만을 고대치 말고 우리의 힘으로 해야 되겠다는 자각을 다시 새롭게 해야 될 것"이라고 강조했다. 백범은 "우리는 거족적인 이 자각이 있은 후에라야 우리에게 서광(曙光)이 비쳐 올 것이라는 것을 좀더 통절(痛切)이 느껴야 한다"고 민족적 각성을 촉구했다.

백범은 1월 18일 우익진영이 개최한 '매국노소탕대회' 및 '탁치반대투쟁사 발표대회'에 참석하여 과격한 행동을 삼가고 조용히 해산해 줄 것을 설득했다. 그런데 미군정은 김구와 이승만의 정치적 영향력을 견제하기 위해 급조한 '남조선과도입법의원'이 1947년 1월 20일 미국의 정책에 정면으로 반대되는 '신탁통치거부결의안'을 44 대 1로 전격 채택하자 당황했다. 미군정으로서도 입법의원의 신탁통치반대결의안 채택 등 민심을 더 이상 외면하기 어렵게 됐다. 한반도 신탁통치안에 관해 소련에 유화적이었던 번스 국무장관은 모스크바 3상회의에서 소련에 너무 많은 양보를 했다는 비판을 받고 1947년 1월 경질되었으며 후임에 육군참모총장 마셜(George C. Marshall)이 발탁됐다. 이로써 신탁통치는 힘을 잃었고 명실상부한 국가주의자가 중심에 섰다. 현지 미군정 정책은 국무부의 정책을 누르고 계속 관철되기 시작했다.[21] 미군정의 이러한

21) 이완범, 앞의 책, p. 163.

입장변화를 이승만은 38선 철폐를 통한 민족고통의 해결보다는 남한만의 단독정부 수립이라는 현실정치의 필요성에 눈을 돌려 미국 지도층 설득에 총력을 기울였다. 반면 김구는 1월 24일 경교장에서 정당 사회단체 대표들을 모아 놓고 민족문제에 전념했는데, 특히 38선으로 인해 우리 민족이 겪는 고통에 대해 굉장한 관심을 보였다.

## 미군정 입장변화에 이승만, '단정수립' 총력, 김구, '38선 철폐' 몰두

김구는 2월 10일 '삼천만 동포에게 경고(敬告)함'이라는 발표를 통해 독립진영 재편성, 좌우합작과 반탁, 38선 문제 등 5개 조항에 대해 공식입장을 천명했다. 그는 독립진영 재편성에 언급 "재작년 8·15광복 이후의 우리 독립운동은 성취보다 실패가 더 많았다. 공심(公心)보다 사심(私心)의 표현이 더 컸고, 이지(理智)보다 기분의 충동이 더 강하였다고 해도 과언이 아니다. 위기에 임하여서도 실패를 실패로 인정하지 못하고 독립진영을 재편성하지 아니하면 우리는 수습할 수 없는 국면에 봉착(逢着)할 것"이라고 경고하고 "우리는 시급히 수십 년 내의 독립운동 법통을 계승한 비상국민회의에 독촉국민회와 민통을 합류하게 하여서 독립진영의 최고기구로 삼는 동시에 각 정당과 단체의 권위 있는 대표를 참가하게 하여서 그 기구를 확대 강화하는 것이 필요하다"고 촉구했다. 백범은 좌우합작과 관련 "우리는 전 민족 통일을 수요함으로 좌우합작을 필요로 하는 것이다. 우리가 자립하는 데 내부통일이 절대 필요하지만, 정치이념(政治理念)이 부동한 양개 국에게 분단점령(分斷占領)을 당한 금일에서 우리의 독립과 자유를 쟁취하는 데는 더욱 그러한 것"이라며 "좌만도 독립을 완성하기는 곤란한 것이며 우만도 독립을 완성하기는 곤란하다. 좌우합작위원회를 영도하는 김규식 박사는 독립운동을 위하여 일생을 희생하였고, 탁치 반대자로는 누구보다도 철저한 터인데, 그를 찬탁자로 몰아넣으려는 것은 일종의 공심을 떠난 모략(謀略)으로밖에 인정할 수 없다. 우리는 각별히 이런 점에 주의하여야 할 것"이라고 주의를 환기시켰다.

백범은 신탁통치와 관련 "우리에게 독립을 약속하고 신탁을 실시하려는 것은 마치 약주고 병주는 셈이다. 본래 우리나라에 신탁을 적용하려는 것은 금차 대전의 목적에도 위반되는 일"이라며 "그러므로 그들은 우리에게 모욕(侮辱)되는 구실을 만들어 견강부회(牽强附會)하려는 것으로서 우리에게 신탁을 적용할 임무를 가지고 제일선에 선 미·소 양국도 그 불합리한 것을 잘 요해(了解)하는 듯, 그들의 해설도 불일하여 갈피를 잡을 수 없다"고 지적했다. 백범은 "신탁설이 전해온 최초의 반향은 우리 전국 전 민족이 총궐기하여 생명을 도(賭)함으로써 일치하게 반대하였다. 그러나 불행히도 소수인사가 북쪽으로부터 오는 괴류에 휩싸여 3일 만에 돌연히 표변하여 반탁을 반대한 것뿐"이라며 "기실 신탁이 좋다고 감히 정면으로 찬성한 자는 하나도 없었다. 이 정황을 목도한 아놀드 장군은 귀국하는 즉시로 화성돈(華盛頓: 워싱턴)에서 '한국 인민은 절대다수가 탁치를 반대한다'고 명언(明言)하였다. 그런 뒤 수삭이 못되어 윌리엄 씨가 '한국 인민 중에는 탁치를 좋은 것으로 이해하는 자가 일증한다'고 한 것은 한인을 격분시킬 뿐 아니라 세계를 현혹하게 하지 아니할 수 없는 일"이라고 성토했다. 백범은 "우리 동포 중 일부 인사가 실망상태에서 신탁정부라도 성립되었으면 민생문제(民生問題)가 다소 해결되리라는 막연한 관념을 가지는 경향도 아주 없지는 아니한 듯하다. 그리고 오직 복종으로써 그들의 호의를 획득하여서 약속한 5년 후에나 틀림없이 독립을 주기를 애걸하자고 주장하는 듯하다"며 "이것은 구갈(口渴)을 풀기 위하여 독약(毒藥)이라도 마시려는 위험한 착각"이라고 반박했다. 백범은 "우리 생존은 자주독립(自主獨立)에서만 구할 수 있는 것이다. 화성돈 선생도 '자유가 아니면 죽음이라'고 고함을 친 것이다. 비율빈(필리핀)·면전(緬甸: 미얀마)·월남·인도네시아·인도도 모두 독립을 위하여 투쟁하고 있나니 어찌 한국만이 예외가 될 수가 있으랴"고 반문했다.

## "우리에게 독립 약속하고, 신탁 실시하려는 것, 약주고 병주는 셈"

백범은 미·소공위가 그 사명을 이행치 못함으로 인하여 3상회의 결정까지도 효과를 내지 못하는 이상 우리가 우리 문제를 UN에 또는 3월 10일 모스크바에서 개최될 4상회의에 호소해 정당한 해결을 구하고자 하는 것은 당연한 일인 것"이라고 주장했다. 백범은 "불국(프랑스)은 3·1운동 이후 우리 독립운동에 특별 동정하여 우리 임시정부가 십여 년간 상해 불조계(佛租界)에서 안전히 활동하도록 보호하여 주었으며, 또 1945년 1월 불국 정부가 우리 임시정부와 외교관계를 건립하기로 하였던 것"이라며 "설령 국제관계가 악열(惡劣)하더라도 우리의 독립운동은 잠시를 정지할 수 없거든, 이와 같이 절호한 기회를 앞에 놓고 어찌 노력하지 아니하랴. 전도(前途)의 희망이 뚜렷하니 오직 우리는 일치단결하여 신탁을 끝까지 반대하자. 우리 생존은 독립에서 오는 것이요, 우리 독립은 반탁(反託)에서 오는 것"이라고 강조했다.

백범은 특히 38선에 대해 "대전이 종료된 지도 벌써 18개월, 세계는 영구한 평화의 수립을 위하여 노력하는 이때 우리나라에는 우리의 적을 적으로 하던 양개 우방의 군대가 분단점령하고 있다. 이 얼마나 모순되는 일이냐"고 비판하고 "더구나 화성돈(華盛頓) 방면으로 오는 외전(外電)에 의하면 권위 있는 문무관원들이 언명하기를 아국(我國)과 일·독에 군대를 주둔하는 것은 세계평화 유지에 필요하다고 하였다. 일·독에 군대주둔이 필요하다는 것은 당연하다고 하겠지만 아국(我國)에 군대주둔이 필요하다는 것은 해석을 요하는 바이다"고 우려했다. 백범은 "한국 자신이 일 · 독과 같이 평화에 위협을 준다는 것은 누구나 믿을 수 없는 것인 즉 문제는 우리 본신(本身)에 있지 아니한 것이 분명하다"며 "그러면 군대주둔 자체가 도리어 평화(平和)에 위협을 줄 것밖에 없다. 만일 이것을 부정하고 군대를 계속 주둔시킨다면 이로 인하여 생기는 후과로 말미암아 한국에는 상상하기도 어려운 불행이 올 가능성이 있는 것"이라고 주장했다. 백범은 "우리가 미 · 소 양군의 철퇴를 주장하는 것은 한국독립만을 위하는 것이 아니요, 실로 세계평화 건설을 위해서도 큰 공헌이 있는 것"이라며 "일부 인사가 무슨 형식의 정부든지 한국에서 성립되는 즉시 38선이 철폐되리라는 관념을 가지는 듯하나, 이것은 일종의 희망뿐"이라고 경계했다. 백범은 "38선을 즉시 철폐시키는 유일한 도경(途徑)도 자주독립정부를 수립하는 데만 있을 것이니, 우리는 남북통일과 자주독립을 위하여 미 · 소 양군의 즉시 철퇴를 요구할 것이며 미 · 소 양군의 철퇴로써 남북통일과 자주독립을 완성하기에 일치 노력하여야 하겠다"고 호소했다.

## 압록강 소도(小島) 귀속 관련 '중소협정' 강력 항의성명

김구는 1월 28일 '중소협정'(中蘇協定)에 대해 강력히 항의하는 성명을 발표했다. 백범은 압록강상 소도(小島)의 귀속과 수풍발전소 소유권에 관한 중 · 소협정 진행이 사실이라면 이는 비우호적이고 불법이라며 한국은 불행히 미 · 소 양군 점령지가 되었으나 한국의 물건을 주인인 한국의 승낙 없이 누가 처리할 권한이 있는가라고 따졌다. 백범은 "해방국가인 소련이나 우방인 중국이 취할 일이 아니다"며 "한국정부가 수립되기 전에는 우리의 일척공(一尺工) 일초목(一草木)이라도 좌우할 자가 없는 만큼 이에 중 · 소 양국에 항의한다"고 밝혔다.

# 6. 미·소 냉전 본격전개, 한반도 분점선택

## 백범, "미국, 신탁통치안 거두고 분단고착화 정책추진 감지 못해"

이승만이 남한만의 단독정부 수립을 위해 미국 조야의 지도자들과 만나 집중적 설득작업을 벌이는 가운데 1947년 3·1절을 맞았다. 김구는 미국이 신탁통치안을 거둬들이고 새로운 대한정책(對韓政策)을 모색하고 있음을 확실히 감지했다. 그러나 백범은 '미국이 남북한 통일정부수립이 현실적으로 어렵다고 보고, 이승만의 단정수립에 관심을 보이고 있다'는 데는 간과했다. 백범은 '3·1절과 우리의 진로'라는 기념사에서 "금일에 처한 우리의 객관적 정세가 비록 침통한 저기압을 보이고 있을지라도 천추에 휘황할 3·1정신을 보위하면서 매진하는 배달자녀의 전도에는 극복하지 못할 정세와 좌절하지 못할 곤란이 없으리니 오직 탄탄할 뿐"이라고 강조했다. 백범은 "최근 미 국무부에서 우리 문제를 좀 더 신중히 검토하기 위하여 하지 중장을 화성돈(華盛頓: 워싱턴)으로 소환한 것도 호의의 표현"이라며 "어찌 미국만이 우리에게 호의를 가지고 있으랴. 우리의 맹국(盟國)은 다 그러할 것"이라고 말했다. 백범은 "소련에도 우리의 대표를 보내야 한다"며 "그러면 한국문제는 정당한 해결도경으로 도입될 수 있는 것"이라고 자신했다.

해방정국에서 가장 큰 변수는 '미·소공동위원회'였다. 김구는 미·소공위가 자국 이익만 좇는 현실을 지켜보면서 크게 실망했고, 미·소공위에 의한 남북통일정부가 수립될 것에 기대하지 않았다. 백범은

1947년 3월 12일 미국 트루먼 대통령의 '트루먼독트린 선언'에 상당히 고무됐다. 하지만 이 시기 세계차원에서 미 · 소 냉전시대가 본격적으로 전개되고 있음을 백범은 미처 깨닫지 못했다. 3월 '트루먼독트린 선언', 6월 '마셜플랜', 7월 파리회담 등 유럽에서 전개된 미 · 소 냉전구조와 미 · 소공위 결렬시기를 살펴볼 때 미 · 소는 한반도의 분점을 선택했다. 이로써 한반도는 분단고착화의 길로 접어들었다.

백범은 미국의 트루먼 선언을 기회삼아 한국도 신탁통치 없는 즉각적인 '자주독립의 남북통일정부 수립'을 강력히 원했다. 중국, 프랑스 등 국제사회도 백범의 의견에 적극 지지를 표명했기 때문이다. 대표적인 예가 백범이 4월 23일 왕총혜(王寵惠) 중국 외교부장에게 보낸 전문에서 엿볼 수 있다. 백범은 "비국(鄙國) 독립문제에 대해 마샬 국무장관에게 보내신 서한은 한국민족 전체가 무한히 감사하는 바이며 많이 격려되었다"며 "세계의 정의와 평화를 애호하는 인사는 다 같이 각하의 정론을 주장하는 바이다"고 말했다. 백범은 "한국의 완전독립을 즉시 실현하기 위하여 중 · 미 · 영 · 소의 4국회의가 서울에서 열리기를 우리는 강력히 주장한다"며 "이승만 박사는 작일(昨日) 안착하였다. 귀국 재류중 귀국 각 방면으로부터 환대와 협조를 받은 것을 감사한다"고 밝혀 당시 김구와 이승만의 관계를 추정할 수 있다. 제 2차 미 · 소공위는 5월 21일 재개되었다. 미국은 미 · 소공위가 어떤 식으로든 한국임시정부 문제를 매듭지어야 하기 때문에 재개는 불가피하다고 보았다. 미 · 소공위가 재개되자 반탁진영은 공위 참가파(한민당)와 불참파(임정계열)로 분열했고, 한독당 내부에서 일부 참가를 주장하고 탈당했다. 미 · 소공위 재개에 부정적인 이승만과 김구는 결국 불참을 선언했다. 김구는 5월 22일 즉각 '미 · 소공위 협의 참가를 보류'하는 성명을 발표했다.

"우리는 미 · 소공동위원회가 38선을 철폐하고 독립정부를 수립하는 임무에 속히 성공하기를 기대한다. 공동위원회에서 한인 지도자들을 협의에 참가케 하는 데는 개인과 단체에 일임하여 자유로 결정케 할 것이다. 우리는 공동위원회의 임무수행에 관한 다음 두 가지의 조건이 명확히 되기 전에는 양심상 협의에 참가할 수 없는 처지를 표명한다.

一. 이른바 신탁통치와 독립정부와는 서로 모순되는 것이므로 신탁통치 조건을 전부 삭제하거나 그렇지 아니하면 신탁통치가 보통 해석되는 바와 같지 아니한 것을 공식으로 충분히 성명하거나 하여 독립정부 수립과 모순되는 바가 없게 되어야 할 것이다.

二. 미・소 양국이 한국에 민주주의적 독립정부를 수립하기로 목적을 삼는바 민주주의라는 명사에 이중의 구별이 있으니, 소련이 주장하는 민주정체가 하나이요, 미국에서 실행되는 민주정체가 또 하나이다. 이 두 가지 중 어느 것을 의미하는 것인지를 우리가 먼저 알아야 되겠으니 이는 다름 아니라 이 두 정체를 혼잡해서 정부를 수립하면 장래 정부의 분열과 국내의 혼란을 면키 어려울 것이요, 열국의 기대에 어그러지게 되는 까닭이다.

우리는 이상 두 가지 조건이 성명되기를 요청하는 중이므로 이 문제가 충분히 해결되기까지는 공위 협의에 참가하기를 보류하는 바이다."

## 김구・이승만, '탁치 철회, 민주독립정부 수립요구' 미・소공위 불참

재개된 제 2차 미・소공위는 임시정부 참여세력 문제를 놓고 미・소가 서로 팽팽히 맞서 협상실마리를 찾지 못하는 가운데 7월 1일 미국 수석대표 브라운은 연금되어 있는 조만식을 평양에서 면담했다. 이날 조만식은 가능하면 빨리 서울에 가고 싶다는 의사를 적극 밝혔지만 소련이 거절했다고 〈중앙일보〉는 보도했다. 조만식은 김구와 이승만을 극우라고 평가하면서 "정치지도자들이 미・소공위에 적극 참가해 임시정부를 수립해야 한다"고 주장했다. 7월 19일 좌우합작을 주도했던 여운형이 돌연 19살의 소년에게 피살되자 결국 미군정의 좌우합작운동은 좌절됐다. 미국은 남북한 각각 입법기관을 설치하고, 그 대표로 임시정부를 구성하자고 제안했지만 소련은 남북분열을 조장한다며 거부했다. 7월 27일 미국대표는 "선거를 실시해 정부를 구성하자"며 남북한을 대표할 임시입법원 선거를 남북에서 보통·비밀투표로 실시하자고 했다. 반면 소련은 3상회의 및 미·소공위 반대단체를 제외하고 남북한 동수의 입법부 구성을 제안했다. 제 2차 미·소공위는 아무런 진전을 보지 못한 채 8월 12일 끝났다. 조순승은 《한국분단사》에서 제 2차 미·소공위를 '불가능한 타협의 모색'이라고 주장했다.[22]

김구는 8·15광복절 2주년을 맞아 "해방 이후로부터 금일까지 우리들은 해방이라는 훌륭한 명사(名辭)에만 도취해 우리 앞에 닥쳐오는 현실이 무엇인지 냉정하게 검토할 여유가 없었고 단지 적 왜 일본의 침투세력으로부터 해방되었다는 것뿐"이라고 지적했다. 백범은 "실로 미·소 양군은 일본의 압박으로부터 해방시켜 준 은인"이라며 "그러나 우리는 이들의 수중에서 해방되지 않고서는 남북통일도 실현될 수 없고 완전한 자주독립 정권도 건립할 수 없는 것을 알아야 되고, 우리 민족의 진정한 해방을 쟁취하기 위하여 영용(英勇)한 투쟁을 전개해야 되겠다"고 역설했다. 백범은 "어떠한 나라의 독립운동사를 보든지 그 민족 자체의 영용한 투쟁 없이 독립이 완전히 이루어진 예가 없다"며 "우리 앞에도 이러한 난관이 있다는 것을 알아야 한다"고 말했다. 백범은 "독립정권을 건립하자. 자율정부를 세우자 하는 말은 절대 독립인 민주국가로서의 완전무결한 주권을 찾자는 것"이라며 "주권 없는 정부는 진정한 독립정권이 아니다"고 강조했다. 김구는 9월 2일 미국이 제안한 전국 보통선거(普通選擧)를 전폭 지지했으며, 단정수립(單政樹立)에 대해 분명히 반대를 표명했다. 백범은 "국제 감시하에 전국적으로 보통선거를 실시하여 입법의회를 구성하게 하자는 미국 제안은 전 세계 정의와 평화를 애

22) 조순승, 《한국분단사》(형성사, 1983년), pp. 121~138.

호하는 인사는 이것을 절대 지지할 것"이라고 말했다. 백범은 "나는 단독정부설을 반대하였거니와 최근 미국 신제안으로 인해 이 설도 자연히 소멸되리라고 믿는다"며 "현재에서 남조선 단독정부수립 도정(道程)으로 향하는 총선거는 당연히 중지하지 않으면 안될 것"이라고 주장, 이승만의 단정수립을 공식 비판했다. 백범은 남북 구별 없이 분투한 대한민국 임시의정원의 후신인 국민의회(國民議會)를 차기 입법기관으로 삼아야 할 것이라고 강조했다.

미 · 소가 대립하는 공동위원회를 통해 한국문제의 해결이 어렵다고 판단한 미국은 8월 26일 한국문제를 미 · 영 · 중 · 소 4개국 회담에 맡기자는 제안을 제출했다. 이에 대해 소련은 국제협약 위반이라고 반대했고, 미국은 9월 16일 한국문제를 유엔에 상정할 수밖에 없다고 소련에 일방적으로 통보하고 17일 즉각 유엔에 상정했다. 김구는 한국문제가 유엔에 상정되는 것을 처음에는 환영했다. 당시 유엔은 미국의 절대적 영향력하에 있었고, 유엔은 미국 주장대로 '남북한 총선거를 통한 임시정부구성에 합의할 것'으로 기대했기 때문이다. 윤무한은 "백범은 유엔활동을 지지하면서 이승만 및 한민당과 제휴와 단합을 모색했다"며 "백범이 1947년 말까지 단독정부 수립문제에 모호한 입장을 보인 것은 모스크바 3상회의 결정을 받아들이지 않으려는 반탁논리와 우익 대단결의 측면, 즉 이승만과의 관계유지라는 측면도 고려하지 않을 수 없었기 때문"이라고 분석했다. 반면 좌우합작위원회 등 중도파는 한국문제의 유엔이관에 반대했다. 이들은 한국문제 유엔 상정이 남한 단독조치로 끝나는 해결책이 되어서는 안 된다는 견해를 발표했다. 소련도 한국문제 유엔 상정은 모스크바 3상회의 결정을 위반하는 것이며, 한국문제는 미 · 소 양군이 철수한 후 조선인 스스로 해결하게 하는 것이 가장 바람직하다고 강력히 반대했다. 소련의 반대에도 불구하고 미국의 한국문제 유엔총회 상정안은 9월 21일 유엔총회 운영위원회에서 12 대 2로 가결되었다. 유엔총회는 9월 23일 한국문제의 유엔총회 상정을 41 대 6으로 통과시켜 한국문제가 유엔총회에서 처음으로 본격 논의되었다. 한국문제와 관련 조지 마셜 미 국무장관은 유엔연설에서 "지난 2년간 소련과 모스크바 3상회의 결정을 실천해 한국을 독립시키려 노력했으나 진전을 보지 못했다"며 "신탁통치를 거치지 않고 한국을 바로 독립시키는 수단이 강구되어야 한다"고 강조했다.

## 1947년 11월 14일, 유엔 "남북한 총선실시 독립정부수립" 결의

제 2차 유엔총회는 11월 14일 미국이 요구한 유엔한국임시위원단 설치와 신탁통치 없이 유엔감시 아래 남북한 총선거를 통한 독립정부수립 등의 결의안을 찬성 41, 반대 0, 기권 4로 채택했다. "유엔한국임시위원단을 설치하여 그 감시하에 1948년 3월 말까지 남북한이 인구비례에 따라 자유 총선거를 실시하고, 국회 및 정부를 수립한 후 미 · 소 양군이 철수한다"는 것이다.

강준만은 《한국현대사 산책》에서 이 중요한 국면에서 김구는 오락가락하고 있었다고 비판했다. 그는 "김구는 1947년 11월 24일 남한단독선거는 국토양분의 비극을 가져올 것이라고 경고했으나, 1주일 후인 11월 30일엔 전혀 다른 태도를 취했다"고 주장했다. 반면 남시욱은 "김구와 이승만이 갈등을 보이기 시작한 것은 이승만과 한민당이 본격적으로 단정(單政) 수립 노선을 추구하는 데 맞서 1947년 11월 18일 독자적인 각정당협의회를 개최하면서부터였다"며 "김구는 이때 유엔 결의를 비판하면서 자주적인 통일정부수립 방안을 내놓았다"고 밝혔다. 즉, 김구는 11월 25일 '남조선만의 선거는 불가'라는 제목의 성명발표를 통해 "남조선 단독선거에 대해 단정하의 대의원 선거는 결의권이 없는 이상 아무 효과가 없을 뿐더러 그 결과는 민족분열을 초래할 뿐"이라며 "소련의 거부로 남조선만에 UN 결정에 의한 선거를 실시하는 것은 국토를 양분하는 비극이 될 것"이라고 주장, 단정에 반대했다.

강준만은 "그러나 김구는 11월 30일 이승만을 방문해 1시간 정도 면담한 후, 자신과 이승만은 조금도 근본의사의 차이를 보지 못했다고 말하면서 사실상 단독정부 참여의사를 밝히는 성명서를 발표했다"고 주장했다. 이날 김구는 '길은 같다'는 제목의 성명을 통해 "근래 밖에서 떠들기를 김구와 이승만 사이, 국민의회와 민대 사이에 노선의 대립을 유오(流誤)하며 민족진영 분열과 두 사람 사이의 소원(疎遠)을 바라는 자가 많다"며 "그러나 나는 이 박사를 방문하여 상의했으나 조금도 근본의사의 차이를 보지 못했다. 다소 방법이 다르다 해도 길은 같은 것"이라고 밝혔다. 김삼웅도 "한때 이승만의 단독정부 노선에 동조하는 것이 아닌가 하는 오해도 나왔다"며 "이는 발표한 성명 때문"이라고 지적했다.

김구는 12월 3일 '전 민족 단결문제에 대하여'라는 성명을 발표했다. 백범은 "UN이 한국문제를 정식으로 상정해 토론한 결과 UN 감시 아래 신탁 없이 또 내정간섭(內政干涉) 없는 남북을 통한 총선거로써 자주통일 독립정부를 우리나라에 수립하도록 협력하기로 충족하였다"며 UN 결의안을 지지했다. 백범은 단독정부수립 문제에 대해 "혹자는 소련의 거부로 UN안이 실시 못된다고 우려하나 UN은 그 권위와 세계평화의 건설과 장래에 강력의 횡포를 방지하기 위해 기정방침을 변하기가 만무하다. 만일 일보를 퇴(退)하여 불행히 소련의 방해로 북한의 선거만을 실시하지 못할지라도 추후 하시에든지 그 방해가 제거되는 대로 북한이 참가할 수 있게 하는 것을 조건으로 하고 의연히 총선거로 정부를 수립하여야 한다"며 "그것은 남북단독정부같이 보일 것이나 좀더 명백히 규정하자면 그것도 법리상으로나 국제관계상으로 보아 통일정부일 것이요, 단독정부는 아닐 것"이라고 주장했다. 백범은 "이 박사가 주장하는 정부는 상술한 제 2의 경우에 치중한 것뿐이지 결국 내가 주장하는 정부와 같은 것인데, 세인(世人)이 그것을 오해하고 단독정부라고 하는 것은 유감"이라고 밝혔다. 바로 이 부분에서 백범이 오해를 샀다.

## 김구, "'남한만의 선거 불가' 발표 7일 만에 이승만 '단정 동조' 성명, 오락가락"

김구는 전 민족 단결문제에 언급 "전 민족 단결은 시간과 공간의 여하를 불문하고 필요한 것"이라며 "우리가 좌우합작에 실패했다고 전 민족적 단결공작을 포기할 이유는 없는 것"이라고 역설했다. 백범은 "이러한 의미에서 한독당의 발론으로 12정당이 공작을 다시 한 것은 당연한 일이다. 그러나 좌우 양측에서 거대한 부분이 적극 참가하지 않고 도리어 방관(傍觀)하며 심하면 중상(中傷)까지 하는 듯하다"며 "그 공작을 보류하고 민중(民衆)에 호소하는 바이며, 피차간에 원만한 양해를 성립하기 위해 좀더 노력함이 당연할 것이다. 아무리 조급할지라도 욕속부달(欲速不達)이 되며 도리어 해가 있을 것"이라고 말했다. 김삼웅은 "이 무렵 백범은 정치적으로 크게 고민하고 갈등에 직면한다"며 "미·소의 행위에 분노하고, 정치지도자들의 극심한 분열과 이해타산에도 실망하고 개탄한다"고 전했다. 그는 "미·소는 한반도 통일정부수립보다 반쪽 정부라도 세워 영향력 확보를 기정사실화하고자 했고, 남북지도자들은 이에 영합해 각기 자신들의 정치적 이해를 좇고 있었다"며 "통일정부론만을 일관되게 추구해 온 백범은 찢기는 해방조국, 분열되는 국민을 지켜보며 이상과 현실 사이에서 심한 갈등과 번민한다"고 기술했다. 그는 "그래서 한때 이승만의 단독정부 노선에 동조(同調)하는 것이 아닌가 하는 세간의 오해도 나왔다"고 밝혔다.

박명림은 《한국전쟁의 발발과 기원Ⅱ》에서 백범의 이런 처신에 대해 "1946~1947년 김구의 행태는 이해하기 어려운 것이었다. 친일파와 한민당은 민족주의 이념을 독점한 김구가 자기들보다도 강경한 반탁 · 반모스크바 협정 태도를 취한 결과 이탈리아 파시스트들이 그러했던 것처럼 어부지리 효과를 극적으로 얻었다"며 "이것은 하나의 반전이었다. 김구의 격렬한 반탁은 모든 반대세력에게 민족주의라는 예기치 않은 정당성을 얹어주는 의도하지 않은 결과를 가져왔다. 결국 김구는 반탁주도로 자신이 증오해 마지않던 친일파에게 큰 힘을 준 셈이었다"고 지적했다. 박명림은 "민족분단을 막기 위해 김구는 1948년 북한에 갈 것이 아니라 1945년 말이나 1946년 초에 갔어야 했다. 그러한 선택은 자기 노선과 헤게모니의 포기가 아니면 불가능한 결단이었다. 그때 김구는 통일을 위해 손잡는 대신 오히려 김일성을 죽이려 하였고, 임정의 독립적 법통을 고집하였다"고 주장했다.[23] 송건호도 《해방 전후사의 인식》에서 백범의 노선전환은 자기모순이라고 지적했다. 그는 "8 · 15광복은 김구가 개탄했듯 한민족의 구체적 힘으로 달성된 게 아니고 연합국의 힘에 의해 되었으므로 한반도 문제해결은 연합국 특히 미 · 소의 입김이 절대적이라는 것은 제 2차 세계대전 후 극동정세에 어느 정도 통찰하는 정치인이라면 누구나 간파할 수 있는 문제였다. 한반도 통일은 모스크바 3상회의의 결정에 따르는 것이 가장 확실하고, 미 · 소공위가 결렬되면 통일가능성이 쉽지 않을 것이란 점을 간파했어야 했다. 스스로 묘혈을 파놓고(반탁으로 미 · 소공위 결렬) 남북협상 통일에 나선 것은 자기모순의 길을 걸었다고 보아야 하지 않을까 한다"고 지적했다.[24]

---

23) 박명림, 《한국전쟁의 발발과 기원Ⅱ: 기원과 원인》(나남, 1996년), pp. 333~334.

24) 송건호, 《해방전후사의 인식 ①》(한길사, 1995년), p. 34.

## 백범, "이승만 추후 북한 총선거 실시주장 동감, 단정오해 유감"

그러나 조순승이 미·소공위는 '불가능한 타협의 모색'이라고 지적한 데서 볼 수 있듯이 미·소의 속셈이 서로 달랐기 때문에 설령 김구가 '반탁운동'을 하지 않았어도 한국통일 타협은 불가능했을 것이다. 그것은 한민당이 제 2차 미·소공위 참여를 결정하자 소련의 반대로 무산된 사실에서 충분히 엿볼 수 있다. 강준만은 "김구와 이승만 두 사람의 회동 이틀 후 일어난 장덕수 암살사건이 두 사람의 협력관계를 끝장내는 동시에 파국으로 끌고 가는 결정적 계기가 되었다"고 주장했다. 그는 "김구는 자신이 배후로 의심받자 이승만에게 도움을 요청했는데, 이승만은 '김 주석이 고의로 이런 일에 관련되었으리라고는 믿을 수 없다'며 사실상 김구 관련설을 강하게 암시하는 등 딴전을 피웠다"는 것이다. 그는 "분노한 김구는 이승만과 완전히 결별했다. 김구가 단정론의 철회와 남북협상론을 들고 나온 것도 바로 그런 인간관계 파탄 직후였다"고 설명했다. 그는 "김구는 이 사건을 계기로 좌우를 초월한 진정한 민족주의자로 다시 태어났다"며 "인간 유형상 이승만적 요소와 김구적 요소를 모두 갖춘 그런 지도자가 있었더라면 하는 아쉬움은 어리석을망정 오늘날에도 간절하다"고 말했다.[25] 이는 김구의 민족지도자 정신과 이승만의 탁월한 현실정치 감각과 추진력을 들고 있는 것 같다.

강원용은 훗날 "이때 어떻게 김구가 단정 얘기를 들고 나온 이승만과 손을 잡았는지 지금도 이해가 되지 않는다"고 회고했다. 강준만은 "김구는 이데올로기에 대한 자기 정체성이 없거나 약했다"면서 "도진순이 지적한 바와 같이 김구는 '유학, 동학, 불교, 기독교 등을 두루 편력하는 사상적 방황을 경험'하긴 했지만 전통적 가치인 유학과 의병적 신의를 중시하는 완고함을 지닌 행동지향형의 인물이었다"고 평가했다.

---

25) 강준만, 《한국현대사 산책 1940년대편 ②》(인물과 사상사, 2006), p. 67.

# 7. "남북분열 저지, 민족지도자 참모습 되찾아"

## 김구 "장덕수 암살사건 미군정 법정출두 수모"

우리나라 국민 대부분이 백범 김구하면 떠오르는 이미지는 "사심 없이 동포와 조국을 사랑하고, 민족의 자주독립을 염원하며, 외세에 굴종하거나 예속되는 것을 강력히 거부하면서 민족의 분단을 몸으로 막은 민족지도자"란 점일 것이다. 따라서 백범은 민족지도자가 아닌 정치인으로서는 단점이 적지 않았다는 것은 부인할 수 없는 사실이다.

한동안 기로에 서서 고민하던 김구는 장덕수 암살사건과 관련 1948년 3월 12·15일 법정에 출두해 증언하는 수모를 겪었다. 백범은 미국 트루먼 대통령 명의로 불렀으므로 국제예의를 존중하기 위해 나간 것이지, 증인될 만한 사실이나 자료를 갖고 있기 때문에 나간 것은 결코 아니라는 성명을 발표했다. 백범은 아들과 같은 미군중위 검찰관의 집요한 연루의혹 질문에 화를 내며 문을 박차고 법정을 나왔다. 장덕수 암살사건은 한민당 정치부장 장덕수가 1947년 12월 2일 서울 제기동 자택에서 현직 경찰관에게 암살당한 사건이다. 이날 저녁 6시경 박광옥은 공범 배희범을 대동하고 공무수행을 사칭, 자신이 메고 있던 칼빈총으로 2발을 발사 절명케 했다. 범인은 사건발생 약 39시간 만인 4일 오후 3시경 수도청 형사대에 의해 체포되었다.

배후조종자는 한독당 중앙위원이며 국민의회 동원부장 대한애국 의용대장 김석황 외 조상환, 신일준, 손정수, 김중묵, 최중하, 조엽, 박성봉 등의 관련사실이 밝혀졌다. 이로 말미암아 백범은 배후조종자로 의심받게 되었다. 결국 이 사건은 다음 해 4월 2일 미군정 하지 중장 주관하에 피고인 8명 전원 사형언도를 내림으로써 종결되었다.

앞서 한독당은 1947년 10월 15~16일 임시중앙집행위원회를 열어 남북한정치지도자회의를 의결한 데 이어 소련의 미·소 양군 철병안에 대한 찬성과 남북통일선거를 주장한 바 있다.

당시 유엔총회 결의에 따라 '남북한 총선거 실시와 미·소 양국군 철수를 감시할 유엔한국임시위원단'이 구성됐다. 호주, 캐나다, 중국, 엘살바도르, 프랑스, 인도, 필리핀, 시리아 등 8개국 대표로 구성된 유엔한국임시위원단이 한국에서 본격 활동을 앞두고 있었다. 김구는 1947년 12월 22일 '통일이념이 필요하다'는 내용의 성탄메시지 발표를 통해 남북 자주통일정부(自主統一政府) 수립의 당위성을 강조하고, 남한만의 단독정부 수립에 거듭 반대를 천명했다.

백범은 "우리는 UN 위원단을 충심으로 환영하는 동시에 그들로 하여금 우리에게 대한 정당한 인식을 가지고 우리가 원하는 바 자주독립의 통일정부를 수립하는 임무를 완수하도록 우리의 최선을 다하여야 한다"고 말했다. 백범은 "우리가 원하는 바도 자주통일정부요, 여하한 경우에서든지 단독정부는 절대로 반대할 것"이라며 "UN 위원단의 임무는 남북총선거를 감시하는 데 있다"고 강조했다. 백범은 "우리가 국제적 귀빈을 맞을 때에 그들로 하여금 우리에게 대한 정당한 인식을 가지게 하려면 먼저 우리 민족의 통일적 의사로써 우리가 생각하는 바 우리가 원하는 바를 표현하여야 될 것"이라며 "최근에 합동(合同)을 실현하게 된 국의와 민대의 노력을 주관적 수요에서만 아니라 객관적 정세에 순응하는 적절한 공작이었다. 비록 외계의 장애로 절차를 완료하지 못했지만 합동에 대한 결의는 의연히 유효한 것"이라고 역설했다.

## 백범 성탄메시지, "남북 자주통일정부수립 당위, 통일이념 필요"

백범은 "좌우를 막론하고 일체의 테러행위를 감행하는 자와 파괴하는 자는 처벌함이 당연한 것"이라며 "그러나 감정이 이지(理智)나 법률을 초월하지 않도록 깊이 경계하지 아니하면 아니 될 것"이라고 당부했다. 김구는 이 무렵 유엔한국임시위원단의 입국을 환영하면서도 단독정부 수립에 반대하는 입장을 거듭 분명히 했다. 윤무한은 "이는 곧 우익진영이 김구와 이승만·한민당의 두 갈래로 나뉘었음을 의미한다"고 지적했다. 강준만은 "김구는 남북분열을 반드시 막아야 한다는 굳은 신념 아래 우익진영을 넘어서서 '목숨을 건 민족지도자'로서의 참모습을 다시 되찾았다"고 설명했다.

이윽고 격동의 1948년 새해가 밝았다. 유엔한국임시위원단 선발대가 1월 7일 한국에 도착했고, 10일 본진이 도착해 하지, 김구, 이승만 등과 본격적인 접촉에 나섰다. 그러나 해방된 지 2년 이상 세월이 흐른 당시 남북한은 이미 좌파와 우파가 각기 미국·소련당국과 결탁하여 반대파를 제거하고 전국적인 조직을 확고히 다져놓은 상태였음은 부인할 수 없는 현실이었다. 특히 유엔한국임시위원단은 겨우 35명에 불과한 상태에서 남북한 총선거(總選擧)라는 당초 유엔의 결의사항을 실천한다는 것은 사실상 불가능한 상황이었다.

민족지도자로 거듭난 김구는 1월 10일 성명을 발표, 유엔한국임시위원단의 방한을 환영하면서 신탁(信託) 없고, 내정간섭 없는 통일정부 수립을 촉구했다. 백범은 "국련위원단의 내한을 충심으로 환영한다. 국련에서 우리에게 약속한 대로 신탁 없고 내정간섭 없고 또 남북을 통한 총선거에 의하여 자주독립의 통일정부를 수립하도록 하여줄 뿐 아니라 그 정부로 하여금 즉시로 한국의 통치권(統治權)을 결함 없이 행사할 수 있게 하여 약속한 기일에 미·소 양군이 철퇴한다면 우리에게는 이

보다 더 큰 행복이 없을 것"이라고 역설했다. 메논 단장도 방송을 통해 "조선은 단일민족으로서 동일한 언어를 쓰고 있으며 동일한 전통을 사랑하고 있다. 우리 위원단은 38선을 인정하지 않는다. 38선은 마땅히 철거하여야 할 것이며, 정치적 분규를 야기시키는 것이다. 우리 안중에는 조선은 단일체이며 결코 분단되어서는 안될 나라이다. 본인은 모든 조선사람의 가슴에 품고 있는 염원을 반드시 반영시킬 각오이다"고 강조했다. 그러나 메논의 이러한 각오는 나중에 전혀 지키지 못했다.

미군정은 새해 들어 백범의 뜻과는 달리 남한만의 총선거에 대비한 단계적 조치들을 취함과 아울러 공산당의 테러 파업 등 파괴적 활동에 강경하게 대처하였다. 이는 남한만의 단독정부 수립 불가피성을 끈질기게 설득해왔던 이승만의 주장이 미국에서 현실적으로 인정받기 시작했다는 것을 의미했다. 이에 따라 이승만은 하지의 이러한 행동에 적극 지지하면서 그동안의 비판적 언행(言行)을 접고, 하지의 단정수립을 적극 지원하고 나섰다. 유엔한국임시위원단의 방북(訪北)을 소련이 거부, 입북(入北)이 좌절된 가운데 백범은 1월 26일 유엔한국임시위원단의 초청을 받아 이들과 남북총선거(南北總選擧) 등 현안을 논의했다. 백범은 "어떻게 하면 자유스러운 선거를 할 수 있느냐 하는 문제에 대한 협의였다"며 나는 말하기를 "미・소 양군이 주둔하는 데서는 여하한 보장을 하더라도 자유스러운 선거를 할 수 없으니 미・소 양군이 조속히 철퇴하고 남북의 정치요인(政治要人)이 회담하여 선거의 대책을 강구하는 것만이 자유스러운 선거를 할 수 있다는 것"이라고 주장했다. 백범은 또 "남북 총선거로써 거국적(擧國的) 통일독립정부의 수립을 목표한 UN총회의 결정과 그 결정을 수행할 사명을 가지고 온 위원단에 대하여 우리 전체 민족의 기대가 백열화(白熱化)한 이때에 소련의 월경(越境) 거부가 사실이라면 UN 자신의 권위로 보아서 우(又)는 약소민족의 해방독립과 인류평화의 보장을 영도하는 강대국가(强大國家)의 책임으로 보아서 비상한 결의를 표하지 않을 수 없다"며 "위원단은 특히 난관타개(難關打開)와 사명완수(使命完遂)에 관한 구비(具備)한 방법을 실현하기를 촉망(矚望)한다"고 강력히 주문했다.

## 48년 1월 26일 백범, 유엔위원단 면담, '남북요인회담' 주장

김구는 이날 '남북요인회담'을 주장하는 성명을 거듭 발표했다. 백범은 "미·소 양군이 철퇴하지 않고 있는 남북의 현재 상태로서는 자유스러운 분위기를 가질 수 없다"며 "양군이 철퇴한 후 남북요인회담을 하여 선거준비를 한 후 총선거하여 통일정부를 수립하여야 할 것"이라고 주장했다. 28일에는 '유엔한국임시위원단에게 보내는 의견서'를 서면(書面)으로 발표하고 제출했다. 이는 백범의 통일정부 수립에 관한 내용 등을 6개항으로 정의(正義)한 것이다. 전문(全文) 내용은 다음과 같다.

> "유엔한국임시위원단에 제출한 나의 의견서를 별항 서면으로 발표하거니와 금일 모 신문은 '종래 이 박사와의 행동통일을 취해온 것으로 보이던 김구 씨가 김규식 박사와 견해를 같이 하게 된 것이 극히 주목되는 바이라'는 기사를 게재하였다. 나는 26일 조조(早朝)에 이 박사를 방문하고 정오에 김 박사를 방문하여 우리 3인의 공동한 견해를 구하기에 노력하였던 것이다. 25일 오후에는 조소앙 선생도 방문하였었다. 바라건대 사실을 떠난 구구한 억측으로 사회에 미혹(迷惑)을 끼치지 말라!
>
> 一. 우리는 전국을 통한 총선거에 의한 한국의 통일된 완전 자주적 정부만의 수립을 요구한다. 그러므로 현 군정(軍政)의 연장이나 혹은 현 군정을 확립 강화하게 되는 이른바 '남조선 현 정세에 관한 시국대책 요강'(이것은 현재 군정의 한인 고관들이 작성한 것이다)의 전폭적 실현이나 또는 변상적(變相的)으로 군정을 연장시킬 우려가 있는 이른바 남한단독정부도 반대하는 것이다.

二. 총선거는 인민의 절대 자유의사에 의하여 실현할 수 있게 되기를 요구한다. 북한의 소련 당국자들은 북한의 선거는 가장 민주적으로 되었다 췌언(贅言) 하며, 남한의 미 당국자들은 이것을 긍정하지 아니하는 동시에 남한에서는 가장 자유로운 민주선거를 실시할 수 있다고 췌언하지만은 기실 소련 군정의 세력을 등지고 공산당이 비민주적으로 선거를 진행한 것과 같이 남한에서도 미군정하에 모 일개정당(당시 한민당 지칭: 편집자 주) 이 선거를 농단(壟斷) 하리라는 것은 거의 남한의 여론이 되어 있다. 그러므로 우리는 현 정세에 대한 하등의 실질적 개선(인민이 자유롭게 선거할 수 있는 자유로운 환경의 건설 등) 이 없이 구두로나 문자로만 자유로운 선거를 할 수 있다고 성명하고 이 현상 위에서 그대로 형식적으로만 선거를 진행한다면 이것을 반대하지 아니할 수 없다.

三. 북한에서 소련이 입경(入境) 을 거절하였다는 구실로써 UN이 그 임무를 태만(怠慢) 히 아니할 것을 요구한다. 북한에서 소련의 입경 거절로 인하여 완전자주 독립의 통일적 한국정부를 수립할 과업(課業) 을 UN이 포기하거나 혹은 그 과업에 사호(些毫) 라도 위반되는 다른 공작을 전개하려 한다면 반드시 여좌(如左) 한 반향이 발생할 것이다. 1. (파시스트) 일본과 수십 년 동안 혈투를 하였고 그로 인하여 가장 큰 희생을 당한 한국은 일본을 적으로 하는 동맹국(同盟國) 의 승리로 인하여 동맹국 중에서 중요한 지위를 점하는 미・소 양국의 분할점령을 당하고 있으며, 도리어 받는 대우와 처한 환경은 일본보다 악열(惡劣) 한 바 있은 즉, 그로 인하여 파시스트 일본을 고무(鼓舞) 하는 것이 적지 아니할 것이다. 2. 강력 통일정신(統一精神) 을 배양할 것이니 전 세계의 정의와 평화를 애호하는 자의 분노를 야기할 것이다. 3. 약소국가와 민족에게 실망을 줄 것이다. 4. 한국을 분할(分割) 하는 책임을 미・소로부터 UN이 인계하게 될 것이다. 5. UN의 위신이 타락될 것이며, 이로 인하여 세계의 질서는 다시 파괴될 것이다.

四. 현재에 남북한에서 이미 구금되어 있으며 혹은 체포하려는 일절 정치범(政治犯) 을 석방하기를 요구한다(북한에서 연금되어 있는 조만식 선생의 석방도 포함). 우리는 남한에서만이나 북한에서만의 정치범 석방을 요구하는 것이 아니라 양 지역에서 동시에 석방하기를 주장하는 바이다."

## "남북통일 문제 등 한국인이 해결, 미·소 양군 철수" 6개항 제출

"五. 미·소 양군은 한국에서 즉시 철퇴하되 이른바 진공상태로 인한 기간의 치안책임은 UN에서 일시 부담하기를 요구한다. 한국의 독립적 통일정부를 수립하기 위하여 미·소 양군이 즉시 철퇴하여, 한인으로 하여금 자유로운 입장에서 민주적으로 총선거를 실시하여, 통일정부를 수립하게 하자는 소련의 주장은 원칙적으로 정당한 것이다. 그러나 양군철퇴로 인하여 발생할 이른바 진공기간(眞空期間)에 어떠한 혼란이 야기될 것을 예측하고서, 양방 점령군은 한국정부 수립 후에 철퇴하자는 미국의 주장도 무리한 것은 아니다. 그러나 미·소 양국이 피차에 모순되는 주장을 고집함으로써 한국을 이보다 더 희생한다면 이것은 자못 거대한 과오일 것이다. 그러므로 여기에는 일개의 절충안이 없지 못할 것이다. 그 절충안이야말로 미·소 양군을 즉시 철퇴시키되 잠시의 한국 치안책임을 UN이 담당하는 것이다. 한국문제의 해결이 미·소 양국으로부터 UN에 옮긴 이상 UN이 그 책임을 지는 것이 합리할 것이다. 미·소 양군이 철퇴하고 UN이 치안의 임무를 맡는 동시에 남북에 현존한 군대 혹은 반(半) 군사단체의 무장을 전부 해제하여서 일단 평화로운 국면을 조성하면 UN은 감시의 목적을 달할 것이요, 한인도 자유스러운 선거를 할 수 있게 될 것이다. 이와 같은 민주적 방식에 의하여 수립되는 통일정부가 성립되는 대로 즉시 국방군(國防軍)을 조직하게 하고 국방군이 조직되는 대로 UN이 부담하였던 치안책임은 해제함이 합당할 것이다.

六. 남북한인지도자회의의 소집함을 요구함. 한국문제는 결국 한인이 해결할 것이다. 만일 한인 자체가 한국문제 해결에 관하여 공통되는 안을 작성하지 못한다면 UN의 협조도 도로무공(徒勞無功)일

> 것이다. 그러므로 하시(何時)에든지 남북지도자회의가 필요한 것이다. 그러나 현재같이 악열한 환경에서는 도저히 이 목적을 달성할 수 없는 것이다. 그러므로 우리는 미·소 양군이 철퇴하는 대로 즉시 평화로운 국면 위에 남북지도자회의를 소집하여서 조국의 완전독립과 민족의 영원해방의 목적을 관철하기 위하여 공동노력할 수 있는 방안을 작성하자는 것이다."

백범은 이상과 같이 남북통일 문제 등 현안은 한국인이 해결해야 한다며 소련군뿐 아니라 미군도 철수해야 한다고 주장했다. 백범의 주장으로 미국의 영향력에 힘입어 단독정부 수립을 추구하던 우익세력들의 김구에 대한 본격적 공격이 불을 뿜기 시작했다.

# 8. "통일조국 제단에 육신바치겠다"

## 윤이상 칸타타, 〈나의 땅, 나의 민족이여〉 2007년 9월 20일 부산공연

2007년 9월 20일 부산문화회관에서 고 윤이상의 칸타타 〈나의 땅, 나의 민족이여〉가 남한에서 처음 연주됐다. 이 곡은 1987년 10월 5일 평양에서 초연됐다. 윤이상이 평양 윤이상박물관에 다음과 같이 써놓았다. "나는 이 칸타타를 1987년 2월과 3월 2개월 동안에 완성하였다. 언젠가 나는 한번 민족을 위한, 우리 민족의 가슴에 영원히 안겨주는 곡을 쓰고 싶었다. 이 곡은 나의 양심에서 참을 수 없어 터져 나온 곡이다. 〈광주여 영원히!〉와 함께 나는 작곡가로서 우리 민족에게 바치는 나의 절절한 호소와 충정을 표시한 것이다." 윤이상은 생전에 "이 곡의 초연(初演)은 남한에서 하는 게 이상적이었다. 그러나 현재로서는 가능할 리가 없다"고 밝혔는데, 20년 만에 염원이 풀렸다. 이 칸타타는 박두진, 고은, 김남주, 문익환 등 민족시 11편에 곡을 붙인 성악곡으로서 분단 민족의 아픔과 통일의 염원을 4악장에 이르는 독창, 합창으로 만든 작품이다. 역사·현실·미래로 구성된 45분간의 〈나의 땅, 나의 민족이여〉는 이렇듯 윤이상이 혼신(渾身)을 다해 쓴 민족애(民族愛)의 결실이라 할 수 있다. 1987년 윤이상의 전성기에 작곡된 이 칸타타는 큰 스케일의 대작(大作)임에도 불구하고 한반도에 자리한 우리나라의 땅과 민족의 아픈 현실을 노래하는 한국적인 곡이라 서양인들이 제대로 표현하지 못했다.

김구가 1948년 1월 28일 '자주통일정부수립'에 대한 신념을 천명(闡明)한 의견서를 유엔한국임시위원단에게 제출한 것은 윤이상같이 후일 조국을 등질 수밖에 없었던 불행한 인물이 나오지 않게 하기 위해 남북분단을 막고자한 몸부림이었다. 이 무렵 김구는 이승만과 협력을 완전히 단념하고 김규식과 연대해 남북협상과 단정수립 반대에 나섰다.[26] 그러자 한민당이 중심이 되어 결성한 '한국독립정부수립대책협회' 등은 김구를 '소련의 대변자'라며 격렬한 비난성명을 발표했다.

> "그것은(백범의 성명 및 의견서) 소련 대표의 주장과 꼭 일치한 것으로 소련은 조선의 김구 씨에 있어서 그 충실한 대변인을 발견하였다. 김구 씨가 평소에 주장하던 민족주의적 입장과는 판이한 것으로서 결국 조선을 소련의 위성국화하려는 의도를 표현한 것으로밖에 볼 수 없는 것이다. 우리는 금후에는 김구 씨를 조선민족의 지도자로서 보지 못할 것이고, 크렘린궁의 한 신자(信者)라고 규정하지 않을 수 없음을 유감으로 생각한다."

백범은 일제에 협력했던 친일파들까지 나서서 자신을 향해 '크렘린궁의 신자', '소련의 적화노선을 지지하는 자'라는 등의 욕설과 비난을 감수해야 했다. 앞서 백범은 "무엇보다도 슬프고 딱한 것은 이 박사가 다시 나오지 못할 함정으로만 들어가고 있다는 사실이다. 이 박사를 포위하는 세력이 어떤 종류의 사람이며, 그 종국이 어떠한 것이 될 것인가에 대해서는 이 박사를 아끼고 국가의 전정(前程)을 염려하는 사람으로서는 모르는 이가 한 사람도 없을 것"이라며 "나는 하다가 실패하는 한이 있더라도 이 박사를 붙들고 정성을 다하려 한다"고 말했다. 하지만 백범을 비난하는 이승만과 한민당을 중심으로 한 단정세력들의 공세가 한층 심해지자 1월 31일 한독당이 담화를 발표하고 정면대응에 나섰다.

---

26) 도진순, 《한국민족주의와 남북관계》(서울대출판부, 1997년), p. 203.

## 단정세력 "백범, '한국, 소련 위성국화 의도, 소련 대변자' 비난"

"一. 우리는 통일된 자주독립정부만을 요구한다. UN위원단도 우리에게 우리가 요구하는 바 정부를 수립할 사명을 가지고 왔다. 그런데 그들은 소련을 향해 자기들이 북한을 예빙(禮聘)하겠다고 간청한 이때에 한인으로서 소련이 북한에 입경(入境)을 거부하니 남한의 단독정부를 조직해달라고 먼저 주장하는 것은 결국 한민당의 평소의 주장을 한 번 더 중복하는 것이다. 이것은 본래부터 한민당이 통일정부를 희망한다는 것이 진심(眞心)에서 나온 것이 아니었다는 것을 대중 앞에 고백하는 것밖에 아무것도 아니다.

二. 금일에 미·소 양군 철퇴를 반대하는 그 사람들은 일찍이 '미·소 양군을 즉속(卽速)히 철퇴함으로써 38선을 철폐하라'고 열렬히 주장하였던 이들이다. 그러므로 오늘 그들의 언동은 그들의 전일의 주장이 거짓말이었다는 것을 사실로 증명하고 있다.

三. 김구 주석의 주장은 미·소 양군 철퇴를 무조건으로 하라는 것이 아니오, UN이 치안책임을 진 뒤에 철퇴하라는 것이다. 물론 이 책임은 그 철퇴가 종료되는 때에 해제될 것이다. 이 주장은 지난 10월 5일 서울운동장에서 열린 마샬안 지지국민대회석상에서 소련보다 앞서서 김 주석이 발표한 것이다. 미·소 양군이 우리의 통일된 독립정부 수립시까지 계속 주둔할지라도, 그 군대(軍隊)들은 UN군대로서 UN의 절제를 받는 군대가 되어야 하겠다.

四. 남북정치범 동시석방을 요구하는 것을 비방하는 자가 있는 듯하나, 이것도 애국자의 태도라고는 볼 수 없다. 정치관계로 죄명을 쓰고 있는 이들은 정치범이라고 해석할 수 있는 것이다. 우리 입장에서 북에 있는 정치범 석방에 더 큰 관심을 가지는 만큼 통일을 꾀하는 이때 남북정치범을 동시에 석방하는 것이 애국영수의 정당한 주장이 아니고 무엇이랴!

五. 남북요인회담을 주장한 것은 본 당으로서는 지난 10월 15일 중집회의(中執會議)에서 의결한 것이다. 이때 만일 성공했더라면 UN

위원단을 맞을 때에 얼마나 큰 효과가 있었겠느냐. 그러면 미·소 양군이 철퇴하고 자유로운 환경이 될 때에 이것을 다시 한번 소집하는 것이 당연하지 아니하랴. 북쪽에는 김일성·김두봉 씨만이라고 생각하지 말고 조만식·김병조·김진수 등 제씨가 있는 것도 생각하라. 외국사람인 UN위원단이 남북지도자를 한자리에 붙여놓을 때를 기다릴 것 없이, 우리로서 성의껏 우리의 통일을 먼저 도모하기 위해 남북요인회담을 주장하는 것이 과연 애국영수의 피 끓는 절규라는 것을 이해할 수 있지 아니하랴!

六. 한민당은 자기네가 정권을 장악하기 위하여 종종의 모략을 감위(敢爲)하고 있다. 미·소공위 때에는 협의대상 문제로 이 박사·김 주석을 배반하였다. 그리고 김규식 박사를 공산당으로 악선전하였다. 조소앙·엄항섭 양 선생을 음해하려 하더니 이제는 김 주석께 향하여 민족진영을 이탈하고 '모스크바'로 향한다고 갖은 모욕을 감위(敢爲)하고 있다. 상술한 한국 영수들이 민족진영(民族陣營)을 영도하고 계심으로 민족진영이 건전히 발전하는 것이다. 민족진영의 건전한 발전을 위해 한민당의 모략을 분쇄해야 한다.

七. 김 주석은 일생을 건국운동에 바친 까닭에 왜적 및 그들 주구배(走狗輩)에게 박해·후욕을 당한 것이다. 그러므로 지금 김 주석은 애국운동을 적극 전개함으로 인해 모욕을 당하는 것은 조금도 개의하지 아니하고 애국동포들의 성의가 있는 것만 기쁘게 생각하는 것이다."

## 메논 의장 등 유엔한국위원단 5개국, 김구 통일노선 '관심표명'

특히 유엔한국임시위원단 단장인 인도 대표 메논(K. P. S. Menon)을 비롯해 프랑스, 캐나다, 시리아 등 5개국 대표는 김구의 통일노선에 관심을 보였다. 이에 당황한 이승만 등 단정세력들은 모윤숙을 내세워 밤늦게 찾아가는 등 단둘이 접촉하며 설득했다. 송남헌의 《해방 3년사 Ⅱ》와 김삼웅의 《한국현대사 뒷얘기》에서 "훗날 인도 국방장관이 된 메논은 '이것은 나의 업무수행에서 감정이 이성을 지배한 유일한 경우였다'고 1965년 회고록에서 고백했다"고 적었다.[27] 정경모는 《찢겨진 산하》에서 메논의 변심을 "우리 민족에 대한 비열한 배신행위"라고 비판하면서 "한국의 진짜 건국의 아버지는 인도의 메논"이라고 냉소적으로 꼬집었다.[28]

백범은 2월 9일 유엔위원단 메논 의장에게 서한을 보내 남북요인회담 개최에 적극 협조해 줄 것을 요청했다.

그리고 김구는 2월 10일 통일조국의 실현에 자신의 모든 것을 바치겠다는 굳은 신념과 비장한 각오를 천명한 '삼천만동포에 읍고(泣告) 함'이라는 제목의 논설을 발표했다.

> "친애하는 삼천만 자매형제여! 우리를 싸고 움직이는 국내외 정세는 위기에 임하였다. 제 2차 세계대전에서 동맹국은 민주와 자유와 평화를 위하여 천만의 생령(生靈)을 희생하여서 최후의 승리를 전취(戰取)하였다. 그러나 그 전쟁이 끝나자마자 이 세계는 다시 두 개로 갈리어졌다. 이로 인하여 제 3차 전쟁은 온양되고 있다. 인류양심을 가진 자라면 누가 이 지긋지긋한 전쟁을 바랄 것이랴! 과거에 전쟁을 애호한 자는 '파시스트' 강도군(强盜群) 밖에 없었다. 지금도 전쟁이 폭발되기만 기다리는 자는 '파시스트' 강도 일본뿐일 것이다. 그것은 그놈들이 전쟁만 나면 다시 살아날 수 있다고 믿는 까닭이다.
>
> 현재 우리나라에서도 남북에서 외력(外力)에 아부하는 자만은 혹왈남정(或曰南征) 혹왈북벌(或曰北伐) 하면서 막연하게 전쟁을 희망하고 있지마는 실지에서는 아직 그 현실성도 없을 뿐만 아니라 전쟁이 폭발된다 하여도 그 결과는 세계의 평화를 파괴하는 동시에, 동족

---

27) 송남헌, 《해방 3년사II》(까치, 1985년), p. 540; 김삼웅, 《한국현대사 뒷애기》(가람기획, 1995), p. 120.

28) 정경모, 《찢겨진 산하: 김구, 여운형, 장준하가 말하는 한국현대사》(한겨레신문사, 2002년), pp. 108, 121.

의 피를 흘려서 왜적을 살릴 것밖에 아무것도 아니 될 것이다."

## "통일하면 살고 분열하면 죽는 것 고금철칙, 단정은 분열연장"

"일본과 전쟁하는 동맹국이 승리할 때 우리도 자유롭고 행복스럽게 날을 보낼 줄 알았으나 왜인은 도리어 환소중에 유쾌히 날을 보내고 있되 우리 한인은 공포중에서 죄인과 같이 날을 보내고 있다. 우리가 기다리던 해방은 우리 국토를 양분하였으며 앞으로 그것을 영원히 양국 영토로 만들 위험성을 내포하고 있다. UN은 이러한 불합리한 것을 시정해 인류의 행복을 증진하며 전쟁의 위기를 방지하여 세계평화를 건설하기 위하여 조직된 것이다. UN은 한국에 대하여도 그 사명을 수행하기 위하여 임시위원단을 파견하였다. 그 위원단은 신탁 없는, 내정간섭 없는 조건하에 그들의 공평한 감시로써 자유로운 선거에 의하여 우리에게 남북통일의 완전자주독립을 줄 것과 미·소 양군을 철퇴시킬 것을 약속하였다.

미군주둔 연장을 자기네의 생명연장으로 인식하는 무지몰각한 도배(徒輩) 들은 국가민족의 이익을 염두에 두지도 아니하고 '박테리아'가 태양을 싫어함이나 다름없이 통일정부 수립을 두려워한다. 그리하여 그들은 음으로 양으로 유언비어(流言蜚語) 를 조출(造出) 하여서 단선단정의 노선으로 민중(民衆) 을 선동하여 UN위원단을 미혹(迷惑) 하게 하기에 전심력을 경주하고 있다. 미군정의 난익하에서 육성된 그들은 경찰을 종용하여서 선거를 독점하도록 배치하고 인민의 자유를 유린하고 있다. 그래도 그들은 태연스럽게도 현실을 투철히 인식하고 장래를 명찰(明察) 하는 선각자(先覺者) 로서 자임하고 있다. 그러나 이러한 선각자는 매국매족(賣國賣族) 의 일진회식 선각자일 것이다. 왜적이 한국을 합병하던 당시 일진회는 도쿄까지 가서 합병을 청원했다. 이 자들은 영원히 매국적이 되고 선각자가 되지 못한 것이다.

통일(統一) 하면 살고 분열(分裂) 하면 죽는 것은 고금(古今) 의 철칙(鐵則)이니 자기의 생명을 연장하기 위해 조국의 분열을 연장시키는 것은 전 민족을 사갱(死坑)에 넣는 극악극흉의 위험한 일이다. 우리는 첫째로, 자주독립의 통일정부를 수립할 것이며 이것을 완성하기 위해 먼저 남북정치범을 동시 석방하며, 미·소 양군을 철퇴시키고, 남북지도자회의를 소집할 것이니, 이 철과 같은 원칙은 우리의 목적을 관철할 때까지 변하지 못할 것이다. 우리는 이 불변의 원칙으로써 순식만변(瞬息萬變)하는 국내외 정세를 순응 극복하여야 할 것이다. 독립이 원칙인 이상 독립이 희망 없다고 자치를 주장할 수 없는 것을 왜정하에서 충분히 인식한 것과 같이 우리는 통일정부가 가망 없다고 단독정부를 주장할 수는 없다. 단독정부를 중앙정부라고 명명하여 위안을 받으려는 것은 군정청을 남조선 과도정부라고 하는 것과 다름없다.

삼천만 자매형제여! 우리가 자주독립의 통일정부를 수립하려면 먼저 국제의 동정을 쟁취하여야 할 것이요. 이것을 쟁취하려면 전 민족의 견고한 단결로써 그들에게 정당한 인식을 주어야 할 것이다. 그런데 불행히도 '한협'(韓協)은 나의 의견에 대해 대경소괴(大驚小怪)한 듯이 비애국적 비신사적 태도로써 모욕만 가하였다. 이와 같은 비열한 행위는 애국동포들의 분노를 야기하여 각 방면에서 토죄(討罪)의 격랑이 높았다. 이리하여 내가 바라던 단결은 실현도 되기 전에 혼란만 더 커졌을 뿐이다. 시비가 없는 사회에는 개량이 없고 진보가 없는 법이니 여론이 환기됨을 방지할 바 아니나, 천재일우의 호기를 만나 원방(遠方)에서 내임한 귀빈을 맞아 우리 국가민족의 운명을 결정하려는 이 순간에서 이것이 우리의 취할 바 행동은 아니다. 일절 내부투쟁은 정지하자!"

## 김구, "통일조국건설 38선 베고 쓰러질지언정 단정수립 협력 안 해"

"삼천만 자매형제여! 한국이 있고야 한국사람이 있고, 한국사람이 있고야 민주주의도 공산주의도 또 무슨 단체도 있을 수 있다. 그러면 우리의 자주·독립적 통일정부를 수립하려는 이때에 어찌 개인이나 자기 집단의 사리사욕을 탐하여 국가민족의 백년대계를 그르칠 자가 있으랴. 우리는 과거를 한번 잊어버려 보자. 악착한 투쟁을 중지하고 관대한 온정으로 임해보자! 마음속에 삼팔선이 무너지고야 땅 위에 삼팔선도 철폐될 수 있다.

내가 불초하나 일생을 독립운동에 희생하였다. 나의 연령이 이제 칠십유삼인 바 이제 새삼스럽게 재화를 탐내며 명예를 탐낼 것이랴! 더구나 외국군정하에 있는 정권을 탐낼 것이랴! 나는 이번에 '마하트마 간디'에게서도 배운 바가 있다. 그는 자기를 저격한 흉한을 용서할 것을 운명하는 그 순간에서도 잊지 아니하고 손을 자기 이마에 대었다. 내가 사형언도를 당해 본 일도 있고 저격을 당해 본 일도 있었지만 그 당시에는 나의 원수를 용서할 용기가 없었던 것을 부끄러워한다. 현시에서 나의 유일한 염원은 삼천만 동포와 손잡고 통일된 조국, 독립된 조국의 건설을 위해 공동분투하는 것뿐이다. 이 육신을 조국이 수요한다면 당장에라도 제단에 바치겠다. 나는 통일된 조국을 건설하려다가 38선을 베고 쓰러질지언정 일신에 구차한 안일을 취하여 단독정부를 세우는 데는 협력하지 않겠다."

# 9. "가야만 해. 38선 베고 죽을망정 가야 돼"

## 김구·김규식, 김일성·김두봉에 남북 4인 요인회담 제의

노무현 대통령이 2007년 10월 2일 휴전선을 걸어 넘어가 김정일 국방위원장과 평양에서 남북정상회담을 갖고 10·4공동선언을 발표했다. 김구는 59년 전인 1948년 4월 19일 걸어서 38선을 넘어 평양에서 김일성과 4자회담을 가졌다. 백범은 이승만의 단독정부 수립을 저지하기 위한 마지막 수단으로 남북지도자회담 개최를 구체화시켰다. 김규식이 이끌던 중도파 정치세력 모임인 민족자주연맹(민연)에서는 2월 4일 남의 김구·김규식과 북의 김일성·김두봉 사이의 4김 요인회담을 개최하자는 서한을 김일성과 김두봉에게 보내기로 결의했다. 이 무렵 유엔한국임시위원단인 중국은 유어만 공사를 통해 이승만, 김구, 김규식 등 3자 회합을 갖고 선거를 위해 단결된 모습을 보여 달라고 요청하는 등 남북 총선문제를 협의했지만 메논 등 대세는 남한 단독정부수립 쪽으로 기울어지고 있었다. 김구는 2월 12일 "원래 우리 3인간에 우리 조국 완전독립을 달성하려는 것은 차이가 없는 것인데 항간에서 잡음이 많아서 외인에게까지 의혹을 주게 되었던 것"이라며 "작금 우리 회합은 이 의혹을 풀기 위한 것인데 그 결과는 극히 원만했다"고 밝혔다. 그리고 13일 백범은 "완전한 조국 자주독립을 달성하기에 노력하자는 것에만 합의되었다"며 회담실패를 인정했다. 그는 세 사람간의 정치적 행동통일 추진과 관련 "이에 대해서는 나의 성의와 최선을 다하려 한다"고만 언급했다.

유엔한국임시위원단은 단독선거를 반대하는 강력한 집단이 존재하고 좌파인사들과는 접촉이 불가능한 상황에서 중국, 필리핀, 엘살바도르, 프랑스는 단독선거라도 실시할 것을 주장한 반면 호주, 캐나다, 인도, 시리아 대표는 단독선거는 영구분단을 초래할 것이라고 반대해 결론을 내지 못한 채 2월 16일 유엔총회에 자문을 구하는 보고서를 제출했다. 같은 날 김구·김규식은 남북지도자회담을 통해 남북통일정부 수립문제를 논의하자며 김일성·김두봉에게 서한을 보냈다. 서한은 서울 주재 소련군 대표부와 유엔한국임시위원단을 통해 전달되었다.

> "인형(仁兄: 김두봉 지칭)이여, 지금 이곳에는 38선 이남 이북을 별개 국으로 생각하는 사람이 많습니다. 그쪽에도 그러한 사람이 없지 아니할 것입니다. 그 사람들은 남북지도자들이 합석하는 것을 희망하지도 않고 기실은 절망하고 이것을 선전하는 사람도 많이 있습니다. 남이 일시적으로 분할해 놓은 조국을 우리의 관념이나 행동으로 영원히 분할해 놓을 필요야 있겠습니까. 우리가 우리 몸을 반쪽 낼지언정 허리가 끊어진 조국이야 어찌 차마 더 보겠나이까. 가련한 동포들의 유리개걸(遊離丐乞)하는 꼴이야 어찌 차마 더 보겠나이까. 동포의 사활과 조국의 위기와 세계안위가 이 순간에 달렸거늘 우리의 양심과 책임으로 편안히 앉아서 희망 없는 외력에 의한 해결만 꿈꾸고 있겠습니까. 우사(尤史: 김규식의 아호), 인형과 제는 우리 문제는 우리 자신만이 해결할 수 있다는 것을 확신하고 남북지도자회담을 실천하기로 결심했습니다. 북쪽에서 인형과 김일성 장군이 선두에 서고 남쪽에서 우리 양인이 선두에 서서 이것을 주장하면 절대다수 민중이 이것을 옹호할 것입니다.
>
> 인형이여, 김일성 장군께는 별개로 서신을 보내거니와 인형께서 남북지도자 회담을 최속한 기간 내에 성취시키기를 간청합니다. 지단어장(紙短語長)하여 미진소회(未盡所懷)하니 하루라도 일찍 회음(回音)을 주사이다. 조국의 완전 독립과 동포의 자유 행복을 위하여 인형

께서 노력 자애하시기를 축도하면서 불원한 장래에 면서(面敍) 할 기회가 있기만 갈망합니다."

유엔 소총회는 격론 끝에 2월 26일 한국임시위원단이 활동을 계속할 것과 임무를 수행할 수 있는 지역에서만 유엔 감시 아래 총선거를 실시하자는 미국 안에 대해 소련을 비롯한 공산진영 등 11개국이 불참하고 11개국이 기권했으며, 미국의 우방인 캐나다와 호주 두 나라가 반대하고, 31개국이 찬성하여 통과되었다. 그러자 김구는 "UN에서 한국문제에 대한 소련 태도는 민주주의를 무시한 것이고, UN 소총회가 일개 소련 태도도 시정하지 못하고서 한국문제에 대한 UN의 결정에 위반되는, 남한만의 단독선거를 실시한다는 것은 민주주의의 파산을 세계적으로 선고함이나 다름이 없다"며 반대했다. 백범은 "나는 이로부터 세계가 다시 혼란으로 들어갈 것을 우려한다. 역사의 바퀴는 앞으로 구르고 인류는 진보하는 것으로서 최후 승리는 오직 정의에만 있다. 나는 조국을 분할하는 남한 단선도, 북한 인민공화국도 반대한다"며 "오직 정의의 깃발을 잡고 절대다수 애국동포들과 함께 조국통일과 완전자주독립을 실현하기 위하여만 계속 분투하겠다"고 다짐했다.

## 유엔 2월 26일 남한만 총선결의, 김구 등 7명 단선 불참선언

3월 1일 하지는 5월 9일(실제는 10일) 남한만의 총선거를 실시하겠다고 발표했다. 유엔한국임시위원단은 논란 끝에 미군정이 제시한 5월 선거안을 찬성 4, 반대 2(호주, 캐나다), 기권 2(인도, 프랑스)로 가결했다. 캐나다와 호주 대표는 극우단체를 제외한 한국 내의 모든 정당이 선거를 거부하는 중대한 사태가 발생했다며 반대했다. 주위에서는 이승만과 한민당에 의해 정권이 장악될 우려가 있다며 총선거 참여를 권유하기도 했다. 그러자 김구는 3월 1일 '이 박사와 행동을 같이할 수 없다' 며 성명을 발표했다. "나는 귀국 후 지방순시 때 지방 민중에게 말하기를 정권이나 지위에 대한 욕망을 가지지 않았으며 만약 조선이 독립된다면 농촌에 들어가 농군이 되기를 원하며 초대 대통령은 나의 선배인 이승만 박사를 추대할 것을 주장하였으며 민족통일 노선으로 매진하여 온 것이다. 내 생각으로는 38선을 그대로 두고는 우리 민족과 국토 통일을 할 수 없을 뿐 아니라 민생문제를 도저히 해결할 수 없으므로 행동을 같이할 수 없는 것이며 남조선 선거에 응할 수 없는 것이다."

3월 12일 김구, 김규식, 조소앙, 김창숙, 조완구, 조성환, 홍명희 등은 '통일 독립 달성을 위한 7거두 성명'을 발표했다. 이들은 남한만의 단독선거에 불참하겠다고 선언했다.

> "통일과 독립은 우리 전 민족의 갈망하는 바다. 그러므로 우리 문제를 우리 민족에게 자결하라 하면 통일 독립 이외의 다른 말을 감히 입 밖에 낼 수가 없으련만 현 세계의 양대 세력인 미·소 양국의 분할점령한 바가 되었고, 남에서는 가능한 지역의 총선거로 중앙정부를 수립하려 하고, 북에서는 인민공화국 헌법을 제정 발포한다 하여 남북이 분열 각립(各立)할 계획을 공공연하게 떠들게 되고, 실현 일보 전에까지 이르게 되었다. 미·소 양국이 군사상 필요로 일시 설정한 이른바 38선을 국경선으로 고정시키고 양 정부 또는 양 국가를 형성하게 되면 남북의 우리 형제자매가 미·소 전쟁의 전초전을 개시하여 총검으로 서로 대하게 될 것이 명약관화한 일이니 우리 민족참화가 이에서 더할 것이 없다. 우리는 현 세계 가장 심각한 고통을 받는 불행한 민족이다. 미·소 양국이 우리 민족과 강토를 분할한 채 남북 양 정부를 수립하는 날에는 세력대항으로든지 치안유지로든지 양국군대가 장기주둔하게 될지 모르고, 민생문제로 말할지라도 인민의 수입은 증가되지 못하고, 부담은 대량으로 증가될 것이니 문제해결은 고사하고 다소 완화할 방도도 찾기 어려울 것이다. 우리의 보는 바로는 남북의 분열 각립할

계획이 우리 민족에 백해(百害) 있고 일리(一利) 없다고 단정하지 않을 수 없다.

반쪽이나마 먼저 독립하고 그 다음에 반쪽마저 통일한다는 말은 일리가 있는 듯하되, 실상은 반쪽 독립과 나머지 반쪽 통일이 다 가능성이 없고 오직 동족상잔(同族相殘)의 참화를 격성(激成)할 뿐일 것이다. 우리 문제가 우리 민족적 견지(堅持)는 불고(不顧)하고 미·소의 견지를 추수(追隨)하여 해결하려는 것은 본말(本末)과 주객(主客)이 전도(顚倒)된 부정당하고 부자연한 일이니 영구 계속하는 법이 없다. 우리 문제를 우리 민족으로 자결하게 하는 길밖에 없다. 이것이 곧 원원본본(元元本本)한 길이다. 미·소 양국은 우리에게 민족자결(民族自決)할 기회를 주는 데 문제해결의 일치점을 구하고, 국제연합은 이 기회를 촉진하는 데 일비(一臂)의 역을 더해 주기를 바란다. 우리는 민족의 참화를 촉진하는 것은 민족적 양심이 허락지 아니하며, 반쪽 강토에 중앙정부를 수립하려는 가능한 지역선거에는 참가하지 아니한다. 그리고 통일독립을 달성하기 위하여 여생을 바칠 것을 동포 앞에 굳게 맹서(盟誓)한다."

## "반쪽 먼저 독립 후 반쪽 통일가능성 없고 동족상잔 참화 격성"

평양방송은 3월 25일 북조선노동당 등 6개 단체 공동명의로 '남조선 단독정부수립 반대하는 남조선 정당 사회단체에 고함'이라는 초청장을 한독당과 남로당 등 17개 단체에 보냈다고 방송했다. 그들은 4월 14일 평양에서 '전 조선 정당 사회단체 대표자 연석회의'를 갖자고 제안했다. 이틀 후 김일성과 김두봉 명의로 김구와 김규식에게 격식과 예의를 갖춘 서한을 발송, 4월 초 평양에서 '남북지도자 연석회의'를 갖자고 제안했다. 윤무한은 "북이 남한 단독선거 일정이 이미 결정된 뒤 남북지도자 회의를 제의한 데는 남한의 단독선거를 반대하고 북한정권 수립에 정통성을 부여하려는 의도가 깔려 있었다"고 분석했다.[29] 김구는 북의 이러한 의도를 꿰뚫어보면서도 우선 만나는 것이 중요하다고 판단하여 북행(北行)을 결심했다. 백범은 3월 30일 회담전망에 대해 "물론 성공되리라고 믿는다. 만일 성공 안 된다면 국제적 영향으로 인하여 안될 것"이라며 "그 반면에 우리 민족은 더욱 단결될 것이며 실패한다 하더라도 나는 끝까지 남북통일을 위하여 분투할 것"이라고 결연한 의지를 밝혔다. 백범은 31일 "미군 당국과 교섭할 의사도 있고 또 그들과 원만한 타협이 있어야 할 것"이라며 "남쪽의 미국도, 북쪽의 소련도 다 조선독립을 위한다니 그런 국제적 분위기가 있다면 이번 남북협상은 성공하리라고 믿는다"고 거듭 확신했다. 그는 "평양에 갈 의사가 있다"고 밝히고 "남북정치요인이 한 번 만나 보아야 하겠다는 것뿐이지 무엇무엇을 하겠다는 것은 없다"고 신중했다. 그리고 김구와 김규식은 4월 1일 평양회담 참가성명을 다음과 같이 발표했다.

> "一. 제 1차 회합을 평양으로 하자는 것이나, 라디오 방송에 남한에서 여하한 제의가 있었다 하는 것을 아니한 것을 보면 제 1차 회담이 미리 다 준비한 잔치에 참례만 하라는 것이 아닌가 의소(疑訴)가 없지 않다. 그러나 우리 두 사람은 남북회담 요구를 한 이상 좌우간 가는 것이 옳다.
> 二. 내왕수속 절차와 대표의 신변보호 및 일차 회합에 성공치 못한다면 이차 삼차 내지 십여 차까지라도 기어이 남북통일을 쟁취할 의사유무도 알아야 할 것이다."

김구는 4월 2일 "나는 딘 군정장관이 우리가 기도하는 남북회담을 방해하지 아니하겠다고 언명한 것을 감사한다"며 "현재 우리 조국이 미·소 양국 군사점령하에 있는 만큼 우리가 양군 사령부 양해 없이 내왕하는 것은 비법적이며 비우호적인 까닭에 우리는 이에 대한 협조를 구하

---

29) 윤무한, 앞의 책, p. 197.

려는 데 목적이 있었던 것"이라고 밝혔다. 김구의 북행이 결정되자 하지는 "남북협상이란 것은 조선의 총선거를 방해하려는 공산계의 간계이니 조선 국민은 이에 속지 말고 5월 10일의 역사적 총선거에 총 참가하여 중앙정부 수립을 게을리 하지 말라"고 발표했다. 이승만도 이에 동조하면서 백범의 북행계획이 '무모함'을 힐난했다. 그는 1일 남북협상을 주장하는 김구와 김규식에 대해 "대세에 애매하다는 조소를 면키 어려울 것이다"고 비판했다.

## 하지 "남북협상은 남한 총선거 방해", 이승만 "대세 애매 조소" 비판

하지만 서재필은 4월 10일 김구와 김규식이 방북과 관련된 기자들의 질문을 받고 "그 정신은 극히 좋다. 남북협상이 잘되어 통일되기를 바란다. 통일만 된다면 나도 따라 가겠다. 이에 대한 사전기우는 불가하다"고 남북협상을 적극 찬성했다고 서중석은 《우사 김규식 생애와 사상 2: 남북협상 — 김규식의 길, 김구의 길》에서 밝혔다. 이에 중도노선의 민주독립당과 사회단체 인사 1,929명이 서명, 서재필에게 "초대 대통령에 추대할 테니 승낙해 달라"고 요청했다. 여기에는 훗날 대통령이 된 김대중도 포함돼 있었다고 강준만은 전했다.[30] 김삼웅은 《백범 김구 평전》에서 경교장에는 연일 북행을 저지하려는 청년, 시민단체와 학생들의 시위대가 몰려들었다며 이들 중에는 진정으로 백범을 아껴 자칫 김일성에게 이용만 당하지 않을까 우려에서 만류하러 온 사람들도 있었지만 서북청년단 등 정치적 목적으로 몰려온 세력도 적지 않았다고 지적했다. 백범은 이들에게 "평양에 가지 않아도 좋을 만한 현책(賢策)이 있으면 말해보라"고 설득했지만 막무가내였다.[31] 국내에서는 제주도

---

30) 강준만, 앞의 책, p. 153.
31) 김삼웅, 앞의 책, p. 528.

4·3사건이 발생, 양민·경찰 등 2만 5천 명이 희생됐다. 서북청년단에 의한 무고한 양민 대량학살은 잘 알려져 있다. 13일 경교장회의에서 김규식이 북행을 보류하고 추후 떠나겠다고 밝힌 반면 김구는 북행을 천명했다. 그는 15일 기자회견을 갖고 "얼마 남지 않은 생을 깨끗이 조국통일독립에 바치려는 것일 뿐"이라고 비장한 결의를 밝혔다. 4월 17일에는 '동족끼리 만나 조국 운명 결정'이라는 성명을 발표했다.

> "우리의 건국사업은 최대한 난관에 봉착, 지금에 와서는 죽거나 살거나 우리 민족의 자력으로 우리의 문제를 해결할 수밖에 없다. 총선거나 헌법제정으로써 조국을 통일한다고 하나 이것은 민족을 분열하는 것이니 불가하다. 공산주의자도 조선민족이므로 이러한 누란(累卵)의 위기에 처해 동족과 친히 좌석을 같이 하여 우리 활로를 찾지 않으면 안 된다. 나는 공수래공수거(空手來空手去)라 할까 기우하는 이도 있으나 흔연 남북회담에 참가키로 결정했다.
>
> 70평생 동족을 사랑하고 국가를 사랑하며 독립을 위해 산 나로서 일신의 안일을 위해 우리 삼천만 형제가 한없는 지옥 구렁으로 떨어지려는 것을 보고만 있을 수 있겠는가. 나는 여하한 모욕과 모략을 무릅쓰고 오직 우리 통일과 독립과 활로를 찾기 위해 피와 피를 같이 한 동족끼리 마주 앉아 최후결정을 보려고 결연 가련다. 민족정기와 단결을 위해 성패를 불문하고 피와 피를 같이한 곳으로 독립과 활로를 찾으려 나는 결연 떠나려 한다."

## "민족정기 단결 위해 성패불문, 독립활로 찾으려 결연 떠나겠다"

김구는 1948년 4월 19일 경교장에 몰려온 북행(北行) 반대 학생들에게 다음과 같이 연설했다. "학생들은 미래의 주인공이다. 그런 까닭에 정의를 위하여 싸움하는 용사가 되어야 한다. 단독정부가 수립되어 너희들이 그 정부의 일꾼이 되면 나 김구를 죄인같이 잡아다가 두들겨 죽일 것이다. 나 김구 일개인의 감정을 말하는 것은 아니다. 정말로 민족을 사랑하기 때문이다. 오늘도 내가 이 땅의 민족을 위해 옳은 일을 하려 북행하려는데 너희들이 이렇게 방해를 놓고 있으니 한심하다. 한 번 간다고 했으면 누가 말려도 쓸데없어! 백 마리 소를 모아서 나 김구를 끌려 해도 내 마음은 꼼짝하지 않아! 누가 뭐라고 해도 좋다. 북한 공산당이 나를 미워하고 스탈린 대변자들이 나를 시베리아로 끌고 가도 좋다. 북한 빨갱이도 김일성도 다 우리들과 같은 조상의 피와 뼈를 가졌다. 그러니까 나는 이 길이 마지막이 될지 어떻게 될지 몰라도 나는 이 북의 동포들을 뜨겁게 만나보아야겠다."

김구는 이날 오후 경교장 뒷문을 통해 선우진 비서와 아들 신을 대동하고 북행길에 올랐다. 김구는 "가야만 해. 38선을 베고 죽을망정 가야 돼!"라고 외치며 북행을 감행했다.

# 10. 김구, '한반도 냉전분단 저지, 온몸 안간힘'

## "백범 방북은 민주 · 통일 · 자주독립 조국건설 방책마련"

김구의 북행 결행은 한반도 냉전체제를 온몸으로 허물기 위한 안간힘이었다. 그는 1948년 4월 19일 날이 어둑해질 무렵 걸어서 38선에 도착해 통한의 38선 경계 푯말 앞에서 기념사진을 찍고 곧바로 소련군 초소를 거쳐 김일성이 보냈다는 승용차에 몸을 싣고 북으로 향해 달려 황해도 남천에서 하룻밤을 묵었다. 그리고 20일 평양행 출발에 앞서 '원칙노선은 명백하다'는 제목으로 남긴 담화를 김구 주석 이름으로 경교장에서 발표했다.

> "내가 30년 동안 조국을 그리다가 겨우 이 반쪽에 들어온 지도 벌써 만 2개년 반에 가까왔다. 그동안에 또 다시 안타깝게 그리던 조국의 저 반쪽을 찾아서 이제 38선을 넘게 되었다. 이번 길에 실패가 있다면 그것은 전 민족의 실패일 것이요, 성공이 있다 해도 그것은 전 민족의 성공일 것이다. 따라서 개인은 문제가 되지 아니한다. 금차 회담에 우리는 미리부터 특별한 방안을 작성하지 아니하고 피차에 백지로 임하기로 약속했다. 민주 · 통일 · 자주의 독립된 조국을 건설하려는, 환언하면 조국을 위해 민주 · 자주통일 · 독립을 전취하는 현 단계에 처한 우리에게는 벌써 우리 원칙과 노선이 명백히 규정되어 있는 까닭이다.
>
> 그러므로 모든 방안의 작성과 해결은 이 원칙과 노선에 부합됨을 전제조건으로 할 것뿐이다. 남쪽에서 단선단정을 서사반대(誓死反對)

하던 우리가 그곳에 도착한 후, 그와 유사(類似) 한 어떤 형태를 표현시키지나 아니할까 하고 걱정하는 것은 우리 생명이 있는 한 완전한 기우가 되리라 단언한다. 우리가 소련의 위성국가를 만들러 가느니, 혹은 친소반미의 정책을 정하러 가느니 하는 유언은 일종의 억측 아니면 모략선전밖에 아무것도 아니다. 우리의 국제정책은 평등호조 입장에서 민주 · 자주의 통일 · 독립을 호의로써 협조하는 우방과는 일절 친선을 도모함에 있다. 친애하는 동지동포여! 조국독립을 전취하기 위해 내내 건강하소서."

김구는 이날 사리원에서 점심을 먹고 저녁 무렵 평양에 도착했다. 숙소인 상수리 특별호텔에서 저녁식사가 끝나고 있을 때 김두봉이 찾아왔다. 북조선노동당위원장인 김두봉과는 윤봉길 의사 의거로 1932년 상해 임정에서 철수할 때 헤어진 지 16년 만의 해후였다. 김구는 진강으로, 김두봉은 중국공산당이 있는 연안으로 갔다. 김두봉은 김구를 김일성 관저로 안내했고, 김일성은 정중하게 민족지도자인 김구를 맞았다. 김구는 충칭망명정부 시절부터 김일성의 존재를 알고 있었다. 백범일지 원본에는 다음과 같은 구절이 있다.

"정세로 말하면 동삼성(東三省: 만주) 방면에 우리 독립군은 벌써 자취를 감춘 터이나 30여 년 된 오늘날까지 김일성(金一聲: 金日成으로 추정됨) 등 무장부대가 의연히 산악지대에 엄존해 있다. 이들은 압록강, 두만강을 넘어 왜병과 전쟁할 수 있었던 것은 중국의 의용군과도 연합작전을 하며 아국(俄國: 당시 소련)의 후원도 받아서 현상을 유지하는 정세이고, 관내 임시정부 방면과의 연락은 극히 곤란하게 되었다. 태평양전쟁이 발발하자 백범은 임시정부와 모든 항일단체의 통합을 추진하는 과정에서 만주지역에서 항일투쟁을 전개하던 김일성 부대와도 합작을 시도하였으나 종전으로 성사되지 않았다."[32]

---

32) 김삼웅, 앞의 책, pp. 530~531.

또 다른 사연은 김일성 폭탄테러 미수사건이다. 신익희는 임정요인들의 후원을 받아 1945년 12월 초 '백의결사대'(白衣決死隊)를 결성해 염응택(廉應澤: 염동진) 지휘 아래 1946년 3월 1일 평양역 광장에서 열린 3·1절 기념식장에서 김일성을 암살하기 위해 수류탄을 투척했으나 소련군 노비첸코 소위의 방어로 실패했다. 이날 기념식장에 폭탄을 던진 사람은 백의결사대 행동대원 김형집(金亨集)이라는 18살 소년이었다. 결사대원은 김일성 외가 친척인 강양욱 목사의 집에서 그의 아들과 딸을 죽이는 데 성공했다.[33] 백범은 21일 김구 주석 이름으로 평양에서 '단결로 독립 완수 — 남북 동포에 격(檄)'이라는 성명서를 발표했다.

## 김구, "김일성과 '민주 자주통일 독립' 실현 위한 남북협상 총력"

> "위도로서의 38선은 영원히 존재할 것이지만, 조국을 양단하는 외국 군대들의 경계선으로서 38선은 일각이라도 존속시킬 수 없다. 38선 때문에 우리에게는 통일과 독립이 없고 자주와 민주도 없다. 대중의 기아가 있고, 가정의 이산이 있고, 동족상잔까지 있게 되는 것이다. 우리의 통일·독립이 없이는 세계평화도 없을 것이다. 우리 갈 길은 민족자결정신에 의하여 우리끼리 단결해 우리의 정성과 노력으로써 우리의 독립문제를 완성하자는 것뿐이다.
>
> 이 모임은 마땅히 전 민족의 실패를 실패로 할 것이요, 전 민족의 승리를 승리로 할 것이다. 이 전제하에서는 해결하지 못할 문제가 없을 것이다. 우리 겨레의 양해와 정성과 단결은 우리의 통일독립을 완성할 것이요, 이는 미·소 간 위기를 완화할 수 있으며, 위기완화는 세계평화의 초석이 될 수 있다. 이로써 우리는 현 단계 세계평화사의 첫 페이지를 우리의 손으로써 창조할 수 있을 터이니, 어찌 우리 민족의 광영이 아니고 세계인류 행복이 아니랴."

---

33) 김학준, 《북한 50년사》(동아출판사, 1995년), pp. 106~107.

김규식도 21일 서울을 떠나 평양에 도착했다. 김구는 21일부터 23일까지 남북 제 정당 사회단체 연석회의에 참석, 22일 다음과 같은 내용의 축사를 했다.

> "조국이 없으면 민족이 없고, 민족이 없으면 무슨 당, 무슨 주의, 무슨 단체는 존재할 수 있겠습니까? 우리 민족의 유일 최대과업은 통일독립의 전취입니다. 그런데 통일독립을 방해하는 최대의 장애는 이른바 단선단정입니다. 그러므로 우리의 공동한 투쟁목표는 단선단정을 분쇄하는 것이 될 것입니다. 조국을 분열하고 민족을 멸망하게 하는 단선단정을 반대할 뿐 아니라 어느 시기 어느 지역이라도 우리는 이것을 철저히 방지해야 될 것입니다. 그러므로 단선단정 분쇄를 최대임무로 삼고 모인 이 회합은 반드시 전 민족의 승리를 우리의 승리로 해야 할 것이니, 이 회의는 반드시 성공해야 합니다. 우리가 만일 단결정신으로써 백사에 개성포공(開誠佈公) 한다면 반드시 성공하리라 확신합니다. 만일 우리의 노력으로써 국제관계를 호전한다면 세계평화에 대한 공헌이 불소할 것입니다. 조국의 통일독립을 완성하며 세계평화에 큰 공헌이 있기 위하여 이 회의 성공을 절망(切望) 합니다."

그러나 한독당 청년당원 조일문은 민족자주 측면에서 하는 협상이라면 북한은 외세인 소련군을 왜 축출하지 않느냐며 항변하자 김일성, 박헌영, 김두봉, 최용건 등은 아무 반론도 하지 못했다. 남북 정당 사회단체 대표자 연석회의는 545명이 참석한 가운데 19일부터 26일까지 모란봉 극장에서 열렸지만 이 연석회의는 군중대회식으로 진행되어 백범이 주장하는 남북고위정치협상과는 거리가 멀었다. 김구는 연석회의보다 '남북지도자회의'에 많은 기대를 걸었다고 윤무한은 밝혔다.

김구는 1948년 4월 19일 북행을 결행한 이후 평양에서 김일성 등과 '민주 자주의 통일 독립'을 실현하기 위한 남북협상에 사력을 다해 총력을 기울였다. 그는 김두봉에게 '남북한 정당 사회단체 지도자협의회'와 '4김 회담'을 잇따라 제의, 김두봉이 김일성에게 이 같은 뜻을 전해 성사되었고, 26일 '남북 정당 사회단체 연석회의'가 끝나자 곧바로 열렸다.

남북한 정당 사회단체 지도자협의회에는 남측 대표로 김구, 김규식, 조소앙, 조완구, 홍명희, 김붕준, 엄항섭이, 북측 대표로는 김일성, 김두봉, 최용건, 박헌영, 주영하, 허헌, 백남운이 참석했다. 이 모임에는 해방 후 좌우익과 중도계 인사들이 한자리에 모여 통일민족국가를 수립하고자 하는 최초이자 최후의 모임이었다고 김삼웅은 주장했다. 이 자리에는 남북협상에 비판적인 이승만과 소련군의 연금상태에 있던 조만식이 불참하기는 했지만 15명의 요인이 참석한 그야말로 남북지도자들이 모이게 된 절호의 기회였다. 지도자협의회에서는 김규식이 북행에 앞서 김일성에게 제시한 5개항의 원칙을 놓고 난상토론을 벌였다. 김규식이 제시한 5개항은 ① 진정한 민주국가 건설, ② 사유재산제도의 승인, ③ 통일중앙정부 수립, ④ 외국에 군사기지를 제공하지 않는다, ⑤ 미・소 양국군 철수였다. 지도자협의회는 5개항의 원칙을 충분히 토의하고 축조심의한 결과 4월 30일 4개항의 성명서 초안을 채택했다.

"첫째, (自主) 우리나라에서 외국군이 철수하는 것은 우리 문제를 해결하는 유일한 방법이다.

둘째, (平和) 외국군이 철수해도 내전은 일어날 수 없으며, 반통일적 무질서의 발상도 허용치 않음을 참여한 정당, 사회단체가 담보한다.

셋째, (民主) 아래 제 정당의 공동명의로 전 조선정치회의를 소집, 조선 인민의 각계각층을 대표하는 민주주의 임시정부가 즉시 수립될 것이며, 첫 과업으로서 일반적 직접적 평등적 비밀투표에 의하여 통일적 입법기관 선거를 실시할 것이며, 선거된 입법기관은 헌법을 제정하며 통일적 민주정부를 수립한다.

넷째, 남한의 단정단선을 반대하며, 동시에 그 결과를 승인하지 않고, 인정하지 않으며, 지지하지 않는다."

— 남측 13개 정당 15개 단체 거족적 대다수, 북측 3개 정당 12개 단체 거족적 전체.

## 남북한 지도자협의회, 자주 평화 민주 등 4개항 공동성명 발표

이어 김구, 김규식, 김일성, 김두봉의 '4김 회담'이 이날 김일성 관저 2층에서 처음으로 열렸다. 김구 주석은 이 자리에서 네 가지 조건을 김일성에게 제시했다. 첫째는 남북한을 통해 어떠한 형태의 단독정부도 세워서는 안 된다. 둘째로 조만식 선생을 모시고 갈 수 있도록 해 달라. 셋째는 연백저수지 통수(通水)와 단전상태의 남한 송전을 계속할 것. 넷째는 중국 여순에 있는 안 의사의 유해를 모시고 갈 수 있도록 주선을 바란다는 것이었다. 이에 김일성은 "두 가지는 가능하지만 조만식 선생과 안 의사 유해문제는 당장 실현하기 어렵다"고 답했다. 당시 백범의 평양행을 수행했던 김우전 전 광복회장은 "김구 선생은 남북협상의 전 과정을 주도했을 뿐 아니라 소련에 이용당한 것도 없고 속은 것도 없다"며 "특히 실패한 것도 없음은 서문과 본문 4개항으로 구성된 공동성명 내용을 보면 알 수 있다"고 주장했다.

김구는 5월 4일 아침 평양 출발에 앞서 북측 기자와 회견에서 북조선의 정치·경제·문화 등에 대해 "한국도 장래에 발전할 수 있으며 능히 자주적으로 독립할 수 있다는 인상이 생겼다"고 말했다. 또 "남북통일 조선국가가 헌법으로는 어떻게 표현되어야 하는가?"라는 질문에 "자주 독립된 인민을 위한 민주주의 국가를 세워야 할 것"이라고 강조했다. 그는 5일 서울에 도착 방북결과 설명을 통해 통일의 기초를 닦았다고 밝혔다. 백범은 "이번 일에 크게 소득을 말할 것은 없지만 피차로 남북 동포는 통일적으로 영구히 살아나가야 된다는 기초를 튼튼히 닦아 놓았다"

며 "모든 것이 첫 숟가락에 배부른 것이 아니다. 그러나 내가 다시 한두 번이라도 내왕하면 우리 목적은 달성하리라는 자신을 가지고 있다"고 말했다. 그러나 김구는 다시는 북한에 갈 수 없었다. 김구와 김규식은 6일 서울에서 공동성명을 발표했다.

> "금반(今般) 우리의 북행은 조국의 독립을 갈망하는 다수 동포들에게 많은 기대를 이루어 준 것이다. 남북 제 정당 사회단체연석회의는 자주적·민주적 통일조국을 재건하기 위하여서 남조선 단선단정을 반대하며, 미·소 양군의 철퇴를 요구하는 데 의견이 일치하였다. 북조선 당국자도 단정은 절대 수립하지 아니하겠다고 확언하였다. 이것은 우리 독립운동의 역사적 신발전이며 우리에게 큰 서광을 주는 바이다. 더욱이 공동성명서는 앞으로 양군 철퇴 후 전국정치회의를 소집하여 통일적 임시정부를 조직하고, 전국 총선거를 경(經)하여 헌법을 제정하고 정식 통일정부를 수립할 것을 약속함으로써 우리 민족통일의 기초를 전정(奠定)할 수 있게 하였으며 자주적·민주적 통일조국을 건설할 방향을 명시하였으며, 외력의 간섭만 없으면 우리도 평화로운 국가생활을 할 수 있다는 것을 확증하였다. 그러므로 우리는 앞으로 여하한 위험한 정세에 빠지더라도 결코 동족상잔에 빠지지 아니할 것을 확언한다.
>
> 조만식 선생과 동반해 남행하겠다는 우리의 요구에 대해 북조선 당국자는 금차에 실행시킬 수는 없으나, 미구에 그리 되도록 노력하겠다고 약속하였다. 끝으로 우리 일행의 안부를 위하여 관심하여 준 동포와 우리에게 환대와 편의를 주신 남북의 당국자에게 사의를 표한다."

## 문인 108명 남북협상 내용 지지성명 "민족의 진정한 소리 들어"

이에 대해 강준만은 《한국현대사 산책 ②》에서 "물론 이후 역사는 위 성명이 너무 순진했다는 걸 입증했고, 북한은 이미 체제공고화로 치달으면서 이들을 이용하려고만 했을 뿐이다. 이는 북한이 여운형 암살 후 근로인민당을 이끌었던 독립운동가 장건상을 한동안 연금시킨 사건에서도 잘 드러난다. 북한은 장건상의 '우리 겨레는 공산주의를 갖고는 살 수 없다. 우리가 근로인민당 운동을 하는 까닭은 공산사회를 만들려는 데 있는 것이 아니라 평등의 이념으로 평화롭게 살려는 데 있다'는 말을 문제삼았다. 장건상은 김구와 김규식이 떠난 지 보름 후에서야 서울로 돌아올 수 있었는데, 그것도 친분이 있던 북로당 위원장 김두봉 덕이었다"며 "공산주의에 대한 비판을 절대 금기시하면서 남북회담을 하자는 건 도무지 앞뒤가 맞지 않는 것"이라고 비판했다. 강준만은 특히 "어찌됐건 남북회담이 늦은 것에 대한 가장 큰 책임은 적어도 장덕수 암살사건 이전까지 극우노선을 걸어 온 김구에게 물어야 할 것"이라고 주장했다.[34] 양동안도 《대한민국 건국사》에서 "당시 김구가 '북조선인민위원회' 설치와 인민군 창설을 비판하지 않은 것은 잘못"이라고 지적했다. 그래도 백범이 남북협상을 마치고 돌아오자 당시 108명의 문인들은 남북협상을 지지하는 성명을 내고 격려했다.

> "조국은 지금 독립의 길이냐? 예속의 길이냐? 또는 통일의 길이냐? 하는 분수령상의 절정에 서있다. 이같이 막다른 순간을 당하여 식자적 존재로 자처하는 우리는 민족의 명예를 위하여, 또는 문화인의 긍지를 위하여, 민족대의의 명분과 국가자존의 정로를 밝히어 진정한 민족적 자주독립의 올바른 운동을 성원코자 하는 바이다.
>
> 선진의 남북지도자여! 후군의 육속(陸續: 계속하여 끊이지 않음)을 믿고 오직 전진하시라! 참된 자유와 자주, 참된 민의와 민주! 역사의 순류를 향하여 드높게 북을 울리자! 탁치 없는 완전한 자주독립! 이같이 아슬아슬한 고비에서 우리는 민족의 '진정한 소리'를 들었다. 민족자체의 '자기 소리'를 들었다. 자결의 원칙과 공존의 도의와 합작

34) 강준만, 앞의 책, pp. 118~119.

의 실익을 위한 구국운동의 일보로서, '남북협상의 거족적 호령소리'를 들었다. 남방의 제의를 들었고 북방의 호응을 들었다 치면 응하는 동고(同鼓)의 북소리를 들은 것이다."

하지만 미군정은 이미 남북분단을 기정사실화하고, 5월 10일 남한만의 총선거 실시를 통한 단독정부 수립을 코앞에 두었던 만큼 김구의 어떠한 주장에도 귀를 기울이지 않았다.

# 11. 남북협상 공동성명, '분단 막기 역부족'

## 남북분단, "대다수 국민 소망 짓눌러 강요, 반민주 비자주 성격"

남북분단체제가 60년 이상 흘러 고착화된 오늘날 시점에서는 '민주 자주통일 독립'이 무모한 노선이 아니었느냐고 생각되기도 하지만 1945년 남북분할 당시는 단지 지리적 분단에 지나지 않았기 때문에 아직도 누구나 통일이 가능하다고 생각했다. 윤무한은 《인물대한민국사》에서 "1948년 4월 말부터 5월 초 사이에 열린 남북협상회의는 분단을 막고 통일을 이루기에는 때가 너무 늦었고, 분단이란 대세를 막기에는 역부족이었다"고 평가하면서 "그럼에도 불구하고 남북한의 통일운동과 관련하여 백범의 북행이 지닌 역사적 의미를 간과할 수 없다"고 강조했다. 그는 "남과 북이 주체적으로 통일을 이루려고 노력한 점, 남과 북의 회담이 남과 북 사이의 대립과 긴장해소에 기여한 점, 그리고 통일의 형식에서 중요한 선례를 남긴 것에 의미가 깊다"고 주장했다. 그는 "설혹 공동성명에 담긴 내용이 실현되기는 어려웠다 하더라도, 통일국가 수립방안을 구체화했다는 것은 그 후의 통일운동 진전에 중요한 디딤돌을 놓은 것"이라고 분석했다. 그는 특히 "백범이 국내 우익 분단세력의 온갖 방해책동에도 불구하고 남북협상 길에 나서지 않았다면, 한국은 해방공간을 통해 분단을 막고 통일을 이루기 위해 아무런 주체적이고 민족적인 역할도 하지 않은 채 해방 후 3년간을 방치하는 부끄러운 기록을 남길 뻔했다"고 지적했다.[35] 백낙청도 《한반도식 통일, 현재진행형》

에서 "분단은 원래 한반도 주민 절대다수의 통일독립국가에 대한 소망을 짓누르면서 강요된 것이기 때문에 분단체제는 기본적으로 반민주적이며 비자주적인 성격을 띨 수밖에 없었다"고 말했다.[36] 백범 김구의 위대함은 바로 여기서 나온다. 김구는 '민주 자주통일 독립'이라는 일관된 신념을 아무리 힘들고 어려운, 심지어 목숨을 걸어야 할 상황에서도 이를 지키고 실천함으로써 민족분단을 온몸으로 막으려는 민족의 사표(師表) 역할을 수행했다.

북한은 남북협상에 앞서 1946년 9월부터 대대적인 강제징집을 실시했으며, 1947년 1월에는 소련에 양곡을 주는 대신 소련무기를 공급받는다는 비밀협정을 맺어 4월까지 거의 모든 부대가 소련무기로 무장했다. 1948년 2월 8일 조선인민군 창설을 공식발표, 총사령관에 최용건을 임명하는 등 요직은 거의 모두 김일성 빨치산파가 차지했다. 이로써 군부에 대한 김일성의 장악력은 확고해졌다. 당시 북한 정규군은 약 6만 명이었는데, 이 중 약 1만 명은 시베리아에서 탱크와 항공기 및 현대식 통신장비 등에 관해 훈련받았다. 1948년 3월 만주에서는 소련 · 중국 · 북한 3자간 군사협의체가 발족되어 북한 군사력 강화를 도왔다. 이는 김일성이 어느 때라도 단독정부를 수립할 수 있다는 의미이다.

미군정 하지 사령관은 남북 정당 사회단체대표협의회에서 발표한 공동성명에 대해 '불찬성 성명'을 발표했다. 이로써 백범 김구의 남북협상 공동성명은 물거품이 되었다. 남북분단 역사에서 하지 사령관은 빼놓을 수 없다. 그는 '군인 중의 군인'으로서 전형적인 무골 출신이었을 뿐 정치와는 전혀 무관했다. 그는 1945년 9월 9일부터 1948년 8월 15일까지 3년간 남한을 점령 통치한 미군사령관이었지만 한국에 대해 전무했다. 소련군의 북한 진주 때문에 조급해진 미국 맥아더 장군은 오키나와

---

35) 윤무한, 앞의 책, p. 198.

36) 백낙청, 《한반도식 통일, 현재진행형》(창비, 2006년), p. 47.

에 주둔하던 하지 소장과 그의 24군단을 한국으로 보냈다. 하지는 해방 정국을 풀어나가는 데 있어 전적으로 일본인에 의존했다.

일본은 자신들의 명예로운 한반도 퇴군을 위해 하지 소장과 은밀히 접촉했다. 일본군 사령관 고즈키는 하지에게 무선교신으로 한반도의 사정을 자신들에게 유리한 방향으로 설명했다. 하지는 1945년 9월 8일 아침 인천에 상륙했다. 일본군은 치안을 유지하기 위해 모든 환영행사를 금지했다. 인천 거리에서 한국인이 미군을 환영하자 일본 순사가 사살했다. 9월 9일 서울 총독부에서 항복 조인식이 있었다. 문서상으로는 일본군은 항복했으나, 아베 총독 등 총독부 관리들은 그대로 위임되었다. 일본의 물밑 로비가 결실을 맺었던 것이다. 미 정부에서 아베의 위임을 반대하자 하지는 아베를 비공식적으로 자신의 곁에 두었다. 총독부와 하지의 결합으로 친일파 척결은 불가능해졌다. 일장기가 일본 총독부에서 마지막으로 내려진 것은 이날 오후 4시 30분이었다. 그 자리에 자랑스럽게 올라간 것은 태극기가 아니라 바로 성조기였다. 하지는 한국인의 독립운동이나 한국 내의 반일감정에 대해선 전혀 몰랐고, 한국인들의 강한 독립열망을 부담스러워했다. 이에 따라 친일파였던 이들이 속속 요직에 기용됐다. 당시 상황이 한 신문에 이렇게 실려 있다.

> "1945년 9월 8일. 미 육군사령부 맥아더의 대리인 재조선 미군사령관 중장 하지(Jone R. Hodge)가 이끄는 미군이 인천항에 상륙한 다음날 아침, 국민들은 서울에 입성하는 미군들을 연도에서 열렬히 환영했다. 한국인들은 이날 태극기와 함께 미국의 성조기도 들고 나갔다. 태극기도 그리는 데 까다로웠지만 성조기야말로 무슨 놈의 별이 그렇게나 많고 흰줄은 몇 개나 그려야 하는지 …. 이런 걸 한국인들은 밤새 그려 길거리로 들고나가 새벽부터 기다리다가 만세를 불렀다. 우리나라를 해방시켜준 고마운 우방에 감사를 표시하면서. 그러나 이날 건국준비위원회의 여운형 등은 국민을 대표해서 하지 사령관을 만나려 했지만 상대도 해주지 않는 통에 망신만 당하고 돌아왔다. 반면 미군

> 은 일본 총독부 관료들을 만나서는 그들에게 계속 남아줄 것을 부탁했다. 자기들이 그만두라고 하지 않는 한 아무도 그들을 내쫓지 못한다는 보장까지 해주면서. 이처럼 미군을 해방군으로 생각하고 환영하던 우리 민족의 정서와는 달리 그들의 상황인식은 사뭇 우리와는 거리가 있었던 것이다. 미군사령관 하지가 당시 부하장교들에게 한 말은 그의 관심이 어디에 있었는지를 짐작하게 한다. '한국은 미국의 적이었다. 따라서 항복조건(*surrender*)과 절차에만 따라야 할 것이다.'"

하지가 당시 기자단에게 한국정세에 대해 언급한 말 가운데에서도 진하게 베어 나온다. "한국인들은 즉시 독립을 요구하는 것 이외에 이것을 달성하는 아무런 방법도 가지지 않았고, 실로 나에게 필요한 지식을 주는 사람은 일본인뿐이다." 하지의 이 같은 태도는 그후 전남 광주에 부임했던 한 중대 장교가 한국인으로 임명된 민간 지도자들의 질문에 대하여 내뱉은 대답에서 더욱 적나라하게 드러난다. "한국은 적국과 같이 우리에게 무력으로 점령당했다. 물론 우리는 당신네 국민들을 죽이러 왔다." 미군이 해방군이 아닌 점령군으로 한국에 왔다는 사실은 이제는 많이 알려진 사실이 되었지만. 국내외에서 민족의 광복을 위해 죽음까지 바쳐 온 수많은 애국자들이 있었지만 해방이든 분단이든 당시 우리나라 운명의 결정은 모두 일본과 미국, 소련 등 강대국의 패권 싸움과 정략에 따라 전개되고 있었던 것이다.

하지는 한국인의 정치적 통합을 위해 1945년 10월 16일 이승만을 귀국시켰다. 하지는 1945년 11월 5일 과도적 임시정부를 조직했다. 그러나 이승만 중심의 정계통합은 중도노선과의 충돌이 잦아 실패로 돌아섰다. 친일파의 숙청 없이 뭉치자는 그의 주장에 반대하는 세력이 많았기 때문이다. 좌파와의 통합을 위해 하지는 김구를 불러들였고, 11월 23일 김구 주석과 임정이 27년 만에 귀환했다. 1945년 12월 모스크바 3상회의에서 5년간 신탁통치를 결정하자 김구는 제 2의 독립운동을 결의하며 결사적으로 반대했다. 김구는 반탁운동을 한 단계 높여 우리 민족의 '민주 자주통일독립'을 위한 과도정부 수립으로 발전시키길 원했다. 하지에겐 명실상부한 쿠데타였고, 김구는 배제됐다.

하지는 장차 정권을 이양할 모태로 민주의원을 창설했다. 미군정은 극우파와 극좌파를 배제한 가운데 중도좌파의 여운형과 중도우파의 김규식을 좌우합작의 대표로 발탁하게 된다. 해방 직후 미국의 대한정책은 일관된 것이 없었다. 그렇게 된 이유는 대외정책을 담당하는 미 국무성과 현지 주둔군을 휘하에 둔 펜타곤(국방성)의 생각이 서로 달랐기 때문이다. 뉴딜정책을 추진한 루즈벨트 대통령 휘하의 미 국무성엔 진보적인 관리들이 많았다. 적어도 제 2차 세계대전 기간 동안에는 이념이 서로 다른 미·소가 연합국이었다는 사실이고, 따라서 국제무대에서 서로 협조관계에 있었다. 제 2차 세계대전이 끝나고 나서도 이 상황은 적어도 국무성 레벨에서는 바뀌지 않았다. 그러나 전략적 사고를 가진 펜타곤의 생각은 처음부터 달랐다. 그들은 공동의 적이었던 주축국(독일-이탈리아-일본)이 사라진 이후 소련은 미국의 가상적으로 보았다. 따라서 전후의 세계에서 미·소는 협력적 관계가 아니라 적대적 관계로 나아갈 것으로 판단했다.

## 미 국무성-국방성 생각 달라 해방 직후 '대한정책' 일관성 없어

이승만의 손길이 닿아 있던 곳은 미 국무성이 아니라 펜타곤이었다. 해방 직후 이승만은 즉시 귀국을 원했으나 미 국무성은 이승만의 여행증명서를 발급해주지 않았다. 미 국무성이 이승만의 귀국을 방해하자 굿펠로우를 통해 미 군용기를 타고 도쿄로 날아가 맥아더 사령관을 만났고, 맥아더는 한국 책임자였던 하지를 도쿄로 불러들여 3자회동을 가졌다. 이승만의 핵심 참모이자 고문이었던 T. S. 올리버의 회고록에서

"이 자리에서 3인은 일본의 공산화를 막기 위해 공산세력의 남진을 한반도에서 막아야 한다는 점에 의견의 일치를 보았다"고 밝혔다. 그러나 이것은 어디까지나 미 군부 또는 현지 사령관들의 생각이었다. 이 무렵까지도 미 국무성은 소련과 협력을 생각했고, 그 결과물로 1945년 말 신탁통치안이 결정됐다. 하지는 남한 현지사령관이자 책임자로서 중도노선 지도자로 여운형과 김규식을 택했고, 미 국무성과 G-2의 자료를 보면 이는 미 국무성의 지령이었다. 하지의 태도에 이승만은 배신감을 느끼게 되고, 상당한 정도까지 하지와 불화가 진척된다. 1947년 1월 초 모스크바 3상회의에서 소련에 너무 많이 양보했다는 책임을 물어 번스 장관이 경질되자 국무성의 대소협력은 깨지고 동서 냉전체제가 구축된다. 미국 정가에서도 소련과 협력무드가 깨졌고, 매카시즘 선풍이 불면서 미 국무성 안에 있던 진보적인 관리들이 빨갱이로 몰려 투옥되는 사태를 빚으면서 미국의 대한정책도 반공노선으로 급선회한다.

이에 다시 이승만이 주목을 받았고, 여운형이 1947년 7월 17일 암살당함으로써 좌우합작도 수포로 돌아갔으며, 유엔에 의해 단정수립으로 결론이 났다. 이로써 미군정은 실패했다. 하지는 1948년 8월 15일 대한민국정부가 수립되자 미국으로 돌아갔다가 6·25전쟁이 발발했을 때 미 3군 참모장을 맡아 참전하기도 했으며, 1953년 퇴역했다.

김구는 하지 미군정사령관이 남북협상 공동성명에 반대성명을 발표하고, 이승만을 비롯해 단정세력들이 단독정부 수립을 강력히 요구하자 5월 7일 '단선단정 반대투쟁위원회'를 구성하기로 합의했다고 발표했다. 이날 김구는 남북회담성과 및 정협결정 실천여부와 관련 "남북의 여하한 단정이라도 있을 수 없다는 점에 합의를 보았다"며 "남조선 단선, 단정을 반대하는 투쟁위원회를 설치하고 합법적으로만 투쟁할 것을 언약했다"고 밝혔다. 결국 백범은 1948년 5월 10일 총선거에 불참함으로써 '비(非) 국민'으로 남아 수난을 당할 수밖에 없었다.

# 12. 남북통일의 꿈, 동족 흉탄에 좌절

## "미 · 소 양군 철수하면 남북 현상유지, 전국정치회의서 일체 결정"

백범 김구가 국민 대다수의 추앙을 받고 있다는 사실은 우리나라 소년소녀들이 즐겨 읽는 세계위인전기집 중 "김구의 얼"이라는 내용에서 이를 엿볼 수 있다.

> "'네 소원이 무엇이냐' 하고 하느님이 물으신다면 나는 서슴지 않고 '내 소원은 대한독립이오' 하고 대답할 것이다. '그 다음 소원이 무엇이냐' 하면 나는 또 다시 '우리나라 독립이오' 할 것이고, '그 다음 소원이 무엇이냐' 하면 세 번째 질문에도 역시 나는 소리를 높여 '나의 소원은 우리 대한민국의 완전한 독립이오'라고 대답할 것이다. 이것은 김구의 자서전 《백범일지》에 씌어 있는 말이다. 이처럼 그는 애국심이 강했다."

백범은 어느 사상이나 이념, 종교에 치우치지 않는 열린 민족주의자로서 민주 자주적인 통일 독립국가 건설을 최고목표로 삼아 매진했다. 김구는 1948년 5월 10일 총선거에 불참함으로써 건국작업에서 점차 배제되었고 이승만이 주도했다. 백범은 5월 15일 남북협상 공동성명서의 실행여부와 관련 "남북 정당 사회단체의 각 대표들이 서명날인하고 꼭 실행할 것을 약속하였음에 틀림없을 것"이라며 "남조선 선거에서 선출된 대표들도 전국정치회의에 참가하게 될 것인지 참여여부 등 모든 문제의 최후결정은 전국정치회의에서 할 것"이라고 말했다. 백범은 미·소 양군이 철퇴한다면 진공기간의 치안유지법 여하에 언급, "공동성명서에 표시한 바와 같이 남북 양편이 서로 침범하지 않고 각기 현상을 유지하고 전국정치회의를 소집하여 일체 문제를 토의 해결할 것"이라고 주장했다. 김구는 5월 30일 이승만이 기자단에게 세간의 3영수(이승만, 김구, 김규식) 합작을 희망하는 발언을 한 데 대해 "그분의 대답과 같이 누구든지 피차에 나가는 방향을 고치기 전에는 당분간 합작은 불가능할 것"이라고 답했다. 김구와 김규식은 6월 7일 남북통일 독립기구 강화에 대한 공동성명을 발표했다.

> "통일이 없이는 독립이 있을 수 없고, 독립이 없이는 우리는 살 수 없다. 조국의 독립을 쟁취하려면 우리의 유일한 무기는 민족단결뿐이다. 그러나 현시에 우리 조국이 미·소 양국의 분단점령을 당하고 있는 이상 국제협조를 무시할 수 없는 것도 사실이다. 그러므로 우리는 국제협조에 노력하였고 앞으로 이 노력을 계속할 결심을 가졌다. 그러나 우리는 과거 경험에서 얻은 교훈에 의하여 국제협조의 노력도 공고한 민족단결이 있은 뒤에야 주효(奏效) 할 수 있다는 것을 더욱 절실히 인식하였다. 우리들의 남북협상도 이러한 견지에서 추진하였던 것이다. 국제제약하의 난사업인 남북협상 공작이 단번에 만족한 성과를 거두리라고 당초부터 믿기 어려웠던 것도 사실이나 외력 없이 우리의 손으로 평화스러운 자주 민족 통일적 조국건설 공작이 제일보를 내디디었던 것은 우리 전도에 새로운 희망을 부여한 것이다. 그런데 현 단계의 조국실정을 살피건대 우리의 통일공작(統一工作) 이 모든 애국동포의 열렬한 지지하에 추진되는 반면에 반통일, 남북 분단공작이 추진되는 것은 엄연한 사실이다.
>
> 그러므로 우리는 이제 굳센 결의로써 일층 강력한 통일공작의 신국면을 전개해야 할 시간에 직면하였고, 더욱이 우리의 국토분단을 규탄할 새로운 국제적 기회가 임박한 것도 철저히 인식해야 할 것이다.

그러나 우리의 통일공작은 전체 애국동포의 노력에서만 성공(成功)될 것이다. 그러므로 조국의 독립을 쟁취하기 위해 삼천만이 총궐기하여 일치한 의사로써, 내로 통일 방해공작을 방지하고, 외로 정당한 여론을 환기하지 아니하면 아니 된다. 이에 우리는 아래와 같은 방침으로써 애국동포와 함께 통일독립 노선으로 매진하려 한다.

(1) 통일독립운동을 목적한 기구를 강화 확대할 것. (2) 상술한 기구를 통하여 통일독립운동의 이념(理念)과 방략(方略)을 일반국민에게 철저히 침투시킬 것. (3) 조국의 재건(再建)과 민족의 복리(福利)는 평화로운 건설에서만 성공될 것이니, 야만적 파괴와 테러와 잔인한 동족살해를 배격할 것. (4) 우리의 통일운동을 강화・확대함으로써 우리의 일치한 의사를 국제여론(國際輿論)에 반영시킬 것."

## 김구 김규식 공동성명, "국토분단 규탄, 통일독립노선 매진"

백범은 이날 국회 개회식 때 이승만이 대한민국 임정법통계승을 언명한 것과 관련 "현재 의회의 형태로는 임정의 법통을 계승하는 아무조건도 없다"고 일축했다. 이는 남북합의에 의해 총선거를 실시한 의회만이 임정의 법통을 계승한다는 의미였다. 또 양 김씨는 북한이 2차 남북협상회의를 열고 단독정부수립 작업을 진행하자 7월 19일 비난성명을 발표했다.

"최근의 신문보도에 의하면 평양에서 이른바 제 2차 남북협상을 행하였다 한다. 이것을 보는 우리는 괴의(怪疑)하지 아니할 수 없다. 그 회의가 일방의 독단일 뿐 아니라 그 참가단체로 보더라도 제 1차 협상에 남한을 대표하여 참가한 정당, 사회단체 41개에 비하여 과연 요요무기(寥寥無幾)이었다. 그래도 이것이 민의에 의한 통일이라고 주장하며 인민회의라는 것을 통해 그들이 일방적으로 결정한 헌법으로 인민공화국을 선포하고 국기까지 바꾸었다. 물론 시기와 지역과 수단방법에서 차이가 있을지언정 반쪼각 국토 위에 국가를 세우려는 의도는 일반인 것이다. 이로부터 남북은 호상경쟁적으로 국토를 분열하여 동족상잔(同族相殘)의 길로 나갈 것이다. 이에 우리는 진정한 애국동포와 더불어 민주적 자주통일의 국가를 건립하려는 그 노선을 더욱 굳게 지키어 최후까지 노력할 것을 천하에 정중하게 성명한다.

친애하는 동포들이여! 조국의 완전자주 통일독립을 전취할 때까지 환난과 생사를 같이 하면서 전 민족적 단결로써 공동분투하기를 간망하는 바이다."

백범은 민주 자주통일독립을 실현하기 위해 이승만과 김일성의 단정수립을 모두 강하게 반대하고 비판을 서슴지 않았다. 항간에는 정부수립에 참가하리라는 풍설이 유포되자 7월 20일 백범은 "이런 말을 운위하는 것은 나를 모욕하는 것이나 다름없다고 생각한다"며 단호하고도 불쾌한 입장을 밝혔다. 이처럼 이승만은 남한의 대통령이 되어 자신의 권력을 강화시키고 분단체제를 유지하기 위해서는 자신의 최대 라이벌인 김구의 제거가 불가피했다.

윤무한은 "미국에서도 김구는 언젠가 제거해야 할 대상이었다"며 "백범은 1948년 11월 '소련의 정치적 제스처는 한국 민중이 갈망하는 요소를 파악함으로써 대한정책에 이니시어티브를 장악한 감이 있다'고 주장했거니와 남북협상 후 미국의 세계적 냉전정책에서 백범은 결코 용납할 수 없는 반냉전적 민족자주파였다"고 강조했다. 그는 "이승만은 반공이데올로기를 축으로 한 미국의 세계정책에 재빨리 편승함으로써 분단조국의 대통령이 되었다"며 "반면 백범은 해방 직후에는 완고한 민족주의자로 임정 정통성을 주장해 미국과 자주 충돌했고, 1948년 이후에는 남북협상으로 미국의 냉전정책에 정면으로 맞섰다"고 밝혔다.[37]

김구는 1949년 5월 20일 공주 마곡사에 들러 잠시 휴식을 취했다. 그

37) 윤무한, 앞의 책, p. 199.

는 "나의 주장은 부동"이라며 "우리는 전 민족적으로 단결해 조국의 독립주권을 쟁취해야 될 혁명시기에 있는 것이요, 혁명이란 약한 힘으로써 강한 힘을 물리치기 위한 싸움이니만큼 난관이 허다하다"고 말했다. 백범은 "혁명자란 인류사회 정의와 철석 같은 신념의 최후목표를 달성할 때까지 계속 투쟁하고, 언제나 낙관적 태도와 환경에서 생활할 뿐"이라며 "남북협상의 결과로 민족통일의 길은 일보 전진한 단계다. 동족상잔의 유혈과 국토양단의 위기를 방지하고 자주민주의 원칙하에 조국 완전독립을 쟁취하려는 나의 주장과 태도는 변함이 없다"고 강조했다.

## 이승만, "권력강화 분단체제유지 김구 제거 불가피, 미국도 공감"

마침내 김구에게 운명의 날은 다가왔다. 1949년 6월 26일 오전 11시가 조금 지나 포병소위 안두희가 경교장에 나타났다. 선우진은 그를 2층 거실로 김구에게 안내한 뒤 아래층으로 내려갔다. 10여 분도 안 돼 총성이 들려 경찰들이 2층으로 뛰어 올라갔으나 김구 주석은 이미 절명한 뒤였다. 경찰은 안두희를 체포했다. 총탄은 오른쪽 폐와 왼쪽 넓적다리, 목, 입술 등 네 군데를 관통(貫通)했다. 이렇게 백범은 파란만장한 생을 마감했다. 향년 74세였다. 그는 평생을 조국독립과 남북통일을 위해 마지막 남은 생명까지 다 바쳤다.

암살하수인 안두희 배후에는 이승만 정권의 핵심세력과 친일파, 분단세력, 외세 등이 복잡·치밀하고 조직적으로 개입한 정황이 포착되었다. 안두희의 직속상관인 장은산 포병사령관, 전봉덕 헌병사령관, 채병덕 육군참모총장, 김창룡 특수정보장교, 친일 정치브로커 김지용 등이 관여한 것으로 보이며 미국도 사전 암살계획을 아는 등 관여가능성을 배제할 수 없다는 것이 윤무한의 주장이다. 도진순은 《한국민족주의와 남북관계: 이승만·김구시대의 정치사》에서 김구가 암살된 다음날 이승만은 참으로 묘한 내용의 성명을 발표했다고 밝혔다.

> "김구 씨를 살해한 동기에 관해 공표하고 싶은데, 그것은 발표할 때가 되면 반드시 공표될 것이다. 그러나 지금 이때 모든 사실을 일반인 앞에 공개하는 것은 나의 생각으로는 그 생애를 조국독립에 바친 한국의 한 애국지사에 대한 추억에 불리한 것이 아닐까 생각한다."[38]

이는… 이승만이 김구에게 진실로 해서는 안될 성명이었다. 아무리 최대정적이라고 해도 김구는 항상 이승만을 형님으로 모시고 2인자를 자처했으며, 1946년 11월 이승만에게 장제스가 준 돈 1천만 원을 건넸고, 이승만의 도미자금으로 장제스가 준 코트도 내놓았다. 임정 주석 시절 이승만을 구미위원장으로 임명 정치적 위기에서 구해줬다. 그런데 고인이 된 김구를 이처럼 폄훼하는 성명을 발표한 것은 이미 인간적 포용력이 없는 국가지도자로서 자질을 상실했음을 말해준다. 이후 이승만은 권력에 도취해 무리수를 두다가 서서히 파멸의 길을 걸었다.

김구 장례식은 7월 5일 서울운동장에서 국민장(國民葬)으로 치러졌고, 해방 이후 국민장은 처음이었다. 빈소에 백만 명이 넘는 문상객이 조의를 표했고, 장례식에는 서울에만 50만 인파가 몰려 그의 죽음을 애도했으며, 전국 각 시도에도 수만 명의 인파가 몰려들어 "남한이 통곡 속에 싸였다"고 해도 좋을 것이다.[39] 서중석은 "이는 민중의 통일운동에 대한 강렬한 열망을 말해주는 것에 다름 아니었을 것이다"고 주장했다. 죽는 날까지 남북협상과 통일정부수립의 꿈을 접지 않았던 백범은 틈을 내어 어려운 동포들을 돕고 50여 명의 고학생들에게 학자금을 나눠주었다. 기금은 아들 신의 결혼식과 어머니와 부인의 이장식 때 들어

---

38) 도진순, 앞의 책, p. 344.

39) 강준만, 앞의 책, p. 243.

온 부조금을 모아두었다. 김구는 환국 후 철저하게 주변을 관리했고, 정치활동은 근검 청렴했다.

김구의 청렴성에 대해 비서였던 선우진의 증언을 리영희를 통해 살펴본다. 백범이 환국한 지 얼마 안 되어 어느 날 경교장에 친일재벌 박모씨 전화가 걸려와 숙소로 찾아뵙고 싶다고 했는데, 즉각 거절했다. 그런데도 불구하고 잠시 뒤에 박씨가 승용차를 타고 경교장 정문에 나타났다. 안내하고 들어온 비서의 손에는 녹색 보따리가 들려 있었다. 선우 비서가 김구에게 말하자 역시 돌려보내라고 명령했다. 그래도 막무가내로 간청하니 못 이겨 허락하였다. 박씨는 온갖 아첨 끝에 비서가 들고 온 3백만 원이 든 돈 보따리를 풀어놓고 정치자금(政治資金)으로 헌납하니 받아달라고 청원했다. 그것을 본 김구는 얼굴이 붉어지면서 대갈 일성했다. "나를 왜놈으로 착각하는가! 친일파의 근성을 바로잡지 못하거든 썩 물러가시오!"

박씨는 비서로 하여금 돈 보따리를 챙겨들게 하고 총총히 문 밖으로 사라졌다. 박씨는 그 길로 이화장으로 가서 이승만을 만났다. 박씨가 왔다는 말을 전하자 이승만은 현관까지 마중 나와 만면에 미소를 지으며 반갑게 맞이했다. "미스터 박, 반갑습니다. 어서 올라오시오."

두 사람이 대좌한 자리에서는 유쾌한 웃음이 터지고, 백년지기(百年知己)와 같은 오랜 대담 끝에 박씨는 이 박사와 다정한 악수를 나누고 물러났다. 뒤에는 돈 보따리가 남겨졌다.

## "친일재벌 박모씨, 온갖 아첨 3백만 원 건넸다 김구 선생이 호통"

7월 20일 군 당국은 김구암살 수사결과 발표를 통해 "한국독립당이 대한민국 정부를 전복하고, 소련 주장에 따라 미군 완전철수를 추진시키는 데 주력했기 때문에 안두희가 '의거'한 것"이라고 밝혔다. 김구를 따르는 사람들은 4·19혁명까지 엄청난 고통과 시련을 겪었다. 김구암살 이틀 후 참으로 이상한 일이 벌어졌다. 최대교 서울지검장도 모르는 사이에 한독당 조직부장 김학규 등 간부 7명에게 구속영장이 발부되었다. 아무 조사나 증거도 없이 김익진 검찰총장은 "경무대 노인이 최대교 모르게 하라"고 지시해서 자신이 직접 영장을 발부했다. 그러한 음모는 9월 30일 전봉덕 헌병사령관과 김태선 서울시경국장은 한독당의 죄상을 열거하면서 "7월 하순부터 대통령 등 정부요인들에 대한 암살계획을 세웠다"며 "민족진영 탈을 쓰고 파괴살상을 기도하는 사이비적 우국도배(憂國徒輩)에 대해 좌익공산도배에 준하여 가차 없는 철퇴를 내릴 것"이라고 밝혀 절정을 이뤘다. 암살범 안두희는 "김구가 이끄는 한독당이 대한민국을 전복하고 소련 주장에 따라 미군철수를 추진하고 있어, 그 위험성이 절박해 살해했다"고 진술했다. 법정에서 박수가 터져 나오는 등 백범은 죽어서도 모욕당했다.

김구의 민족지도자로서 위대함과 선견지명(先見之明)은 '문화국가론'(文化國家論)에서 발견된다. 21세기 들어 문화와 정보가 국력(國力)의 척도(尺度)가 되고 있음을 비춰볼 때 백범의 '높은 문화의 힘'을 국가의 최고 가치로 설정한 것은 60년 앞을 내다보는 혜안(慧眼)이 아닐 수 없다. 김구의 문화국가 사상은 임정의 건국강령에서 비롯되었다. 백범이 직접 써서 그의 사상이 잘 드러나 있는 '나의 소원' 내용 중 '민족국가'와 '정치이념', '내가 원하는 우리나라' 부분에서 문화국가 건설의 절실한 비원(悲願)을 다음과 같이 제시하였다.

> "나의 소원은 우리나라 대한의 완전한 자주독립이오. 내가 세상에 가장 좋은 것은 완전하게 자주독립한 나라의 백성으로 살아보다 죽는 일이다. 우리가 해야 할 최고 임무는 남에게 의지하지 않고 완전한 자주독립 나라를 세우는 일이고, 이 지구상 인류가 진정한 평화와 복락을 누릴 사상을 낳아 먼저 우리나라가 실현하는 일이다. 만일 우리의 오

늘날 형편이 초라한 것을 보고 자굴지심(自屈之心: 스스로를 비하하여 자기를 낮추거나 굽히는 마음)을 발하여 우리가 세우는 일에 그처럼 위대한 일을 할 것을 의심한다면 그것은 스스로를 모욕하는 일이다. 우리가 주연배우로 세계역사의 무대에 나서는 것은 오늘 이후다. 내가 원하는 우리 민족의 사업은 결코 세계를 무력으로 정복하거나 경제력으로 지배하려는 것이 아니다. 오직 사랑의 문화, 평화의 문화로 우리 스스로 잘 살고 인류 전체가 의좋게 즐겁게 살도록 하는 일을 하자는 것이다.

어느 민족도 일찍이 그런 일을 아무도 한 이가 없었으니 그것은 공상(空想)이라고 하지 말라. 아무도 한 자가 없어 우리가 하자는 것이다. 이 큰 일은 하늘이 우리를 위해 남겨 놓은 것임을 깨달을 때에 우리 민족은 비로소 제 길을 찾고 제 일을 알아본 것이다. 나는 우리나라의 청년 남녀가 모두 과거의 조그맣고 좁다란 생각을 버리고 우리 민족의 큰 사명에 눈을 떠서 제 마음을 닦고 제 힘을 기르기로 낙을 삼기를 바란다. 젊은 사람들이 모두 이 정신을 가지고 이 방향으로 힘쓸진데, 30년이 못하여 우리 민족은 괄목상대(刮目相對: 전과는 딴판으로 진보되어 눈을 비비고 다시 쳐다봄)하게 변할 것을 나는 확신하는 바이다."

"민주주의는 백성이 주권자이다. 이러한 나라에서 국론을 움직이려면 그 나라 국민의 의견을 움직여야 된다. 백성들의 작은 의견은 이해관계로 결정되나 큰 의견은 그 국민성과 신앙과 철학으로 결정된다. 여기서 문화와 교육의 중요성이 생긴다. 국민성을 보존하는 것이나 수정하고 향상하는 것이 문화와 교육의 힘이다. 좋은 민주주의 정치는 좋은 교육에서 시작된다. 나는 어떠한 의미로든지 독재정치를 배격한다. 나는 우리 동포를 향하여 부르짖는다. 결코 독재정치가 안 되도록 조심하라고. 개인이 십분의 언론자유를 누려 국민 전체의 의견대로 되는 정치를 하는 나라를 건설하자고. 우리 자손의 사상과 신앙의 자유를 속박함이 없는 나라, 천지와 같이 넓고 자유로운 나라, 사랑의 덕과 법의 질서가 우주 자연의 법칙과 같이 준수되는 나라를 건설하자고. 나는 미국의 민주주의 정치제도가 반드시 최후적인 완성된 것이라고는 생각지 아니한다. 인생의 어느 부분이나 다 그러함과 같이 정치형태에서도 무한한 창조적 진화가 있을 것이다."

## 김구, "오직 한없이 갖고 싶은 것 높은 문화의 힘" 문화국가 염원

"나는 우리나라가 세계에서 가장 아름다운 나라가 되기를 원한다. 가장 부강한 나라가 되기를 원하는 것은 아니다. 내가 남의 침략에 가슴이 아팠으니 내 나라가 남을 침략하는 것을 원치 아니한다. 우리의 부력(富力)은 우리의 생활을 풍족히 할 만하고, 우리의 강력(强力)은 남의 침략을 막을 만하면 족하다. 오직 한없이 갖고 싶은 것은 높은 문화의 힘이다. 문화의 힘은 우리 자신을 행복하게 하고 나아가서 남에게 행복을 주겠기 때문이다. 지금 인류에게 부족한 것은 무력(武力)도 아니요, 경제력(經濟力)도 아니다.

자연과학(自然科學)의 힘은 아무리 많아도 좋으나 인류(人類) 전체를 보면 현재의 자연과학만 가지고도 편안히 살아가기에 넉넉하다. 인류가 현재에 불행한 근본이유는 인의(仁義)가 부족하고, 자비가 부족하며, 사랑이 부족한 때문이다. 이 마음만 발달하면 현재의 물질력(物質力)으로 20억이 다 편안히 살아갈 수 있을 것이다. 인류의 이 정신을 배양(培養)하는 것은 오직 문화이다. 나는 우리나라가 남의 것을 모방(模倣)하는 나라가 되지 말고, 이러한 높고 새로운 문화의 근원이 되고, 목표가 되며, 모범이 되기를 원한다. 그래서 진정한 세계의 평화가 우리나라에서, 우리나라로 말미암아 세계에 실현되기를 원한다.

옛날 한토(漢土)의 기자(箕子)가 우리나라를 사모하였고, 공자(孔子)도 우리 민족이 사는 데 오고 싶다고 하셨으며, 우리 민족을 인(仁)을 좋아하는 민족(民族)이라 했으니 옛날에도 그러했거니와 앞으로는 세계인류가 모두 우리 민족의 문화를 이렇게 사모하도록 하지 아니하려는가. 나는 우리 힘으로, 특히 교육의 힘으로 반드시 이 일이 이루어질 것을 믿는다."

일찍이 우리나라에서 3·1운동이 일어났을 때 영국의 한 학자는 "문화가 높은 나라가 낮은 나라의 지배를 받을 수는 없다"며 "설사 받는다 하더라도 그것은 일시적인 일이지, 결코 영원할 수가 없는 것이다"라고 설파했다. 문화가 높은 국민은 결코 멸망하지 않는다는 뜻이다. 국가 최고 가치를 '높은 문화의 힘'에 두는 백범의 문화철학과 얼이 얼마나 국가적 통찰력을 지녔는지 알 수 있다. 김구는 암살당할 때도 서산대사의 시 한 편을 즐겨 썼다.

踏雪野中去(답설야중거: 눈 덮인 들판을 걸어갈 때),
不須胡亂行(불수호난행: 함부로 어지럽게 걷지 말라),
今日我行跡(금일아행적: 오늘 내가 걸어간 자국은),
遂作後人程(수작후인정: 뒷날 사람들의 길이 되리니).

3

# 이승만 편

국회 로텐더홀에 있는 이승만 동상.

1948년 8월 15일 중앙청에서 대한민국 정부수립을 국내외에 공식 선포했다.

# 1. '유엔 창설회의 반소 반공외교 중점, 임정 타격'

## "국부(國父) 이미지와 민족정기 외면" 양면성의 지도자

우남(雩南) 이승만(李承晩) 하면 건국의 지도자로서 국부(國父)와 대권(大權)을 차지하고, 유지하기 위해 친일파를 앞세워 민족정기를 정면으로 짓밟아버린 양면성의 지도자로서 이미지가 뚜렷이 부각된다. 이승만은 1945년 8·15광복 이후 1960년 4·19혁명으로 권좌에서 쫓겨날 때까지 12년간 이 나라와 민족의 운명에 가장 막강한 영향을 끼친 인물이다. 그는 초대 대통령으로서 '건국의 아버지'로 불렸는가 하면, 말년에는 민주주의를 말살한 독재자로 몰려 하와이로 망명해 쓸쓸히 생을 마감했다. 그에 대한 평가는 극에서 극으로 치닫는다. 이승만은 화려한 경력과 일관된 반소반공정책 카리스마를 바탕으로 해방정국에서 치열한 좌우대립과 극도의 혼란을 극복하고, 단독정부수립을 주도했으며, 6·25전쟁을 이겨냈다. 즉, 오늘의 대한민국을 있게 한 정통성(正統性)의 뿌리라는 것이다. 강영훈 전 국무총리는 이승만이 없었다면 한국은 공산화되었을 것이라고 단언하고 그에 대한 일화를 소개했다.

> "1900년대 초 독립협회 시절 한번은 함께 감방에 갇힌 이상재(李商在) 선생이 이승만이 영어공부를 열심히 하는 것을 보고는 이렇게 놀렸다. '언제 죽을지 모르는데 무슨 영어공부를 그렇게 열심히 하느냐?' 그의 응수가 걸작이었다. '혹시 내가 이 감옥에서 살아나가면 우리 민족(民

> 族)과 국가(國家)를 위해 영어를 배워두어야 합니다.' 보통사람의 생각을 뛰어넘는 선견지명(先見之明)이 아닐 수 없다. 이승만이 독재(獨裁)를 했다고 비판하는데, 그분만큼 국제정세(國際情勢)를 꿰뚫어본 사람은 없었다. 하지만 미국이 우리에게 잉여농산물(剩餘農産物)을 제공할 때도 이승만은 결코 비굴하게 굴지 않았을 뿐 아니라 당당했고, 대등한 태도를 취했다. 무초 대사 시절 미국이 이것저것 참견하니까, 그는 이들에게 '당신들이 우리를 도우려면 우리가 도움이 필요 없게 도와주어야지, 우리가 언제나 당신들 도움을 받아야만 살아가도록 도와주면 뭐하냐. 그런 식의 도움은 필요 없으니 여기서 미국 것 다 거두어 가라'고 호통친 일화(逸話)는 유명하다. 나라의 주권을 지킨다는 견지에서 그의 배짱은 대단했고 높게 평가받아야 한다. 이승만은 평소 '식민지 경험이 없는 사람이 지도자가 되는 날, 한일(韓日) 관계가 진정으로 청산될 것'이라고 말했다. 요즘 친일파 기용문제로 일부에서 그를 비판하는 것은 당시 상황에 대한 고려가 전혀 없는 단견(短見)이다."

유영익도 이승만에 대한 평가는 좀더 균형있게 이루어져야 한다며 다음과 같이 주장했다.

> "이승만은 정치가로서 자질이 높은 사람이었으며, 특히 건강이 탁월했다. 술, 담배, 커피를 전혀 하지 않았던 그는 보통사람들보다 월등히 나은 건강을 유지했다. 82세 때 북한산 문수사를 등산할 정도였다. 또 배짱도 두둑했다. 미국 유학시 대학당국에 2년 내에 졸업시켜달라고 주장한 것이나, 한미방위조약을 성사시키기 위해 만약 조약을 맺지 않으면 휴전선(休戰線)의 한국군을 풀어 단독으로 북진(北進)하겠다고 협박한 것 등은 단적인 예이다.
>
> 이러한 성향은 자신이 보통사람이 아니라는 자신감(自信感)과 사명감(使命感)으로 이어졌다. 물론 82세 이후 노욕(老慾)에 이끌려 3선개헌을 하고 '인(人)의 장막'에 가려 비극적 종말을 맞은 것은 인간

이승만의 분명한 한계였다."

이승만은 독립운동 시절부터 독선적 행동으로 잦은 마찰을 빚었다. 이승만은 외교(外交)와 교육(教育)을 통한 독립을 추구했으며, 요인암살 등 대한민국 임시정부의 대일 무력대항을 단호히 거부했다. 상하이 임정 시절 대통령 이승만과 국무총리 이동휘의 의견대립은 독립운동(獨立運動) 방법을 둘러싼 것이었다. 이승만은 반소적(反蘇的) 입장에서 국제외교를 통해 각국의 동정을 얻어 독립하는 방법이 최우선의 길이라고 주장한 반면 이동휘는 대일 무력투쟁을 주장했다. 무엇보다 이들 두 사람의 반목과 대립의 이면에는 사상적(思想的) 대립이 크게 작용했다. 김구에 따르면 "이동휘 국무총리가 공산혁명을 부르짖고, 이승만 대통령은 데모크라시를 주장하여 국무회의 석상에서도 의견이 일치하지 못하고 대립과 충돌을 보이는 기괴한 현상이 층생첩출(層生疊出)하였다"고 회고했다.

군인 출신의 리처드 알렌은 《한국과 이승만》에서 "이승만이 하와이 시절을 통해 어떤 민족지도자(民族指導者)보다 유력한 배경을 가졌다는 것이 오히려 불행의 원인이었다"고 지적했다. 알렌은 "이승만이 세계 어느 나라보다 자신에게 우호적인 미국으로 망명(亡命)하여 오랜 준비기간을 가졌으며, 미국과 유럽의 정치사상을 섭취하고, 하와이 망명결사 내부에서 혹심한 파쟁을 통해 생존수단을 체득했으나, 내부적 정쟁만 배웠지 문명적 정치경륜(政治經綸)을 익히지 못했다"고 비판했다.[1] 해방 후 미군정의 정치고문으로 와 있던 버치는 한국사정을 취재하러 온 〈시카고 선〉지의 마크 케인 기자에게 "이승만 씨는 결코 파시스트가 아닙니다. 그는 파시스트보다 2세기 앞섭니다. 순수한 부르봉파(派)에

1) 리처드 알렌 지음, 윤대균 옮김, 《한국과 이승만》(합동통신사, 1960년), pp. 257~268.

요"라고 말했다. 부르봉 왕조의 루이 14세는 절대군주로서 "짐이 곧 국가"라는 말로 유명하다. 케인 기자는 또 지방의 입법의원 선거를 취재하고 돌아와 이승만에게 2개 도(道)에서 이승만 측 인사가 당선된 것을 보았다고 말하자 이승만은 봉건군주가 그의 왕국(王國)에 대해 얘기하듯 "나의 백성은 나와 같이 있다고 했다"고 전했다. 윤무한은 "이처럼 이승만은 민주적으로 선출된 지도자라기보다는 개명 전제군주(專制君主) 적 정치행태(政治行態)를 많이 보였다. 그는 헌법을 뛰어넘고 대중 위에 군림(君臨)하려 했다. 이런 이승만의 정치행태는 일찍이 구미식 민주주의 문화에 젖었음에도 불구하고 그의 내면에 잠재된 왕족의식에 뿌리를 둔 것 같다"고 분석했다.[2)]

## "건국지도자, 대한민국 정통성 뿌리" vs "민주주의 말살 독재자"

이승만은 1941년 12월 태평양전쟁이 발발하기 직전에 김구의 지원으로 임정산하 주미 외교위원부 위원장이 되었다. 주미 외교위원부는 로스앤젤레스를 중심으로 임정의 후원활동과 한국독립운동을 확대하기 위한 외교선전활동 등을 벌였다. 그러나 이승만의 위원장 취임을 기화로 미주 한인사회는 분열에 분열을 거듭했다. 그래도 김구는 이승만에 대한 끈끈한 의리와 전폭적 신뢰로 바람막이 역할을 했다. 이승만은 1942년부터 1945년까지 미국정부로부터 충칭 임시정부를 승인받기 위해 국무부와 백악관에 수십 차례 요청하며 총력을 기울였지만 실패했다. 이처럼 이승만 외교는 1940년대 초반까지 언론(言論)의 주목을 받지 못했고, 별다른 성과를 거두지 못했다. 하지만 이승만은 태평양전쟁기인 1942년 6월 미 군부와 교섭 끝에 '미국의 소리'(VOA) 단파방송을 통해 육성을 국내에 내보냈다. 그의 미국의 소리 방송은 국내 좌우 지식

---

2) 윤무한, 《인물대한민국사》(나남, 2006년), p. 241.

인들에게 상당한 영향력을 미쳤고, 이승만이 해방 직후 국가지도자 이미지를 형성하는 데 적지 않은 역할을 했다.

> "나는 이승만입니다. 미국 워싱턴에서 해 내외에 산재한 2천 5백만 동포에게 말합니다. 왜적이 저의 멸망을 재촉하느라고 미국의 준비 없는 것을 이용해서 하와이와 비율빈(필리핀)을 일시에 침략하여 수만 명을 살해한 것은 미국정부와 백성이 잊지 않고 보복할 결심입니다.
>
> 우리 임시정부(臨時政府)가 중국 충칭에 있어 중국이 정식으로 승인하여 완전한 독립국 군대자격을 가지게 되었으며, 미주와 하와이, 쿠바, 멕시코 각지 우리 동포가 재정을 연속 보내 우리 광복군 수효가 날로 늘 것이며 우리 군대의 용기가 날로 자랄 것입니다.
>
> 우리 내지와 일본과 중국과 시베리아 각처에 있는 동포들은 각각 행할 직책이 있으니, 왜적의 군비창을 낱낱이 타파하시오. 내가 워싱턴에서 미국정부와 교섭하는 중이며, 우리 임시정부의 승인을 얻을 날이 가까워 옵니다. 싸워라! 나의 사랑하는 2천 5백만 동포여!"

몇 주일 동안 계속된 이 단파방송은 국내 청년들에게 전해져 이들을 크게 고무시켰다. 앞서 그는 1941년 뉴욕에서 《일본 내막기》(*Japan Inside Out*)란 책을 출판했다. 내용은 '일본 황도(皇道)와 전쟁심리', '반전론자(反戰論者)는 오열(五列)과 같다'는 등 15장으로 구성되었으며, 극동에서 일본의 침략주의와 대미 도발행위를 폭로했다. 그리고 미국이 무력으로 일본을 견제해야 태평양지역의 평화(平和)가 보장된다고 주장했다. 이처럼 이승만은 철저한 현실론에 바탕을 둔 정세분석을 통해 자신의 행동반경을 정하는 현실주의자였다.

우남은 1945년 5월 유엔(UN)을 창설하기 위해 열린 샌프란시스코회담에 이르러서야 언론의 화려한 조명을 받았다. 그는 임정을 승인받기보다는 반소반공(反蘇反共)에 중점을 두고 외교활동을 전개, 자신의 입지를 굳혔다. 이승만의 이러한 반소반공 활동은 미국, 중국, 소련 등 연합국과의 연대를 통해 국제승인을 받을 수 있는 필수요인으로 생각하던 임정에 큰 타격을 주었다. 이로 인해 소련은 물론 진보적 인사들이 포진해 있던 미 국무부도 임시정부와 이승만에 부정적 인식을 확고히 했다. 윤무한은 《인물대한민국사》에서 "임정과 한인단체에 대한 국무부의 부정적 인식은 미국의 대한정책이 신탁통치로 귀결되는 데도 작용했다"며 "임정은 이승만의 외교활동을 통해 미국의 우호적 태도를 기대했으나 결과는 정반대로 나타났다"고 주장했다.[3] 정병준도 《우남 이승만 연구》에서 "이승만은 임정승인 외교를 표방했지만, 오히려 임정의 진로에 부정적 결과를 초래했다. 대한정책을 입안 결정하는 미 국무부는 임정과 이승만에 대한 부정적 인식을 더욱 확고히 갖게 되었으며, 중국과 소련 역시 부정적 인식을 갖게 되었다"며 "임정과 한인단체에 대한 국무부의 부정적 인식은 해방 전후 미국의 대한정책이 신탁통치로 결정되는 데도 일정한 작용을 했다. 임정은 이승만의 외교를 통해 미국의 우호적 태도를 기대했지만, 결과는 정반대로 나타났다"고 지적했다.[4]

## 미 국무부, "이승만 반소반공활동 부정인식, 신탁통치 영향"

정병준은 "반면 이승만은 대미 외교과정에서 중요한 성과를 거두었는데, 이는 다름 아닌 미국 내 군부와 민간에 지지기반인 헤리스, 스태거즈, 레이디, 돌베어 등 사설 로비스트를 구축한 것"이라고 분석했다. 이처럼 이승만은 개인적으로는 임정산하 주미 외교위원부 위원장에 임명되어 임정과의 공식적 연계를 가짐으로써 해방정국에서 최고 지도자로 끌어올리게 했다. 아울러 그는 샌프란시스코회담에서 반소반공전선을

3) 위의 책, p. 256.
4) 정병준, 《우남 이승만 연구》(역사비평사, 2005년), p. 267.

외침으로써 아시아의 강력한 반공지도자로 떠올랐다. 이것은 미 국방부 특히 맥아더와 연결짓게 했으며, 이승만은 해방 후 미 국무부가 비자 발급을 거부하자 사설 로비스트였던 노련한 신문기자 윌리엄스와 국방부 굿펠로우 국장을 통해 일본으로 날아갔고, 맥아더가 하지를 도쿄로 직접 불러들여 3자 면담을 했다. 이승만으로서는 시대정신을 잘 읽어냄으로써 남한 정세에서 주도권을 잡는 데 결정적 역할을 했다.

이승만이 귀국직전 도쿄에서 맥아더와 하지 등을 만난 것은 매우 의미심장한 부분이다. 당시 맥아더는 메모에서 이승만을 임시대통령(*provisional president*)라고 적고 있다. 해방 후 귀국한 어느 한국인도 이들의 극진한 대접을 받은 적은 결코 없었다. 이승만이 맥아더는 물론이고 한국을 총괄하는 하지를 도쿄로 불러들여 그를 영접하게 한 사실은 미군정이 수립해 놓은 정치계획안(政治計劃案)과 관련해 매우 중요한 의미를 지닌다. 이승만의 외교고문 로버트 올리버(Robert T. Oliver)의 회고에 따르면 맥아더는 하지에게 "이승만을 조선의 '영웅'으로 환영하라"고 권고했다. 이유는 유엔을 탄생시킨 샌프란시스코회담에서 이승만이 반소반공을 외쳤고, 이러한 이승만과 펜타곤의 전략적 사고가 일치했기 때문이다. 미 국방성은 미국의 미래 적(敵)을 소련으로 간주했다. 전후 세계에서 미·소는 민주주의와 공산주의 확산정책에서 대결을 통한 적대적 관계로 나아갈 것으로 판단했다. 장래 세계 냉전체제를 정확히 간파했던 것이다. 올리버는 또 "이승만, 맥아더, 하지는 도쿄 면담자리에서 일본의 공산화를 막기 위해 공산세력의 남진(南進)을 한반도에서 막아야 한다는 점에 의견의 일치를 보았다"고 적었다. 이처럼 이승만은 반소반공 소신을 정치적 디딤돌로 잘 활용했다.

이승만은 맥아더의 전용기 바탄(Bataan)호를 타고 극진한 환대를 받으며 1945년 10월 16일 33년 만에 서울로 귀환했다. 이로써 그는 반소반공(反蘇反共)의 선봉장이자 화신(化身)이 되었다.

# 2. 정읍발언, "남북분단 단초"—"독립정부 불가피"

## 이승만 첫 귀국연설, "조선 완전무결한 독립 차지, 제일 소원"

이승만이 샌프란시스코회담 등 국제무대에서 반공반소를 외치자 당연히 미 군부로부터 환영받았다. 하지는 자신이 쓰던 조선호텔 스위트룸을 이승만에게 제공했다. 우남이 귀국한 다음날인 10월 17일 신문기자들을 배석시킨 가운데 이승만을 조선의 진정한 애국자로 묘사하며 찬사를 아끼지 않았다. 그는 첫 기자회견에서 "우리는 하루빨리 뭉치고 대동단결하여 우리의 자주독립을 얻어야 한다. 우리가 당면한 문제 중 가장 긴급한 문제는 완전독립이 아닌가. 그러자면 하루빨리 뭉쳐야 할 줄 안다. 한데 뭉치어 우리 땅을, 우리 국가를 찾아놓고 전 인민의 총선거를 단행하여 새 국가를 세우지 않으면 안될 줄 안다"고 강조했다.[5)]

이승만은 10월 20일 미군정이 주최한 대대적인 환영식에 참석했다. 중앙청에는 5만 명의 인파가 모였고, 하지는 그를 '민족의 위대한 지도자'로 소개했다. "이 가운데 조선사람의 위대한 지도자가 있으니 소개합니다. 조선의 해방을 위해 싸웠고, 조선의 자유독립을 위해 큰 세력을 가진 분입니다." 이승만은 하지의 소개로 단상에 올랐다. "내가 이렇게 온 것은 무슨 정당의 연락으로 온 것이 아닙니다. 모든 정당과 당파가 합동해서 한마음 한뜻으로 우리 조선의 완전무결한 독립을 차지하는 것

---

5) 유영익, 《이승만 대통령 재평가》(연세대출판부, 2006년), p. 515.

이 나의 제일 원하는 것입니다. 지금 우리에게 온 기회는 전무후무한 것입니다. 우리 민족이 뭉치면 살고 흩어지면 죽습니다."

하지는 이승만이 연설하는 동안 시종 부동자세로 서 있었다. 해방 직후 남한 최고 통치자인 하지가 고개를 숙이고, 최고 경의를 표하는 '애국자'가 있다는 사실은 당시 국민에게 강렬한 인상을 남겼다. 훗날 이승만이 국부(國父)라는 이름으로 불리게 되는 배경이 되었다. 해방 직후 우익진영은 조직적으로는 김구 주석의 임정을 추대했지만 개인적으로는 이승만을 선호했다. 한민당은 이승만을 김구 등 7명의 영수 중 첫째로 추천했다. 한민당 간부 중 상당수가 이승만과 밀접한 관계를 유지했다. 1920년대 실력양성과 민족개량주의운동, 1930년대 흥업구락부사건, 1940년대 '미국의 소리' 단파방송 등으로 우익진영 내 이승만의 명성과 위상은 다른 영수들보다 앞섰다. 이승만은 조선왕족 출신이라는 혈연으로 국민에게 어필했고, 미국 하버드대 석사와 프린스턴대 철학박사라는 당대 최고 학력이 뒷받침했다. 더구나 만민공동회(萬民共同會) 독립운동을 하면서 사형선고를 받는 등 옥고를 치렀고, 토마스 우드로 윌슨 대통령 등 미국 유력 지인들이 많아 소문을 더욱 부풀리게 했다. 윌슨 총장은 이승만에게 박사학위를 직접 수여하고 '한국독립 구세주'라고 칭찬했다. 28대 미국대통령이 된 윌슨은 '민족자결주의'(民族自決主義)를 제창했다. 이에 1919년 3·1운동이 일어났지만 윌슨은 열강(列强)의 세력균형을 도모하기 위해 한국독립을 희생양으로 삼았고, 파리평화회의에서 한국문제는 거론되지 않았다. 당시 민족자결주의 원칙은 패전국 식민지에 한해서만 적용키로 결정했고, 이후 한국인들의 좌절과 실의는 대단히 컸다.[6)]

이승만은 귀국 얼마 후인 11월 2백 개 정치결사체가 모인 '독립촉성회 중앙협의회'(독촉)를 결성했다. 그는 1946년 2월 미군정과 연대 '민주의

---

6) 김인수, 《시대정신과 대통령 리더십》(신원문화사, 2003년), pp. 25~26.

원'의 조직에 적극 참여했지만, 광산채굴권을 백만 달러에 팔아넘긴 사실로 파문이 일자 한 달 만인 3월 민주의원 의장직에서 물러났다. 그리고 임정 김구 주석과 함께 비상국민회의를 이끌었다. 이후 이승만은 이른바 남선순행(南鮮巡行) 길에 올랐다. 남선순행은 이승만의 정치적 기반강화는 물론 반소반공 소신을 국가정책으로 옮긴 결정적 역할을 했다. 그의 남부지방 시찰은 좌익의 지방 근거지를 뿌리 뽑고, 우익조직을 양성 강화하기 위한 것이었다. 특히 대한민국이 해방된 지 1년도 안 된 1946년 6월 3일 이승만은 남선순행 중 '정읍발언'을 통해 남한만의 단독정부 수립 불가피성을 강조, 남북분단체제의 단초를 열었다. 이승만은 "미·소공위에서 통일정부를 고대하나 여의케 되지 않으니, 남한만이라도 임시정부 혹은 위원회 같은 것을 조직하여 38도 이북에서 소련이 철퇴하도록 세계 공론(公論)에 호소해야 할 것"이라고 주장했다. 이승만이 이날 처음으로 '분단'문제를 꺼냈고, 지금도 그의 주장을 놓고 의견이 팽팽히 맞서고 있다. 이승만의 단정론은 조급한 냉전의식의 발로이자 권력의지의 표출이라고 주장하는 반면 국제정세에 해박한 이승만이 곧 닥쳐올 미·소 간 냉전을 직시한 결과라는 긍정평가가 맞서고 있다. 그는 이미 5월 6일 목포를 방문해 단독정부(單獨政府) 수립을 강조했지만 당시 미·소공위가 열려 언론의 주목을 받지 못했다.

### 정읍발언 "미·소냉전 직시 혜안" vs "단정론 권력의식 표출"

이승만의 단정발언은 정계에 파란을 몰고 왔고, 한민당을 제외한 좌우익이 남한 단정안을 비판했다. 그러나 공개적으로 남한단정을 주장한 또 한 사람이 있었는데, 그는 하지 정치고문이자 이승만의 친구였던 굿펠로우이다. 그는 1946년 5월 24일 귀국에 앞서 기자회견에서 "소련이 제 1차 미·소공위를 재개시키지 않는다면 미국은 남한단독정부 구성을 추진해야 한다"고 주장했다. 랭던도 1945년 11월 20일 '단독정부 구성'의 필요성을 밝혔다. 이승만은 4월 15일부터 두 달에 걸친 영·호남 등 시찰을 통해 독촉국민회를 장악했다.

정병준은 《우남 이승만 연구》에서 "더욱 중요한 것은 지방순회를 계기로 이승만이 전국적 차원에서 우익진영 최고 지도자라는 점을 구체적으로 확인시켰다"며 "독촉국민회 지부는 해당지역 모든 우익의 집결장이 되었으며, 단일 깃발 아래 집결한 지방 우익단체와 인사들은 이승만이 우익 최고영수라는 점을 확인하게 되었다"고 밝혔다. 그는 "이 시기를 전후해 김구는 공주에서 대중연설을 통해 이승만이 최고 지도자이며, 선거가 실시되면 이승만에게 투표해 달라고 호소했다"며 "우익진영 내의 위계질서는 이승만-김구-김규식으로 이어진다는 인식이 보편적으로 만연했다"고 지적했다.[7] 이승만은 6월 9일 지방순회를 마치고 상경했다. 그리고 6월 10~11일 개최된 독촉국민회 전국대회에서 그는 명실상부한 우익 대중조직의 수장으로 등장했다. 이승만은 11일 연설을 통해 항간에 퍼져 있는 김구와의 갈등을 부정했다. 이 연설은 이승만이 행한 대중연설 중 백미였고, 단정발언을 부정하는 듯한 태도를 취했지만 이는 여론무마용이었을 뿐이다.

이승만이 독촉국민회 전국대회에서 승리를 거둔 요인에는 두 가지였다. 첫째, 도·시·군 지방순회를 통해 지방단위 좌우투쟁이 어떤 방식으로 귀결될 것인지를 구체적 실례로 보여줌으로써, 우익의 명실상부한 지도자가 될 수 있었다. 둘째, 1945년 12월 말 조직되어 반탁운동 과정에서 급격히 성장한 임정산하 정치공작대가 이승만 진영으로 합류했기 때문이다. 그 과정에서 내무부장 신익희(申翼熙)는 이승만 진영에 가담, 임정세력은 약화된 반면 이승만의 조직력은 급성장했다.[8] 결

---

7) 정병준, 《우남 이승만 연구》(역사비평사, 2006년), p. 560.

8) 위의 책, p. 562.

국 이승만은 지방순회와 신익희 정치공작대 합류에 따라 독촉국민회는 우익 내에서 가장 강력한 대중조직으로 발전했고, 이승만은 독촉국민회를 장악했으며, 가장 많은 정치자금을 확보함으로써 우익 내에서 도전받지 않은 지도력을 갖게 됐다.

## 정치자금 모금귀재, 경제보국회 1천만 원 받아 독촉국민회 장악

이승만은 정치자금(政治資金)을 모집하는 데도 귀재였지만 그로 인해 많은 비판과 질시를 받았으며 3월에는 광산채굴권 파문으로 민주의원 의장직에서 물러나기도 했다. 그는 하와이에서도 재정권(財政權) 장악을 둘러싼 갈등으로 재판과 폭력사태를 끊임없이 야기했다. 이승만은 경제보국회(經濟報國會)로부터 1천만 원을 받아 6월 독촉국민회를 장악했다. 이승만이 조성한 최대규모 정치자금은 1946년 말 도미외교자금으로 14,704,820원 64전+350달러였다. 이는 모두 영수증철이 남아있다. 그러나 1947년 초 시중에 떠돌던 소문은 약 1~2억 원을 조성했다는 것이다. 남한 정계에 정통했던 버치 등 미군정 관리들은 도미(渡美) 경비로 3천만 원을 모금했다고 확신했다.

미군정은 1946년 5월 미·소공위가 결렬되자 김규식과 여운형을 중심으로 좌우합작운동을 적극 추진하면서 '남조선과도입법의원(약칭 입법의원)의 설치'를 발표했다. 9월 20일 법령초안을 공표하고, 10월 12일 군정법령 제118호로 입법의원 설치가 확정되었다. 이렇게 설치된 입법의원은 총 90명으로 구성, 그 중 45명은 선거에 의해 선출된 민선의원, 45명은 하지가 선정한 관선의원이었다. 민선의원 대부분은 이승만의 독촉과 한민당의 보수세력이 당선되었고, 관선의원은 미군정의 중도정책에 따라 강경한 좌우세력이 배제되고 좌우합작파에서 임명되었다. 미군정에서 배제된 이승만은 하지와 틈이 벌어졌다. 이승만은 11

월 22일 자신이 민주의원 대표로 도미한다고 발표했다. 이승만의 도미외교(渡美外交) 환송 절정은 그가 미국으로 떠난 직후인 12월 7일 개최된 외교사절 파견 국민대회였다. 우익정당 사회단체 등 1만여 명은 서울운동장에 모여 유엔총회에 한국의 즉시 독립을 호소하러 가는 민족대표를 지지한다고 결의했다. 정병준은 "이러한 선전작업은 결과적으로 '국내 과시용'으로서 이승만의 위상강화에 기여했으며, 이승만의 도미외교가 영향력을 행사한 곳은 미국이 아니라 국내정치에서였다"고 주장했다. 하지는 맥아더와 미 국무부로부터 이승만에게 군용비행기 사용허가를 얻어주었고, 이승만은 12월 4일 도쿄에 도착했다. 맥아더는 이승만의 면담요청을 거절했지만 도쿄에 하루 더 머물며 '눈총을 받아가면서' 맥아더를 잠시 만났다. 이승만은 12월 8일 워싱턴에 도착했다.

이승만은 기자회견에서 "미국이 고려하는 한국의 통일과 독립정부수립 및 승인에 대해서 미국정부의 원조를 받기 위해 한 달간 머물 것"이라고 밝혔다. 하지만 12월 11일 미 국무차관 애치슨(Dean Acheson)은 이승만의 발언에 대해 "미국의 정책은 항상 통일, 자유, 민주국가를 지향하는 동일한 것"이라고 반박했다. 이승만이 미국에 도착하자마자 "하지가 45명의 관선입법의원을 선발하면서 공산주의자를 포함시켰으니, 이를 철회하게 해 달라"고 맥아더와 미 국무부를 상대로 호소했다. 이승만은 도미 당시 내걸었던 유엔총회에 한국문제를 상정하는 일은 관심사항도 아니었다. 총회가 휴회될 때까지 뉴욕에 가지 않았고, 대부분의 시간을 하지를 비난하고 단정수립 선전활동에 보냈다.

## 이승만 도미외교, "통일정부 외면, 하지 비방 · 단정선전 집중"

이승만은 워싱턴 도착 후 로비스트인 스태거즈, 윌리암스, 굿펠로우 대령, 우달 대령, 브라운 목사, 올리버, 임병직, 임영신 등으로 전략회의를 조직했다. 그는 이들과 함께 미 국무부에 제출할 6개항의 기본방침을 결정했는데, 가장 중요한 내용은 '남북통일 이전에 과도정부를 수립하자는 것'이었다. 이것은 남한 단정안을 유엔이란 틀 속에서 합리화할 수 있도록 포장시킨 것이었고 1월 27일 미 국무부에 제출했다. 그는 극우 반공성향을 지닌 미국 정치인, 종교계 인사, 신문기자들을 자신의 선전활동에 동원했고, 맥아더와 하지를 대비시키며 하지와 미 국무부 일부 관리를 '공산주의자'로 몰았다. 이승만은 "하지가 좌익을 편애하고, 남한 우익을 탄압하는 반면에 맥아더는 남한 우익을 선호하고, 미군정이 군사독재를 실시하는 반면 맥아더의 대일정책은 민주적"이라고 주장했지만 국무부는 외면했다. 이승만은 국무부 민정차관보 힐드링을 만난 후 국내언론은 "힐드링이 남한 단독정부수립을 지지했다"는 밀약설을 퍼뜨렸다. 힐드링은 1947년 3월 10일 "미국은 한국정부수립까지 철수하지 않을 것"이라고 발언했는데, 국내언론은 "이것을 단독정부수립 계획"이라고 보도했다. 그의 정치고문 올리버조차 "이승만이 사실을 왜곡했고, 그 유일한 목적이 한국 내 자신의 정치적 위치에 영향을 주는데 있었을 뿐"이라고 지적했다.

그래도 이승만에게는 국제정치 정세가 '냉전체제'라는 새로운 이념대결구도 형성의 운이 따라주었다. 트루먼 독트린이 1947년 3월 12일 발표되자 미국의 한반도정책도 급변했다. 이승만은 아시아 반소반공정책의 거두이자 예언자로서 트루먼 독트린을 이끌어낸 원동력이란 찬사를 받았다. 〈뉴욕타임스〉는 3월 20일 "미국이 3년간 6억 달러의 대한 원조계획 검토중"이라고 보도했는데, 이승만의 공으로 돌려졌다. 나아가 AP통신은 "마샬 국무장관이 남한단정 계획을 적극 고려중"이라고 보도했다. 정병준은 "이승만의 도미외교 성과는 이미 초과달성되었다. 이승만은 국내 언론에 의해 반소반공 남한 단독정부수립의 세계적 예언자가 되었고, 미국 정책입안자보다 먼저 세계정세의 흐름을 읽어내는 지도자로 부각되었다"며 "하지만 주한미군 정보당국은 이승만이 미국 내 대소 강경여론에 편승해 미국이 대한정책의 일환으로 고려중인 대안들을 자신의 외교활동 성과로 선전하는 데 분노했다"고 적었다.[9]

## 올리버, "방미 이승만, 한국 내 정치적 위상만 골몰" 지적

이승만은 1947년 4월 5일 미니아폴리스를 떠나 의기양양 귀국길에 올랐다. 도쿄를 방문해 맥아더를 다시 만났고, 중국 상하이와 난징에 들러 장제스와 회동, 김구의 임정자금 10만 달러를 돌려달라고 요구했지만 무산됐다. 이승만의 도미외교 자체로는 미국의 대한정책에 아무런 영향이나 변화를 주지 못했지만 트루먼 독트린과 대한원조계획 등을 자신의 외교성과로 십분 포장, 국민을 완전히 속였다. 4월 23일 이승만의 귀국성명은 자신을 부각시키는 데 성공했다.

> "트루먼 대통령이 한국에 민주정체 건설을 절대 지지하며, 국무성 모씨(힐드링 지칭)는 한국 총선거(總選擧)로 독립정부를 수립함에 찬성이고, 중국은 장제스 주석과 민중여론이 만강열정(萬康熱情)을 표하며 맥아더 장군은 나와 2시간 동안 담화에 한인들이 자치 자주할 능력 있는 것과 권리사용의 필요는 누구나 인정했다. (중략) 화성돈에서 하지 중장과 나와 협의된 것이 더욱 충분하여 입법의원을 통하여 총선거제도 통과의 필요성을 역설했다."

이승만은 4월 27일 귀국환영대회에서 "입법의원이 총선거 법안을 만들어 남한 과도정부, 즉 단독정부(單獨政府)를 수립해야 하며 이제 김구와 김규식은 임정법통론(臨政法統論)과 좌우합작론(左右合作論)을 모두 포기하고 '나와 같이 보조를' 취해야 할 것"이라고 선언했다.

---

9) 위의 책, p. 640.

# 3. "권력에 대한 이승만 집념, 상식초월 절대적"

## 무초 대사, "제퍼슨식 민주주의자 자처, '이승만식 독재'로 전환"

1947년 미군정의 정보책임자는 "김구는 항상 전면에 나서 공공연한 투쟁을 선호하는 반면 이승만은 대중의 환호가 없을 때는 막후에서 극우주의자들을 조종하고, 환호하는 군중이 많을 때는 무대 전면에 나서서 행동을 지휘하는 특성을 보였다"고 논평했다. 이승만과 의견충돌이 잦았던 초대 주한 미대사인 무초는 이승만에 대해 이렇게 평가했다.

> "이승만은 고집이 매우 강했다. 게릴라 작전과 같은 활동으로 오래 일본과 투쟁한 결과, 한국 대통령이 되었다. 이때 그는 너무 노쇠(74세)해 게릴라적 행동, 혁명적 본능을 공인된 국가원수의 면모로 변화시킬 수 없었다. 이승만은 자신의 경험에 기초해 매우 지나치게 의심이 많았다. 그는 아무도 믿지 않았다. 자신을 믿었는지조차 의심스럽다. 그는 스스로 토머스 제퍼슨식 민주주의자(*a Jeffersonian Democrat*)라고 자부했다. 이런 면에서 그의 수사학은 미국인 방문자를 매혹시켰다. 내 생각으로 이승만은 이를 이승만식 독재(*Rhee Autocrat*)로 전환시켰다. 그는 의문의 여지없이 괴팍하고 매우 고집 센 독재자였다."[10]

서중석은 《한국현대 민족운동연구》에서 "권력에 대한 이승만의 집념

10) G-2, periodic report No 703(1947년 12월 8일), pp. 13~14.

은 상식을 초월하고, 양식과 사리를 떠난 그 자체가 절대적 목표였다"고 평가했다.[11] 이승만은 1947년 4월 22일 미국과 중국을 방문하고 귀국하자마자 입법의원이 보통선거법안을 통과시킨 후 남한총선거를 실시, 남한 단독정부수립 방침을 확고히 굳혔다. 그는 공개적으로 김구가 임정법통론을 폐기해야 한다고 주장했으며, 김규식과 여운형의 중도파가 미군정의 지원 속에 추진하는 좌우합작의 과도정부수립 방안을 공격했다. 이승만의 이러한 전략은 3월 9일 워싱턴에서 하지와 은밀히 회담을 가진 결과 때문이다. 하지는 회담에서 "입법의원이 제정한 보통선거법에 따라 총선거를 치름으로써 남한 과도정부를 수립할 것과 대통령에 김규식을 옹립할 것"이라고 밝혔다. 이승만은 3월 중순 1946년 6월 정읍발언 이래 주장해오던 단정안과 미군정 과도정부안을 절충한 '과도독립정부(*Interim Independent Government*) 안'을 미 국무부에 제안했다.

이승만은 당시 미군정 지원을 받는 좌우합작의 중도파가 가장 큰 외부적이었다면 임정법통론에 근거해 정부수립을 촉구하는 임정계열이 우익내부의 가장 큰 적이었다. 귀국 직후 보통선거법 제정 및 총선거를 주장하는 이승만과 임정법통론을 주장하는 김구진영 간의 갈등은 우익진영 전반에 번졌다. 미군정은 5월 14일 법령 제 141호를 발표, 미·소공위 재개에 대비 남조선 과도정부를 선포했다. 5월 21일 제 2차 미·소공위가 재개되자 한민당이 참가를 전격 발표해 이승만은 격분했다.

## 이승만, "지지기반 한민당 제 2차 미·소공위 참가 큰 충격, 격분"

한민당 장덕수 정치부장은 "일부 소수당 및 외세와 결탁해 임명식 정권수립을 기도하는 공산세력의 책동을 분쇄하고, 이승만이 주장하는 총선거에 의한 통일정부수립을 공위 내부에서 관철시켜야 한다"며 "들

11) 서중석, 《한국현대 민족운동연구》(역사비평사, 1991년), pp. 544~545.

어가서 싸운다"고 참가의 변을 밝혔다. 이승만은 6월 2일 미・소공위를 거부하고 총선거를 통한 '자율 독립정부' 수립을 주장하면서 "총과 폭탄이 나의 육체는 꺾을 수 있겠으나 나의 정신과 주장은 꺾지 못할 것"이라고 성명을 발표했다. 그도 한때 미・소공위가 진전되고 임시정부수립 가능성이 높아지자 "미・소공위로 수립될 정부가 공산주의 정부가 아니라 '미국식 조선정부'가 되어야 한다"며 재빨리 변신하려는 모습을 보였다. 미군정은 6월 29일 입법의원을 통해 보통선거법안을 통과시켰다. 이는 미・소공위가 임시정부수립에 합의할 때 활용되도록 준비했다. 7월 1일 한민당은 남북총선거로 정부를 수립할 것, 임시정부 국권을 침해하는 신탁안을 절대 배격할 것, 임시정부수립시 대한민국 임정법통을 계승할 것 등을 내세웠다. 미군정 정보분석에 따르면 6월 초가 되자 이승만은 공위의 성공가능성을 인정했으며, 김규식을 주석, 여운형을 부주석으로 임명하는 임시정부가 수립되면 임정은 단명하고, 총선거를 통해 자신이 김규식을 대체할 것으로 점쳤다. 정병준은 《우남 이승만 연구》에서 "이승만은 제 2차 미・소공위 성공가능성이 점쳐지던 1947년 6월~7월 10일까지가 대통령으로 가는 과정에서 가장 힘들고 결정적 순간이었다"며 "미군정과 한민당 마저 이승만에게 등을 돌린 이 시점이 해방 이후 이승만과 김구가 서로 협조를 절박하게 원하고 협력했던 마지막 시기였을 것"이라고 주장했다.[12] 이승만과 김구는 6월 23일 서윤복의 보스톤마라톤대회 우승환영을 명분으로 집회를 개최, 수만 명이 참가한 가운데 반탁시위를 벌였다.

이 무렵 미군정에 요인 테러첩보가 들어와 좌우합작 중심인물인 김규식과 여운형에게 신변보호를 밝혔지만 여운형은 거절했다. 이승만과 김구의 반탁운동 절정은 7월 10~17일까지 진행된 민족대표자대회였다. 이승만은 미・소공위에 불참한 자신과 김구세력만으로 공위에 대

12) 정병준, 앞의 책, pp. 615~617.

항하고 남한단정수립을 추진하는 것이었다. 그는 임정세력과 연대해 민족대표자대회를 통한 남한단정수립을 희망하면서 "임정법통에 의한 정부수립을 잠시 보류하고 총선거에 집중하자"며 '선 총선, 후 정부수립'을 강하게 피력했다. 민족대표자회의는 7월 12일, 국민의회는 13일 각각 두 단체의 통합을 결의했다. 김구는 15일 양측 교섭위원회의에 참석 "정부수립에 관해 이승만과 자신 간에는 의견차이가 없으며, 자신은 2인자"라며 "이승만을 따르자"고 강조했다. 양 진영이 본격적 통합을 이루려는 순간, 제 2차 미·소공위는 협의대상 단체 명부작성을 둘러싸고 7월 16일 대치상태에 빠졌다. 이승만은 이날 하지와 회담에서 "공위로 수립될 임시정부에 참여하지 않겠다"고 선언했다.

## 이승만, "47년 6~7월 가장 힘든 결정적 시기, 김구 적극협력 재기"

미국은 7월 들어 한국문제를 유엔으로 넘기기 위한 단계적 조치들을 취해나갔다. 특히 7월 19일 미·소공위의 성공을 위해 매진하던 여운형이 암살되고, 좌우합작을 통한 과도정부 수립은 수포로 돌아갔다. 미·소공위의 결렬을 예감한 이승만은 보통선거법에 의한 남한총선거를 재차 추진했다. 17일 민족대표자회의와 국민의회, 입법의원 20여 명 등과 함께 연석회의를 가진데 이어 28일 하지에게 총선거법안 즉시 공포를 요청하는 서한을 보냈고, 8월 1일 대의원대회에서 총선거 실시에 관한 방책을 수립할 것과 4개항을 결의했다. "① 보선실시 선포를 하지 중장에게 요청할 것, ② 민정장관을 민선으로 하도록 하지 중장에게 요청할 것, ③ 총선거 실시에서 하지 중장의 협조를 요청할 것, ④ 미·소공위는 어느 때 종결될 것인가 하지 중장에게 질문할 것."

이 결의는 미·소공위 반대나 반탁의 시기가 지나고 미·소공위의 종결에 따른 총선거가 임박했다는 이승만 측의 정세인식을 보여준다.

이승만이 위기를 넘기고 정국주도권을 잡았음을 의미했다. 미국의 입장변화는 트루먼 독트린에 따른 국제정세 본격화와 1947년 초반부터 본격 검토되었던 남한 단정안의 현실성이 크게 작용했다. 그러나 이승만과 김구는 남한만의 총선거냐 임정법통이냐를 놓고 대립했다. 이승만은 "미군과 협조하거나 한인 단독으로라도 조속한 시일 내에 총선거를 실시해야 한다"며 "총선거에 반대하거나 미군과 협조하지 않고 '자율적'으로 하자는 반대의견이 있다"고 임정법통론을 비판했다. 그는 9월 9일 총선거대책위원장에 신익희를 임명하는 등 남한만의 조기 총선거를 강력히 추진했다. 이승만은 또 임정계열과 통합보다는 한민당과 재결합을 선택했다. 반면 김구의 국민의회는 9월 1일부터 5일까지 43차 임시대회를 열어 이승만의 총선거안, 즉 남한 단선, 단정수립에 반대하는 결의안을 채택하고, 이승만을 주석, 김구를 부주석에 재추대했다. 이승만은 9월 3일 국민의회에 메시지를 보내 "총선거를 반대하는 것은 건국대업의 전도를 막는 공담(空談)이며 지금은 38 이남은 고사하고 다만 한 도(道)나 한 군(郡)으로만이라도 정부를 세워야 한다"고 맞선 데 이어 16일 국민의회 주석을 거부했다. 그는 김구가 임정요인들과 갈라서지 못하자 "다 썩은 동아줄을 못 끊는다"고 한탄했다. 이승만이 임정과 결별을 선언한 것은 해방 이후 우익의 정부수립방안이 상하이 임정을 계승한 정통성 확보였는데 한국문제의 유엔이관에 따라 종식됐다.

### 우남, '전국 지지집회 동원, 47년 12월 1일까지 총선거 실시 요구'

미·소공위의 결렬로 한국문제는 9월 17일 유엔에 넘겨졌고, 미국은 10월 17일 결의안 초안을 제출했다. 앞서 9월 26일 소련은 미·소 양군을 1948년 말까지 철수시키자는 철병안을 내놓았다. 이승만은 9월 말 소련의 양군 철수제안을 비판하고, 소련군의 즉시 철수를 요구했다. 그는 "미군이 계속 주둔해야 하며, 미군정은 북한의 한인적군부대를 해산하고 우리의 국방군이 사용할 충분한 무기와 탄약을 공급해야 한다"고 주장했다. 이승만은 민족대표자대회, 한민당 등 우익 정당단체로부터 민족대표로 선정되었다. 그는 대회에 참석하지 않고 민족지도자로 추대되는 독특한 정치기법을 연출했고, 당시에는 성공했다. 하지만 나중에는 나치처럼 전형적인 독재정치 어용단체 동원수법으로 전락했다. 대대적인 유엔대표 추대운동과 총선실시를 통해 자신의 입장을 분명히 한 이승만은 정권수립의 결정적 기회가 도래했다고 판단, 국내잔류를 결정했다. 그는 "국내문제가 더 시급하여 갈 수 없다"며 "유엔에 가서 좌우합작 정부를 세워야 한다고 주장하는 사람(김규식)과 총선에 반대하는 사람(조소앙)과는 동행할 수 없다"고 덧붙였다. 한국문제가 유엔에 상정된 10월 중순, 이승만은 남북총선거를 통한 통일세력이 절대 우세했기 때문에 유엔을 통한 한국문제 해결에 조바심을 내기 시작했다.

이승만은 미군정을 향해 조기 총선거 실시를 적극 요구하며, 구체적인 일자를 확정하라고 압박을 가했다. 독촉국민회는 10월 21일 애국단체대표회의를 개최하고 좌익의 폭동음모, 좌우합작파, 임정법통파를 규탄했다. 26일에는 남산공원에서 총선거 추진 및 국제음모규탄국민대회를 개최했는데, 미군정은 "이날 집회가 '이승만지지 전국집회'였으며 5만 명이 참석했다"고 기록했다. 10월 마지막 주 독촉국민회 지방지부가 주최하는 총선거 추진국민대회가 개성(1만 명 참석)과 마산(5천 명 참석) 등에서 개최되었다. 이승만은 10월 26일 결의안을 통해 12월 1일까지 총선을 실시하라고 촉구했고, 12월 1일이 지나자 1948년 1월로 조정했다. 하지는 한국문제가 유엔에 상정된 이상, 유엔의 결정과 본국 훈령 없이 자신의 권한으로 총선거를 실시할 수 없다고 했다. 이승만은 하지와 물밑접촉하면서 1948년 4월 중으로 남한에서 총선거 실시를 약속하면 하지와 미군정에 최대한 협조를 약속했다. 이승만의 계속적인 조기 총선거를 주장한 이유에 대해 정병준은 "유엔을 통해 전국 총선거가 실시되거나 아니면 남한 단독선거가 일정도 없이 연기되는 사태를 저지하기 위한 것이었다"며 "유엔한국임시위원단의 방한(訪韓)이 확정된 이후에도 이 박사는 이들의 방한 이전에 총선을 실시해야 한다는 주장을 계속했다"고 밝혔다. 이를 위해 이승만은 딘 군정장관에게 대표를 파견해 조기 총선거 일자확정을 요구했고 대중시위, 시가행진, 철시 등 조기총선 압력방안을 계획했다.

이승만은 11월 30일 서북청년회 창립 1주년대회에서 '조기 총선거 실시를 위해 싸우다 죽어도 좋다'는 연설을 했다. 정병준은 "이 박사의 조기 총선 요구는 유엔한국임시위원단의 활동이 결국 남한 단독선거로 귀결될 것을 대비한 포석"이라며 "이승만은 한국문제의 유엔이관-유엔한국임시위원단의 파견결정-유엔한국임시위원단의 입국에서 적극적으로 남한만의 조기 총선을 주장함으로써 남한 총선이 자신이 쟁취해낸 성과로 비춰지길 원했다"고 분석했다.[13] 당시 〈동아일보〉는 11월 6일 "이승만은 11월 4일 유엔위원단이 남북총선거를 감시하려 해도 소련이 불응하면 남한총선거로 귀결될 것이니 시일만 허비할 뿐"이라며 "남한만의 단독선거를 주장했다"고 보도했다. 당시 김구와 함께 임정의 정통성 고수와 남한만의 단정수립에 반대했던 조소앙은 한국문제의 유엔이관을 통일독립국가의 호기(好機)로 파악하여 남북협상운동을 추진했다. 한독당 대표로 참가한 그는 12정당협의회를 구성해 대표를 맡아 활동하면서 한민당 이승만 등 극우와 민전 남로당 등 극좌를 제외한 남북정당회의 개최를 주장했다. 그는 "유엔 감시하의 총선은 찬성하나, 이승만의 남한단선에는 반대한다"고 밝혔다.

이승만은 김구와 재결합, 정협을 막았다. 정협은 11월 17~19일 열렸지만 곧 붕괴됐다. 정병준은 "한독당이 19일 정협에서 철수한 가장 큰

---

13) 위의 책, p. 679.

원인은 우익진영 공세와 좌익진영 불참으로 정협의 지지부진과 조소앙의 야심에 대한 김구의 의혹 때문"이라고 지적했다. 김구는 이승만과 11월 말 여러 차례 회동한 후, 11월 30일 단정을 옹호하는 듯한 성명을 발표했다. 정병준은 "이승만이 주장하는 정부나 자신이 주장하는 정부가 동일하다는 김구 성명은 임정이 이승만의 남한단독선거 주장에 동의하고 있음을 보여주었다"며 "11월 24일 김구는 남한단독선거가 국토분단, 민족분열을 초래한다고 비판했는데, 불과 1주일 만에 정반대의 입장으로 돌아선 것이었다"고 지적했다.[14] 김구는 훗날 이 점 때문에 두고두고 비판받았다.

## 김구, '이승만의 남한 조기 총선 단독정부수립 찬성' 오점 남겨

당시 〈조선일보〉 11월 25일자 보도에 따르면 "미군정 정보당국은 이승만과 김구의 차이는 즉각적인 선거 실시문제였다. 유엔한국임시위원단의 총선거 실시 하한선이 1948년 3월 31일이기 때문에 김구는 이승만처럼 선거를 서두를 필요가 없다고 생각하며, 유엔한국임시위원단이 실패하면 남한단독정부 수립에 동의할 것"이라고 밝혔다. 12월 1일 열린 국민의회에 이승만과 김구가 함께 참석, 이전과 같은 협조체제가 도래한 것으로 보였다. 이승만은 "과거를 잊고 새 출발하자"며 남한 조기 총선거 실시와 남한정부수립 후 북한과 통일을 주장했다. 김구는 이승만과 서로 의견이 완전히 일치했으며, 만약 남한총선을 통해 정부가 수립되면 이 정부는 '전국 정부'라고 역설했다. 민족대표자대회와 통합을 위해 5인위원회를 구성했고, 이승만도 11월 30일, 12월 1일 김구와 연일 회동, 민족대표자대회의 국민의회 합류를 지시했다. 이들은 1~2일 회의를 갖고 민족대표자대회의 해체와 국민의회에의 통합에 합의했다.

14) 위의 책, p.686.

두 조직의 통합은 12월 12일로 예정되어 있었고, 이승만은 입법의원 48명을 이 통합에 합류시킴으로써 한국을 대표한 새로운 조직이 유엔한국임시위원단과 한국문제를 상의할 수 있을 것이라 예상됐다. 김구는 "두 조직의 완전 합작이 민족단결 공작의 기초이며, 이승만과 완전한 합의를 보았다"고 발표했다.

그러나 12월 2일 오후 6시 50분경 한민당 정치부장 장덕수가 집에서 암살되고, 이 사건 배후에 김석황 등 한독당 관계자가 연루되었음이 밝혀지자 두 조직 통합은 물거품이 되고 말았다. 김구는 12월 14 · 21 · 22일 이화장을 방문 장덕수 암살문제와 두 단체 통합을 논의했지만 이승만의 냉담한 반응에 분노했다. 김구는 12월 22일 성명을 발표, 남북 자주통일정부수립 당위성을 강조하고 남한 단독정부수립에 반대하는 자신의 입장을 거듭 천명했다. 이승만과 김구는 결정적으로 갈라섰다. 미군정은 "이승만이 초대 대통령이 되려는 생각에 집착하고 있으며, 최대 장애는 김구"라고 지적했다. 이승만은 두 마리 토끼를 잡는 효과를 거뒀다.

인도인 쿠마라 P. S. 메논을 단장으로 한 유엔한국임시위원단은 1948년 1월 10일 서울에 입국했다. 이승만은 26일 유엔한국임시위원단과 협의에서 "미군정의 중간파 후원정책이 공산당을 부활시킨다"고 비난하고 "첫째, 유엔한국임시위원단이 과도선거를 실시해 3~4주 내에 민선대표단을 구성하여 협의, 둘째, 조속히 남한만의 총선거를 실시해 남한에서 '통일정부' 수립" 등 두 가지 방안을 제시했다. 이승만은 "유엔한국임시위원단이 북한에 들어갈 가망이 없으며, 전국 총선거가 불가능하니 시간을 낭비할 것 없이 남한단독선거를 하자"고 주장했다. 반면 김구는 "미 · 소 양군을 철수시킨 다음 남북요인회담(南北要人會談)을 열어 선거준비를 하고, 총선거를 통해 통일정부를 수립해야 한다"고 밝혔다. 이 과정에서 유엔한국임시위원단도 단독선거 실시를 통한 독립국가 수립과 단독선거는 영구분단 초래를 놓고 의견이 4 대 4로 팽팽히 맞섰다.

## 모윤숙 · 메논 연정, "이승만과 독대, 유엔상정, 단정수립"

그러자 이승만은 모윤숙을 메논 위원장에게 접근시켜 유엔한국임시위원단의 마음을 돌리도록 했다. 메논은 유엔소총회가 2월 26일 남한단독정부 수립을 결의할 때까지 많은 활동을 했다. 단정수립에 반대했던 인도 대표로 한국에 온 메논은 모윤숙의 노력으로 하지를 떼어버린 채 이승만과 독대했다. 이승만으로부터 메논을 설득하기 위해 간곡한 당부를 받은 모윤숙은 이광수에게 모든 것을 털어 놓고 상의했다. 단정수립 확정 후 메논이 한국을 떠난 뒤 모윤숙은 "고마운 사람! 나만 아는 잊을 수 없는 은인. 그는 정치인이라기보다 우정과 신의에 가득 찬 영혼을 가진 세계의 외교관이었다. 이 박사는 실로 그 은혜를 잊을 수도, 또 잊어서도 안될 것"이라고 썼다. 그는 1983년 〈신동아〉 3월호 "잊을 수 없는 메논 위원장과 나의 우정"에서 "한국 건국과 우리의 우정은 미묘한 함수관계에 있었고, 만약 나와 메논 위원장의 우정이 없었다면 남쪽만의 선거는 어쩌면 없었을지도 모른다. 이승만 박사가 대통령이 안 됐을지도 모르고, 그렇다면 오늘의 한국은 어찌 되었을까?"라고 적었다.

이승만의 의도대로 유엔한국임시위원단은 2월 16일 한국문제를 유엔소총회에 이관했고, 유엔은 26일 격론 끝에 찬성 31로 "남한만의 총선거를 실시하고 감시할 것"을 결의했다. 유엔한국임시위원단은 미군정 하지가 제시한 유엔 감시하의 5월 10일 총선거 실시를 찬성 4로 가결했고, 하지는 3월 1일 이 사실을 공표했다. 이로써 이승만은 대권 싸움에서 최후 승자가 되었다.

# 4. 정부수립, "살아있는 몸 살려, 죽은 편 살리기 꾀해야"

## "이승만 신봉, 미국식 민주주의가 아니라 독재자 파시즘"

〈조선일보〉의 2007년 8월 보도에 따르면 우리나라 국민 중 초대 대통령이 누구인지 아는 사람은 82.1%이고, 모르는 사람은 17.9%에 달했다. 이승만이 정권을 장악한 후 미국 CIA는 이렇게 평가했다. "이승만은 개인적으로 이 나라를 장악할 궁극적 목적으로 한국 독립에 전 생애를 바쳤다. 이 박사는 자신의 개인적 출세를 위해 기꺼이 이용할 수 있었던 요소들을 이용하는 데 주저치 않았다. 중요한 하나의 예외가 있다면 그것은 공산주의와 거래를 항상 거부했다는 점이다. 이 박사의 지성은 천박했고, 그의 행동은 흔히 비합리적이거나 유치하기조차 했다. 그러나 이승만은 결국 자신이 아주 빈틈없는 정치인임을 증명했다."[15]

평생 동안 독립운동을 펼친 이승만은 해방정국에서 체험적으로 공산당의 함정을 간파했다. 그는 동서양의 수준 높은 교육을 받아 풍부한 지식을 바탕으로 국제정치의 중심부로 떠오른 워싱턴에서 독립운동 외교를 펼치며 항상 국제정치 관점에서 한반도 문제를 통찰했다. 이런 안목(眼目)과 통찰력이 남한 단독정부수립의 불가피성을 확고히 인식했으며, 공산당의 전략과 본질을 꿰뚫고 있었다.[16] 이승만의 성장배경을

15) 위의 책, p.696.

살펴볼 때 그에게 가장 큰 영향을 끼친 것은 왕족의식과 정치지향성이었다. 기독교와 미국 등 근대문명은 이러한 지향성을 뒷받침하는 도구적 역할을 했다. 정병준은 "따라서 이승만이 신봉하는 민주주의는 대의제 민주주의나 미국식 민주주의가 아니라 독재자 파시즘"이라고 주장했다. 그러나 유영익은 "서재필은 이승만이야말로 신생 대한민국 초대 대통령이 될 자격이 있는 유일한 인물이며 한국 역사상 가장 걸출한 인물 중 한 사람이라고 평가했다"고 말했다. 서재필이 1949년 올리버 고문에게 보낸 '이 박사에 대한 나의 인상'이라는 글에는 다음과 같이 밝혔다.

> "조국(독립)을 위한 그의 집념과 불요불굴의 헌신적 노력은 그가 한국을 위해서 한 봉사 가운데 가장 돋보입니다. 작년(1948년)에 대한민국 국회는 오랫동안 최악의 조건에서 자기 민족을 위해 헌신했던 그의 노고를 인정하여 그분을 한국 역사상 최초의 민주주의(民主主義) 정부 대통령으로 선출하였습니다. 나는 이 박사 이외에 이 영예에 더 합당한 인물을 알고 있지 않습니다. 나는 그가 성공적으로 (대통령직을) 수행할 것을 바라며 또 그는 그렇게 할 자격을 갖추었다고 봅니다."

반면 이와는 정반대의 서재필의 주장도 제시됐다. 이정식은 《구한말의 개혁·독립투사 서재필》에서 "서재필은 〈신민일보〉와 1948년 3월 14일자 인터뷰에서 '이승만에 대한 선전포고'라고 해도 좋을 정도로 이승만을 겨냥해 '극우적 운동', '거짓말', '거짓선전' 등과 같은 단어들을 구사하면서 격렬하게 비난했다"며 "브루스 커밍스는 하지가 서재필을 대통령선거에 출마시키기 위해 미국에서 귀환토록 한 것은 '지금도 여전히 믿기 힘든 일'인듯하다고 논평했지만 서재필의 공격성을 볼 때 서재필 자신도 적어도 이때까지는 대통령직에 대한 도전의사가 있었던 듯하다"고 전했다.[17] 주미 한국대사관은 정부수립 60주년을 맞아 대사관

16) 김인수, 앞의 책, p. 30.

에 서재필 동상을 세웠다.

우남은 초지일관 남한 단정에 매달렸고, 미국은 철저하게 자신의 전략적, 군사적 이해관계에 따라 유엔 상정 등 한국문제를 요리했는데, 결과적으로 이승만이 원하는 대로 되었다고 리처드 알렌은 《한국과 이승만》에서 적시했다. 이승만과 한민당 등 단독정부 추진세력은 3월 1일 중앙정부수립결정안 축하국민대회를 열었는데, 이승만은 다음과 같이 주장했다.

> "내가 1년 전 미주에서 돌아와 문자와 언론으로 성명한 것은 과도정부(過渡政府)로 남북을 대표한 정부를 수립하기로 한 것인데, 선거를 반대한 사람들이 단독선거라는 언론을 내서 인심을 현혹시킨 것이니 이들은 총선거도 말고 정부도 수립하지 말고 가만히 앉았다가 공산화하고 말자는 것이다. 남조선에 정부수립이 되면 남북분열을 영구히 인정하는 것으로 남북이 병행할 수 없으므로 총선거를 지지할 수 없다는 말이 있으나 이것은 사리에 당치 않는다. 사람의 몸에 한편이 죽어가는 경우에는 살아있는 편이라도 완전히 살려서 죽은 편을 살리기를 꾀할 것인데 다른 방책 없이 운명을 기다리고 있다면 살아있는 편까지 마저 죽어버리자는 것은 누구나 알아들을 수 없는 말이다."

## 이승만, "남한정부수립, 남북 영구분열 인정, 사리에 맞지 않아"

서중석은 《한국현대 민족운동연구》에서 "'살아있는 편'만이라도 살리자는 주장은 권력에 대한 이승만의 집념을 보여주기에 충분했다"고 주장했다.[18] 3월 12일 김구, 김규식, 조소앙 등 7명이 총선거에 불참하는 공동성명(共同聲明)을 발표하자 남한 총선거는 이승만과 한민당의 잔

---

17) 이정식, 《구한말의 개혁·독립투사 서재필》(서울대출판부, 2003년), pp. 363~365.

18) 서중석, 《한국현대 민족운동연구》(역사비평사, 1991), pp. 544~545.

치가 되었다. 세태(世態)의 흐름은 지금이나 60년 전이나 똑같았다. 집권이 확실해지자 이승만에게 권력 쏠림현상이 나타났다. 입법의원은 신익희, 서상일 등 43명이 연서한 '남한 선거촉진에 관한 결의안'이 2월 23일 김규식 의장과 최동오 부의장의 반대에도 불구하고 통과되었고, 광복군총사령관으로 대동청년단을 이끌던 지청천이 2월 말, 민족청년단의 이범석, 대한청년단의 유진산이 이승만에 합류, 김구에게 큰 정치적 타격을 주었다. 자신감을 얻은 이승만은 〈민중일보〉(民衆日報)와 회견에서 "군대를 창설해 북진통일(北進統一) 하겠다"고 공언했다.

1948년 3월 이래 전국 각지에서 이승만을 대통령으로 선출하라는 우익 정당 사회단체들의 시위와 집회가 끊이지 않았다. 정병준은 "당시 이승만이 해석하는 '국민의 선택'과 '국민의 여망'은 '이승만의 선택'이자 '이승만의 여망'이었다"고 평가했다. 이승만은 초대 대통령에 대한 야망을 노골적으로 드러냈다. 그는 3월 5일 68개 우익 정당 사회단체를 결집시켜 각 정당 사회단체 대표자대회를 개최하고, 총선에 대비한 민족대표단 33인을 선정했는데, 처음에는 김구, 조소앙의 이름이 포함되었으나 논쟁 끝에 제외되었고, 3월 12일 이시영과 김창숙은 이를 거부했다. 이승만은 나아가 3월 10일 '총선거에 대한 주의 건'이란 제목으로 유권자에게 투표권고 담화문을 발표했다. 그는 "이번 총선거가 독립주의, 독립반대주의, 중간주의에 대한 심판"이라며 "우익진영이 협의를 통해 단일후보자를 내며, 유권자들은 이들만을 입후보자로 인정하라"고 강조했다. 이처럼 이승만은 총선거를 치르기도 전에 이미 정치적 승리자로 자임했다.

반면 경찰과 서북청년단의 민폐와 탄압에 맞서 제주도민들이 봉기한 4·3사건이 일어나 민간인 등 2만 5천 명 이상 희생됐고, 김구, 김규식, 조소앙 등은 평양 '정당 사회단체 대표자 연석회의'에 참가했지만 북쪽과 뚜렷한 성과를 보지 못하고 돌아왔다. 조소앙은 5월 5일 귀환 길에 공산체제를 비판하는 '여현성명'(礪峴聲明)을 발표했다. 그는 종래 단정반대 태도를 철회하고 총선거 참가를 결의했다. 남한 단독의 5·10 총선은 제주도 갑을 2곳을 제외한 인구 2천 6백만 명 중 유권자 91%인 748만 명이 자유분위기에서 투표를 마쳤다. 결과는 이승만의 독촉국민회가 55석, 한민당 29석, 무소속 85석을 차지하는 등 198명을 선출했다. 이승만은 동대문구 갑에 단독 출마하여 무투표 당선됨으로써 누구로부터도 도전받지 않는 남한 최고 지도자의 자리를 확고히 했다.

## 이승만, 압도적 지지 초대 대통령 당선, 74세 노정객 눈물흘려

이승만은 5월 31일 구성된 제헌국회 초대 의장으로 선출되었다. 부의장에 신익희(申翼熙)와 김동원(金東元)이 뽑혔다. 그는 개회사에서 "본 국회는 기미 3·1운동 이후 상하이에서 조직된 대한민국 임시정부를 계승하는 것"이라고 선언했으며, 대한민국 30년으로 임정연호를 사용했다. 그는 "이북의 540만 동포가 하루 속히 선거를 실시하여 국회의 석 백 석을 채울 것이며, 미군은 국군의 편성이 완료될 때까지 주둔할 것"임을 강조했다. 제헌국회는 7월 17일 대통령제를 골간으로 한 대한민국 헌법을 제정 공포했다. 헌법 초안과 관련 유진오(兪鎭午)와 한민당은 내각책임제를 주장했으나 이승만은 이 제도가 조선조의 제도와 유사하다는 이유로 반대, 내각책임제를 절충한 미국식 대통령제를 관철시켰다. 7월 20일 제헌국회에서 초대 대통령으로 선출되자 파란만장했던 74세의 노정객 이승만의 눈에는 눈물이 괴었다. 양당제를 도입한 이승만은 한반도에서 명실상부한 공화제 민주정부를 탄생시켰다. 초대 대통령 선거는 국회의 간접선거로서 이승만, 김구, 안재홍 세 후보가 대결했다. 이승만이 180표로 90.9%를 획득, 총선거와 단정에 불참했던 김구의 13표 6.6%를 누르고 당선됐다.

부통령에는 이시영(李始榮)이 당선되었으며, 초대 국무총리에 이범석(李範奭)을 임명한 뒤 조각을 완료했다. 이승만 대통령은 7월 24일 취임사에서 "기쁨이 극(克)하면 웃음이 변하여 눈물이 된다는 것을 글에서 보고 말로 들었던 것으로 목석간장(木石肝腸)이 아닌 만치 나도 뼈에 사무치는 눈물을 금하기 어렵다"며 "이것은 40년 전에 잃었던 나라를 다시 찾은 것이요, 죽었던 민족이 다시 사는 것이 오늘에야 표명(表明)되는 까닭"이라고 강조했다. 취임사는 다음과 같다.

"오늘 대통령으로서 선서하는 이 자리에 하느님과 동포 앞에서 나의 직책을 다하기로 한층 더 결심하며 맹서한다. 우리가 정부를 조직하는데 제일 중대히 주의할 바는 두 가지로서 첫째는 일할 수 있는 기관을 만드는 것이고, 둘째는 이 기관이 견고히 서서 흔들리지 않아야 할 것이다. 어떤 분은 인격이 너무 커서 작은 자리에 채울 수 없는 이도 있고 혹은 작아서 큰 자리에 채울 수 없는 이도 있으나 참으로 큰 사람은 큰 자리에도 채울 수 있고 작은 자리에도 채울 수 있을 뿐 아니라 작은 자리 차지하기를 부끄러워하지 않는다. 이렇게 참 큰 인물들이 있어 무슨 책임을 맡기든지 대소(大小)와 고하(高下)를 구별치 않고 적은 데서 성공해서 차차 큰 자리에 오르기를 도모하는 분들이 많아야 우리 목적이 속히 도달될 것이다. 이런 인격들이 함께 책임을 분담하고 일해 나가면 우리 정부일이 좋은 시계 속처럼 잘 돌아가는 중에 이재(理財)를 많이 나타낼 것이요, 세계의 신망과 동정이 날로 증진될 것이다. 그런 즉 우리가 수립하는 정부는 전 민족의 뜻대로 전국을 대표하는 정부가 될 것이다."

### 취임사 "평화적 남북통일, 정치경제상 복리 함께 누려야"

"민주정부는 백성이 주장하지 않으면 그 정권이 필경 정객과 파당의 손에 떨어져서 전국이 위험한 데 빠지는 법이니 일반국민은 다 각각

> 제 직책을 행해서 먼저 우리 정부를 사랑하며 보호해야 된다. 내 집을 내가 사랑하고 보호하지 않으면 필경은 남이 주인노릇을 하게 되고, 과거 40년의 경험을 잊지 말아야 한다. 의(義)로운 자를 보호하고 불의(不義)한 자를 물리쳐서 의(義)가 서고 사(邪)가 물러가야 할 것이다. 지금은 백성이 주장이므로 민중(民衆)이 의로운 사람과 불의한 사람을 명백히 구별해야 한다. 이북동포 중 공산주의자들에게 권고하노니 남북의 정신통일로 우리 강토를 회복해서 조상의 유업(遺業)을 완전히 보호하여 우리끼리 합하여 공산(共産)이나 무엇이나 민의(民意)를 따라 행하는 것이 좋을 것이다. 이것을 절실히 깨닫고 일제히 회심해서 우리와 같은 보조를 취하여 하루 바삐 평화적으로 남북을 통일해서 정치와 경제상 모든 복리(福利)를 다 같이 누리게 하기를 바라며 부탁한다."

이시영 부통령도 취임사에서 양분된 국토의 통일, 쇠퇴한 산업기관과 퇴폐한 문화시설의 재건, 문란한 민족정기의 갱생(更生)을 신생국가의 당면목표로 제시했다.

조소앙은 대한민국 정부가 수립되자 "대한민국은 임정의 정통성을 계승한 정부이므로 이를 지지하고 주권과 영토가 완성되지 못했다고 대한민국을 거부하면 안 된다"며 정부수립의 당위성을 인정했다. 이정식은 《이승만 대통령 재평가》의 '건국 대통령으로서의 이승만' 편에서 "김구와 김규식이 주장한 통일우선주의는 심금을 울리는 고귀한 감정의 표현임에 틀림없지만 그 소망은 실현될 수 없었다. 스탈린의 9·20지령이 민족통일의 길을 모두 막고 있었기 때문"이라며 "그럼에도 그 꿈을 실현해 보기 위해 주권회복을 지연시킬 경우 부지하세월(不知何歲月)로 외국 통치를 연장시켜야 했다"고 주장했다. 이정식은 "김규식은 1948년 2월 22일 하지, 이승만, 김구와 만난 자리에서 조국분단이 결정되는 이때에 우리가 최후의 노력을 기울이지 않는다면 역사는 우리를 역적이라고 규탄할 것이라고 했는데, 이승만은 자기가 역사에 대한 책임을 질 터이니 염려말라고 했다고 올리버에게 보낸 편지에서 밝혔다"며 "반세기가 지난 오늘의 시점에서 과연 우리는 이승만을 역사의 역적이라고 규탄해야 할 것인가? 아니면 선각자라고 불러야 할 것인가? 곰곰이 생각해 봐야 할 문제"라고 밝혔다.[19] 유영익도 "해방 후 한국이 처했던 국내외 여건이 한민족의 이상과 의지만으로는 통일국가를 건설하기가 극히 어려운 상황이었음을 고려할 때 이승만이 주도한 대한민국 건국은 한반도 전체의 공산화를 면하기 위해 현실적으로 최선의 선택이었다고 볼 수밖에 없다"고 주장했다.[20]

## 미국, "공산주의 진출저지 분단장벽, 남한 공산화 허용 어불성설"

그런데 이승만 재평가 작업을 벌이는 학자들은 이승만이 남한의 공산화를 막았다고 주장하지만 당시 미국은 이미 남한에서 공산주의를 불법으로 규정하고 모든 공산주의자 체포령이 내려져 박헌영 등은 북한으로 피신했다. 더구나 냉전시대가 본격화된 시점에서 태평양에 공산주의의 진출을 막기 위해 한반도를 분단장벽으로 삼았던 미국이 남한의 공산화를 허용한다는 것은 있을 수 없다. 이는 6·25전쟁이 잘 말해준다. 미국은 6·25가 발발하자마자 공산진영의 자유진영에 대한 도전이자 세계평화의 파괴라고 규정, 즉각 미군을 파병했다. 김일성이 미군의 참전은 최소 두 달이 걸릴 것이라고 결정적 오판을 했음을 우리는 익히 알고 있다. 이런 상황에서 미국이 남한의 공산화를 허용한다는 것은 한마디로 어불성설이다. 이승만이 아닌 누가 집권하더라도 남한은 민주주의와 시장경제로 가도록 되어 있었다. 이승만은 새로운 개혁정책보다는 미군정이 이미 실시했던 반공, 민주주의, 토지, 교육 등을 이어받아 추진했던 것이다. 오히려 독재통치로 미국 등에 부담을 안겨주었다.

---

19) 유영익, 《이승만 대통령 재평가》(연세대출판부, 2006년), p. 71.
20) 위의 책, p. 515.

# 5. 우남, "카리스마적 권위주의자, 반민특위 무산"

## 정경유착 불법정치자금 사회구조적 문제, '반민특위 무산 연원'

정윤재는《정치리더십과 한국민주주의》에서 역대 대통령에 대한 분석을 통해 우남(雩南) 이승만을 이렇게 평가했다. "이승만은 느낌과 감정이 앞서고 행동하기에 바빴던 '카리스마적 권위주의자'였다. 이 권위는 임금처럼 군림하며 허비되었고, 권력논리에 따라 정치를 조작하거나 폭력에 의지했다."[21] 이승만 초대 대통령이 건국의 국부(國父)와 민족정기를 외면한 양면성의 지도자라는 것을 동전의 양면처럼 보여준 것이 바로 1948년 8월 15일 대한민국 정부수립 선포와 동시에 친일파를 처벌하기 위한 반민특위(反民特委)를 무산시킨 점이다. 드골이 제2차 세계대전 후 논란이 많았지만 나치부역자 6천 7백 명 이상을 처형하는 등 철저히 응징함으로써 민족정기를 바로세운 것과는 너무나 대조적이었다. 이승만은 친일경찰 및 관료들을 처단, 민족정기를 바로 세우는 일을 외면한 채 자신의 비서였던 이기붕과 친일세력들에게 신생 대한민국의 정부조직과 운영을 맡기며 충성경쟁을 시킴으로써 절대권력을 행사했다. 친일경찰과 관료들은 이것을 기화로 일제강점기의 부귀영화와 기득권을 다시 누렸고, 그 후유증은 아직도 우리 삶 곳곳에 생채기를 남겼다. 특히 이강수는 "정경유착과 불법정치자금 등 현재 한국사회의 구

21) 정윤재,《정치리더십과 한국민주주의》(나남, 2003년), pp. 175~209.

조적 문제의 연원이 바로 반민특위의 무산에 기인했다"고 주장했다.[22)]

하지는 8월 15일 0시를 기해 미군정 종식을 공식발표했고, 대한민국 정부수립이 공식 선포되었다. 대한민국 정부수립 기념식은 중앙청 광장에서 열렸다. 이승만은 정부수립 선포 겸 광복 3주년 기념식사에서 국권회복의 감격과 민주주의에 대한 강력한 신념을 밝히고 "정부는 인권과 개인의 자유를 보호할 것"이라고 다짐했다.

이승만은 "영구한 복리를 줄 민주주의 원칙을 무효로 만드는 것을 우리가 결코 허용해서는 안될 것"이라며 "독재(獨裁)가 자유(自由)와 발전(發展)을 가져오지 못한다는 것은 역사가 증명한 것이다. 민주제도가 어렵기도 하고 또한 더디기도 한 것이지만 의로운 것이 종말에는 악을 이긴다는 이치를 우리는 믿어야 한다"고 역설했다. 그는 "자유의 뜻을 바로 알고 존중하며 한도 내에서 행해야 할 것이다. 어느 나라에서든지 자유를 사랑하는 지식계급(知識階級)에 진보적(進步的) 사상을 가진 청년들이 정부에서 계단을 밟아 진행하는 일을 비판하는 폐단이 종종 있는 바 이런 사람들의 언론과 행실을 듣고 보는 이들이 과도히 책망해서 위험분자라 혹은 파괴분자라고 판단하기 쉽다"며 "그러나 사상의 자유는 민주국가의 기본적 요소이므로 자유 권리를 사용하여 남과 대치되는 의사를 발표하는 사람들을 포용해야 할 것"이라고 자신의 민주주의관과 정치적 포용입장을 피력했지만 실천하지는 못했다.

## 이승만, "사상자유 민주국가 기본요소, 대치되는 의사표시 포용할 것"

이승만은 "제일 필요한 것은 이 정부를 국민이 자기들을 위해 자기들 손으로 세운 정부임을 깊이 각오해야 될 것"이라며 "민주주의가 인민의 자유 권리와 참정권(參政權)을 다 허용하되 불량분자가 민권자유(民權

22) 이강수, 《반민특위 연구》(나남, 2003년), p. 18.

自由)라는 구실을 이용하여 정부를 전복(顚覆)하려는 것을 허용하는 나라는 없을 것이니 누구나 다 알아서 조심해야 될 것"이라고 경고했다. 김성진은 "이것은 법치주의를 강조한 대목으로서 자유와 질서가 함께 병진해야만 한다는 이승만의 확고한 신념"이라고 밝혔다.[23] 이승만은 "공장과 상업과 노동은 병행불패(竝行不敗)해야 한다"며 "공산주의는 계급과 계급 사이 충돌, 단체와 단체 간 분쟁으로 서로 모해(謀害)를 일삼으나 우리가 가장 주장하는 바는 전 민족에 화동(和同)을 도모하니 우리의 화동과 단체성은 우리 앞에 있는 국기가 증명하는 것"이라고 태극과 음양을 들어 자유와 질서와 화합을 강조했다.

진덕규는 《한국 현대정치사 사설》에서 이승만의 기념사와 관련 "그것은 맥아더에 대한 감사였다. 광복의 본질적 의미와 지향, 그리고 민족해방을 이룩하기 위해 해내외에서 독립투쟁에 일신일가(一身一家)를 던졌던 독립운동가에 대한 찬사는 고사하고, 일본의 압제하에 고통받으며 독립국가 쟁취를 열망했던 일반 민중들의 노고에 대해서는 한마디의 언급도 없었다. 오직 대한민국의 수립은 미군, 특히 맥아더의 대일전승(大日戰勝)에 의해서 이루어진 것으로 표현했으며, 이것에서 사실상 신생독립국가 성격의 한 가닥을 짐작할 수 있게 해주었다"고 비판했다.[24] 정부수립준비위의 표어는 '오늘은 정부수립, 내일은 남북통일'이었다.

〈워싱턴 포스트〉, 〈뉴욕타임스〉 등 미국 내 주요 신문은 15일 대한민국 정부수립을 보도했다. 〈크리스천 사이언스 모니터〉(CSM)지는 "이제 미국의 지원을 받는 대한민국은 하나의 공식적인 주권국가(主權國家)가 되었으며, 맥아더 장군은 러시아 점령하의 북한과 남한을 가르는 장벽은 제거되어야 한다고 선언했다"며 "그는 어떤 장애도 자유국가의 자유민으로서 한국인의 궁극적 통일을 방해하지 못할 것이라고 중앙

---

23) 김성진, 《한국정치 100년을 말한다》(두산동아, 1999년), p. 120.

24) 진덕규, 《한국 현대정치사 사설》(지식산업사, 2000년), p. 32.

청 광장에 운집한 군중들에게 말했다"고 전했다. AP통신은 "새 공화국 대통령 이승만 박사는 자신의 정부가 미국이 주둔한 국토의 남쪽지역만 관할권이 미치고 있다는 사실에 대해 소련을 정면으로 비난했다"며 "우리는 우선 소련국민의 정의감에 호소할 것이며, 나아가 세계의 양심에 호소할 것"이라고 밝혔다. AP통신은 "만약 모든 나라들이 지속적 평화를 구축하려 한다면 아무리 강한 어느 나라도 약한 이웃나라 영토를 점령(占領)하도록 허용해서는 안 된다고 이 박사는 덧붙였다"고 보도했다. CSM지는 해설을 통해 "실제로 러시아는 북한정부를 지원하고 있으며, 한반도 전역에 걸친 주권을 노리고 있다"며 "남북분단 이후 미국과 소련 군정이 실시되고 있으나, 3년이 지난 지금 서로간의 반목이 더욱 깊어지고 있다"고 설명했다.

이승만 대통령은 9월 31일 국회 시정연설에서 국가정책을 제시했다. 이승만은 대한민국이 단군을 시조로 한 '단일민족국가'(單一民族國家)임을 천명하고 모든 정치적, 경제적, 사회적, 문화적 권리와 책임이 만민(萬民)에 균등(均等)하다고 강조했다. 그는 특히 "현실의 요청을 무시한 공론허설(空論虛說)과 파벌당쟁(派閥黨爭) 등 악습을 시정하여 '사상의 통일, 정신의 일치'를 도모하겠다"며 혼돈과 사상을 시급히 통일하고 건국이념을 제시할 것을 천명했다. 여기서 국가보안법과 일민주의의 출현을 예고한 것이라고 서중석은 주장했다. 25)

## 반민특위, 조소앙 · 안재홍 · 김병로 계열도 참여 범국민 적극지지

민주주의와 민족국가 신봉자를 자처했던 이승만이 민족정기를 바로 세우기 위한 반민특위 활동에 시종 반대로 일관한 것은 얼른 납득이 가질 않는다. 반민특위는 조직과 동시에 친일파와 이승만 정권의 방해공

---

25) 서중석, 《이승만의 정치이데올로기》(역사비평사, 2005년), p. 21.

작에 직면했고, 반민족행위자 조사활동 6개월 만에 해체되었다.

1948년 3월 미군정법령 제175호 '국회의원선거법'에서 친일분자의 국회의원선거권 및 피선거권을 제한하여 이 법으로 선출된 국회의원이 제정한 헌법조항을 근거로 9월 22일 '반민족행위자처벌법'이 제정되었다. 반민법(反民法)은 8월 5일 제헌국회 제40차 본회의에서 발의되어 법안심의 과정에서 반민족행위자 처벌대상의 범위와 형량을 놓고 20여 일에 걸친 격론이 벌어졌다. 9월 23일 이승만은 반민족행위자처벌법을 공포했다. 법률 제3호로 공포된 반민법은 일제강점기 동안 일제에 적극 협력했거나 독립운동가 또는 그 가족을 살상, 박해하는 등 반민족행위로 민족에게 해를 끼친 자를 처벌하는 것을 목적으로 했다. 이 법은 친일행위를 한 사람을 그 가감 정도에 따라 최고 사형에 처하고 재산몰수, 공민권 정지를 할 수 있게 했다. 반민족행위를 조사하기 위해 국회의원 10명으로 '반민족행위특별조사위원회'(반민특위)를 구성, 조사보고서를 특별검찰부에 제출하도록 했고, 대법원에 특별재판부를 두어 재판을 담당하게 했다. 9월 29일 반민특위(反民特委)가 설치되었다. 위원장에는 김상덕 의원, 부위원장 김상돈 의원 및 8명의 위원이 선출되었고, 업무상 중앙상무국과 각도에 조사부를 두었다. 반민특위에는 소장파 의원은 물론 5·10선거에 참여하지 않았지만 남북협상 후 정부수립에 참여한 조소앙의 사회당 계열, 5·10선거와 남북협상에 모두 참여하지 않고 정부수립에 참여한 안재홍의 한국국민당 계열, 민중동맹(民衆同盟)의 김병로 등이 직접 참여했다.

11월 25일 '반민특별조사기관법'이 국회에서 통과되어 12월 7일 공포되었다. 1949년 1월 8일 반민특위가 공식 발족되어 2월 21일부터 본격 활동에 들어갔다. 그러나 이승만은 반민특위의 활동을 비난하는 담화를 다섯 차례나 발표하는 등 반민특위 활동을 적극 차단했다. 친일파들의 조직적 방해는 9월 23일 반민법이 공포되는 날부터 시작됐다. 이날 서울운동장에서 내무부 주관하에 '국민반공대회'가 열렸는데, 사실상 '반민법 반대 국민대회'였다. 이강수는 "이날 국민대회는 '경관과 동회장들이 집집마다 돌아다니며 운동장에 나오지 않으면 빨갱이다. 좌익이다. 공산당이다. 혹은 배급통장을 뺏는다'는 협박과 반공논리로 시민들을 강제동원했다"며 "김웅진 의원은 '마치 일정 때 36년 동안 한 것과 똑같은 방법으로 시민들을 징발하여 정부에서 어떤 음모와 호흡하는 듯한 의혹을 금할 수 없다'고 평가했다"고 밝혔다.

1949년 1년간 국무회의는 1월 3일을 시작으로 116회 개최되었는데, 이 중 반민특위와 관련한 이승만의 지시나 각급장관 보고는 31건으로 확인되었다. 이승만은 반민특위 활동이 본격화되자 "반민특조에서 입법(立法), 행정(行政), 사법(司法)을 행하여 정부와 유리됨은 불가하다"고 지적했고, 2월 9일 반민특위에 "검찰, 사법, 행정권을 인정해서 계속 치안과 민심상 중대한 영향이 있다면 '대권'(大權)을 발동할 작정"이라고 협박하는 등 집요하게 방해했다. 그는 2월 16일 '반민법=헌법위배'라는 전제 아래 "대통령령으로 검찰청과 내무부장관의 지휘하에 특경대를 없애고 특별조사위원들이 체포, 구금하는 행위를 막겠다"는 담화를 발표했다. 이에 맞서 김상덕 위원장은 "반민법 운영이 삼권분립(三權分立)에 위배된다고 하였는데, 반민법은 헌법 101조의 규정에 의해 만들어진 특별법으로 이를 무시하는 대통령의 행위는 헌법을 무시하고 삼권을 독점하려는 의도이며 반민법 운영을 방해하는 행위"라며 "우리나라 치안은 반민자(反民者)가 담당하여야만 하는가? 제주도사건, 여순사건, 38선 충돌사건 등이 반민자를 처단함으로써 발생한 것인가"라고 반문했다. 김 위원장은 난타 고문 운운한데 언급 "특위의 체포는 반민법 제16조, 특별조사기관조직법 제6조에 의해 권한이 부여되어 있다"며 "과거 수십 년 동안 독립군을 살해하고 애국자를 악형으로 고문하여 허위문서로 투옥시키던 악질 반역자를 약간 고문이 있었다 한들

이것이 또한 무엇이 큰 실수이며 대통령은 무엇 때문에 가슴이 아프고 뼈가 저리는가"라고 꼬집었다. 김상돈, 노일환 의원의 지적처럼 "대통령이 민족정기에 어긋나는 행동을 하고 있다"며 "본 담화는 독재독선정치의 표본"이라고 비판했다. 김병로 대법원장도 "반민법이 헌법정신에 위배되느냐 아니냐는 사법부에서 판단할 일"이라며 "반민법이 특별법으로 존속하는 한 특위활동은 불법이 아니다"고 밝혔다.

## "친일반역자 약간 고문, 이승만 대통령은 가슴 아프고 뼈가 저리는가"

이처럼 이승만의 반민법 개정계획은 국회와 각 정치세력의 반발로 관철되지 못했다. 김구는 국회 반민특위 활동을 적극 지지하면서 이승만의 반민법 개정 움직임에 대해 "특위활동을 방해하는 행위"라고 강력 규탄하고 "이를 방해하는 행위는 청소하여야 할 것"이라고 주장했다. 이승만은 다시 3월 25일 "법무장관만이 아니라 국무총리, 내무장관, 국방장관에게 정부의 확고한 대책수립"을 지시했으며, 30일에는 "반민법 대책은 급속추진이 요망되는 사업"이라고 재차 촉구했다. 이승만의 지시로 '공소시효 단축안'이 나왔다. 4월 22일 정도영, 나용균 의원 등 9인은 1949년 6월로 공소시효 단축을 제안했고, 5월 26일에는 이성학 의원 등 14명이 8월 말로 단축하자는 개정안을 제출했지만 공소시효 단축안도 관철되지 못했다. 이승만 정권은 6월 들어 반민법 총공세를 펼쳐 급기야 국회 프락치사건, 반민특위습격사건, 김구 암살을 야기하는 등 절정에 달했다. 친일파 숙청과 외국군 철수를 강력히 요구했던 소장파 의원들을 5월 20일 남로당 국회프락치로 몰아 세 의원을 구속, 이들의 석방을 요구하는 결의안이 5월 23일 국회에 상정되어 88 대 95로 부결되었다. 국민계몽대는 5월 31일과 6월 3일 탑골공원에서 '88의원 성토 시민대회'를 개최 88명의 의원들을 '빨갱이'라고 공격했으며, '빨갱이 의원

성토대회'로 바뀌었다. 나중에는 김약수 부의장도 구속되었다. 국회프락치사건을 담당했던 김호익은 반민특위 활동을 반국가적 행위로 규정했다. 6월 6일 오전 8시 55분경 내무차관 장경근 지휘로 김태선 서울시경국장, 중부경찰서장 윤기병이 인솔한 무장경관 50여 명과 수십 명의 사복경찰들은 반민특위 청사 습격작전을 감행했다. 특경대원은 물론 특위 재판관, 감찰과 조사위원, 그리고 특위 위원장, 심지어는 특위 검찰관장인 현직 검찰총장도 이들의 총부리 위협 앞에서 소지한 무기를 압수당하는 수모를 겪었다.

## 국회프락치, 반민특위 습격, 김구 암살 통해 '반민법 저지 총공세'

김구는 1948년 3월 말 "이 땅의 우익 중에서는 왕왕 친일파, 반역자 집단까지 포함하는 것은 큰 문제"라며 친일파들을 우익을 더럽히는 '군더더기 집단'으로 비판했으며, 7월 21일 통일독립촉진회 결성대회에 참석 "탐관오리, 모리간상, 친일역배, 악질 반동배들이 발호하고 있음은 통곡할 일"이라고 질타했다. 1948~1949년 김구의 친일파 숙청에 대한 강경발언이 많아진 가운데 반민법을 지지하는 마지막 의지처인 김구마저 6월 29일 암살당했다. 이강수는 "김구 암살도 친일파 처단문제와 무관하지 않았다"며 "김구 암살도 국회프락치 사건과 같은 방식으로 몰고 갔으며, 암살 관계자 대부분 친일경력자였다"고 밝혔다. 7월 6일 반민법 공소시효를 1949년 8월 31일로 단축하는 개정안이 114 대 9의 압도적 표차로 가결되자 7일 김상덕 위원장 이하 특위위원 전원과 특별검찰관들은 사퇴했다. 민족자주의식 발로에서 나온 미 군사고문단 설치반대가 남로당 프락치로 몰리고, 통일운동을 주도하던 김구마저도 빨갱이로 매도되는 공포분위기 속에서 반민특위는 7월 8일부터 와해됐다.

# 6. "국보법, 60년간 한국사회 실질지배"

## 이승만 · 박정희 · 전두환 정권, 반정부 인사 탄압 독재강화 도구

대한민국은 1948년 12월 12일 유엔총회로부터 '한반도 유일의 합법 정부'라고 승인받았다. 이로써 대한민국은 국제사회 일원으로서 합법적 주권을 행사할 수 있게 되었다. 앞서 이승만은 12월 1일 국가보안법(國家保安法)을 법률 제 10호로 공포(公布)했다. 대한민국 태동과 함께 탄생한 국보법은 형법보다 먼저 입법되어 지난 60년 동안 우리나라 국민들의 생활과 사상 속에 밀접한 관계를 맺으며 지금까지 이어오고 있다. 1948년 10월 19일 발생한 여수 · 순천 10 · 19사건을 계기로 남한의 좌익세력을 제거하려는 의도로 제헌의회에서 11월 서둘러 제정한 것이 국가보안법이다. 하지만 국보법은 일제의 '치안유지법'을 모체로 구성되었고 일제잔재를 청산하지 못한 채 반공, 반통일, 반민중적인 독소적 성격을 그대로 간직해 이승만, 박정희, 전두환 정권이 반정부 인사를 탄압하는 독재강화의 도구로 악용되었다. 대표적 예가 조봉암 등 2명과 도예종 등 인혁당 관련 7명의 사법살인으로서 국제사회로부터 한국의 인권문제가 거론될 때마다 단골메뉴로 등장해 오늘날에도 여전히 뜨거운 감자가 되고 있다.

국가보안법은 "국가의 안전과 이익확보를 목적으로 하는 법" 또는 "국가의 안전과 국민의 생존 및 자유를 확보하기 위하여 제정한 법"이라고 불린다. 국가보안법은 총 25조(條)와 부칙으로 구성되어 있는데, 국가의 안전을 위태롭게 하는 반국가 활동을 규제함으로써 국가의 안전과 국민의 생존 및 자유를 확보함을 목적으로 제정된 특별 형법이다. 처벌 대상이 되는 행위는 반국가단체 구성(제3조), 목적 수행(제4조), 자진 지원·금품수수(제5조), 잠입·탈출(제6조), 찬양·고무(제7조), 회합·통신(제8조), 편의제공(제9조), 불고지(제10조), 특수직무유기(제11조), 무고·날조(제12조) 등이다. 국가보안법 위반사범에 대해 인정되는 형사소송상의 특칙은 참고인의 출석 불응시 구인(拘引)과 유치가 가능하다(제18조)는 점이다. 구속 기간은 경찰과 검찰 수사단계에서 각 10일씩 연장이 가능하고 불기소처분의 일종인 공소보류제도가 규정되어 있다. 공소보류란 국가보안법 위반사범에 대하여 형법 제51조(量刑의 조건)의 사항을 참작하여 공소제기를 보류하는 제도인데, 공소를 보류받은 자가 공소제기 없이 2년을 경과한 때에는 소추할 수 없다. 공소보류가 취소된 경우에는 형사소송법 제208조(재구속의 제한)의 규정에도 불구하고 동일한 범죄사실로 재구속할 수 있다(제20조)고 했다. 1991년 5월 31일까지 7차례에 걸쳐 개정된 국가보안법은 반국가단체의 범위를 정부를 참칭(僭稱)하거나 국가를 변란할 것을 목적으로 하는 국내외의 결사 또는 집단으로서 지휘통솔체제를 갖춘 단체로 한정하고 있다. 금품수수, 잠입·탈출, 찬양·고무, 회합·통신행위에 대해서는 국가의 존립·안전이나 자유민주적 기본질서를 위태롭게 한다는 것을 알면서 행한 경우만을 처벌대상으로 하고 있다. 국외 공산계열과 관련된 행위는 처벌대상에서 제외했다. 불고지죄의 경우는 반국가단체구성죄·목적 수행죄·자진지원죄 등에 대한 불고지만을 처벌한다. 반국가단체 가입권유, 찬양·고무·동조, 허위사실 날조·유포, 이적표현물 소지, 회합·통신, 편의제공 등의 죄에 대한 예비음모는 처벌되지 않는다.

### 국가보안법 총 25조 부칙 구성, '국민생존 자유 확보 특별형법'

대검찰청 자료에 따르면 김대중 정부 시절인 1998년부터 2002년까지 395, 288, 196, 116, 140명이 국가보안법 위반으로 기소됐다. 노무현 정부 시절에는 2003년 103명, 노 대통령이 "국가보안법은 구시대적 유물로서 칼집에 넣어 박물관에 보내야 한다"고 밝힌 2004년 83명, 2005년 47명, 2006년 38명, 2007년 64명으로 해마다 감소세가 확연하다. 하지만 국가보안법은 법률 이상의 의미를 지니는 이데올로기로 작용해 우리 사회에서 끊임없는 자기검열(自己檢閱) 통제시스템으로 정착 강화돼 양심(良心)과 사상(思想) 표현의 자유를 억압(抑壓)하는 요인으로 작용했다는 국가인권위원회의 인권실태보고서와 반면 남북이 군사적으로 대치하는 상황에서 국가존립(存立)과 안전(安全)을 지킬 수 있는 안보형사법은 필요하다는 검찰의 의견만 보더라도 국가보안법 문제가 여전히 쉽게 해결될 수 있는 문제는 아님을 쉽게 알 수 있다.

국가보안법은 민족지도자와 독립운동가들을 탄압했던 일제의 치안유지법을 그대로 모방했기 때문에 제정 당시부터 큰 논란을 불러왔다. 심지어 지금은 국가보안법 지키기에 선봉에 서는 〈조선일보〉조차도 1948년 11월 14일 사설을 통해 "국가보안법이 크게 우려할 악법이 될 것"이라며 "무서운 결과를 가져올 것"이라고 경고했다.[26]

먼저 국가보안법의 당위성과 관련 김광동은 "국가보안법은 '대한민국의 기적'을 만든 세계사적 법"이라고 주장했다.[27] 그는 "국가보안법은 바로 한국현대사에서 소련 공산주의의 거대한 블랙홀과 맞서는 데 필요한 최소한의 방어장치였다"며 "그것은 유라시아대륙 거의 전체를 잠식

---

26) 서중석, 《우사 김규식의 생애와 사상 2》(한울, 2000년), p. 266.

27) 월간조선사 편집부, 《국가보안법이 한강의 기적을 만들었다》(월간조선사, 2004년), 머리글.

하고 밀려오는 거대한 폭풍 앞에 맞서는 촛불과 같은 존재인 대한민국을 지키는 유일한 제도적 바람막이였다"고 강조했다. 그는 "국가보안법은 대한민국이라는 작은 나라가 거대한 붉은 유라시아대륙 속에 유일하게 공산주의로 가지 않고 자유민주주의와 시장경제체제를 지킬 수 있도록 만든 역사적 의의가 있는 법"이라며 "그래서 이룬 것이 바로 제 2차 세계대전 후 최고의 성공국가라는 찬란한 명칭으로서 '한강의 기적', '떠오르는 용'이라는 세계가 붙여준 찬사였다"고 말했다. 그는 "국가보안법을 토대로 대한민국이 지켜지고, 성공한 대한민국과 실패한 조선민주주의인민공화국이 대비되면서 세계사는 대한민국의 반공주의와 자유민주주의, 시장경제의 길에 대한 확신이 들기 시작했던 것"이라며 "국가보안법은 박물관에 들어갈 악법이 아니라 인류발전에 기여한 위대한 법으로 전 인류가 기려야 할 법"이라고 기염을 토했다.

## "국보법, '대한민국의 기적' 만든 세계사적으로 기려야 할 법"

유동열은 국가보안법 해부를 통해 "북한 형법과의 형평성과 상호주의를 볼 때 국가보안법의 철폐는 바람직하지 않다"고 주장했다. 그는 "북한은 체제에 반대하는 반국가범죄를 명시, 국가보안법과는 비교가 되지 않는 대부분 사형과 전 재산 몰수 등 가혹한 극형으로 처벌하고 있어 세계적으로도 유례를 찾을 수 없는 반문명적 법"이라며 "북한형법의 반국가범죄에 대해서는 아무 언급도 하지 않은 채 국가보안법만 철폐하라는 것은 상호주의에 어긋난다"고 지적했다. 박광작은 "동방정책을 강력히 추진했던 사민당 빌리브란트 총리는 1972년 동서독과 화해교류의 물꼬를 트면서 '급진주의자 훈령'을 공포했다"며 "이 조치에 따라 독일은 1987년까지 약 350만 명의 공공부문 취업희망자의 적격성을 심사해 약 2, 250명의 임용을 거부했다"고 밝혔다. 그는 "독일의 경험을 교훈삼아 자유는 파괴될 수 있고, 자유는 지킬 때에만 유지된다는 사실을 유념해 우리의 자유민주주의적 기본질서를 굳게 지켜야 할 것"이라고 주장했다.

이에 대해 국가보안법 폐지를 주장하는 인사들은 '남북의 비교할 수 없는 국력 차이'와 '두 차례의 남북정상회담, 개성공단 등 활발한 민족 교류협력 확대' 등을 이유로 들고 있다. 또 국보법 폐지는 '한국사회의 민주주의와 인권을 가늠하는 기준점'이라고 설명했다. 장상환은 "6·25 전쟁 후 수십 년간 지속되어온 반공이데올로기 공세가 한국사회를 IMF 체제로 몰아간 하나의 원인"이라고 주장했다.[28] 그는 "재벌체제, 세계에서 국민총생산 대비 가장 높은 지가, 관료적 부정부패 등 외환위기를 초래한 비민주적 경제구조는 국가보안법으로 지탱되는 비민주적 정치구조 때문에 유지될 수 있었던 것"이라고 분석했다. 그는 "국가보안법의 위력은 기득권 세력이 국보법의 폐지 내지 근본적 개정 반대에 그렇게도 매달리는 것을 통해 알 수 있다"며 "국가보안법은 실질적 힘에서는 상당히 무력화되었으나 여전히 기득권 세력의 이익을 지키는 역할을 하고 있고, 그 폐해가 크기 때문에 폐지되어야 한다"고 주장했다.

국가보안법 폐지논란에 더욱 불을 붙인 의미 있는 사건은 문민정부 시절 장상환·정진상 경상대 교수 8명이 집필한 《한국사회의 이해》라는 교양교재에서 발단했다. 사건은 지난 1994년 7월 18일 박홍 전 서강대 총장이 청와대 오찬에서 "최근 주사파 학생들이 팩시밀리를 통해 직접 북한의 지시를 받고 있다는 증거를 갖고 있다"는 주사파 발언으로 시작되었다. 박 총장은 "주사파가 생각보다 대학 깊숙이 침투해 있으며, 주사파 학생 뒤에는 북한의 사노맹이 있고, 사노맹 뒤에는 사로청, 사로청 뒤에는 김정일이 있다"며 충격적인 내용을 공개했다. 이 자리에서 김영삼 대통령은 "무차별 폭력과 낡아빠진 공산주의를 맹종(盲從)하는

---

28) 학문 사상 표현의 자유 수호를 위한 공동대책위원회, 《한국사회의 이해와 국가보안법》(한울, 2005년), pp. 543~544.

학생들에 대해서는 관용(寬容)이 있을 수 없으며, 국가기강 확립차원에서 단호하게 조치해 나가겠다"고 강조했고 이후 일부 언론은 이들을 '빨갱이 교수'라 지칭할 정도로 파문이 커졌다.

## "수십 년 반공이데올로기 공세, 한국사회 IMF체제 몰아간 원인"

검찰은 집필교수 8명을 국가보안법 위반혐의(이적표현물 제작·배포)로 기소했다. 하지만 대법원은 2005년 3월 11일 검찰의 상고를 기각하고 이들의 무죄를 확정함으로써 《한국사회의 이해》 사건은 11년 만에 마침내 끝났다. 재판부는 "이 교재는 사회과학의 한 방법론으로서 맑스주의의 사회인식 틀을 수용하여 한국사회 현실을 분석한 외에 노동자, 농민중심의 사회변혁 등 사회적 행동을 주장한 부분이 포함되어 있으나 (중략) 명시적으로 북한의 선전활동에 동조하거나 노동자계급의 폭력혁명을 통해 사회주의를 실현해야 한다는 등 대한민국의 안전존립과 자유민주적 기본질서를 위협하는 내용이 없는 이상 이적표현물로 볼 수 없고, 이 내용을 강의한 것을 두고 북한의 활동에 동조했다고 인정할 수도 없다"고 판시했다.

장상환은 "국가보안법이 국가안보가 아니라 정권안보, 기득권 세력안보에 악용되고 있고, 학문 사상 표현의 자유를 억압함으로써 우리사회의 발전을 가로막는 법률이 분명하다는 사실을 다수 국민들도 인식하게 되었다"며 "적어도 학문세계에 국가보안법의 잣대를 들이대는 것은 더 이상 어렵게 되었다"고 밝혔다. 그는 "당시 일각에서 추진되었던 《태백산맥》, 《천국의 계단》 등과 같은 문학작품에 대한 사법처리 시도는 중단되었다"며 "국보법 약화에 의한 표현자유 신장은 한국영화의 질적 수준을 향상시켜 국제영화제에서 큰 상을 받고 오늘날 드라마와 영화가 해외에서도 호평받는 바탕이 되었다"고 국보법 기각판결이 한류 바람에 영향을 미쳤음을 강조했다.

### 대법원, "《한국사회의 이해》 집필교수 무죄판결, 표현자유 신장"

국가보안법 폐지론자들은 "미국에는 국가보안법과 비슷한 '공산주의자 규제법'이나 '전복활동 통제법', '국내 안전법' 등이 있지만 이 법들은 1970년대에 모두 위헌판결이 나서 폐지되었다"며 "일본에는 '파괴활동 방지법'이라는 국가안보법이 있는데, 이것은 체제를 파괴하려는 물리적인 파괴활동이 실체적으로 일어났을 때 당사자를 처벌하는 법"이라고 주장했다.

국가보안법 폐지, 또는 대체입법은 지난 10년간 김대중, 노무현 정부에서 줄기차게 추진했지만 한나라당이 중심이 된 보수세력들의 강력한 장외투쟁으로 결국 실패했다. 한나라당은 국가안전보장법으로 명칭을 개정하되 북의 노동당규약 및 형법과 상호주의로 개폐되어야 한다고 주장했다. 실용을 추구하는 이명박 정부가 국가보안법을 어떻게 처리할지 주목된다.

# 7. "농지개혁 단행, 자본주의 기반조성"

## "유상몰수 유상분배, 지가증권 발행, 초기 증권시장 큰 기여"

스톡데일 역설(*Stockdale Paradox*)이란 말이 있다. 베트남 전쟁 당시 8년간의 전쟁포로에서 생환한 미국 해군 3성 장군 스톡데일은 "살아오지 못한 자들은 성급한 낙관주의자였다"며 "철저한 현실주의자만이 최후까지 살아남아 고향에 돌아갈 수 있었다"고 주장했다. 바로 이는 이승만을 두고 한 말이다. 이승만은 철저한 현실주의자였다. 따라서 이승만이 집권하자마자 제일 먼저 실시한 국가정책 중 하나인 농지개혁(農地改革)은 성공한 정책으로 평가받고 있다. 북한이 무상몰수 무상분배를 강행한 반면 유상몰수 유상분배의 농지개혁은 지주제(地主制)사회를 해체시키고 경자유전(耕者有田)의 자작농(自作農) 체제를 성립시켜 자본주의(資本主義) 사회의 기반을 조성하는 데 기여했다. 결과적으로 농지개혁을 통하여 식민지 지배체제에서 중요한 하나의 받침대(支柱)로 기능했던 지주계급과 지주제는 명실공히 해체되었다. 8·15광복 직후 전 인구의 64.5%가 농업에 종사했고, 217만 농가 중 자작 겸 소작이 총 경지의 37.9%, 순수 소작농이 43.2%에 달했다. 하지만 농지개혁 단행 후 명실상부한 자작농이 92~96% 수준으로 증가해 사회통합에 크게 기여했다. 6·25전쟁이 발발했을 때 북한에 대해 농민들의 호응이 전혀 없었다는 점이 이를 반증한다.

특히 정부에서 발행한 지가증권(地價證券)으로 보상받은 지주는 24

만 4,250명이었다. 이 지가증권이 초기의 한국증권시장을 활성화시켰을 뿐 아니라 일제가 남기고 간 귀속사업체 불하 및 산업자본(産業資本) 형성에 커다란 역할을 했다. 만약 당시 자작농체제의 농지개혁을 단행하지 않았더라면 해방 이후에도 전통적 지주제는 그대로 세력을 보존했을 것이고, 그러면 한국도 남미나 필리핀과 같은 지주과두제(地主寡頭制) 국가가 등장했을지 모른다. 그 경우 한국의 산업화와 민주화는 오늘날과는 전혀 다른 방향과 내용으로 전개되었을 것이다.

### "농지개혁 단행 안 했으면 남미나 필리핀 전통적 지주세력 보존"

해방 이후 농지개혁은 두 차례에 나누어 실시됐다. 먼저 미 군정청은 1945년 9월 25일 군정법령 '적산(敵産)에 관한 건'과 12월 6일 '일본인재산 취득에 관한 건'의 발동에 의해 과거 일본인 소유의 농지를 비롯하여 기업, 주택, 금융기관 등 일체의 재산을 정부관리 아래 두는 조치를 강구했다. 적산처리 관리 가운데 농지의 경우는 1946년 2월 21일 군정법령에 의해 신한공사(新韓公社)를 설립하여 일본인 소유토지 전체를 일괄 관리통제토록 했다. 신한공사는 과수원·상전(뽕밭) 및 산림을 제외한 29만ha의 토지와 55만 4천 6백여 호의 소작농을 지배하는 대회사로 군림하게 되었다. 신한공사의 토지를 소작하는 농가의 비율만도 남한 총 농가의 27%에 달했으며, 소작지는 총 경지면적의 13%였다.

미 군정청은 전국농민조직의 토지개혁 요구, 전후 세계자본주의 재편과정에서 미국의 극동점령정책, 남한의 정치·사회적 불안과 농민의 토지욕구(土地慾求)에 대한 부응이라는 측면에서 귀속농지에 대한 분배를 일단 결정했다. 미군정은 1946년 2월 27일 '토지개혁법안 기초위원회'를 구성하여 초안을 작성한 다음 1947년 초 입법의원에 회부했다. 이 법안은 산업노농위원회의 수정을 거쳐 12월 본회의에 상정되었으나 성원미달로 본회의가 유회된 데 이어 1948년 3월 입법의원이 해체됨으로써 자동 소멸되었다. 이는 지주들이 중심이 된 입법의원들이 고의로 무산시킨 것이다.

그러자 미군정은 1948년 3월 22일 군정법령 173·174호를 공포, 신한공사를 해체하고 '중앙토지행정처'를 설치, 남한 우익세력의 강력한 반발을 물리치고 귀속농지를 그 소작인들에게 매각하거나, 해외에서 귀국한 동포와 월남한 동포에게 분배했다. 농가 호당 2정보(1만 9천 6백㎡)를 상한으로 연간 생산량의 3배에 해당되는 지가를 현물로써 매년 20%씩 15년간 상환하는 조건이었다. 신한공사가 관리하던 귀속농지 중 1948년 4월 논 15만 4,050정보(총 매각면적의 76%)와 밭 4만 4,979정보(69.1%) 합계 19만 9,029정보(74.3%)가 매각되고, 나머지 논 4만 8,643정보와 밭 2만 104정보 합계 6만 8,747정보는 한국정부에 이관되어 1950년 농지개혁법에 의해 대부분 분배되었다.

미 군정청이 일반농지를 제외한 귀속농지에 한해 일방적 농지분배를 실시한 것은 미국 정책의 일환이었다. 당시 미국은 한국을 비롯한 동아시아 국가들에서 공산혁명(共産革命)의 물결이 확산되는 이유가 토지문제(土地問題)에 있다고 여겼다. 이에 미국은 한국의 우익세력들에게 농지개혁을 단행하도록 끊임없이 압력을 가했고, 한민(민국)당으로서는 이러한 압력을 뿌리칠 수 없었다. 이처럼 미 군정청의 농지개혁은 농민들의 토지소유욕을 충족시켜 보다 과격한 혁명사상의 압력과 농민운동을 저지함과 동시에 자본주의적 사유원리에 입각한 농지개혁 실시의 토대를 마련했다는 평가이다.

## 미군정, "우익세력 반대 불구, 귀속농지 19만 9천 정보 매각분배"

이승만 역시 농지개혁과 귀속재산 불하에 적극적이었다. 농지개혁에 대한 이승만의 의지는 1948년 3월 20일 친구이자 외교정치고문인 올리버(Robert T. Oliver)에게 보낸 그의 편지에서도 확인할 수 있다.

> "정부를 갖게 되면 우리는 이 나라를 엄청나게 자유화시킬 것입니다. 한국의 파시스트, 반동세력, 그리고 극우파 운운하던 사람들은 그것을 보고 대경실색(大驚失色)할 것입니다. 농지개혁법이 가장 먼저 제정될 것이고, 다른 많은 자유주의적 조치들도 차례대로 단행될 것입니다."

또 올리버가 3월 29일 이승만에게 보낸 편지에서 우리는 1948년 5·10선거 직전 미 군정청이 농지개혁을 단행한 이유와 그에 대한 이승만의 생각을 읽을 수 있다. 미군정은 이 선거에 출마한 우파세력을 돕는 한편 그들이 물러간 후에도 농지개혁을 계속 추진되어야 한다는 사실을 이승만 등에게 주지시키기 위해 서둘러 농지분배를 단행했다. 이에 대해 이승만은 자신이 일찍이 발표한 '민주원칙 27개조'에서 농지분배의 조속한 단행을 천명했던 점을 상기시키면서 "그렇더라도 모든 토지는 한국정부가 수립된 후에 분배되어야 마땅하다고 주장했다"고 올리버는 자신의 저서에서 전했다.

이승만은 자신의 이런 뜻을 가장 확실하게 반영시킬 적임자로 조봉암을 꼽았고, 초대 농림부장관에 발탁했다. 그는 3·1운동 당시 투옥되는 등 독립운동을 하면서 공산주의 활동도 했지만 1946년 박헌영에게 '경고공개서한'을 보낸 후 좌익에서 우익으로 전향, 공산주의와 완전히 결별했다. 그러나 훗날 이승만은 정적이 된 조봉암을 공산주의 간첩죄로 몰아 사형시켰다. 이승만은 8월 4일 올리버에게 보낸 편지에서 평소 농지개혁을 역설해 온 조봉암을 통해 '농민을 장악하기 위해서'라고 발탁 이유를 설명했다. 그는 "공산혁명을 막기 위해서라도 시급히 농지개혁을 해야 한다"고 강조했다.

## 조봉암 초대 농림부장관 기용, "농지개혁 통한 농민장악 의도"

김일영은 "이처럼 이승만에게 농민은 포섭과 장악의 대상이었지 존중의 대상은 아니었다. 그는 농민 유인전략 중 하나로 농지개혁을 서둘렀지 진정으로 농민을 위한 개혁을 추진한 것은 아니었다"며 "이 점은 그가 농지 분배과정에서 농민의 부담을 덜어주기 위해 정부가 재정적 부담을 조금이라도 지는 것을 가급적 피하고자 했다는 점에서도 드러난다"고 주장했다.[29] 그는 "농지개혁과 귀속재산 불하과정에서 우남이 애초 대변한 것은 지주도 자본가도 농민도 아닌 자신(정부)의 이익이었다. 그러나 결과적으로는 이승만이 자신의 이해와 함께 자본가의 이해를 대변했다고 볼 수 있다"며 "이러한 이승만의 의지 덕분에 6·25전쟁 발발 전인 1950년 3월~5월 사이에 농지의 70~80% 정도에 대해 분배가 단행되었다"고 밝혔다.

정부는 1948년 9월 7일 '농지개혁법 기초위원회'를 구성하여 작성한 초안을 11월 발표하고 1949년 1월 그 수정안을 정부안으로 국회에 제출했다. 당초 분배대상 농지의 범위설정이나 상환액 면에서 농민들에게 가장 유리한 안은 조봉암의 농림부안이었다. 그러나 정부의 재정부담을 꺼리는 이승만의 거부감 때문에 기획처안을 정부안으로 채택했다. 국회는 산업위원회안을 1949년 1월 26일 국회안으로 확정하여 3월 10일 본회의에 상정하고 정부안은 폐기했다. 이 안은 한민당을 통해 지주들의 이해관계를 잘 반영시켜 지주보상율이 가장 높고 지주 전업을 알선하는 등 지주에게 우호적이었다. 그러나 국회 심의과정에서는 조봉암의 농림부안과 국회안을 놓고 논란을 벌였는데, 지주를 대변하는 한민(민국)당 의원들과 농민을 대변하는 소장파 의원들이 충돌했다. 소장파 의원들은 지주보상 및 농민상환 비율을 100~150%로 하고, 농지소

---

29) 김일영 편저, 《해방 전후사의 재인식 2》(책세상, 2006), p.303.

유 상한을 2정보로 고치되 사업체 참여 우선알선은 지주들에게 새로운 경제권을 장악하게 하는 것이라며 절대 반대했다. 결국 양 세력은 한민(민국)당이 보상 및 상환율에서 양보하고, 소장파가 농지소유 상한과 지주 전업보장 문제에서 물러서는 방식으로 절충안을 마련, 1949년 4월 농지개혁법안은 국회를 통과했다.

하지만 정부는 법조문간에 모순이 있고, 재정부담이 크다는 이유를 들어 거부권을 행사했다. 다시 국회의 재의결로 법안이 확정되었고, 정부는 6월 25일 공포했다. 그럼에도 불구하고 정부의 거듭된 수정요청에 따라 시행도 되지 못한 채 국회는 개정작업에 착수했다. 이 과정에서 민국당은 개정작업을 최대한 지연시키며 지주들의 이해관계를 최대한 반영시키려고 했다. 김성호는 "국회가 이 법의 개정문제를 공식적으로 다시 논의하기 시작한 것은 1950년 1월부터였다"며 "1949년 5월~1950년 2월 사이에 매수대상 농지 60만 정보 중 절반가량인 28만 정보가 방매(放賣) 또는 은폐되었다"고 주장했다.[30] 그만큼 지주들에게 처분할 시간을 주긴 했지만 농지개혁법의 위력(威力)은 대단했다. 이는 농지개혁으로 대부분의 지주가 몰락한 데서 엿볼 수 있다.

이 무렵 민국당의 독주를 견제하기 위해 대한국민당으로 결집한 친이승만 세력도 소장파와 함께 민국당의 반동적 움직임에 반발했다. 민국당도 한발 물러서 분배면적 상한을 농가 호당 3정보, 연 수확량 150%에 해당하는 지가보상 및 5년 분할상환으로 낮추었다. 이밖에 지주전업알선 외에 기업자금 담보에 관한 조항이 신설됐다. 주요 내용은 '농지매수의 대가로 발급받은 지가증권을 기업자금에 사용할 때에는 정부가 융자를 보증한다'는 제 8조와 '본 법에 의하여 농지를 매수당한 지주에게는 그 희망과 능력, 기타에 의해 정부는 국가경제발전에 유조한 사업에 우선 참여케 알선할 수 있다'는 제 10조 등이다.

---

30) 김성호, 《농지개혁사 연구》(한국농촌경제연구원, 1989), p. 659.

## 농지개혁법 개정작업 8개월간, 지주 60만 정보 중 28만 정보 방매

농지개혁법 개정안은 1950년 2월 국회에서 통과되었고, 정부는 3월 10일 법률 128호로 공포했다. 김일영은 "애초 농지개혁을 신속히 단행하여 민국당과 남로당의 농민기반을 부식시키고 그것을 자신이 흡수하려고 했던 이승만으로서는 법 제정 자체가 정치적 승리였다"며 "더구나 그는 재정부담을 주는 조항을 삭제함으로써 자신(정부)의 이해관계를 관철시켰다"고 강조했다.[31] 그는 "농민들도 일단 작은 토지라도 갖게 되면 그 순간부터 소(小) 소유계급(*the small propertied class*)의 행태를 보여주게 된다"며 "이러한 소농의 계급적 속성에 대해서는 맑스가 '루이 보나파르트의 브뤼메르 18일'에서 프랑스 농민들을 대상으로 훌륭하게 묘사한 바 있다"고 지적했다. 프랑스혁명으로 농지를 분배받아 소농이 된 프랑스의 농민들이 보나파르트를 지지했듯이, 농지개혁으로 자작농화된 한국의 농민들도 좌파에 대한 지지를 거두고, 지주들이 중심이 된 민국당의 영향에서 벗어나 이승만 정부 지지기반이 되었다.

정부의 농지개혁은 본격 착수에 돌입, 5월까지 분배사업 대부분을 완료했다. 개혁착수 당시 일반농지 75만 5천 정보, 귀속농지 26만 9천 정보 등 102만 4천 정보였지만 실제로 분배된 농지는 일반농지 34만 2,365정보, 귀속농지 26만 2,502정보로 합계 60만 4,867정보였다. 이 면적은 전체 경지면적 219만 2,546정보의 27.6%, 1945년 말 소작지 면적 144만 7천 정보의 41.8%에 해당한다. 농지를 분배받은 농가를 보면 일반농지는 101만 6,338호, 귀속농지는 65만 5,032호로 총 167만 1,370호이다. 이것은 전체 농가 217만 2,435호의 76.9%에 해당한다. 하지만 농지개혁 후 1정보(9,900㎡) 미만층이 전 농가의 76%에 달하는 등 영세농이 대부분이었다.

---

31) 김일영, 앞의 책, p.309.

## 60만 4,867정보 167만 1,370농가 분배, 1정보 미만 영세농 76%

농지개혁 성과와 관련 장시원은 "지주제 해체와 자작농체제의 성립은 농업발전의 새로운 가능성을 열어 놓았다. 자작농민들은 토지소유의 관계 면에서 일단 '노동의 성과를 좀더 공정하게 향수'할 수 있는 계기를 부여받았던 셈"이라며 "한국의 농지개혁은 그 기본방향에서 '소경영적 개혁'을 지향함으로써 소농민경영의 연속적 발전에 기여했다"고 평가했다.

김일영은 "특히 지가증권이 초기의 한국증권시장을 활성화시키고 귀속사업체를 둘러싼 자본형성에 커다란 역할을 했다"며 "한국증권시장 발달사에서 볼 때 6·25전쟁 때에 지주들이 호구수단으로 방매한 지가증권이 국채시장보다 앞서 증권시장을 소생시키는 계기가 되었고, 1949년 11월부터 1955년 6월 사이에 증권회사의 총 거래액 약 107억 3천만 원 가운데 78억 8천만 원, 즉 73%가 지가증권으로서 국채는 17%, 주식은 10%에 지나지 않았다"고 밝혔다. 지가증권이 자본주의의 꽃인 초기 주식시장 발전에 크게 기여했음을 의미한다.

그는 "귀속사업체 불하대금으로서 지가증권 납입을 허용했는데, 지가증권을 이용하면 귀속사업체를 거의 절반 가격으로 취득할 수 있었다"며 "실제로 1968년 현재 액면가를 기준으로 한 일반보상총액의 54%가 귀속사업체 불하에 동원되었다"고 언급했다. 농지개혁이 산업자본으로 전환되었음을 알 수 있다.

# 8. 6·25전쟁, '남한 풍전등화 위기, 이승만 통치기반 강화'

"북한의 남침설 정설, 중국 역사책도 남침 공식인정 기록"

한국 현대사에서 가장 큰 비극은 1950년 6·25전쟁이다. 6·25전쟁이 발발하자마자 미 NBC방송 종군기자로 3년 내내 전쟁터를 누볐던 존 리치는 2008년 7월 24일 주미 한국대사관에서 6·25전쟁 사진전을 개최하면서 "애치슨라인에서 한국을 제외한 것은 커다란 실수(*Great mistake*)였다"며 "6·25전쟁은 정말 참혹했다. 당시 한국은 전쟁에 대해 아무런 대비도 돼 있지 않았던 나라였다. 북한 남침에 황급히 모은 군대가 겨우 5백 명밖에 안 되었다"고 밝혔다. 6·25전쟁은 북한의 남침설이 정설이다. 1953년 휴전회담 북측 대표였던 이상조는 1989년 9월 방한, "김일성이 남침(南侵)했다"고 폭로했다. 참전했던 중국도 1996년 7월 역사교과서에서 6·25전쟁을 북침에서 남침으로 수정했다.

먼저 북침설이나 북침응전설을 살펴보면 이승만은 1949년 9월 30일 외신기자회견에서 "우리는 북한의 실지(失地)를 회복할 수 있으며, 북한 동포들은 우리들이 소탕할 것을 희망하고 있다", 10월 7일에는 "우리는 3일 내로 평양을 점령할 수 있다"고 말하는 등 공공연하게 북침을 주장했던 점을 들었다. 또 38선을 경계로 자주 국지전이 발생한 데 이어 1950년 6월 25일 새벽 남한이 38선 전역에 걸쳐 무력침공을 감행, 최초에 전선 1~2㎞ 가량 북진에 성공했고, 북한은 바로 공격을 중단할 것을 한국에 요구했으나 교섭이 결렬되자 인민군은 조직적 반격을 개시해 국군을 38선 밑으로 몰아내고 낙동강까지 진격했다고 주장했다. 이러한 주장에 설득력이 없는 이유는 첫째, 이승만이 말로만 실지회복을 주장했을 뿐 전혀 북침전쟁준비를 하지 않았다. 6·25전쟁 발발 직전 북한 군사력은 보병 10개 사단, 전차 242대, 항공기 211대인데 비해 남한은 겨우 보병 8개 사단에 단 한 대의 전차도 없었고, 항공기도 연습기인 건국기 10대에 불과했다. 이런 군사력으로 남한이 38선 전역에서 북침을 감행했다는 주장은 전혀 맞지 않다. 둘째, 6·25전쟁 발발 하루 전인 6월 24일 한국군이 비상경계를 해제한 데 이어 많은 병력이 군영을 벗어나 외출했다. 특히 그날 저녁 육군본부 장교클럽 낙성파티에는 전방부대 사단장들까지 초청되었다. 셋째, 미 애치슨 국무장관은 '애치슨라인'을 선언, 태평양 방위선에서 한국과 대만을 제외시켰다. 1950년 1월 12일 애치슨은 미국 프레스센터에서 '아시아에서의 위기'라는 제목의 연설에서 미 방위선 구상과 관련 "스탈린과 마오쩌둥〔毛澤東〕의 영토야심을 저지하기 위해 미국의 극동방위선을 알류샨 열도-일본-오키나와-필리핀을 잇는 선으로 정하였다"고 공식발표했다. 그는 "대만, 한국, 인도차이나반도와 인도네시아 등은 이 방위선에 포함되지 않고 이 지역들은 유엔보호에 의존해야 한다"고 밝혔다. 일부 진보학자들은 "애치슨 연설이 북한의 남침을 유도하기 위한 고도의 음모적 술책"이라고 분석했다. 그러나 이 연설은 미국의 대아시아정책이 군사전략상 도서방위선(島嶼防衛線) 전략을 채택하고 있음을 재확인한 것에 불과했다.

### 북한, '6월 25일 새벽 4시 38선 무력침공, 북침설 등 신빙성 없어'

남침설과 관련 김동광은 "서유럽을 제외한 거대한 유라시아대륙 전체가 붉은 대륙이었고, 오직 극동아시아의 작은 반도 끝에 붙어 있는 대한민국만이 예외였다. 공산주의 모국 소련과 신생 공산국가 중국, 북한은 그 예외를 결코 용납하지 않았다"며 "스탈린, 마오쩌둥, 김일성이 합작하여 감행한 것이 바로 6·25전쟁이라는 전면 침략전쟁이었다"고 주장했다.[32]

6·25전쟁 당시 북한인민군 제2군단사령부 공병부부장으로 참전했던 주영복은 《내가 겪은 조선전쟁》에서 6·25전쟁 직전 북한상황에 언급 "철원에 오니 완전히 국경지대에 온 것처럼 군인세계다. 인민군의 38선 집결도 독일의 소련침공처럼 위장했다. 남북 동포에게는 '평화통일'이라는 연막으로 전쟁이미지를 제거하고, 일반군대에는 '하기야영전투훈련'이란 기만하에 군사이동을 실시했다"며 "6월 23일까지 모든 일선 전투사단은 38선 직북에 집결 완료했다"고 밝혔다. 그는 6월 19일 평양 민족보위성 박길남 공병국장실에서 소련고문관 돌긴 대좌와 마주한 가운데 '군사기밀을 생명을 바쳐 지킴'이라는 각서를 쓰고 러시아말로 된 공병작전명령을 직접 번역했다고 밝혀 그의 증언은 신빙성이 높다.[33] 그는 "6월 23일 '전투준비 완료' 명령은 이미 내렸다. 24일 군단지휘부에 왔을 때 최인 참모장의 지시로 전방관측소로 갔다. 50분을 올라가니 앞에 능선이 보였고 38선 이남이 나타났다. 나는 망원경으로 국군사병 한 명이 철봉에 매달리고 2, 3명이 그 옆에 서 있는 모습을 보았다. 누군가 내뱉듯 중얼거렸다. '자식들, 아무것도 모르는 군', '이제 봐, 뒤통수 갈길게' "라고 적었다.

주영복은 "얼마나 잤는지 모르지만 대지를 울리는 무거운 포성에 놀라 잠이 깼다. 화급히 몸을 가다듬고 반달음박질하여 지휘소 발을 열고 안으로 들어가니 최인 소장 곁에 처음 보는 소련군 중좌 2명이 앉아 있었다. 남침 전야 소련 고급장교들이 전선지휘부까지 파견되었다고 하

32) 월간조선 편집부, 앞의 책, 머리글.

33) 주영복, 《내가 겪은 조선전쟁》(고려원, 1990년), pp. 237~268.

는 사실은 대남작전계획이 소련군부에 의해 작성되었다는 점을 뒷받침하는 동시에 그 계획의 진행을 지휘감독코자 하는 것을 알 수 있다"고 주장했다. 그는 "6월 25일은 말쑥한 여름 아침이었다. 제 2군단지휘부는 남하하기 시작했다. 38선이 점점 가까워오니 소련군 고급장교(옵저버)들은 감쪽같이 사라져버렸다. (중략) 국군이 북상했다면 더욱이 북상하다가 인민군 반격을 받았다면 발자국도 있고, 폐기물도 있고, 전사한 시체도 있으련만 아무것도 없다"고 증언했다.

## 6월 23일 모든 북한군 일선 전투사단 38선 집결, 전쟁준비 완료

북한이 남침할 것이라는 소문이 무성했는데도 이승만은 '북진통일론'의 북침주장만 외치는 등 허세를 부렸다. 도쿄 미 극동사령부 윌로비 장군(Gen. Charles Willoughby)의 정보자료에는 6·25전쟁 발발에 대한 예고가 1950년 1월에 있었으며, 3월에도 G-2 report(일일정보 일지보고서) 형식으로 보고되었다. 윌로비는 이미 6개월 전에 KLO로 불리는 한국정보 및 첩보부대를 통해 북한의 전쟁조짐을 발견했다. 윌로비의 정보참모부 G-2보고서(1950년 6월 19일자 2840호)는 인민군 제 6사단 등을 자세히 설명했다. 6사단은 5월 10일까지 해주에 사단본부를 두었으나 신막으로 남진시켰다. 이들은 1949년까지 마오〔毛〕 휘하에서 실전을 경험한 중공군 출신이었다. 다음으로 인민군 제 1사단에 대한 보고에는 1950년 4월 22일까지 평양에 주둔했다가 역시 38선 집결구(集結區)로 이동하는 과정에서 발견된 사항을 담고 있다. 인민군 제 3사단은 철원에서 금화로 이동하고 있는 바, 38선 집결구로 이동하고 있었다. 중공군 출신으로 편성된 부대가 청진으로부터 38선 근방인 강원도 양양으로 이동한 것 역시 집결구 이동으로 보았다. 특히 트럭운전사들이 징발되어 훈련을 받고, 트럭도 군에 징발당했다고 적었다. 평생을 전장에서 살아온 전쟁전문가들이 전쟁냄새를 맡았지만 정치인은 군인을 무시하는 경우가 많은데, 6·25전쟁이 바로 그랬다. 도쿄 정보보고가 워싱턴에서는 무시되었다.

일련의 전쟁징후는 한국군 내부에서도 감지되었다. 육군본부 정보국 전투정보과는 1949년 말 조만간 북한의 남침을 예고했다. 유양수 과장의 지도 아래 박정희(朴正熙) 문관 등이 참여한 가운데 '연말종합적정판단서'를 만들었는데, 12월 17일 상부에 올린 판단서는 "1950년 봄을 계기로 적정의 급진적 변화가 예기된다. 북괴는 모든 기능을 동원, 전쟁준비를 갖추고 나면 38선 일대에 걸쳐 전면공격을 취할 기도를 갖고 있다고 판단된다"는 결론을 내렸다. 이 판단서는 "의정부-서울을 주공으로 삼고, 개성-서울과 화천-춘천-서울 남쪽 우회노선을 조공으로 삼아 남침할 것이며, 주문진과 옹진에서 견제공격을 가해 올 것"이라고 예측했다. 김종필(金鍾泌)은 남침시기에 대해 "1950년 3월이 될 것이지만 동북한인의용군의 북괴군으로 편입이 지연되면 6월이 될 것이라고 정확히 예측했다"고 전했다. 그 편입이 5월에 끝남에 따라 남침은 6월로 연기되었다는 주장이다. 이 판단서는 국방부 등에 배포되었다.

## 윌로비 장군 남침준비 상황 G-2보고서, "워싱턴서 무시당해"

이승만은 국정 최고책임자로서 이러한 국가안보의 최대 위기상황을 제대로 파악해서 적절하게 대처해야 했지만 이를 방치해 결국 민족 최대의 동족상잔을 전혀 막지 못했다. 그는 국가보안법을 만들어 남한인사들의 체제단속에만 열을 올렸지, 북한의 남침야욕 정보에는 너무 어두웠다. 당시 미국은 1949년 9월 부패 무능했던 장제스 정권이 쫓겨나고, 중국대륙이 마오쩌둥에게 공산화되는 것을 보고 "한국도 외침보다 이승만의 비민주적 비효율적인 권위주의 통치로 말미암아 적화될 가능성이 있다"고 판단했다. 1950년 초까지 워싱턴 정계 일각에서는 한국포기론이 공공연히 제기되었다. 이승만 독재와 부패는 미국인이 피를 흘리며 지켜주어야 할 만한 가치가 있느냐 하는 의문이 일었고, 이런 요인들이 6·25 남침에도 한몫했다. 북한은 남침을 앞두고 위장평화공세를 펼쳤다. '조국통일민주주의전선'은 6월 7일 남한 정당 사회단체들을 상대로, 6월 19일에는 최고인민회의 상임위원회가 남한 국회를 상대로 통일방안을 제시했다. 8월 초 남북총선거를 실시해 8월 15일 통일국회를 열고 거기서 통일정부를 세우자는 것이다. 남한이 남로당 핵심거물인 김삼룡·이주하를 북으로 보내주면, 북한은 조만식을 남으로 보내주겠다고 제의했다. 남한은 6월 26일 교환하자고 수정제의했다. 북한은 25일을 남침날짜로 잡았기 때문에 답이 없었다. 정부는 북한이 남침하자마자 이들을 처형했다.

북한 김일성은 26일 평양방송을 통해 직접 북침응전설을 주장했다. 그는 "38선 일대에 집결해 있던 이승만 괴뢰군은 미국 군사고문단의 직접 지휘하에 전 전선에 걸쳐 38선 이북지역에 대한 무력침공을 감행했다"며 "우리 조선인민들은 공화국 남반부에 세워진 이승만의 반민족적 파시스트 괴뢰정권을 무너뜨리고 인민위원회를 회복시키지 않으면 안 된다"고 선언했다. 그러나 브루스 커밍스도 《한국현대사》에서 "김일성의 북침 주장은 아무런 증거가 없기 때문에 거짓말"이라고 밝혔다.[34] 북한군은 침공 3일 만인 6월 27일 서울 외곽 창동과 미아리의 방어선을 붕괴시켰다. 이날 육군본부는 수원으로 후퇴했고, 대전으로 임시수도를 옮겼다. 북한군은 28일 서울을 완전 장악했다. 이승만은 27일 새벽 2시 대전으로 피난가면서 "우리 국군이 잘 싸우고 있다"는 방송을 계속 내보내 이를 철석같이 믿었던 서울시민들은 미처 손을 쓸 수 없었다. 이로 인해 김규식, 조소앙, 안재홍, 정인보 등 많은 지도자들이 강제 납북되었고, 이승만에

34) 브루스 커밍스 지음, 김동노 외 옮김, 《한국현대사》(창비, 2007년), p.368.

게 거짓말쟁이라는 조롱과 비판이 꼬리표처럼 따라다녔다.

정병준은 《한국전쟁》에서 "1950년 6월에 한국군과 북한군의 모습은 역설적이고 대조적이었다. 한국은 북한을 공격할 군사적 능력이 부재했지만 1949년 이래 대북 공격의지를 과도하게 노출시킴으로써 자신과 미국을 미혹(迷惑)시켰다. 한국군은 자신들이 공격자라고 생각했으며, 방어자로서 혹은 약자로서 방어를 염두에 두지 않았다. 미국은 한국의 공격적 성향(性向)을 제어해야 했으므로 공격용 무기는 물론 충분한 방어용 무기제공도 꺼렸다"며 "반면 북한군은 공격할 군사적 능력을 갖췄지만 이를 방어용으로 위장하고 공격의지를 드러내지 않는 데 성공했다. 북한은 1949년 하반기 이래 병력·화력에서 한국군을 능가하기 시작했지만 자신을 수세에 몰린 방어자이자 평화통일의 주창자인 것으로 위장했다. 1949년 스탈린에 의해 준비된 '도발받은 정의의 반공격전' 구상은 이런 기습공격의 기초가 되었다. 북한은 의도와 힘을 감추고, 응축된 군사력을 정치선전전과 함께 무방비 상태의 남한을 향해 폭발적으로 분출시켰다"고 주장했다.[35] 필자는 《시대정신과 대통령 리더십》에서 "우리 군 수뇌부는 미 군사고문단에 대해 남침위협을 강조하고 군사지원 특히 대전차 무기제공을 여러 차례 요청했지만 미군은 '스탈린이 도발한다면 유럽에서 할 것이고 전차는 한반도와 같은 산악지대에서는 효과가 없다'고 말했다"며 "미국은 오히려 이승만이 '북진'(北進)하지 않을까 우려했으니 군사지원을 해줄 리가 없었다"고 밝힌 바 있다.[36] 여기서도 이승만의 '허풍과 공갈 때리기'가 위력(?)을 발휘했다.

---

35) 김병준, 《한국전쟁》(돌베개, 2006년), pp. 682~683.

36) 김인수, 앞의 책, pp. 38~39.

## 미국, '북한 남침 4일 만에 참전 결정', 김일성 스탈린 마오쩌둥 오판

이승만은 6·25전쟁이 발발하자마자 미국 트루먼 대통령에게 파병을 요청했고, 올리버 고문이 기여했다. 1949년 6월 30일 주한미군이 철수한 지 불과 1년 만에 미국은 다시 대규모의 군대를 남한에 보내지 않으면 안 되었다. 냉전체제 아래서 일어난 6·25전쟁은 미국에게 '멀리서 들려오는 소음'(*a noise far away*)이 아니라 미국 국익과 세계평화를 위협하는 공산권의 자유세계 전체에 대한 선전포고였다. 정보관계자들이 수차례 전쟁위험의 긴박한 신호들을 보냈음에도 수수방관하다 일격을 당한 워싱턴 당국은 6·25전쟁이 발발하자 이에 대한 군사적 개입조치는 신속하고 치밀했다. 김일성·스탈린·마오쩌둥이 미군 개입은 최소 2개월이 걸릴 것이란 판단은 완전히 빗나갔다. 유엔안전보장이사회의 소집과 북한에 대해 침략자로 규정한 결의안 채택, 한국에 대한 지원결정, 유엔군 파견 등 일련의 조치는 미국이 건국 이래 약 2백여 개 전투 및 분쟁에 개입했지만 6·25전쟁처럼 신속하면서도 적극적이며 단호한 군사조치를 내린 적은 거의 없었다. 미국은 속전속결로 맞섰다.

북한군은 서울을 점령하자 곧바로 서울시장격인 서울시인민위원장에 경기도 출신 이승엽을 앉혔다. 북한은 "이제 38선은 사라졌다"고 선언하고 승리감에 도취했다. 북한군은 3일 동안 별다른 움직임을 보이지 않았다. 일부에서는 남로당의 호응봉기를 기다렸다는 주장도 있지만 이미 2~3월 이주하·김삼룡이 검거되어 조직이 와해된 상태였기 때문에 설득력은 떨어진다. 김학준은 《북한 50년사》에서 "오늘날까지도 북한군의 서울 3일 체류는 수수께끼로 남아있다"며 "이 시간은 죽느냐 사느냐의 갈림길에선 대한민국을 살려준 귀중한 시간이었다"고 강조했다. 그는 "북한군이 남침 사흘 만에 서울을 점령한 그 우세한 힘으로 남침을 계속했다면 대한민국으로서는 최악의 상태를 맞았을지도 모른다"

며 "미국이 군사적으로 개입하기가 어려웠을 것이며, 따라서 대한민국 정부는 더 이상 스스로를 버티기가 불가능했을 것"이라고 분석했다.[37] 트루먼 행정부는 6·25전쟁이 발발했다는 소식이 전해지자마자 북한의 남침을 '평화의 파괴 및 침략행위'로 보고 6월 25일 일요일 오후 3시 유엔안보리의 긴급소집을 요구했고, 26일 월요일 오전 5시 안보리회의가 열려 미국이 제출한 결의안을 채택하고, 적대행위 중지와 북한군의 38선까지 철수를 요구했다. 애치슨 국무와 존슨 국방장관은 트루먼에게 한국전 참전을 위한 유엔결의안 결단을 촉구했지만 미 의회가 문제삼으려하자 잠시 유보를 밝혔고, 서울이 함락되자 의회가 동의했다. 27일 재개된 안보리에서 미국은 25일 안보리 결의를 무시한 북한군의 계속적인 대한민국 침략은 '국제연합 자체에 대한 공격'임을 천명했다. 또 국제평화 회복을 위해 강력한 제재를 취하는 것이 안보리 임무라고 선언하고 안보리 토의를 위한 결의안을 제출했다. 특히 서울이 함락된 이날 안보리는 찬성 7, 반대 1, 기권 2, 결석 1로 '유엔 회원국들이 동 지역에서의 군사공격을 격퇴시키고, 국제평화와 안전을 회복시키기 위해 필요한 원조를 대한민국에 제공할 것'을 권고하는 결의안을 채택했다.

## "북한군 서울체류 3일 지체 수수께끼, 남한 살려준 귀중한 시간"

이로써 유엔군의 파병은 사실상 결정됐다. 6월 25일과 27일 유엔안보리 결의에 소련은 결석, 공산 측은 결석을 거부권의 행사라며 앞의 결의는 무효라고 주장했다. 그러나 유엔 관행상 결석은 거부권의 행사로 볼 수 없어 그들의 주장은 받아들여지지 않았다. 스탈린은 6·25전쟁이 나자 말리크 유엔대표에게 안보리 불참을 지시했다. 한국으로선 행운이었다. 중화인민공화국은 유엔 회원국도 아니었고, 대만(臺灣)이 상

---

37) 김학준, 《북한 50년사》(동아출판사, 1995년), pp. 149~150.

임이사국이었다. 유엔군의 참전이 사실상 결정된 가운데 군사적 지원 개시를 명령받은 맥아더 사령관은 개전 나흘 후인 6월 29일 도쿄에서 급히 날아와 영등포 한강전선을 시찰하고, 전방지휘소 설치로 참전이 가시화되었다.

미국은 7월 1일 일본주둔 미군 24사단 제 21연대 제 1대대를 부산에 상륙시킴으로써 지상군 개입이 시작됐다. 미군과 북한군은 전쟁발발 10일 만인 7월 5일 경기도 오산 죽미령에서 첫 접전을 벌였다. 그리고 안보리는 각종 원조제공을 더욱 효과적으로 효율화하고, 대한민국 방위작전을 통일화하기 위해 7월 7일 찬성 7, 기권 3, 결석 1로 군대와 기타 원조를 제공하는 국가들이 미국이 지휘하는 '통합사령부'에 집결할 것을 요구하는 결의를 채택했다. 트루먼 대통령은 일본 도쿄에 있는 미극동군사령관 맥아더를 유엔군총사령관에 임명했다. 한국과 이승만으로서는 풍전등화(風前燈火)의 위기를 벗어날 기회가 된 것이다. 한국은 미국의 신속하고 적극적인 행동에 크게 고무됐다. 한국은 우선 미국과의 군사협력체제를 굳히기 위해 7월 14일 '대전협정'을 맺고 '작전지휘권'을 유엔군총사령관에게 넘겼다. 한국군과 유엔군은 단일사령부 지휘 아래 통합됐다. 하지만 작통권 문제는 1980년 5·18민주화 운동 당시 군 지휘권과 관련 미국책임론이 제기되었고, 2012년 4월 한국에 완전 반환하기로 합의했다.

이로써 미국과 영국, 캐나다, 프랑스, 호주, 뉴질랜드를 필두로 필리핀, 터키, 태국, 네덜란드, 그리스, 벨기에, 룩셈부르크, 콜롬비아, 남아공, 에티오피아 등 16개국이 참전하거나 병원선 등 장비를 지원했고, 그 밖에 많은 나라가 경제적, 인도적 지원을 했다. 6·25전쟁은 내전으로 시작되어 남한은 16개국의 유엔군, 북한은 중공군과 소련 고문관, 공군 등이 참전해 남북 양측에서 20여 개 국가 전투부대가 격돌하는 국제전으로 성격이 바뀌었다.

북한군은 8월 초까지 승리를 거듭했다. 7월 20일 대전에 이어 전라도 전역을 장악했다. 8월 들어서는 대구와 부산을 차지하기 위해 경상도 전역에 대해 총공격에 나섰다. 국군과 유엔군은 낙동강변 마산, 밀양, 왜관, 대구, 영천, 포항지역을 경계로 낙동강 방어선(일명 워커라인)을 구축하고 맞섰다. 최전선 시찰에 나선 김일성은 수안보에 도착, 무정 2군단장에게 "빨리 부산까지 몰고 가서 미군들을 바다에 처넣어야 한다"며 "8·15까지 부산을 해방하라"고 소리질렀다. 그는 총공세를 독려했으나 국군과 유엔군의 완강한 저항에 주저앉았다.

## 7월 14일 '대전협정' 체결, "한국군 작전지휘권 유엔군에 넘겨"

이승만은 전쟁 패배에 대한 책임론이 제기되자 7월 25일 "제갈공명을 데려다 국무총리에 앉힐 수도 없고 … "라며 짜증을 냈다. 전쟁 초기 도망다니기에 바빴던 이승만은 그가 대통령인지 의심할 만한 이상한 행동을 보였다. 6·25전쟁 발발 이후 대한민국 지배층은 거대한 부정부패 소굴이었음이 유감없이 드러났다. 지배층의 상당수는 전쟁 직전에 자식들을 유학이랍시고 미국으로 빼돌렸고, 피난길에 오른 어떤 장성은 트럭에 가재도구 심지어 개까지 실었으며 지배층의 상당수가 이런 짓을 했다고 김동춘은 《전쟁과 사회》에서 폭로했다.[38] 고은의 《만인보》에서 대전 성남장 여관주인 '김금덕'을 보면 "국회의장, 장관, 편집국장, 은행총재, 서울 명사 3백 명이 수용되었다. 누군가 대한민국 인사 1만 명만 골라 일본으로 도망칠 배를 사자는 모의도 있었다. 김금덕이 그들의 모의에 꾸짖기를 당장 내 집에서 나가주시오. 김일성이 대한민국을 망치는 게 아니라 당신들이 망치고 있는 줄 아시오"[39]라고 기록되어

---

38) 김동춘, 《전쟁과 사회: 우리에게 한국전쟁은 무엇이었나?》(돌베개, 2000년), p. 94.

39) 고은, 《만인보》(창비, 2004년), pp. 31~33.

있다. 대전에 머물던 각료들은 북한군이 평택까지 쳐들어왔다는 소문에 아무에게도 알리지 않고 자기들끼리만 전주로 도망갔다가 사실이 아닌 걸로 밝혀지자 다시 대전으로 돌아왔다. 그 한심한 작태에 분노한 김금덕이 그들의 투숙을 거부했으니 이게 바로 그 유명한 '대전 성남장 사건'이다. 김동춘은 "이런 사람들이 핵심을 구성하던 이승만 정권을 어찌 '국가'로 볼 수 있을 것인가?"라고 질타했다. 강준만은 《한국현대사 산책 1950년대편 ①》에서 "이는 해방정국에서 새로운 국가를 건설하는 데 친일파를 위주로 기능적 효율성만을 따져 기용해선 안될 이유가 적나라하게 드러난 사건"이라며 "지배집단은 일제시기에도 그랬던 것처럼 전쟁이 터지자 다시 해방 전으로 돌아가 자신과 가족 챙기기에만 바쁜 모습을 보여주었던 것"이라고 꼬집었다.[40] 부산 앞바다에는 여차하면 일본으로 도망가기 위해 배가 여러 척 떠있었다.

여기서 특히 주목할 점은 북한군의 남침에도 불구하고 남로당원들의 호응봉기가 없었다는 점이다. 남한주민들의 봉기 부재는 김일성 자신이 증명했다. 김학준은 "김일성은 1963년 지난날을 회고하면서 '박헌영은 20만 명이 호응 봉기할 것이라고 장담했지만 20만 명은 고사하고 단 1천 명의 봉기자도 없었다. 우리가 낙동강까지 밀고 내려갔는데도 그 일대 어느 곳에서도 한 건의 봉기도 없었다'고 고백했다"고 한다.

북한군은 낙동강 전선에서 기세가 한풀 꺾인 상황인데도 9월 총공격을 명령, 8월 31일부터 부산 점령을 위해 예비부대까지 동원하며 전면공세를 감행했다. 하지만 미군이 주축이 된 유엔군은 서서히 전투력 향상의 효과를 나타내 적 후방과 해상로를 원천봉쇄, 북한군의 9월 공격을 좌절시켰고, 이 과정에서 북한군 제 15사단이 섬멸됐으며, 북한군 최고사령부 총참모장 강건이 9월 8일 미군 포격에 사살됐다. 강건은 김일성의 핵심참모로서 이번 전쟁준비, 작전, 지휘에서 중심인물이었지

---

40) 강준만, 《한국현대사 산책 1950년대편 ①》(인물과 사상사, 2004년), p. 65.

만 군 사기를 고려, 보도를 금지시켰다. 반격의 실마리를 찾은 유엔군은 맥아더 사령관의 진두지휘 아래 인천상륙작전을 전격 감행했다. 인천상륙작전은 북한군의 중간허리를 잘라놓은 허를 찌른 작전으로서 흔히 제2차 세계대전의 분수령이 된 노르망디 상륙작전에 비유되고 있다. 북한은 조수간만의 차로 인천상륙작전을 펼치지 못할 것이라며 전혀 대비책을 세우지 않았다. 맥아더는 "인천은 남한의 수도인 서울과 매우 가깝고 한반도 전체로 볼 때 허리에 해당하는 부분으로 인천으로부터 서울로 이어지는 지역을 단숨에 장악해버린다면 낙동강 전선의 북한군은 북으로부터의 보급선을 완전히 잃게 되고 북과 남으로부터 포위당해서 고립될 것"이라고 확신했다.

하지만 인천항은 썰물 때 심한 경우 7m 가까운 수심의 변화를 보이며 해안선도 수㎞까지 후퇴하는 개펄이기 때문에 대규모 병력을 투입하는 상륙작전을 결행하기에는 적합하지 않다는 참모진의 지적이 있었다. 그러나 맥아더 원수는 어느 작전에나 위험요소는 있다며 인천상륙작전 결행을 명령했고, 작전에 반대하던 연합사령부도 설득했다. 크로마이트(*Chromite*) 작전으로 명명된 인천상륙작전은 작전수행 직전 남태평양에서 발생한 태풍이 최대 장애였으나 다행히 서해를 비껴가면서 함대들이 서해에 진입, 밀물 만조시간인 9월 15일 6시 팔미도 등대를 신호삼아 한미 해병대는 인천 월미도에 상륙하기 시작하여 작전개시 2시간 만에 점령을 완료, 성공했다. 이날 인천 앞바다에 모인 유엔군의 함대는 모두 8개국에서 나온 261척으로 이루어져 있었고, 한국은 15척의 함정을 참가시켰다. 유엔군은 16일 인천 시내를 탈환했으며, 20일 주력부대가 한강을 도하하여 결국 26일 정오 중앙청에 태극기를 게양함으로써 인천상륙작전은 완료됐다. 맥아더 사령관이 인천상륙작전을 펼치기 얼마 전 김일성은 최용건 대장을 서해안 방위사령관으로 임명해 놓고, 철원에서 긴급 편성한 제 25여단을 배속시켰다. 그러나 신병이 많고 훈련이 없는 25여단의 서울 방어는 어림도 없었다.

## 인천상륙작전 성공, "북한군, 낙동강전선 막혀 전의상실 지리멸렬"

주영복은 《내가 겪은 조선전쟁》에서 "6·25전쟁 개전 이래 9월 10~11일경의 5차 총공격(진공) 실패까지 북한 인민군의 사상자수는 거의 50만 명이었고, 특히 보충할 수 없는 지휘관 소모는 너무나 심각했다. 연이은 무리한 진공에 소대장 90%, 중대장 80%, 대대장 70%, 연대장 60%가 교체나 사망했다. 사단장은 이영호, 이건무, 방호산 이외에 전부 교체 또는 파면했다"며 "김일성은 미군의 인천상륙 보고를 듣고 철원에서 편성된 1개 여단과 사리원에서 편성된 독립 제 78연대를 긴급히 경인지구에 파견했다. 또 낙동강전선을 향해 남하하던 18사단의 전진을 중지시키고 인천으로 향하라고 명령했다. 왜 이런 전진명령을 3~4일 전에 못했을까? 천안 부근까지 내려간 18사단은 전진을 중지하고 북상을 개시했다. 김일성은 인천사태가 위급해지자 김책에게 인천지구 구원을 명령했다. 전선사령관 김책은 낙동강 전선에 있는 105전차사단과 9사단 산하의 제 87연대를 서울지구에 파견하도록 명령했다"고 밝혔다.

무엇보다 북한군은 인천상륙작전이 개시될 무렵 낙동강 전선서 막혀 이미 사기저하 등 전의를 상실해갔다. 더욱이 그동안 일방적으로 밀렸던 한국군이 어느 전선에서든 미군의 지원 없이 독자적으로 북한군과 1대 1로 싸울 수 있는 능력을 갖추게 되고, 사기가 나날이 높아갔다. 한미해병대가 주축이 된 인천상륙작전은 성공했고, 13일 만인 9월 28일 서울을 탈환하자 북한군은 지리멸렬해졌다. 한번 무너진 북한군은 사기를 잃고 북으로 패주를 계속할 뿐이었다. 서울을 수복하자 '도강파'는 개선장군처럼 당당했고, 이승만의 말만 믿고 있다가 미처 피난 못가 북한치하에서 3개월을 견뎌낸 '잔류파'는 다시 빨갱이, 불순분자, 부역자란 의혹을 받으며 사상검증을 통과해야 하는 어이없는 사태가 벌어졌다. 부역자에 대한 군·검·경 합동수사본부는 10월 4일 활동을 개시, 당국에 의해 인지된 부역자 총수는 55만 915명이고, 이 가운데 자수자는 39만 7,090명, 검거자는 15만 3,825명이었다고 박원순은 밝혔다. 부역자 재판은 10월 말부터 시작, 11월 5일까지 161명이 사형당했다. 11월 25일까지 867명이 사형선고를 받았으나 12월 19일 이승만은 감형조치를 단행했다. 당시 오제도와 함께 사상검사였던 정희택이 미처 피난 못가 '잔류파'가 되었는데, 그는 재판에서 다음과 같이 분통을 터뜨렸다. "일개 사단규모 전향자들을 책임지는 정보검사에게까지도, 그것도 최후의 순간 전화까지 했는데도 거짓말을 하고 저희들만 도망치지 않았습니까. 이렇게 배신과 기만으로 애국시민들을 유기하고 도망친 자들이 무슨 염치로 잔류파를 재판한다고 하는 겁니까?"[41]

1950년 10월 1일 이승만의 지시로 국군은 38선을 넘었다. 2일 유엔군 역시 38선을 넘었으며, 이날 맥아더 유엔군 총사령관은 북한에 대해 무조건 항복을 요구하는 최후의 통첩을 보냈다. 김일성은 다급해졌다. 그는 이날 밤 북한주재 중국대사를 불러 1950년 5월 중순 베이징에서 비밀리에 맺었던 약속에 따라 중국군의 파병을 요청했고, 이튿날 마오쩌둥은 파병을 결정했다. 총리 겸 외교부장 저우언라이는 2일 밤 베이징 주재 인도대사 파니카르를 불러 "만일 대한민국 국군만 38도선을 넘을 경우 중국은 파병하지 않을 것이나, 유엔군이 38도선을 넘는다면 우리 안보상 파병하지 않을 수 없다"고 말했다. 인도정부는 곧바로 미국정부에 알렸지만 트루먼은 "유엔주도 아래 자유민주주의 깃발을 들고 한반도를 통일시켜야 한다"는 믿음으로 저우언라이의 제안을 거절했다. 여기서 우리가 주목해볼 부분은 유엔군이 38선을 넘지 않는 대신 남한군대만 넘어가 무기와 공군력을 지원해 주고 싸우도록 했다면 어떤 결과

41) 서중석, 《조봉암과 1950년대(하): 피해대중과 학살의 정치학》(역사비평사, 1999년), p. 677.

가 나왔을까 하는 점이다. 이 무렵 한국군은 이미 북한군과 1 대 1로 맞서 싸울 능력을 갖췄고, 사기도 충천해 있었기 때문에 한번 쯤 시도했으면 어땠을지. 어쩌면 통일한국이 실현되었을지도 모른다. 협상이 깨진 것을 확인한 마오쩌둥은 10월 7일 펑더화이〔彭德懷〕를 중국군 총사령관에 임명했다. 저우언라이는 10월 9일 스탈린을 만나 군사원조를 요청했지만 거절당했다. 스탈린은 "군이 무리해서 김일성 정권을 북한 땅에 유지시키려고 할 필요가 있겠느냐"며 "김일성에게 만주에 망명정부를 세우도록 권고하는 것이 어떻겠느냐"고 제의했다.

## 저우언라이, "한국군만 38선 넘으면 중국군 파병 안 해" 미국에 제시

마오쩌둥은 13일 "소련의 군사지원 없이도 중국은 한반도에서 싸워야 한다"고 강경하게 선언했다. 중국군은 10월 19일 극비리에 압록강을 건넜다. 바로 이날 국군 백선엽 제 1사단장은 평양을 점령했다. 김일성은 10월 16일 새벽 2시 소련제 고급승용차 볼가를 타고 도주했다. 그는 순천과 개천을 거쳐 희천에 이르렀지만 주민들의 봉기에 차를 버리고, 적유령 산맥으로 숨어들어 산길을 따라 26일 만주와 접경지역인 강계(江界)에 겨우 도착했다. 그 과정에서 김일성은 부상당했다. 김일성이 강계에 도착하던 날 국군도 압록강 초산에 도착, 압록강 물을 수통에 담아 이승만에게 보냈다. 11월 21일에는 미 제 10군단이 두만강 혜산진에 이르렀다. 하지만 중국군이 개입함으로써 6·25전쟁은 장기전에 돌입했다. 10월 25 국군과 처음 교전한 중국군은 12월 6일 평양을 장악한 데 이어 12월 중순까지는 북한의 거의 모든 지역을 되찾았다. 소련도 만주에 1개 항공사단을 배치해 북한군과 중국군 배후를 지원했다. 김일성은 12월 초 비밀리에 베이징을 방문, 마오쩌둥과 저우언라이를 만나 펑더화이를 총사령관으로 하는 '조선-중국합동군사회의' 구성에 합의했고,

'작전지휘권'을 펑더화이에게 넘겨주었다.

유엔총회는 전투의 확대를 막기 위해 12월 14일 '정전 3인단'의 설치를 결의하고, 인도의 B. 라우 등을 임원으로 선출했다. 그러나 중국군은 계속 남진, 1951년 1월 4일 국군은 텅 빈 서울을 빼앗긴 데 이어 평택 안성의 37도선까지 밀렸다. 펑더화이도 이때 휴전을 생각, 한강을 기준 삼아 그 이남을 유엔군에 넘겨주고, 이북을 공산군이 차지하는 조건으로 휴전하는 것이 좋겠다는 구상을 마오쩌둥에게 건의했지만 마오〔毛〕는 계속 공세를 취하라고 지시했다. 따라서 유엔 정전 3인단은 중국대표와의 회담교섭에 완전 실패했다. 펑더화이는 이미 중국군의 약점을 잘 알고 있었다. 우선 탄약과 보급품이 아주 모자랐으며, 병사들은 지친 상태였고, 눈이 쌓인 산길을 맨발로 걸어야 하는 병사들이 많았다. 1951년 초 한 중국군 감찰장교는 "한국에 있는 중국병력은 하루에 얼어붙은 감자조각 몇 개씩만 먹고 영하 기온에서 병들고 굶주리며 동상에 걸려 있다. 수류탄 나사는 뺄 수 없게 얼어붙었다. 수천 명이 폐렴과 내장병으로 꼼짝 못하고 있다"고 적었다. 유엔군은 막강한 화력으로 크게 반격할 준비를 갖추고 있었음을 알았지만 마오의 지시를 따르지 않을 수 없었고, 중국군의 공세는 꺾였다. 남한은 1950년 12월 20일 국민방위군법이 발효되어 전국에서 50만 명이 모집되었으나 간부들이 식비, 피복비 등을 빼돌리는 등 부정축재로 9만 명 이상이 아사, 이승만 업적평가 작업에 앞장서는 유영익조차 개탄했다. 1951년 2월 초에는 거창양민학살이 발생해 719명이 죽었다.

유엔총회는 2월 1일 미국의 제안으로 '평화를 위한 단결'을 결의, 중국을 침략자로 규탄하고 한반도에서 중국군의 즉각 철수를 결의했다. 유엔군과 국군의 반격으로 3월 15일 서울을 재탈환했으며, 중국군과 북한군은 3월 30일경 38선 이북으로 밀려났다. 마오쩌둥은 총알받이 병사들이 충분해 미군을 막다른 길로 몰 수 있다고 확신, 4~5월 춘계 대공세를 취했지만 미군의 막강한 공군력 앞에서 참전 이후 가장 큰 인명손실을 맛봐야 했다. 유엔은 5월 8일 '평화를 위한 단결' 결의 제 6항에 의거한 '집단적 조치위원회'의 보고에 따라 중국과 북한에 전쟁물자 공급 중지를 결의했다. 이 무렵 유엔에서 영국과 캐나다 등 서방국가들이 휴전안을 내놓았으며, 미국도 의회를 중심으로 휴전안이 활발하게 논의되었다. 6월 23일 유엔주재 소련대표 Y. A. 말리크는 "침략군이 전투행위 중지를 원하고 있다"며 휴전을 제의했다.

## 유엔군 '전쟁포로 자유의사 송환, 공산군 비타협' 9개월 회담중지

유엔군사령부는 공산군사령부와 직접 연락을 취했고, 6월 30일 리지웨이 장군은 라디오방송으로 원산항에 있는 네덜란드병원선에서 회담을 제안했다. 7월 1일 펑더화이와 김일성은 휴전회담 개최에 동의했다. 7월 8일 개성에서 휴전회담을 위한 예비회담에서 쌍방대표 명단이 교환되었고, 10일 본회담이 개성 내봉장(來鳳莊)에서 열렸다. 10월 25일부터 본회담 장소는 판문점으로 옮겼으나 교착상태에 빠졌다. 이유는 전쟁포로의 자유의사에 의한 송환원칙에 대해 성실하게 교섭하지 않으려는 공산군의 비타협적 태도 때문으로 유엔군사령부는 두 차례에 걸쳐 총 9개월 동안이나 회담을 중지시켰다. 1952년 1월 김일성은 미군 공습으로 북한 도시들이 초토화되자 휴전회담의 재개를 유엔에 직접 요구했다. 10월의 휴전회담 중지에 이어 유엔총회는 12월 3일 결의로써 자유의사에 의한 송환원칙을 재확인, 전쟁포로 문제해결을 위한 총괄계획을 제안했지만 공산군은 이를 다시 거부, 교착상태에 빠졌다.

이런 가운데 1953년 1월 18일 미국에서 휴전을 공약한 아이젠하워 정권이 출범했고, 3월 5일 소련의 스탈린이 사망하고, 서방과 협상을 존중하는 말렌코프 정권이 출범, 중국도 휴전을 적극 지지했다. 공산군은 최후까지 유리한 전략선점을 위해 7월 13일과 14일 6·25전쟁 중 최대 공세를 취했으나 중국군 2만 8천 명, 국군 1만 4천 명의 사상자를 냈다. 이승만은 계속 북진통일을 주장하며 6월 8일 반공포로 2만 7,092명을 전격 석방했다. 그는 미국이 자신을 제거하려고 하자 한미상호방위조약 체결과 3억 5천만 달러 경제원조를 조건으로 휴전에 동의했다.

드디어 1953년 7월 27일 판문점의 '평화의 가건물' 안에서 휴전협정이 조인됐다. 유엔군을 대표해서는 미 육군중장 헤리슨이 서명했고, 북한은 남일이 조인했다. 북진통일을 끝까지 고집한 우리나라는 조인하지 않았다. 미국의 통계에 의하면 60만 명이 6·25전쟁중 사망했고, 미군은 약 5만 4천 명의 사망하는 등 전체 참전국의 사망자를 모두 합하면 2백만 명에 달한다고 한다. 한국인 사망자는 1백만 명이 넘으며, 그 중 85%는 민간인이다. 소련의 통계에 의하면 북한의 11.1%의 인구가 전쟁으로 사망했는데, 이는 113만 명에 이른다. 양측을 합하여 최소 3백만 명이 사망했고, 1천만 이산가족이 발생했다. 80%의 산업과 공공, 그리고 교통시설이 파괴되었고, 정부 건물의 4분의 3, 가옥은 절반이 파괴되거나 손상되는 등 세계 세 번째로 참혹한 전쟁이었다. 남북한 미·중은 6자회담을 통해 휴전협정의 종전을 선언하고, 평화협정을 체결하기 위해 협상을 진행했으나 2009년 북핵실험으로 중단됐다.

### "남북 양측 최소 3백만 명 사망, 산업 및 공공 교통시설 80% 파괴"

이승만은 1953년 9월 18일 지리산 반야봉 남쪽 빗점골에서 빨치산 유격대장 이현상이 숨지고, 시신이 발견되자 비로소 6·25전쟁이 끝났다고 선언했다. 이승만은 국가적 비극인 6·25전쟁을 이용해 정권을 반석 위에 올려놓았다.

첫째, 이승만은 휴전회담을 끝까지 반대, 국가지도자로서 면모를 유감없이 발휘했다. 휴전회담이 재개된 1953년 4월 이후부터 이승만과 한국인들의 휴전반대운동도 거세게 전개되었다. 이승만은 '군사적 승리'와 '압록강까지의 진격'을 외쳤다. 4월 21일 국회는 이승만의 북진통일을 지지하는 결의안을 통과시켰다. 24일 양유찬 주미대사를 통해 한국군의 작전지휘권을 회수, 단독으로 끝까지 싸울 것이라는 자신의 결의를 아이젠하워에게 전달했는데 이는 철저하게 계산된 전략이었다. 특히 반공포로의 전격 석방은 영국 처칠이 면도하다가 그 소식을 듣고 깜짝 놀라 얼굴을 베었을 정도로 서방지도자들을 당황하게 했다. 차상철은 《한국과 6·25전쟁》의 '이승만과 한미상호방위조약'편에서 "휴전협정의 체결이 불가피하다는 사실을 누구보다도 잘 알고 있었던 이승만의 이러한 '결연한' 의지표명은 한미상호방위조약의 조속한 체결을 얻어내기 위한 계산된 전략"이라며 "물론 아이젠하워 행정부도 이 점을 잘 알고 있었다"고 밝혔다.[42]

둘째, 독재정치 권력기반을 확고히 다졌다. 이승만은 지속적 집권을 위해 신당 필요성을 절감, 1951년 8·15광복절 기념식에서 신당창당을 밝히고, 12월 17일 자유당을 창당했다. 이어 백골단·땃벌떼 등 각종 폭력조직을 동원해 이승만을 비판하는 신문사를 습격하고, 부산, 경남, 전남북 일부지역에 비상계엄을 선포하는 등 부산정치파동을 일으켜 대통령직선제 개헌을 강요했다. 이에 김성수(金性洙) 부통령이 이승만을 탄핵한 후 사퇴했고, 1952년 7월 4일 경찰과 군인이 국회의사당을 포위한 가운데 기립표결로 발췌개헌안을 강행처리했다. 8월 5일 직선제 정·부통령 선거가 실시되어 이승만은 74.6% 득표율로 대통령에 당선되었다. 이것은 헌법을 유린한 행위로서 그는 점차 독재의 수렁 속에 빠져들었다.

42) 유영익·이채진 편저, 《현대한국학연구소 학술총서 ⑥ 한국과 6·25전쟁》(연세대출판부, 2002년), pp. 279~280.

# 9. "한미방위조약, 북한 · 일본겨냥 양수겸장"

## "한국, 미국 없는 한반도, 한미군사동맹 사라진 세계 준비해야"

2007년 남북정상회담 직후 〈월스트리트 저널〉은 10월 6일 '미국 없는 한반도를 생각한다'는 제목의 기사에서 "이번 주 남북정상회담 의제에 한미군사동맹의 미래라는 중요한 이슈는 포함되지 않았으나 한국이 북한과의 연방을 구상하려면 한미군사동맹이 사라진 세계에 대한 준비도 해야 할 것"이라며 "요컨대 한미동맹이 없는 미래란 한국에게는 '위험 회피 수단이 없는 내기(*unhedged bet*)'와 같다는 것이 전문가들의 공통된 인식"이라고 전했다. 중국간행물 〈국제전망〉은 2007년 11월 2일 "태극기 휘날리며"라는 제목의 기사에서 "한국군이 국내외 정세변화와 정부의 현대화 의지로 활동영역을 한반도 넘어 주변지역과 세계로 넓히고 있다"며 "각 분야에서 '십자로에 위치한 한국군의 발전방향'은 동북아 전략에 중대 영향을 미칠 것"이라고 논평했다.

특히 홍콩 〈사우스차이나 모닝포스트〉(SCMP)는 2008년 2월 11일 "한반도 모습을 바꿀 기회"라는 제목의 더그 밴도우(레이건 전 미국대통령 특별보좌관)의 기고를 통해 "북한 침략 방어라는 한 · 미동맹 목표는 이미 달성된 만큼 미국은 한국의 입장을 적극 반영, 새로운 환경에 맞춘 비공식 군사협력을 지향해야 한다"고 촉구했다. "지난 대선에서 압승을 거둔 이명박 대통령의 취임은 한 · 미관계를 재편(*reshape*) 할 수 있는 절호의 기회"라고 말했다. SCMP는 "한국을 북한으로부터 방어한다는 한미동맹의 목표는 이미 오래전에 달성됐고, 주한미군의 진짜 목표를 중국봉쇄로 보는 시각도 있는 만큼 한 · 미 양국은 옛 동맹관계를 정당화하기 위해 새로운 목표를 찾으려고 하지 말고 새로운 환경에 맞춰진 비공식적 군사협력 관계로 나아가야 한다"고 주문했다. 이처럼 국제사회는 '한미상호방위조약'이 목적을 달성한 만큼 한 · 미 간에 새로운 차원의 한미동맹관계 설정을 촉구했다.

먼저 대통령에 당선된 아이젠하워가 한국방문 직전인 1952년 11월 30일 이승만은 편지를 보내 "장차 한국의 안전을 보장하는 동시에 한국이 극동의 안정에 크게 기여하기 위해 미국은 필리핀, 일본, 오스트레일리아, 뉴질랜드와 체결한 조약들과 유사한 '한미상호방위조약'을 체결하는 것이 필수적"이라고 제안했다. 그는 또 "미국 일부는 아시아에서 일본의 경제적, 군사적 우위를 회복시키려고 기도하고 있음이 이미 사실로 드러났다"며 "일본 지도자들은 과거 군국주의적 사고방식에서 탈피하여 그들에 의해 엄청난 고통과 비극을 겪은 한국 및 기타 여러 아시아 국가들과 적절한 협정을 맺음으로써 민주주의적 자유주의에로 완전히 '개종'(*conversion*) 하겠다는 의지를 구체적으로 증명해야만 된다"고 요구했다. 차상철은 '해방 전후사의 재인식, 한국전쟁과 한미동맹'편에서 "이렇듯 이승만이 한미상호방위조약의 체결을 촉구한 배경에는 단순히 공산주의의 위협뿐만 아니라 일본의 팽창주의적 군국주의의 부활에 대한 심각한 경계와 우려가 깔려 있었다"고 주장했다.

아이젠하워는 12월 3일 한국을 방문하여 3일 동안 체류, 이승만과 두 차례 회담을 가졌고, 소요시간은 1시간 정도에 불과했다. 아이젠하워도 '명예로운 휴전'을 통한 6 · 25전쟁의 정치적 해결을 원했다. 1953년 1월 아이젠하워 행정부 출범에 이어 3월 5일 소련 스탈린의 사망은 휴전회담을 급진전시켰고, 6월 17일 유엔군과 공산군은 휴전협정의 조인절차에 관한 문제만 남겨놓았다. 이에 맞서 한국의 휴전반대운동도 거세게 전개되었다. 이승만의 거듭된 요구에도 불구하고 아이젠하워 대통령, 덜레스 국무장관, 콜린스 육군참모총장 등은 한미방위조약 체결에 반대했다. 미국은 방위조약 대신 공산주의자들의 재침을 막고, 한국안보를 보장하기 위한 방안으로 유엔 참전국들과 함께 '대제재선언'(*greater sanctions statement*)의 공포와 한국정부가 휴전협정을 준수한다는 전제조건하에 '한국군을 20개 사단으로 증강'하는 군사적 지원을 구상했다. 이에 이승만은 최후 승부수를 띄웠다. 그의 반공외교 백미는 '반공포로의 전격석방'이었다. 6월 18일 미국의 일방적 휴전협정에 반기를 들고, 부산 · 대구 · 광주 등 전국 7개 포로수용소에 수용되어 있던 2만 7,092명의 반공포로 석방을 강행했다.

## 이승만, '반공포로 전격 석방, 미국과 조약체결 압박 최후 승부수'

차상철은 "휴전협정 체결을 무산시킬 수도 있는 이러한 결단은 한미상호방위조약 체결을 재촉하기 위한 이승만의 유일한 승부수이기도 했다"며 "아이젠하워는 이승만의 행동을 '약속파괴'라고 비난했으며, 덜레스 국무장관은 한국의 독자적 행동은 '끔찍한 재앙만을 초래할 것'이라고 경고했지만 이승만을 '제거'하는 극단적 방법을 동원할 수도 없는 형편이었다"고 말했다.[43] 그는 "아이젠하워는 각료회의에서 '우리 미국은 한국에서 절대로 퇴장(*walk out*)해서는 안 되며, 공산주의자들이 한국을 차지하도록 결코 방치해서는 안 된다'는 점을 분명히 했다"며 "이승만과 아이젠하워는 서로 심히 갈등했지만 동시에 서로 몹시 필요로 하고 있었다. 그들은 국무차관보 로버트슨 특사를 매개로하여 상호타협을 위한 집중적 노력을 시작했다"고 밝혔다. 드디어 로버트슨 특사는 6월 25일

43) 김일영 외 편저, 《해방 전후사의 재인식 2》(책세상, 2006년), "한국전쟁과 한미동맹"편, pp. 270~271.

부터 7월 12일까지 서울에 체류, 본격적인 한미상호방위조약 협상에 들어갔다. 이승만은 로버트슨과 회담에서 즉각적인 한미상호방위조약의 체결과 경제원조, 한국 육군을 20개 사단으로 증강할 것을 요구했다.

그러자 아이젠하워는 "한국이 휴전을 수용하지 않으면 미국은 군사, 경제적 원조를 중단하겠다"고 경고했다. 로버트슨도 이승만에게 "한미 두 나라가 상호협력의 길로 나갈 것인가, 독자적인 길을 선택할 것인가 하는 문제는 전적으로 '당신에게 달려 있다'(*It is up to you*)고 밝히고 만약 미국이 한국문제에서 손을 떼기를 원한다면 미국은 그렇게 하겠노라"고 선언했다. 그것은 최후통첩이나 다름없었다. 차상철은 "이는 이승만의 고집을 꺾기 위한 일종의 협박이었다"며 "그러나 이승만에게 그 '고집'은 '국가적 생존'(*national survival*)과 직결된 문제였다"고 말했다.

## 한미방위조약, "공산주의 위협, 일본 팽창주의적 군국주의 경계 포석"

7월 7일 이승만은 로버트슨에게 보낸 비망록에서 "미국 초안에는 조약체결 당사국 중 어느 한쪽이 무력공격을 받을 경우 다른 한쪽이 '즉각적이고, 자동적'(*instantaneous and automatic*)으로 지원한다는 조항이 없다"고 지적하고 최소한 '일본 내와 그 부근에' 미군의 주둔을 허용한 미일안보조약과 같은 수준의 조약을 강력히 원했다. 마침내 7월 9일 미국은 이승만에게서 '휴전을 방해하지 않겠다'는 약속을 받아낸 반면 이승만은 미국으로부터 '한국 내와 그 부근에'(*in and around korea*) 미군이 주둔할 것이며 방위조약을 '신속하게' 비준하겠다는 약속을 받아냈다. 1953년 7월 27일 휴전협정이 조인되었고, 한미상호방위조약 체결을 위한 이승만-로버트슨 회담결과를 마무리하기 위해 덜레스 국무장관 일행이 8월 4일 서울에 도착했다. 이승만은 8월 5일 덜레스와 첫 번째 회담에서 "한국의 운명이 전적으로 방위조약에 달려 있다"며 "'가능한 한

강력한'(*as strong as possible*) 조약을 체결하고 싶다"고 말했다. 그는 "한국민은 소련보다도 일본을 더욱 우려하고 있으며, 그 이유는 한국민은 일본이 여전히 한국을 식민지화하려는 저의를 버리지 않고 있다고 생각하기 때문"이라고 지적했다. 이에 덜레스도 "미국도 한국과 마찬가지로 일본이 또다시 강대국으로 등장하는 것을 원하지 않는다"며 "서태평양의 안전을 위해서는 한국과 일본 간의 긴밀한 협력관계의 유지가 필요하다"고 주문했다. 변영태 외무장관과 덜레스 국무장관은 8월 8일 '대한민국과 미합중국 간의 상호방위조약'(*Mutual Defense Treaty between Korea and the United States of America*)에 가조인했다. 10월 1일 변영태와 덜레스는 워싱턴에서 이 조약에 공식적으로 조인했고, 1954년 1월 15일 한국 국회가, 1월 26일 미국 상원이 비준했다. 그러나 조약 6조의 '무기한'을 '무한정'으로 하자는 주장과 한국군 증강문제를 둘러싼 한미 간의 견해가 대립함으로써 비준서 교환이 연기되다가 11월 17일부터 정식으로 발효되었다.

이승만은 '한미상호방위조약'이 발효되자 "우리 국민들이 앞으로 이 조약의 혜택을 대대손손 누리게 됐다"고 말했다. 유영익은 "외교에서 이승만의 최대 업적은 '한미상호방위조약' 체결이다. 이는 우리 역사상 김춘추의 대당외교나 서희의 '강동 6주 담판'보다 더 값진 근대외교사상 가장 돋보이는 업적"이라며 "미국의 핵우산 아래 안보를 보장받음으로써 마음 놓고 정치·경제·문화발전을 도모할 수 있게 됐다는 뜻"이라고 주장했다. 차상철은 "한미상호방위조약의 체결문제에 관한 두 나라의 협상에서 보여준 이승만의 굳은 의지와 과감한 행동은 상당한 위험부담을 내포하기는 했지만, 결과적으로 아이젠하워 행정부의 정책적 유연성(*flexibility*)을 제한시킴으로써 미국으로부터 보다 많은 양보를 얻어내는 데 중요한 요인으로 작용했다"며 "번스타인 교수의 적절한 비유대로 이승만의 역할은 체스판의 단순한 졸이 아니라 '성장격의 졸'이었다"고 평가했다. 그는 "이승만의 신념과 판단, 그리고 결단에 의해 주도적으로 추진되어 성립된 이 조약은 휴전 이후 반세기 동안 한반도에서 '긴장 속의 평화'가 그나마 유지될 수 있게 해주는 기본요인으로 작용했고, 후일 한국이 산업화와 민주화로 진입하는 데 기반이 되기도 했다"며 "그렇다고 한국의 민주주의 발전을 심각하게 훼손한 이승만의 권위주의적 통치를 통한 독재정치가 상대적으로 일정부분 합리화 내지 희석될 수 있다는 것은 물론 아니다"고 주장했다.[44]

## 한미방위조약 체결, "이승만 최대 업적 불구 독재정치 합리화 안 돼"

우정은은 《해방 전후사의 재인식 2》 "잃어버린 10년을 찾아"편에서 "미국의 대한(對韓) 정책에 내재된 논리적 모순이야말로 이승만이 자기 뜻대로 미국을 움직일 수 있었던 조건"이라며 "한국은 미국 외교정책 입안자들의 뇌리에서 정치적, 심리적으로 대단히 중요한 지역이었고, 일본과의 연계까지 생각한다면 극동 전체에서 미국의 입지에 핵심적 요소였다"고 주장했다.[45] 아이젠하워는 "한국에서 철수는 미국이 극동에서의 지위 전체를 포기하는 대가를 치르게 할 것"이라고 주장했고, 덜레스와 레드퍼드가 이를 지지했다. 아이젠하워는 "한국이 일반적인 전쟁개념에서 볼 때 우리에게 군사적으로 중요하지 않다. 하지만 한국은 정치적, 심리적으로 매우 중요하기 때문에 이 나라를 잃으면 우리는 극동에서 우리의 지위 전체를 상실할 위험성이 있다. 따라서 우리는 한국에서 우리의 임무를 계속 수행해야 한다"고 강조했다. 우정은은 "이승만은 걸핏하면 북한을 전격 공격하겠다고 위협하며, 한반도의 안정과 세력완충을 위해 주한미군을 유지하던 미국을 전전긍긍하게 했다"며 "이승만

44) 위의 책, p. 292.

45) 위의 책, "잃어버린 10년을 찾아"편, p. 491.

의 공갈이 효과를 보았다는 것은 1953년 휴전협정 이후 미국 국가안보회의가 이승만의 북진호언(北進豪言)을 놓고 난항을 거듭한 것을 보면 알 수 있다"고 전했다. 사실 미국도 한국을 포기하지 않는 한 한미조약 체결의 필요성을 인정했다. 따라서 이승만 대통령이 조급하게 서두르지 않았어도 미국의 필요에 의해 한미상호방위조약이나 다른 이와 유사한 조약은 체결되었을 것이다.

특히 지금보다 훨씬 종속적이 아닌 보다 평등한 조약이 만들어졌을 것이다. 그런 점에서 이승만 대통령이 조약체결을 서두르다 한미관계가 종속적이고 불평등조약을 체결했다는 비판을 받고 있다.

유영익도 《이승만 대통령 재평가》에서 "이 대통령은 남한의 '미국화'(*Americanization*)에 기여했다. 미국식 대통령중심제의 채택, 미국과 동맹체제 확립, 미국식 군대의 육성, 미국식 시장경제제도의 도입, 미국식 교육제도의 모방, 개신교의 장려 등에서 두드러지게 나타났다"며 "극단적으로 말하면 이 대통령은 12년간 남한에 '군림'하면서 대한민국을 소미국(小美國)으로 만들고 있었다고 해도 과언이 아니다. 우리는 이 대통령의 업적을 총체적으로 평가함에서 그의 미국화 정책을 논란의 대상으로 삼지 않을 수 없다"고 지적했다.[46] 당시 한국을 미국의 51번째 주(州)로 하자는 소리까지 공공연히 나돌았다.

한편 1976년 11월 작성된 외교문서에서 정부는 카터 대통령의 주한미군 철수 대책으로 작전통제권 반환교섭 착수를 주문했다. 또 1994년 12월 1일 '평시작전통제권'은 한국군이 환수했다. 이어 2006년 9월 14일 노무현 대통령과 부시 대통령은 한미정상회담을 통해 전시작전통제권 이양에 합의했다. 김장수 국방장관과 게이츠 미 국방장관은 2007년 2월 23일 한미국방장관회담을 열어 2012년 4월 17일 한미연합사령부를 해체하고 동시에 전시작전통제권을 한국군에게 넘기기로 합의했다.

46) 유영익, 《이승만 대통령 재평가》(연세대출판부, 2006년), p. 574.

# 10. "제네바회담 결렬, '남북통일' 멀어져"

## 우남, "얄타밀약설 끈질기게 주장, 미 관리 중국 국민당 비난"

제 2차 세계대전이 끝나면 한국을 독립시키기로 국제적으로 확인한 '카이로 선언'을 이끌어 낸 것은 이승만이 아니라 김구의 임정외교성과였다. 장제스 총통은 1943년 7월 26일 김구, 김원봉, 김규식 등 임정요인과 회견 "한국은 전후에 독립될 것이며 이것은 중국정부의 결정된 정책"이라는 약속을 받아냈다. 장 총통은 부인과 함께 11월 18일 충칭을 출발해 21일 카이로에 도착했다. 그는 23일부터 26일까지 열린 미・영・중 정상회담에 참석, 루스벨트 및 처칠과 회담했다. 영국 외무차관 캐도건은 카이로 선언서 내용에 한국독립 명문화에 한사코 반대했지만 장제스는 만찬에서 루스벨트를 설득했다. 3국 정상은 마침내 "조선인민(朝鮮人民)의 노예상태에 유의하여 적당한 절차에 따라 한국을 자주독립시킬 것을 결의한다"(*in due course Korea shall become free and independent*)는 내용의 명문화에 합의했다. 이는 1945년 7월 26일 포츠담회담에서 재확인했다. 이주영은 "우남 이승만과 건국사" 논문에서 "우남은 1943년 카이로회담에서 약속된 한국독립이 '적당한 절차'를 밟아 허용한다는 문구에 음모가 깔려있다고 판단, 비난성명을 언론에 계속 발표하고 루스벨트 대통령과 국무부에 해명을 요구했다"며 "1945년 5월 초 공산당을 탈당한 소련인으로부터 얄타회담에서 한국을 소련에 넘기기로 비밀협약이 있었다는 정보를 얻어 언론에 폭로, 국무부와 백악관이 공식 부인하고 영국 하원에서는 처칠 수상이 답변해야 했다"고 밝혔다.

이승만은 1920년 11월 15일 대한민국 임시정부 대통령에 취임, 국제연맹위임통치안을 상정했다가 신채호 등으로부터 탄핵받았다. 그는 무력을 배제하고, 외교를 통한 독립을 추구했다. 정병준은 "아시아 식민지 한국이 무장투쟁 없이 단순한 청원 호소외교를 통해 '독립운동'을 하겠다는 것은 현실성이 결여된 노선"이라고 실패원인을 분석했다. 한영우는 《63인 역사학자가 쓴 한국사 인물열전 3》에서 "미·소 정부당국의 공식 부인에도 불구하고 얄타밀약설을 끈질기게 주장한 이승만은 미국무부 관리들과 중국 국민당 외교정책을 비난하기까지 했다"며 "연합국의 임정승인을 요청하기 위해 이승만이 한 외교는 허위보도에 근거한 미·중·소에 대한 비판과 반소반공선전"이라고 평가했다.47)

1948년 12월 12일 파리에서 개최된 유엔총회는 "대한민국 정부가 한국민(韓國民)의 정당한 선거를 통하여 수립된 한반도(韓半島) 유일한 합법정부(合法政府)임을 인정하는 결의〔총회결의 제 195(Ⅲ)호〕"를 48대 6으로 정식 채택했다. 이로써 한국은 국제사회의 일원이 되었다.

## 장면 유엔서 "한국정부 승인 호소", 유엔 '한반도 유일합법정부 승인'

이승만은 10일 오전 중앙청 제 1회의실에서 내외신 기자회견을 갖고 "대한민국 승인은 세계합의(世界合意)의 실현이다. 한국문제가 유엔총회에 세계합의로 집행된 것은 세계사조에 새로운 세기를 창조하는 것"이라고 강조했다. 장면 등 한국대표단은 12일 유엔의 한국승인을 받은 날부터 유엔가입을 서둘러 1949년 1월 최초로 유엔가입을 신청했지만 소련의 거부로 부결되었다. 이에 대해 1991년 남북한 유엔 동시가입을

---

47) 한영우, 《63인 역사학자가 쓴 한국사 인물열전 3》(돌베개, 2003년), pp. 190~191.

실현시킨 제 6공화국 실록은 다음과 같이 기술했다.

> "대한민국 정부수립 이후 정부의 꾸준한 가입노력에도 불구하고 한국의 유엔가입이 좌절되었던 근본이유는 남북한의 유엔가입에 관한 입장이 그동안 상반, 대립되었고, 이로 인해 남북한 유엔가입 문제가 유엔 내의 냉전구조 속에서 하나의 '정치적 쟁점'으로 대두되었기 때문이었다. 특히 남북한은 유엔가입을 단순히 하나의 국제기구에 가입한다는 차원이 아니라 각자의 정통성(正統性) 및 통일정책(統一政策)과 직결시켜 다루었기 때문에 이 문제에 대한 타협은 사실상 불가능한 셈이었다. 1948년 남북한이 별도로 정부를 수립한 이후 최대의 쟁점은 어느 정부가 한반도의 정통합법정부(正統合法政府)냐 하는 문제였고, 양측은 무엇보다도 유엔가입을 둘러싸고 첨예한 정통성 시비를 벌였다. 서울과 평양이 각각 자기 정부만이 한반도의 유일 합법정부이므로 상대를 배제하고 '단독'으로 유엔에 가입해야 한다고 주장했다. 이러한 양측 입장의 대립은 당시 급속히 악화되던 유엔 내부의 냉전구도와 맞물려 어느 측도 유엔가입을 실현시킬 수 없는 근본요인이 되었다."[48]

이승만은 제네바 정치회의에서 중대고비를 맞았다. 휴전협정 4조 60항은 협정체결 후 3개월 안에 한반도 문제의 평화적 해결을 위한 고위급 관계국 정치회의 개최를 쌍방 정부에 건의했다. 제네바 정치회의는 한반도의 평화정착방안 모색을 위한 첫 국제회의인 셈이다. 제네바 정치회의는 1954년 2월 18일 베를린에서 개최된 미·영·프·소 4개국 외무장관 회의에서 4월 26일 열기로 결정했다.

이승만은 이 회의를 단호히 거부했다. 변영태 외무장관은 2월 20일 "무력으로 해결 안 된 것을 정치회의로 해결하겠다는 것은 언어도단이

---

48) 공보처, 《제 6공화국 실록 2》(1992년), p. 130.

며 소련의 평화공세의 한 수단인 제네바 정치회의 개최를 반대한다"고 밝혔다. 하지만 제네바 정치회의는 미국 덜레스 국무장관, 영국 외상 앤소니 이든 경, 소련 몰로토프 외무상, 중국 저우언라이 외무상 등 19개 한국전 참전국 대표들이 참석한 가운데 예정대로 열렸다. 한국은 변장관 등 10명과 올리버가 고문으로 참석했다. 북한은 남일 외무상이 이끌었다. 올리버는 자신의 저서에서 다음과 같이 적었다.

## 제네바 회담, "한반도 통일논의 첫 국제회의, 이승만 단호 거부"

"파병 국제연합 16개 회원국들이 합의한 정책적 입장은 대한민국 정부를 해체시키고 통일국가의 새 정부를 선출하기 위해 국제연합 감시하에 전국 선거를 실시할 것을 권고하는 일이었다. 1954년 5월 6일 미국 대표단의 월터 로버트슨은 올리버를 만나 이승만 대통령이 이 안을 받아들이도록 설득해 달라고 간청했다. '만일 이 대통령이 찬성하지 않는다면 국제연합 회원국들이 그를 돌보지 않게 되고 남한은 완전히 외톨이가 되고 말 것'이라고 말했다.

그래서 올리버는 이승만에게 전문을 보내 '자유선거에 접할 수 없었던 북한지역에서 자유선거를 실시한다. 그리고 남한 역시 대한민국 헌법이 정하는 절차에 따라 선거를 실시한다'는 방식이 우리에게 해가 안 되고 따라서 안전한 것이라고 생각되어 이를 제안한다고 했다. 즉, 남한도 다시 선거를 하라는 제안이었다. 그것은 대한민국의 잠정적 해체를 의미하는 것이기도 했다. 이에 대한 이승만의 반대는 완강했는데, 내용은 '대한민국 정부는 국제연합이 승인한 계획에 따라 탄생되었고, 그 헌법과 이를 제정한 선거는 국제연합이 승인한 것이다. 따라서 국제연합의 승인과 자주적인 한국 국민의 의사로 보증받은 자치정부의 주권은 분명히 그 정부에 있다. 그러므로 북한이 그와 똑같이 하면 된다'는 것이다."

## 유엔참전국, "한국 잠정해체, 남북 통일국가 선출 전국선거 실시" 합의

미국을 포함한 유엔참전국들은 그들의 제안을 철회했다. 6월 1일 올리버와의 면담에서 월터 로버트슨과 그의 수석참모 케네스 영은 "우리들은 전국 총선거를 실시한다는 우리들의 계획을 폐기하였고, 대한민국의 제안에 대하여 한국과 공동보조를 취하기로 확고하게 우리의 입장을 바꾸었소"라고 말했다. 이에 대해 이주영은 "이승만의 강경한 입장은 미국과 참전국들의 태도를 바꾸게 하였고, 그것은 대한민국의 해체를 막았던 것"이라며 "이승만이 없었더라면 남한은 확실히 공산화가 되었고, 그 결과로 한반도에는 지금보다 더 불행한 일이 일어났을 것"이라고 주장했다. 앞서 변 장관은 5월 22일 '한국통일 14원칙'을 제안했다. 그 주요 내용은 (1) 유엔 감시하에 자유 총선거 실시, (2) 자유 총선거는 북한에서 실시, 남한은 대한민국 헌법절차에 의거해 실시, (3) 총선거, 채택 6개월 내에 실시, (4) 입후보자와 유엔요원 선거준비, 선거운동 및 감시, 연설, 언론, 인권자유 향유, (5) 총선거는 보통·비밀투표, (6) 인구비례로 전 한반도 국회를 구성해, (가) 통일 한반도 대통령 선출여부, (나) 대한민국 헌법 개정여부, (다) 신군대 해체여부 결정, (7) 유엔군, 통일정부 한반도 전체 장악시까지 주둔 등이다.

반면 북한은 국제연합을 배제시키고, 북한 최고인민회의와 남한 국회가 같은 수의 대표를 뽑아 '전 조선위원회'를 구성하고 여기서 선거법을 마련하며, 중립국감시위원회 감독 아래 한반도 전역에서 총선거를 실시, 국회를 구성하고 통일정부를 수립한다는 5개항이었다.

결국 제네바 정치회의는 7주 만인 6월 15일 밤, 동서 양 진영이 남북한 동시선거와 외국군 철군문제를 놓고 서로의 팽팽한 입장차만 확인한 채 막을 내려 미·소공위의 재판이었다. 그러나 제네바 국제회의는 언젠가는 논의될 남북평화협상에 시금석이 될 전망이다.

# 11. 사사오입(四捨五入) 개헌, 영구집권 독재

## 미 조지 워싱턴 3선 출마 단호 거부 "고별연설, '민주주의 틀' 세워"

미국의 초대 대통령 조지 워싱턴(George Washington)은 건국의 아버지라는 국부(國父)의 칭송을 받는다. 이유는 간단하다. 실질적으로 처음이자 마지막 미국의 '절대군주'였던 조지 워싱턴은 신생 미국 건국의 초석을 다져놓고 8년 만에 권좌에서 미련 없이 물러나 '민주주의 틀'을 확고히 세웠기 때문이다. 1796년 9월 17일, 필라델피아 〈아메리칸 데일리 어드버타이저〉지에 실린 조지 워싱턴의 고별연설(*Fairwell Address*)은 미국 대통령의 임기를 재선으로 하는 전통을 세웠다. "미국 행정부를 관리할 사람을 새로이 선출할 시기가 임박했기 때문에 여러분은 이제 누구에게 그 막중한 임무를 부여해야 할 것인가를 판단해야 한다. 나는 그러한 선출대상에 포함되지 않는다는 점을 명확하게 알려드리는 것이 나 자신에게 적절한 것임은 물론 특히 국민여론을 보다 분명하게 표출되도록 하는 데 기여할 것이라 생각한다."

반면 6·25전쟁이라는 국가 최대위기를 넘기며 정적들을 자연스럽게 제거하고 권력을 강화한 이승만은 친일세력들을 자신의 수족으로 키우면서 영구집권을 위한 준비작업을 치밀하게 진행했다. 윤충로는 "6·25전쟁이 끝난 후 이승만은 노골적으로 친일파들을 옹호하면서 정치사회적 복권을 보장하고 이들을 정당화했다"며 "친일관료들은 더욱 광범위한 영역에서 남한사회의 확실한 지배세력으로 부상할 수 있었다"고 주장했다. 그는 "1954년 5·20총선을 앞둔 4월 6일 이승만의 특별담화는 이를 잘 드러냈다"고 밝혔다.[49] "이전에 고등관을 지내고 또 일본을 위해서 열정적으로 일한 사적이 있을지라도 그 사람이 지금은 그 일을 탕척(蕩滌)받을 만한 일과 사실이 있어 모든 사람이 양해를 받을 만한 일을 해서 진정으로 친일이 아니라는 것을 증명받을 만하면 먼저 일은 다 불문하고 애국하는 국민으로 인정하고 대우해 줄 것이다." 이처럼 이승만의 지원에 힘입어 관료층과 더불어 자유당도 장경근, 한의석, 이재학, 인태식, 이익흥 등 친일파들이 당의 주류로 부상함으로써 친일세력들은 남한의 국가기관과 여당의 실질적 주역이 되었다.

이들이 바로 이기붕과 함께 1954년 11월 29일 사사오입 개헌안을 불법 통과시킨 주역을 맡아 이승만을 파멸로 몰아넣었다. 그는 발췌개헌안에서 초대 대통령 중임제한을 철폐하고 싶었지만 분위기상 그것까지는 못해 3대국회에 기대를 걸었다. 그는 5월 20일 총선에 앞서 "자유당은 개헌에 찬성하는 조건으로 공천을 주라"는 명을 내렸다.

## 5·20총선, "친일파 대거등용, 야당 온갖 협박, 개헌 미달"

당시 이승만의 황규면(黃圭冕) 경무대비서관은 회고담을 통해 "이 대통령은 선거 때부터 국민투표제와 국회의원 소환제(召還制) 등 직접민주주의 제도를 새로 헌법에 넣어야 한다고 여러 차례 강조했다"며 "자유당 공천후보는 이를 위한 개헌안에 찬동하고 추진한다는 서약까지 했던 것"이라고 밝혀 이를 뒷받침했다. 황 비서관은 "그러나 개헌의 진짜 골자는 1차에 한해 중임할 수 있다는 조항을 이 대통령에 한해 적용하지 않는다는 이른바 중임제한 철폐조항이었다"고 강조했다. 그는 "3대 총선에서 경찰은 마을 반장회의 등을 열어 '야당후보에게 투표하면 너희

49) 윤충로, 《베트남과 한국의 반공독재국가 형성사》(선인, 2005년), p. 586.

마을을 공산당 소굴로 본다'고 협박을 일삼았다"며 "야당후보의 등록을 방해하는 수법을 자행하여 어떤 후보는 결국 등록도 못했으며, 경찰을 동원한 유세방해 공작 등을 펼쳤다"고 말했다. 결국 선거결과 자유당은 203개 선거구에서 114명, 민국당 15명, 무소속 67명, 국민당 3명, 국민회 등 기타 당선자가 4명이었다. 선거가 끝난 뒤 자유당은 막대한 정치자금과 부정선거 고발위협 등을 동원하여 무소속 당선자 23명을 입당시키는 데 성공, 재적의원의 3분의 2인 136명을 확보했다. 당시 총선에서 26세의 청년 김영삼이 최연소로 당선되었고, 김대중은 출마했지만 낙선했다.

개헌정족수를 확보한 자유당은 3대국회가 개원하고 이기붕이 국회의장에 당선되자 7월 21일 개헌계획을 발표, 정국은 소란해졌다. 이승만은 기회 있을 때마다 무력을 통한 북진통일론을 천명하고, 자신의 탄신일 등 기념행사에 북진통일궐기대회라는 관제데모를 통해 남북대결을 부추겨 사회전체를 반공이데올로기로 무장, 공포분위기를 조성했다. 좋은 예가 이승만이 7월 28일 미 상하양원합동회의에서 행한 연설이다. "미국과 우방들은 지금 수소폭탄을 만들고 있는 소련 공장들에 폭탄을 투하해야겠습니까? 아니면 도살장에서 죽음을 기다리는, 거세당한 소처럼 우두커니 서 있어야겠습니까? 우리에게는 시간적 여유가 얼마 없습니다. 지금이 행동을 개시할 때이며, 장소는 한국전선입니다." 이처럼 전쟁분위기에서 자유당은 9월 7일 초대 대통령의 중임제한 폐지를 골자로 한 개헌안을 136명의 서명으로 국회에 제출했다.

황 비서관은 "10월 개헌안이 한창 공고중일 때 이 대통령은 경무대를 방문한 자유당 의원들에게 국민의 공의(公議)에 붙여 개헌안을 처리하도록 상당히 알듯 모를 듯한 당부를 했다"며 "이 대통령은 '국가 안위에 관한 문제를 전 민족의 3분의 2 이상의 투표를 요구하여 판결된 것으로 원칙을 세우는 것이 이번 개헌에서 제일 중요한 것이다. 이에 대해 반대하는 사람은 외국의 재정이나 세력을 믿어 국권(國權)을 요동시키자는 반역사상(反逆思想)을 가진 것으로 민중이 인정치 않을 수 없다'고 비난했다"고 밝혔다. 그는 "특히 이 대통령은 '내가 한 임기를 더 가져야겠다는 관념으로 초대 대통령의 임기를 제한하지 말자는 조항이 있다하니 나로서는 그런 조건을 감격히 여기나 이는 개인의 처분을 위해 하는 운동인 줄로 알며 결코 인정치 않는 것'이라고 밝혔다"고 덧붙였다.

## 이승만, "개헌 반대하는 사람, 외국세력 믿고 국권 요동 반역사상"

개헌안은 5개월간의 우여곡절과 말썽 끝에 11월 20일 국회 본회의에 상정되었고, 9일간 국회의사당 앞은 방청객들로 문전성시(門前成市)를 이룰 만큼 국민들의 높은 관심 속에서 여야의 치열한 공방전이 전개되었다. 이승만 정권은 '뉴델리 사건'을 조작, 민주국민당을 용공으로 몰아가는 등 수단과 방법을 가리지 않았다. 11월 27일 국회 본회의에서 표결에 들어간 결과 202명이 출석해 가(可) 135표, 부(否) 69표, 기타 7표로 집계됐다. 개헌에 필요한 것은 203명 중 3분의 2인 135.3이었으므로 부결(否決)되었고, 사회를 보던 자유당 최순주 부의장은 재적의원 3분의 2에 미달된다며 부결을 선포했다.

황 비서관은 "풀이 죽은 만송과 최순주 부의장, 장경근 의원이 경무대에 와 부결결과를 보고했다. 후에 들은 얘기지만 보고를 받은 이 대통령은 '135표로 모자라나?' 하면서 의아해 하는 표정이더라는 것이었다. '그걸로 모자라나?'는 얘기가 맘에 걸린 이들은 만송 댁에 사후책도 의논할 겸 모여 앉았다. 이익흥 의원도 자리를 같이했다. 이 자리에서 203의 3분의 2는 135.333이니까 사사오입(四捨五入)하면 135가 된다는 얘기가 나왔다"고 했다. 황 비서관은 "일요일인 다음날 자유당 간부들은 수학교수인 서울대 최윤식 교수와 함께 경무대에 와 이 대통령에게 전날 부결선포가 잘못된 것이라고 설명했다"며 "최 교수도 '수학적으로 정수만을 갖고 따질 때 203의 3분의 2는 사사오입 원리에 의해 135가 된다'고 말했다. 이 얘기를 들은 이 대통령은 '그렇다면 잘못된 것은 고쳐야지, 만송이 가서 당 사람들과 상의해 다시 고쳐 놓아' 하고 지시했다"고 설명했다. 그는 "만송은 서대문 자택에서 긴급간부회의를 소집, 이런 뜻을 설명하고, 203명의 3분의2는 135명이라는 당론을 정했다. 이틀 전에 정족수에서 1표가 모자란다는 이유로 부결선포를 했던 개헌안은 29일 야당이 총퇴장한 가운데 사사오입이론을 적용해 번복 가결선포됐다"며 "이래서 우리나라 개헌사에 또 하나의 오명을 기록한 사사오입 개헌의 기록이 세워졌고, 전 세계에 웃음거리가 됐다"고 말했다.

이 개헌파동으로 자유당 소장파의원 12명이 무더기로 탈당했고, 민국당은 11월 30일 이승만의 횡포에 맞서기로 한 무소속의원들과 함께 60명으로 호헌동지회를 구성하여 원내교섭단체로 등록하는 한편 신당발기준비위원회를 결성하여 통합야당의 건설에 나섰다. 하지만 조봉암과 같은 좌익전향자를 제외한 보수우익만의 신당을 주장한 자유민주파와 반독재 투쟁을 위해 야권 대통합을 주장한 민주대동파의 의견차이로 대립했다. 신익희, 조병옥, 김준연으로 대표되는 자유민주파는 조직요강에 '좌익전향자와 악질 부역자를 제외한다'고 결정하여 혁신계의 참여를 원천적으로 배제한 가운데 1955년 9월 19일 민주당을 창당했다.

## 자유당, "203명의 3분의 2는 135명 사사오입개헌, 세계 웃음거리"

민주당은 한민당으로부터 내려온 민국당 15명과 장면, 정일형 등의 흥사단계, 김영삼 등 자유당 탈당파와 무소속을 합쳐 33명의 의원을 확보하여 이승만의 자유당에 대항할 제 1야당의 진용을 갖추었다. 이로써 한국 정치를 이끌어 갈 보수양당체제의 닻이 올랐다.

서중석은 《이승만과 제 1공화국》에서 "이승만 집권 12년의 절반에 해당되는 사사오입 개헌은 이승만 권력 후기체제가 이승만-이기붕으로 구축되는 시기였다"며 "이 체제는 1960년 이승만 정권이 몰락하고 이기붕 일가가 자살할 때까지 6년간 지속되었다. 국회도 확고히 장악되었다"고 밝혔다. 그는 "이승만 후기체제는 북진통일운동 등을 내세워 또 다른 형태로 대규모 동원체제였다"며 "또 친일파가 이승만-이기붕을 떠받치는 적극적인 역할을 한 것이 특징으로서 이승만 정권 후기는 친일파 관료의 집권시기"라고 주장했다.[50]

한마디로 사사오입 개헌은 헌법을 유린한 행위로서 이후 이승만은 절대권력을 쥐고 독재의 수렁 속에 빠져들었다. 김일영은 《이승만 대통령 재평가》의 "통치자로서의 이승만 대통령"편에서 "그의 국부적 이미지와 정당성은 1954년 집권야망을 위한 무리한 개헌으로 흔들리기 시작했고, 1956년 대선은 그것을 단적으로 보여준 사건이었다. 이제 이승만은 국가건설 과정에서 얻어진 이미지나 정당성에 의존하기보다는 국가적 아젠다를 설정하고 그것을 위해 애쓰는 모습을 보여주었어야 했다"며 "반공과 같은 네거티브(*negative*)의 소극적, 부정적, 배타적 아젠다로는 더 이상 국민을 끌어 모으기 어려웠다. 부흥이나 발전 같은 보다 포지티브(*positive*)한 적극적, 긍정적, 포용적 아젠다가 필요한 시점이 되었던 것"이라고 지적했다. 그는 "이승만은 이러한 아젠다 전환에 실패했다. 이미 사사오입 개헌으로 자신의 이미지에 큰 손상을 입었음에도 그는 '권력에 대한 의지'를 접지 않았다"며 "온통 관심이 권력연장에 있던 그의 측근들에게 다른 아젠다는 눈에 들어오지 않았다. 거듭되는 정치적 무리수는 미국과도 마찰을 일으켰고, 아젠다 전환실패 역시 미국 정책방향과 어긋나는 것이었다. 이승만의 비극적 종말은 이 모든 과정의 종합이었다"고 말했다.[51]

---

50) 서중석, 《이승만과 제1공화국》(역사비평사, 2007년), p. 153.

51) 유영익, 《이승만 대통령 재평가》(연세대출판부, 2006년), pp. 125~126.

# 12. 이승만, "일 군국주의 팽창위협 항상 경계"

## 《일본 내막기》, "진주만 공격 앞서 출간, 미국의 선제공격 강조"

이승만의 배일외교(排日外交)는 반소반공외교만큼 철두철미했다. 그는 6·25전쟁 와중에도 일본이 유엔군 일원으로 참전한다는 소문이 나돌자 1951년 1월 12일 "그와 같은 상황이 되면 먼저 일본군을 격퇴한 뒤 북진통일을 해야 한다"고 강조할 정도였다. 강영훈은 "이승만은 평소 '식민지 경험이 없는 사람이 지도자가 되는 날 한일관계가 진정으로 청산될 것'이라고 했다"고 전했다. 일본의 속내를 꿰뚫고 있던 이승만은 일본실상을 미국정부와 국민에게 알릴 필요성을 절감, 1941년 여름 뉴욕에서 《일본 내막기: 오늘의 도전》(*Japan Inside Out: The Challenge of Today*)이란 제목의 책을 출간했다. 일본의 진주만 공격에 앞서 출간된 이 책은 첫째, 일본은 천황의 신성(神性: *divinity*)에 기초한 군국주의 국가로서 아시아에서 새로운 질서를 구축하는 것을 그들 사명으로 알고 있고, 머지않아 일본은 미국에 맞서 전쟁을 일으킬 것이라며 태평양전쟁을 예견했다. 둘째, 일본이 압력을 느낄 정도의 충분한 도의적 경제적 무기를 사용할 국가는 미국뿐이다. 셋째, 미국은 지금이라도 군사를 포함해 모든 역량을 발휘해 일본을 억제해야만 일본과 전쟁을 피하는 유일한 길이라고 주장했다.

고정휴는 "일본 내막기에서 이승만이 이야기하고자 했던 것은 미국이 일본과의 전쟁을 더 이상 회피하려 해서는 안 되며 오히려 선제공격을 가할 때 전쟁의 확대를 방지할 수 있다는 것"이라며 "그는 '목적여하를 막론하고 전쟁에 반대하는' 미국의 반전론자를 제 5열과 같이 위험하고 파괴적인 분자들이라고 비난했다"고 말했다.[52] 《대지》로 노벨상을 수상한 펄 벅(Pearl S. Buck) 여사는 서평(書評)을 통해 "이 책은 미국인을 위해 쓴 것이므로 미국사람은 읽지 않으면 안될 책이며, 지금이야말로 읽어야 할 시기이다. 이 책이 진실하다는 데서 나를 오히려 소름끼치게 한다"고 밝혔다. 미국 외교관 랭던은 1942년 2월 20일 미 국무부에 제출한 '한국독립 문제의 몇 가지 측면들'이라는 보고에서 미국인의 시각을 통해 한국인의 일본인에 대한 인식과 태도 등 한국인들의 대일감정을 기술했으며, 신탁통치를 건의했다.

> "1931년 만주사변과 1937년 중일전쟁을 겪으면서 한국인들 특히 일제치하에서 자란 젊은 세대들은 친일적으로 기울고 있다. 그러나 그 밑바탕에는 일본에 대한 울분과 적개심이 깔려있다. 일본인들 또한 한국인을 불신하고 멸시한다. 한국독립과 관련 첫째, 37년에 걸친 일본식민통치에서 한국민은 정치 · 행정 · 외교 등 거의 모든 분야에서 배제되었고, 국가를 운영할 경험을 쌓지 못했다. 둘째, 일본은 한국인의 군복무를 허용하지 않았다. 셋째, 한국인들은 금융 · 대기업 등에서 배제되었고, 근대적 경제제도와 운영에 대한 훈련도 받지 못했다."

랭던보고서 지적대로 일본은 식민지배를 통해 한국인들을 철저하게 착취하고 탄압하며 문맹화, 노예화시켜 국제사회로부터 미개한 민족으로 만들어 놓았다. 이승만은 일본 군국주의 부활을 경계했다. 1953년 8월 한미상호방위조약을 체결하기 위해 방한한 덜레스 미 국무장관에게 "일본의 한국 '재점령(再占領)' 야욕분쇄"를 강조, 덜레스도 8월 말 각료

---

52) 고정휴, 《이승만과 한국독립운동: 현대한국학연구소학술총서 ⑧》(연세대 출판부, 2004년), p. 427.

회의에서 "이승만이 한국군의 '엄청난 군비증강'을 강력 요구하는 것은 공산주의자보다 일본에 대한 공포 때문"이라고 지적했다. 차상철은 "이승만의 '일본경계론'은 일본 제국주의 부활과 미일 간의 급속한 밀착에 대한 그의 현실적 불안을 반영한 것이었고, 그 불안은 재임 내내 지속되었다"며 "이승만은 일본인들이 서양사람의 심리를 다루는 데 놀라운 재주를 지니고 있기 때문에 일본이 한국을 또 필요하다고 미국을 설득하려 들 것이라며 일본의 한반도 침략가능성을 심히 우려했다"고 말했다. 그는 "한미상호방위조약 체결로 공산주의와 일본 팽창주의 위협에 대비한 한국의 안보는 보다 안정적으로 확보했다"고 평가했다.

이승만은 1948년 10월과 1950년 1월 맥아더의 초청으로 일본을 방문했다. 그런데 이승만은 첫 방문 당시 일제 때 징역을 가장 오래 산 유명한 독립운동가 박열 민단단장을 접견하지 않았고, 민단이 주최한 환영대회에 참석하지도 않아 비난받았다. 미국 권고에 따라 한일국교 재개를 위한 예비회담이 1951년 1월 20일 도쿄에서 열렸다. 이때 한국은 대일강화회의에 피해국 일원으로 참석을 요구했다. 정부대변인은 4월 9일 "요사이 일본어선단이 대거 출동하여 맥아더 선을 넘어 한국영해에 침입, 한국어민의 생명선인 동남해역 일대를 교란하고 있다"며 "우리 어구(漁區)의 침범은 계획적이고 고의적"이라는 담화를 발표했다. 이승만은 1952년 1월 18일 '대한민국 인접해양의 주권에 대한 대통령 선언'을 전격 선포했다. 오늘날 배타적 경제수역개념으로 당시 50~100해리 자국 바다를 확정해 권리를 주장한 나라는 미국과 중남미 몇 개국이 전부였다. 이 경계선은 1945년 9월 27일 미국이 일본어업 조업구역으로 설정한 '맥아더 라인'이 무효화되자 이를 대체해 당시 한·일 간 어업분쟁에서 대한민국의 주장에 의한 방위수역을 설정한 것이다. 정부는 "한일양국 평화유지에 목적이 있다"며 평화선(*Peace Line*)으로 불렀다. 평화선은 한반도 주변수역 50~100해리 범위로 정했고, 독도를 포함시켰다. 국무원 공고 제 14호로 선포된 평화선 내용은 다음과 같다.

### 이승만, "52년 1월 18일 독도포함 평화선 전격 선포"

"대한민국 정부는 국가의 영토인 한반도 및 도서의 해안에 인접한 해붕(海棚)의 상하에 이미 알려진 것과 또 장래에 발견될 모든 자연자원, 광물 및 수산물을 국가에 가장 이롭게 보호·보존 및 이용하기 위하여 그 심도 여하를 막론하고 인접해양에 대한 주권을 보존하며 또 행사한다. 평화선 안에 존재하는 모든 자연자원 및 재부(財富)를 보유·보호·보존 및 이용하는 데 필요한 다음과 같은 한정된 연장해양에 걸쳐 그 심도 여하를 불문하고 인접국가에 대한 국가의 주권(主權)을 보지하며 또 행사한다. 특히 어족 같은 감소될 우려가 있는 자원 및 재부가 한국국민에게 손해가 되도록 개발되거나, 또는 국가에 손상이 되도록 감소 혹은 고갈되지 않게 하기 위하여, 수산업과 어로업을 정부의 감독하에 둔다.

상술한 해양의 상하 및 내에 존재하는 자연자원 및 재부를 감독하며 보호할 수역을 한정할 경계선을 선언하며 또 유지한다. 이 경계선은 장래에 구명될 새로운 발견·연구 또는 권익의 출현으로 인하여 발생하는 새로운 정세에 맞추어 수정할 수 있다. 인접해안에 대한 본 주권의 선언은 공해상의 자유항행권(自由航行權)을 방해하지 않는다."

한국정부는 이러한 전례가 없다는 일본주장에 1945년 미국 트루먼에 의한 '연안어업에 대한 선언'과 '해저와 지하자원에 관한 선언' 1946년 아르헨티나와 파나마, 1947년 칠레, 1948년 코스타리카, 1950년 엘살바도르, 1951년 온두라스 등 다른 나라에서 채택한 유사한 사례를 들어 반박했다. 한국보다 발달된 수산업으로 이 지역에서 당시 연간 23만 톤 이상 어획고를 올려오던 일본으로서는 경제적 타격과 함께 영토위협으로 여긴 여론이 민감하게 반응했다. 1월 28일에는 일본이 자국영토라고 주장하는 독도를 경계선 안에 넣은 것은 한국의 일방적 영토침략이라고 맞섰다. 한국과 일본은 1952년 2월 15일 한일국교 재개를 위한 제 1차 정식회담을 시작했다. 본회담 서두에 한국은 평화선을 양보하지 않았고, 일본은 해방 전 한국에 있었던 일본인 재산청구로 대항했다. 변영태 외무장관은 5월 3일 '아국(我國)의 해양주권선언에 일본은 동의해야 한다'는 제목의 담화를 발표, "미국, 캐나다, 일본 어업협정에 미국의 일방적 관리수역선언을 존중하여 북태평양의 반절에 걸치는 광막한 수역을 일본은 자국민이 입어하지 않을 것을 서약한 사실을 우리는 잘 안다"며 "그 백분의 일도 못되는 수역에 대한 우리 대통령의 관리선언을 일본은 똑같이 존중하여 양국간 마찰의 주요 원천을 영구히 제거함으로써 평화와 공동복리를 확보할 수 있었던 것"이라고 주장했다.

변 장관은 또 1954년 독도문제와 관련 성명을 발표했다. "독도는 일본의 한국 침략에 대한 최초의 희생물이다. 해방과 함께 독도는 다시 우리 품에 안겼다. 독도는 한국독립의 상징이다. 이 섬에 손을 대는 자는 모든 한민족의 완강한 저항을 각오하라. 독도는 단 몇 개의 바위 덩어리가 아니라 우리 겨레의 영예의 닻이다. 이것을 잃고서야 어찌 독립을 지킬 수가 있겠는가. 일본이 독도 탈취를 꾀하는 것은 한국 재침략을 의미하는 것이다." 변 장관의 이 성명은 아직도 여전히 유효하다. 특히 1952년 9월 유엔군 사령관 M. W. 클라크는 북한의 잠입을 막고, 전시(戰時) 밀수출입품 해상침투를 봉쇄하기 위해 한반도 주변 해상방위수역을 설정했다. '클라크 라인'으로 불린 이 수역이 평화선과 거의 비슷해 평화선 선포를 간접 지원했다. 이승만은 평화선을 국내법적으로 뒷받침하기 위해 1953년 어업자원보호법을 제정, 이 수역 내 외국선박의 불법어로 행위를 엄격히 단속했다. 이 법에 의해 일본선박 3백13척이 나포됐고, 이 중 1백26척만 송환되었으며 나머지 1백87척은 한국이 압류했다.

한일회담이 진행되면서 '일본의 재산청구 문제'는 일본 식민지지배에 대한 반성할 줄 모르는 그 태도로 대일감정은 더욱 악화되었다. 클라크는 1953년 1월 5일 이승만을 일본에 초청, 48시간 체류하며 요시다 시게루〔吉田茂〕 총리와 회담을 주선했다. 이승만은 이날 일본에 대해 "과거 40여 년간 한국 및 한국민에 대한 학살과 착취에 근거된 심리적 편향을 청산할 것"과 "자유국가 공동의 적인 공산주의를 앞에 놓고 한일 간 우호를 확보하려는 대국적 견지에서 일본의 부당한 요구로 정돈상태에 빠진 국교를 조정할 것"을 기대했지만 헛수고였다. 이승만은 일본이 6·25전쟁에서 특수혜택을 누렸지만 한일회담에 소극적이고, 북한 등 공산권에 유화적 태도를 보여 더욱 분개했다.

## 일본, "6·25전쟁 가장 큰 혜택, 연 10% 이상 높은 성장률"

6·25쟁으로 가장 큰 덕을 본 나라가 일본이다. 한국과 지리적으로 가까운 일본은 미군전쟁물자 보급지로서 전쟁특수를 누렸다. 우리 민족에게 6·25전쟁은 큰 재앙이었지만 일본은 축복이었다. 일본은 6·25전쟁 덕분에 군수산업 호황을 이뤄 경제발전 기틀을 마련한 반면 한국은 초토화됐다. 이덕주는 "일본은 정부간 거래형태로서 1950년부터 1953년까지 전쟁 기간중 무려 23억 달러를 상회하는 물자를 판매했다. 연도별로 보면 1950년 1.5억 달러, 1951년 6.2억 달러, 1952년 7.8억 달러, 1953년 7.5억 달러를 수출했다"며 "이로 인해 1950년에서 1952년 사이 매년 10% 이상의 높은 성장률을 기록했고, 이것이 일본이 오늘날 세계적 경제대국으로 등장한 발판이 되었다"고 주장했다.[53] 일본은 미국의 압력만 없었다면 한일회담에 관심조차 없었고, 샌프란시스코강화조약이 체결되자 '표변'했다. 일본의 진보언론이나 정치세력까지 일제강점기에 한국을 발전시켰다며 한국인들이 당한 고통은 외면했다. 급

53) 이덕주, 《한국현대사 비록》(기파랑, 2007년), p.195.

기야 1953년 10월 제 3차 한일회담은 "자본주의 경제기구하에서 평등하게 취급되었고, 조선 경제에도 도움이 되었다", "당시 일본이 가지 않았다면 중국이나 러시아가 들어갔을지도 모른다"는 '구보다〔久保田〕 망언'으로 결렬됐다. 이승만은 1954년 12월 하토야마 내각이 등장해 소련과 외교교섭을 벌이고, 중국과 접근하면서 북한과도 관계를 가질 수 있다고 하자 분노했다.

이승만의 배일운동 정점은 1955년이었다. 그것은 반공운동 일환으로 전개된 반일운동이었다. 그는 4월 국무회의에서 "일본이 북한 괴뢰와 문화 경제관계 등을 개선교류하면 적성국가(敵性國家)로 선포하겠다"고 말했다. 이승만은 1954년 5월 14일과 1955년 6월 4일 담화를 발표 "일본이 또 우리나라를 침범하기를 지금 와서 우리나라 모든 재산의 85%가 저희 것이라고 하는가 하면 한일문제는 일본병력이 강해진 뒤 해결한다고 공개적으로 성명하고, 이북 공산군과 연결을 맺으며 한국을 다시 저희 물건으로 만들겠다고 한다"며 "일본이 미국민심을 속여 일군이 다시 건너와 다 차지한다는 목적을 가지고 이북 공산군과 협력해서 침략한다면 우리는 도시건물을 도로 내주고 일본의 노예가 다시 될 것이냐?"고 격노했다.

### 우남 "일본, 북한과 문화 경제관계 교류하면 적성국가 선포" 절정

이승만은 6·25 기념사에서 미국을 비난하면서 "일본의 새로운 군국주의자들이 공산국 독재군대와 합작하려는 것이 벌써 시작되고 있다"고 주장했다. 결국 1955년 8월 18일 한국정부는 "협상을 일절 단념한다"고 발표한 데 이어 19일 '대일교역 단절'을 결의했다. 이는 '당분간 재일교포의 한국방문 금지'와 동시에 '한국인의 일본여행도 금지'시킬 정도로 강경했다. 1957년 친미반공의 기시내각이 들어섰고, 1958년 일본이 재산권 포기자세를 표명, 4월 제4차 한일회담이 열렸다. 회담을 전후해 오무라 수용소에 억류되어 있던 재일한국인과 부산에 억류되어 있던 일본인 어부가 석방되었다. 그러나 재일동포 북송문제가 본격 논의되자 한일회담은 무기 연기됐다. 일본은 1959년 2월 13일 각의를 열어 북송 추진을 결정, 한국 내 반일감정(反日感情)은 다시 크게 불을 뿜었다. 이승만은 북송을 막기 위한 실질노력은 하지 않은 채 국민들을 내세워 북송반대시위만 벌였다. 서중석은 "이승만 정부가 제일동포 문제를 얼마나 등한시했는가는 북송반대투쟁 와중에서 1959년 6월 16일 재일한국인 거류민단이 '이제 와서 자유당이나 현 정부를 신임하거나 지지할 수 없다'고 한 선언에 잘 요약되어 있다"고 지적했다.[54] 재일동포 북송반대시위는 12월 13일 서울에만 각 직장 관공서 등 50만 명 이상이 참석했고, 14일에는 전국에서 350만 명이 참가했다. 12월 26일 재일교포 975명을 시작으로 1984년까지 8만 8,611명, 일본국적 가족 6천 8백 명까지 합쳐 9만 5천 명이 북송됐다.

2008년 7월 13일 일본은 중학교 교과서 해설서에 독도를 자국영토라고 기술하기로 결정, 다시 침략야욕을 드러냈다. 우리 국민들은 공분했고, 정부는 실효지배를 강화했다. 그런데 2008년 교과서포럼이 펴낸 대안교과서에 1953년 '구보다 망언'을 비롯해 일본 우익과 정치세력들의 주장을 사실인 양 기록, 아연실색이다. 교과서 78페이지 '일제의 지배와 민족독립운동의 전개'편에서 "일제시대는 억압과 투쟁의 역사만은 아니었다. 근대문명을 학습하고 실천함으로써 근대국민국가를 세울 수 있는 사회적 능력이 두텁게 축적되는 시기이기도 하였다"고 적었다. 그러나 랭던보고서는 "37년에 걸친 일본식민통치에서 한국민은 국가를 운영할 경험을 쌓지 못했고, 근대적인 경제제도와 운영에 대한 훈련도 받지 못했다"며 신탁통치가 불가피하다고 기술했다.

---

54) 서중석, 앞의 책, p. 139.

# 13. "미 군사원조 의존, '세계 4대강국' 허세"

## 우남, "외환보유고 일본 25억, 독일 30억 달러니 한국 10억 달러 돼야"

부국강병(富國强兵)의 기본은 교육과 군사력, 경제력이다. 이승만도 교육과 군사력 증강에 심혈을 기울인 것은 당연했다. 유영익은《한국현대사의 허구와 진실》에서 "이승만은 의무교육제도를 도입하고 중고교 및 대학교를 대폭 늘려 해방당시 문맹률이 75%였던 우리나라를 전 세계적으로 문자해독률이 가장 높은 나라 중 하나로 만드는 데 기여했다"며 "그가 대통령에서 물러날 무렵 우리나라 젊은이들 가운데 대학에 진학하는 비율이 영국을 앞질렀다"고 주장했다.[55] 그는 "1950년대 교육개혁 덕택에 1960년대 이후 박정희 시대 '경제기적'이 가능했던 것"이라며 "남녀공학제도 등을 통해 여성의 사회진출을 장려한 결과 한국이 남녀평등사회로 바뀌는 데 크게 이바지했다"고 평가했다.

유영익은 〈미래한국신문〉에 기고한 글에서 "건국당시 19개에 불과했던 대학수가 63개교로 3.3배 증가했고, 대학생은 7천 8백여 명에서 9만 7천 8백여 명으로 10배 이상 증가, 이는 당시 영국 대학생 수에 맞먹는 것"이라며 "이 대통령은 고급 인력양성에 관심을 기울여 청년들의 해외유학을 장려, 한국에 전례 없는 '유학 붐'이 일어 1953~1966년 7천 4백 명의 젊은이가 해외 특히 미국으로 유학했고, 이 중 천 5백 명이

---

55) 교과서 포럼, 《한국현대사의 허구와 진실》(두레시대, 2005년), pp. 183~184.

1982년까지 박사학위를 취득했다"고 밝혔다.

유영익은 "미국경제원조처(USOM)가 후원하는 '교육교환계획'에 따라 약 2천 5백 명의 고급인력이 유학, 단기훈련, 단기시찰 등 명목으로 외국(주로 미국)에서 교육을 받았고, 미 국무성이 지원하는 '지도자 단기시찰 계획'의 일환으로 940여 명의 정치인, 고급관료 등이 미국을 다녀왔다"며 "이상과 같은 교육개혁조치로 말미암아 대한민국에는 일찍이 그 유례를 찾아볼 수 없는 '교육기적'(敎育奇蹟)이 일어났다"고 주장했다. 그는 "이 기적은 이 땅에 민주주의를 실현하는 데 필요한 문화적 토대를 구축했고, 1950년대에 양산된 고급인력은 1960년대 이른바 '한강의 기적'으로 알려진 경제발전의 주역이 되었다"며 "따라서 그의 이름은 역사상 '교육대통령'으로서 길이 남게 되었다"고 밝혔다.

유영익은 군사분야에도 언급 "이 대통령은 6·25전쟁과 한미상호방위조약을 계기로 전쟁발발 전에 10만 명에 불과했던 국군규모를 70만 대군으로 확장함으로써 대한민국을 아시아 굴지의 군사강국으로 만들어 놓았다"며 "이 대통령의 집권 기간에 남한은 양질에서 한국 역사상 최고수준의 군사력을 갖추게 되었다"고 주장했다. 그러나 이는 6·25전쟁으로 인한 자연스러운 결과였다.

### 임기 말 대학생 9만 7천 8백 명 배출, "60년대 한강기적 토대"

해방 직후 우리나라 초등교육 상황은 초등학교 2,937개교에 160여만 명이 취학했고, 미취학 아동은 320여만 명에 달했다. 따라서 모든 아동들에게 교육기회를 제공하는 의무교육 실시가 교육정책의 기본과제였다. 의무교육은 교육 기회균등을 실현하고, 민주주의를 촉진하는 기본권리로 인식되었기 때문에 민주주의, 민족주의, 인본주의 등 여러 견지에서 당위성이 특히 강조되었다. 미군정은 1946년 1월 26일 '초등교육의 의무교육 실시'를 만장일치로 채택했다. 그러나 재정적 뒷받침 부족으로 초등교육 의무교육 실시계획은 실질성과를 거두지 못했다. 이승만은 정부수립과 동시에 초등교육의 완전 의무교육제 실시를 위해 노력했다. 제헌헌법 제16조는 "모든 국민은 균등하게 교육받을 권리가 있다. 적어도 초등교육은 의무적이며 무상으로 한다"고 규정했다. 1949년 12월 31일 교육법이 공포됐다. 단군사상인 '홍익인간'(弘益人間)의 건국이상을 교육이념으로 채택한 교육법은 민주주의 교육의 실시를 천명하고 교육중립성 보장을 명문화했다. 제8조는 "모든 국민은 6년의 초등교육을 받을 권리가 있다. 국가와 지방공공단체는 전항의 초등교육을 위하여 필요한 학교를 설치, 경영하여야 하며, 학령아동의 친권자 또는 후견인은 그 보호하는 아동에게 초등의무교육을 받게 할 의무가 있다"고 했다. 의무교육은 1950년 6월 1일 취학시기에 달한 아동부터 시행하는 교육법에 따라 문교부는 '의무교육 6개년계획'을 수립, 무상의무교육을 추진했지만 6·25전쟁으로 중단됐다. 학교시설이 50% 가까이 파괴됐고, 복구는 유엔 등 원조에 의존했다.

우리나라 국민들의 교육열은 전쟁중에도 여전, 1951년 2월 '전시하 교육특별자치요강'을 제정했고, 5월 4일 '대학교육에 관한 전시특별조치령'을 공포, 임시수도 부산에서 전시연합대학을 설치 운영해 "세계교육사상 전례가 없는 전시연합대학 운영에 관한 사례를 남기게 되었다"고 고벽진 등은 《교육사 및 교육철학》에서 강조했다. 이들은 "이 시기의 교육은 혼란한 사회질서 가운데서도 자유민주주의 국가건설이라는 대명제하에 미국의 영향을 받아 이룩된 제도적 성격을 고려하지 않을 수 없으나, 한국적 교육이념과 제도의 정착과 탐색을 위한 출발점이었다는 데서 그 의의를 평가하여야 할 것"이라고 말했다.[56] 1950년 3월

---

56) 고벽진 외 공저, 《교육사 및 교육철학》(교육과학사, 2005년), pp. 156~157.

10일 6·3·3·4제 단선형 학제개정안이 공포되었고, 서울에서 피난 왔던 각 고등학교가 천막을 치고 수업을 재개했다. 학생에게 병역혜택 조치도 중요하게 작용, 학생들의 등록이 더욱 활성화되었다.

## '의무교육완성 6개년계획' 96.4%까지 실현, "가장 성공적 사례"

6년 의무교육은 1952년 6월 4일 지방교육자치제 실시를 계기로 본격적인 궤도에 오르게 되었다. 당시 문교부가 수립 추진한 '의무교육완성 6개년계획(1954~1959년)을 전기로 의무교육은 획기적인 진전을 보게 되었다. 윤정일은 《공교육 이념·제도개혁: 의무교육정책》에서 의무교육과 관련 "의무교육완성 6개년계획은 '의무교육에 필요한 재원을 확보하여 부족교실을 신축하고, 목표연도까지 학령아동 취학률을 96%까지 끌어 올린다'는 것을 주요 내용으로 한 당시로서는 대단히 획기적인 교육계획이었다"며 "이 계획을 통해 1959년까지 취학률을 96.4%로 끌어올려 목표를 초과달성했으나 교원확보, 수용능력 확충, 학교시설과 교실증축은 필요한 재원부족으로 계획에 미달되었다"고 밝혔다. 그는 "의무교육완성 6개년계획은 단순한 양적 계획에 불과했으나 거의 그대로 시행에 옮겨졌고, 1950년대 초등교육 정책의 근간을 이루었다. 정부가 의무교육 완수에 얼마나 전력투구 자세로 임했는가는 같은 기간 문교예산 중 의무교육비 비율이 75%를 상회했고, 1960년에는 80%를 상회했다는 사실만 보아도 잘 알 수 있다"며 "이 계획은 우리나라 교육계획 가운데 가장 성공적으로 집행된 사례로서 기록되고 있다"고 강조했다.[57] 이주영은 〈시대정신〉 2007년 가을호 논문에서 "1960년대 박정희 시대의 놀라운 경제발전은 갑자기 튀어나온 것이 아니라 1950년대

---

57) 윤정일, 《공교육-이념·제도개혁》(원미사, 2004년), "의무교육정책"편, pp. 224~226.

이승만 시대에 놓여진 토대 위에서 출발했다"며 "'한강의 기적'은 대한민국을 중국 대륙문명권에서 벗어나 미국 해양문명권으로 편입시킨 이승만의 '문명사적 전환'에서 시작된 것으로서 그러한 전환과정에서 그는 엘리트교체를 이루어냈던 것"이라고 주장했다. 그는 "21세기 대한민국에게 가장 중요한 문제는 새로운 시대에 맞는 엘리트를 갖추고 있는가 하는 것이고, 새로운 엘리트 양성에 대한 책임은 일차적으로 통치자에게 있는 것"이라며 "앞으로의 통치자들은 로버트 올리버가 '교육대통령'으로 부른 이승만의 교육관과 교육정책을 깊이 살펴야 한다"고 주문했다. 그는 "국가예산 중 연평균 10% 이상을 교육에 투자했다"고 밝혔다.

박명림은 《이승만 대통령 재평가》의 "이승만 집권기 교육과 민주주의"편에서 "초기 한국의 유례없는 교육성장이 국방 및 안보와 경제발전에 대한 막대한 투자 가운데에 이루어졌다는 사실"이라며 "전쟁을 치른 국가로서 절대적 안보위협으로 극도로 제한된 자원능력 가운데에 시현된 교육성장은 하나의 아이러니에 속한다"고 강조했다.[58]

반면 이러한 교육성과 뒤에는 사교육 열풍 등 사회전반에 끼친 해악이 오늘날까지 계속되고 있다. 서중석은 "사회의 평준화는 교육열풍을 몰고 왔다. 한국인은 원래 교육에 대한 열의가 높은 데다 누구든지 일류학교에 다니면 좋은 사회적 지위를 얻을 수 있기 때문에 초등학교부터 교육 붐이 거세게 일어났다"며 "한국은 아시아에서 일본 다음으로 교육수준이 높은 나라가 되었다"고 지적했다.[59] 이계학 등은 《근대와 교육 사이의 파열음》에서 "입신 출세주의 교육관은 광복 이후 초등학교 무상의무교육이 실시되면서 배우지 못한 국민들은 한풀이로 대도시 초등학교 교실부터 교육열풍이 번져나갔다"며 "초등생들의 진급에 따라 중학교 문은 좁아졌는데, 세칭 명문중고의 문은 더욱 좁았다"고 말했다. 그

58) 유영익, 앞의 책, p. 373.

59) 서중석, 《한국현대사 60년》(역사비평사, 2007년), p. 43.

는 "특히 중학교 입학시험에 불안을 느낀 학부모들은 과외공부를 시키기 시작했고, 학년 진급에 따라 중학교 입시에서 고등학교 입시로, 고교입시에서 대학입시로 이어졌다"며 "입시의 사정기준은 암기중심, 단편적인 지식중심이었고, 사람됨이나 인간관계, 리더십이나 교과외 활동, 특기나 적성, 천재적 재능 등은 안주에도 없었으며, 담임교사 의견조차 들으려 하지 않았다"고 개탄했다.[60]

## "입신출세주의 교육관, 국민들 한풀이 사교육 열풍 해악"

1946년 1월 14일 미군 장교와 한국인 보좌관을 중심으로 국방경비대가 서울 태릉(육사)에서 창설됐다. 1945년 12월 군사영어학교를 열어 장교들을 배출, 국방경비대에 배치했다. 국방경비대는 1948년 9월 1일부터 육군과 해군으로 개편됐다. 국군이 출범하자마자 여수·순천10·19사건이 발생, 대대적인 숙군(肅軍) 작업부터 벌어졌다. 이승만은 군법무관 김완용을 불러 "한 달 내로 빨갱이들을 다 잡아 죽이고 오라"며 몰아붙였다. 남로당 좌익세력은 물론 민족분단과 동족상잔 반대 등 반이승만 세력을 제거대상으로 삼은 숙군작업은 1948년 10월부터 1949년 7월까지 진행되어 전군의 5%에 달하는 4,749명을 숙청했다. 이 중 2천명 이상이 총살형당했다. 초급장교와 하사관의 경우 전체의 3분의 1이 체포·구금·처형·전역당했다. 숙군은 고문으로 자백받아 무고한 사람들이 억울하게 당한 경우가 많았다. 총살을 당하면서 애국가를 부르거나 '대한민국 만세'를 외쳤다. 고문수사로 탁월한 성과를 보여 나중에 이승만의 총애를 받아 특무대장이 된 인물이 김창룡이다.

숙군작업 와중에 1948년 11월 11일 박정희 소령도 체포되었다. 그는 만주군 중위로 근무하다 해방 후 베이징으로가 광복군이 되었다가 귀국

60) 이계학 외 공저, 《근대와 교육 사이의 파열음》(아이필드, 2004년), pp. 42~43.

했다. 1946년 12월 경비사관학교 2기로 졸업, 여수·순천10·19사건이 터지자 토벌사령부 작전장교로 차출되었다. 박정희는 군부 내 좌익을 색출하는 숙군수사에 적극 협력했다. 군 내 남로당 조직표까지 그려 제출했다고 강준만은 《한국현대사 산책, 1940년대편 ②》에서 밝혔다.[61] 박정희는 무기징역서 10년으로 감형됨과 동시에 형 집행을 면제받는 파격적 대우를 받았고, 백선엽 등의 배려로 육군본부 정보국에 비공식 문관으로 복직해 기밀비에서 월급을 받았으며, 6·25전쟁이 발발하자 현역소령으로 복귀했다. 여수·순천10·19사건 당시 문서들은 대부분 행방불명됐는데, 박정희가 소각했다는 얘기도 있다.

이승만 정부는 1954년 11월 한미군사원조협정을 체결하여 한국군을 현대화시키기 위한 미국의 군사원조를 보장받게 되었다. 휴전직전 미국이 약속한 대로 한국군은 지상군 20개 사단에 66만 천 명, 해군 1만 5천 명, 공군 1만 6천 5백 명, 해병대 2만 7천 5백 명으로 총 병력은 72만 명에 달했다고 차영구는 밝혔다.[62] 이는 차상철의 말처럼 이승만의 행동이 마치 '칼 물고 뜀뛰기' 같은 모험적인 것이긴 했지만, 그의 벼랑 끝 전략이 결국 성공한 결과였다. 차영구는 "국군의 이러한 군비증강은 한미 양국 재정에 과도한 부담이 되어 1958년 미국은 한국정부에게 지상군 9만 3천 명을 감축할 것과 공군 3천 명을 증원시킬 것을 요구, 1959년 지상군 56만 5천 명, 해군 1만 6천 6백 명, 공군 2만 2천 4백 명, 해병대 2만 6천 명 등 모두 63만 명이 되었다"며 "이 병력규모는 1988년 65만 명이 될 때까지 큰 변동 없이 계속 유지되었다"고 말했다. 이 같은 군사력은 오직 미국 군사원조에 의해서만 유지되었다.

---

61) 강준만, 《한국현대사 산책 1940년대편 ②》(인물과 사상사, 2006년), p. 182.
62) 차영구 편저, 《국방정책의 이론과 실제》(오름, 2002년), p. 78.

## "미 막대한 군사원조로 군사력 유지, 기회만 있으면 '북진통일'"

함택영은 "1954년부터 1956년까지 남한 국방예산은 각각 1억 달러인 반면 미 군사원조액은 5억 3백만 달러, 4억 6천 백만 달러, 2억 3천 백만 달러였다"며 "1958년 남한 국방예산이 1억 4천 3백만 달러, 미 원조가 3억 5천 6백만 달러였고, 1959년은 남한 국방예산이 1억 5천 5백만 달러로 가장 큰 규모인 반면 미 군사원조는 2억 천 2백만 달러로 가장 적었다"고 밝혔다.[63] 이승만은 막대한 미 군사원조로 군사력을 유지함에도 불구하고 기회만 있으면 '북진통일'을 강조했고, '세계 4대 강국론'을 들먹이며 허세를 부렸다. 강준만은 "한국이 세계에서 네 번째로 강한 군대를 갖고 있다는 '세계 4대 강국론'은 이승만이 기회만 있으면 역설해대는 단골메뉴였다"며 "이승만은 1958년 12월 9일 국무회의에서 달러 보유건에 대해서까지 '세계 4대 강국론'을 접목시켰다. 일본이 25억 달러, 독일이 30억 달러니 우리도 세계 4대 강국이니까 10억 달러는 최소한도 가지고 있어야 하겠다는 것"이라고 비판했다.[64] 그는 "이승만의 '세계 4대 강국론'은 1958년 초 완전실업자와 농촌의 잠재실업자를 합한 전체 실업자수가 420만 명으로 추산되던 비참한 경제현실에 비춰 우스꽝스럽기조차 한 허세였지만, 국내적으로는 그 효용이 전혀 없지 않았다"며 "1950년대 말 전체 예산 중 국방비가 33%로 실업율과 비슷했다"고 지적했다. 교육비 10%와 국방비 33% 지출로 다른 부분은 거의 희생됐다.

오늘날 국제사회는 한국 군사력이 북한을 압도하고 있고, 한미동맹이 소기의 목적을 충분히 달성했기 때문에 "한국은 한미군사동맹 이후 한반도를 생각해야 한다"고 주문하고 있다. 함택영 역시 "1994년 북한 군사력은 남한의 40~60% 정도라는 것이 최소한 우리가 고찰한 바의 결론"이라고 말했다.

---

63) 함택영, 《국가안보의 정치경제학》(법문사, 1998년), p. 206.

64) 강준만, 앞의 책, p. 183.

# 14. 이승만 언론탄압 혈안 몰락재촉, "사필귀정"

## 이승만, "마키아벨리, 군주는 민중의 미움 사지 말라" 경고무시

근대정치학의 초석으로 평가받는 마키아벨리는 《군주론》에서 '강력하고 전제적인 군주를 바람직한 지도자'로 평가했다. 마키아벨리는 군주가 갖춰야 할 품성 중 '권모술수'(權謀術數)를 으뜸으로 삼았다. 특히 그는 "군주는 민중의 미움을 사지 말라"고 신신당부했다. 이승만은 바로 마키아벨리의 군주론에서 요구하는 사자의 잔인성과 여우의 잔꾀를 갖춘 군주상과 너무 닮았다. 그러나 그는 마키아벨리가 입이 닳도록 당부했던 '민중의 미움을 사지 말라'는 경고를 무시했다.[65]

절대권력을 행사하는 독재자들의 공통점은 언론에 재갈을 물리고, 정적을 제거하며 몰락했다. 이승만도 예외는 아니었는데, 대표적 사건이 〈동아일보〉 정간, 〈대구매일신문〉 피습, 〈사상계〉 함석헌(咸錫憲) 필화구속, 〈경향신문〉 폐간, '조봉암 사형'을 들 수 있다. 이승만 정권은 언론에 대해 혹독한 법테두리 안에 집어넣는 것쯤은 쉬운 일이었다. 1956년 대선을 앞두고 1955년부터 언론통제가 심해졌다. 야당지였던 〈동아일보〉와 〈경향신문〉에는 더욱 혹독했다. 이승만 정권은 1955년 3월 17일 〈동아일보〉에 대해 1개월 정간처분을 내렸다. 내용은 3월 15일에 발생한 오식(誤植: 활판에 활자를 잘못 꽂음) 사건이었다. 제 1면에 실린 한미석유협정 초안인 "이 대통령의 귀경을 기다려 최종적인

65) 김인수, 앞의 책, p. 17.

재가를 받으려 한다"는 기사의 제목을 "괴뢰 고위층 재가 대기중"이라고 했던 것이다. 조판공의 실수로 '고위층'이라는 단어 앞에 '괴뢰'라는 제목의 단어가 첨가된 사실을 윤전기가 돌아가기 시작한 지 10분 만에 발견했다. 〈동아일보〉는 즉시 윤전기를 세웠지만 이미 인쇄된 신문은 가판대에 나간 상태였다. 〈동아일보〉는 신문회수 소동을 벌였으나 255부는 회수하지 못했다.

내용은 조판공의 과실로 "고위층 재가 대기중"이라는 제목에 다른 기사제목에 사용하기 위해 동시에 채자했던 '괴뢰'라는 글자가 잘못해서 첨가된 것이다. 이 실수로 〈동아일보〉 업무직원 3명이 구속되었으며, 이들에게는 국가보안법 및 형법상 명예훼손 혐의가 적용되었다. 이들은 20여 일 만에 풀려났으나 징계해직 형식으로 신문사를 떠났고, 불구속 기소된 고재욱 주필 겸 편집국장은 사임했다가 7개월이 지나서 주필로 복귀했다. 정부는 고위층이라는 글자 위에 '괴뢰'라는 두 글자가 인쇄되어 있으니 기사내용으로 미루어 대통령을 '괴뢰' 취급한 것 아니냐는 것이었다. 정부의 정간명령서는 "국토가 양단된 가운데 국가원수를 괴뢰라고 표시하여 국민들에게 배포, 그 고의성과 수의 다소를 막론하고 도저히 방치할 수 없는 반민족적 중대과오"라며 "이는 민심지도와 계몽에 중대한 영향력을 가진 신문발전의 자격을 인정키 곤란할 뿐만 아니라 앞으로도 이러한 불미한 일이 일어나지 않도록 미연에 방지하는 의미에서 부득이 〈동아일보〉에 대해 발간정지처분을 취한다"고 발표했다.

### 〈동아일보〉 조판잘못 '괴뢰'제목 첨가, 국가보안법 적용 3명 구속

당시 신문제작은 제목과 기사를 문선공들이 활자 크기대로 뽑아오면 조판공들이 활판에 일일이 활자를 골라 꽂아 판을 짜는 형식으로서 '대통령'을 간혹 '대령'으로 오식했다. 강준만은 《한국현대사 산책 1950년대편 ②》에서 "오식이 불가피한 점이 있었는데도 정부가 강경대응했다는 것은 야당지에 대한 평소 불만을 '건수잡기'로 풀겠다는 의지를 드러낸 것에 다름 아니었다"고 주장했다.[66] 그리고 4월 16일 법무부장관과 공보실장은 공동담화를 발표, "〈동아일보〉는 중대한 과오를 범해 3월 17일 정간처분을 받았던 바 이번 과오는 이것이 이 대통령이 직접 자신에게 관계된 것임에 관대조치하라는 각별한 분부가 있으므로 본 사건에 관한 형사상의 수사를 종결짓는 동시에 이미 조치한 발간정지처분을 4월 16일을 기해 해제한다"고 밝혔다.

1955년 9월 14일 오후 4시 25분, 자유당 경북도당 홍영섭 감찰부장과 국민회 경북본부 김민 총무차장이 지휘하는 일당 20여 명은 곤봉과 해머 등 흉기를 휴대하고 시영버스 420호에 합승, 천주교재단이 운영하는 〈대구매일신문〉의 공장에 난입해 공장시설 일체를 파괴하는 백주(白晝) 테러를 자행했다. 이들은 공장 안에 있는 인쇄기는 물론 통신시설, 신문인쇄에 필요한 기자재를 파괴하고 당일 발송하려던 신문을 탈취한 후 도주했다. 심지어 연판부장 우종구는 얼굴에 심한 타박상을 입어 선혈이 낭자했고, 공원들을 마구 폭행해 혼비백산, 도주하기 바빴다. 사건의 발단은 최석채 주필의 9월 13일 "학도를 정치도구로 이용하지 말라"는 제목의 사설(社說)을 게재한 데서 비롯됐다.

> "요즈음 중고등학생들의 가두행렬이 다반사처럼 되어 있다. 최근 대구시내에 현관(顯官)의 출영에까지 학생들을 이용하고 도열을 지어 3~4시간이나 귀중한 공부시간을 허비시켜 가면서 잔서의 폭양 밑에 서게 한 것을 목격했다. 그 현관이 대구시민과 무슨 큰 인연이 있고, 거시적으로 환영하여야 할 대단한 국가적 공적이 있는지 모르겠으나 수천수만 남녀학생들이 면학(勉學)을 집어치우고 한 사람 앞에 10환씩 돈을 대어 수기(手旗)를 사가지고 길바닥에 늘어서야 할 아무런 이

66) 강준만, 《한국현대사 산책 1950년대편 ②》(인물과 사상사, 2006년), p. 319.

유를 발견하지 못했다. 특히 우리가 괴이하게 생각할 수밖에 없는 것은 그것이 학교 당사자들의 회의에서가 아니라 관청지시에 의해 갑자기 행해졌다는 것을 들을 때, 고급행정 관리들의 상부교제를 위한 도구로 학생들을 이용했다고 볼 수밖에 없다."

## 자유당 간부 대낮 〈대구매일신문〉 습격, 직원 부상 윤전기 등 파괴

경찰은 대구시내를 활보하는 테러범들을 처벌하기보다는 옹호하기에 바빴다. 경북도경 신상수 사찰과장은 17일 기자회견에서 "대구매일 개새끼"라고 욕설을 퍼부은 후 "금번 대구매일 사건은 백주에 행하여진 것이므로 테러가 아니다"는 망언을 했다.[67] 경찰은 이날 최석채 주필을 이적행위라는 죄목을 걸어 구속했다. 그러자 국민여론은 자유당의 야비한 언론탄압에 대한 비난이 들끓었고, 국회에서 이를 규탄했다. 개인이나 회사의 소유재산을 파괴하고 사람에게 상해를 가하는 테러를 하면 법으로 엄히 처벌함이 당연한데 경찰이 오히려 이를 옹호하는 것은 자유당정권이 아니고는 볼 수 없는 기상천외한 일이라는 것이다.

국민들의 격렬한 비난이 빗발치듯 쏟아지자 여야는 조사단 7명을 파견했다. 조사단은 "경찰이 폭도들을 체포하지 않고, 신문까지 가져가 민주주의를 말살했다"며 단호한 처벌을 요구했다. 자유당은 부득이 김민과 홍영섭을 처벌했으며, 최석채 주필은 30일 만에 풀려났고, 1956년 5월 8일 3심에서 무죄판결을 받았다.

서울시경은 1958년 8월 8일 함석헌을 국가보안법 위반으로 구속했다. 경찰은 〈사상계〉 8월호에 기고한 글 "생각하는 백성이라야 산다"에서 다음 몇 줄을 위반혐의로 발표하였다.

"남한은 북한을 소련과 중공의 꼭두각시라 하고 북한은 남한을 미국의

67) 위의 책, p. 275.

꼭두각시라 하니 남이 볼 때 있는 것은 꼭두각시뿐이지 나라가 아니다. 우리는 나라 없는 백성이다. 6·25는 꼭두각시의 놀음이었다. 민중의 시대에 민중이 살아야 할 터인데 민중이 죽었으니, 남의 꼭두각시밖에 될 것 없지 않은가?"

함석헌이 8월 18일 서울지검에 송치되자 조인구 부장검사는 "함씨의 글을 검토한다면 남북을 동등한 위치에 두고 우리 주권을 부인한 구절은 방임할 수 없다"고 잘라 말했다. 그러나 국민여론이 다시 들끓어 일어나고 언론이 계속 대서특필하며 보도하자 서울지검 이주식 검사는 9월 30일 혐의가 없다는 이유로 불기소처분을 내려 함석헌은 석방됐다.

## 함석헌 "생각하는 백성이라야 산다" 〈사상계〉 기고 구속

〈경향신문〉 폐간은 이승만 정권 언론탄압의 백미였고, 정권몰락을 재촉했다. 강준만은 "당시 천주교재단이 운영하던 〈경향신문〉은 전국에서 20만 부 이상이 팔려 〈동아일보〉 35만 부에 이어 2위를 기록했다"고 밝혔다. 그런 〈경향신문〉이 1959년 4월 30일 강제폐간당했다. 전성천 공보실장은 이날 밤 10시 15분경 '신문발간 허가취소 통지서'를 경향신문사에 송달하고, 즉각 방송을 통해 전국에 이 사실을 알렸는데, 폐간이유 골자는 미군정 법령 제 88호였다. 이는 미군정이 공산당 신문을 척결하기 위한 법이었다. 폐간 통고서에는 "① 1월 11자의 사설 '정부와 여당의 지리멸렬상' 내용으로 허위사실을 보도했고, ② 2월 5일자 조간 '여적'란을 통해 헌법에 규정된 선거제를 부정함과 동시 폭동할 것을 선전했으며, ③ 2월 16일자 3면에 홍천 모사단 '유류부정사건'을 허위보도했고, ④ 4월 3일자 조간에 간첩 하모의 체포기사를 보도하여 공범자들의 도주를 도왔으며, ⑤ 4월 15일자 석간에 이 대통령 기자회견 기사에서 '국가보안법 개정도 반대'라는 제목으로 허위보도했다. 정부당국으로서는 이 이상 방치할 수 없어 이에 국가의 안정과 참된 언론계(言論界)의 발전을 위해 부득이 〈경향신문〉의 발행허가를 취소하는 바이다"고 적었다. 1959년 2월 5일 주요한의 '여적'이 발표되자 경찰은 〈경향신문〉에 압수수색영장을 발부 집행하였고, 9일에는 사장 한창우와 주필 주요한(朱耀翰)을 내란 예비음모 및 선동이란 죄명으로 입건하였으며, 검찰은 28일 두 사람을 구속했다.

> "허멘스 교수의 '다수의 폭정'이란 것은 있을 수 없다는 것이다. 아마도 이 학설을 보는 한국의 다수당은 아전인수로 해석하려고 달려들 것 같으나 자세히 보면 허멘스의 주장 속에는 하나의 커다란 전제조건이 있다. (중략) 만일 투표자가 어떤 권력에 눌려서 그 의사를 맘대로 행사할 수 없는 환경이라면 허멘스 교수의 다수결 원칙은 근거가 와붕(瓦崩)되고 마는 것이다. 인민이 성숙되지 못하고 그 미성숙사태를 이용하여 가장된 다수가 출현한다면 그것은 두말없이 '폭정'이라고 할 수밖에 없는 것이다. 한국의 현실을 논한다면 다수결의 원칙이 관용, 아량, 설득에 기초한다는 정치적 논리가 문제 아닌 것이요, 선거가 올바로 되느냐 못되느냐의 원칙적 요건부터 따져야 할 것이다. 물론 '진정한 다수'라는 것이 선거로만 표시되는 것은 아니다. 선거가 진정 다수결정에 무능력할 때는 결론으로는 또 한 가지 폭력(暴力)에 의한 진정 다수결정이란 것이 있을 수 있는 것이요, 그것을 가리켜 혁명(革命)이라고 할 것이다. 그렇다면 가장된 다수라는 것은 조만간 진정한 다수로 전환되는 것이 역사의 원칙일 것이니, 오늘날 한국의 본질을 대국적으로 파악하는 시발점이 여기에 있지 않을까."

### "폭력에 의한 진정한 다수결정은 '혁명', 역사의 원칙"

6일 이기붕은 홍진기 법무장관에게 '여적'을 읽어보았느냐고 물었다. 홍 장관은 이 문제는 어떤 강력한 처리를 하지 않고는 넘어가지 못할 것이라고 느꼈다. 어임형 기자가 4월 5일 간첩보도와 관련 24일 국가보안법 위반혐의로 구속, 이는 국가보안법개정 파동 이후 첫 구속으로 언론의 주목을 받았다. 함께 구속된 정달선 기자는 기소유예, 이관구 주필과 오소백 사회부장은 불기소처분했다. 이어 15일 윤모 여기자가 대통령 기자회견 기사를 오보했다.

일련의 사태와 관련 전성천 공보실장은 경무대를 찾아가 〈경향신문〉 폐간조치 의견을 묻는 동시에 폐간결행을 작정하기에 이르렀다. 28일 전 공보실장은 당시 경질된 최인규 내무장관과 홍진기 법무장관을 만나고 〈경향신문〉을 폐간하는 것이 이승만 박사의 뜻일 것이라고 말하고 그 자리에서 〈경향신문〉 폐간에 관한 원칙적 합의를 보았다. 4월 29일 홍 법무, 최 내무, 김일환 교통장관이 진해에 있는 이 대통령을 찾아가 폐간결정에 대한 최종 수락을 받았다. 그리고 30일 밤 10시 조정환 외무장관 사회로 열린 심야 국무회의에서 〈경향신문〉 폐간이 결정되고, 상당한 압력을 작용했던 주한 미대사관 등에 대한 사후대책을 논의하고 폐간이 통고되었다. 〈경향신문〉의 폐간조치는 국내외의 비상한 관심과 논란을 불러일으켰다. 국내는 미군정 법령 제 88호의 적용이 위헌이라는 것과 언론자유의 살인적 방해라고 규탄하고 성토대회를 개최하는 등 권력남용에 대해 맹렬히 저항했다.

당시 다울링 주한 미국대사는 "언론탄압이 언론과오를 교정할 방책이 되지 못하며 미군정이 1946년 법령 제 88호를 제정 공포한 것은 당시 한국의 국내치안을 위협하던 공산당의 파괴선전을 막으려는 데 그 의도가 있었다"고 강제폐간을 비난했다. 한국 신문편집인협회는 5월 9일 임시총회를 열어 "미군정 법령 제 88호는 언론자유를 보장한 우리나라 헌법에 저촉되므로 이를 즉시 철폐할 것과 〈경향신문〉에 대한 폐간처분을 취소할 것"을 강력히 주장하는 성명서를 발표하는 동시에 국회에 폐간 취소 청원서를 제출한 데 이어 전국 언론인의 연판장 운동을 전개할 것을 결의했다. 국회에서도 야당의원들로부터 격렬한 비난발언이 쏟아졌는가 하면 전 공보실장 파면결의안을 제출했으나 여당인 자유당 의원들의 '거수기'에 의해 부결되었다. 하지만 6월 26일 서울 고등법원은 '〈경향신문〉 행정처분 집행정지 가처분 결정'을 내려 〈경향신문〉은 다시 복간되는 듯했다. 그러자 이승만 독재정권은 그날 밤 10시 폐간처분에 적용했던 '법률위반' 사실에 근거, '무기한 발행정지처분'을 내렸다.

## 59년 4월 28일 〈경향신문〉 폐간 최종결정, 이 대통령 수락

〈경향신문〉은 폐간 1년 후 4·19혁명으로 다시 살아났고 4월 26일 복간했다. 그날의 '여적'란은 감개에 찬 모습으로 다음과 같이 전했다.

> "하도 감격에 넘쳐서 여적 같은 것을 집필할 경황이 없습니다. 그러나 아무리 총망하다고 햇볕을 못 보는 동안, 독자제위께서는 안녕하셨습니까? (중략) 아, 얼마나 쓰라리고 원통하고 답답하였던 365일이었던가? 사필귀정(事必歸正)이란 문자는 사전에만 있는 것으로 알았더니 목전에 엄연히 보게 되니 감개무량(感慨無量)한데, 이러한 사필귀정의 신념을 우리에게 굳게 북돋아 준 이번 순국의거 학생들의 영령에 대하여 다시 무릎을 꿇고 비는 바입니다."

언론에 재갈을 물렸던 이승만 정권은 3·15부정선거 등 온갖 부정한 악행을 저지르다 국민에 의해 쫓겨났다. 이것은 역사의 '사필귀정'이다. 그러나 유영익은 "스스로 언론인이었던 이승만은 이후 군사정권에 비해 대체로 관대했다"며 "12년 집권동안 〈경향신문〉·〈동아일보〉에 대한 몇 번의 정간조치를 빼고는 적극적인 언론탄압은 없었다"고 말했다. 문제는 자신에게 비판적인 언론에 정간, 폐간 등 혹독한 조치를 가해 스스로 몰락을 재촉했다는 점이다.

# 15. 조봉암 사법살인, '미-이승만 절연 계기'

## 조봉암, "제 2대 대통령선거 출마, 이시영 물리치고 2위 차지 기염"

이승만은 자신의 집권에 걸림돌이 되면 과감히 제거했다. 희생양이 된 대표적 인물로는 김구와 조봉암이다. 김구는 "미·소 양군 철수와 자주통일을 주장했다"고 하여 '비(非)국민'으로 낙인찍혀 암살당했다. 서중석은 《이승만과 제 1공화국》에서 "김구를 죽인 안두희는 자신의 행위는 애국적 충정에서 나온 것이라고 당당하게 외쳤고, 그는 권력으로부터 보호를 받았다"며 "좁게 생각하면 김구는 이승만의 최대 라이벌로 다음 대통령선거 때 이승만의 힘겨운 경쟁자로 등장할 수 있는 존재였다"고 주장했다.[68] 이승만은 농지개혁 단행을 위해 조봉암을 초대 농림부장관에 전격 발탁했다. 조봉암은 1946년 6월 23일 '미·소공위 추진 시민대회'에서 반공산당성명서를 발표, 공산당과 결별했다. 강화에서 태어나 3·1운동으로 복역한 후 상하이에서 독립운동을 한 죽산은 1948년 5·10총선에 출마, 인천에서 무소속으로 당선됐다. 그는 균형있는 경제발전 등 경제에 관심을 기울였으며, 첫 농림부장관이 되어 농민의 자주적 농협조직을 추진, 토지개혁에 농민의견을 적극 반영했다.

그러나 조봉암은 한민당 등의 집요한 반대에 부딪혀 6개월 만에 장관직에서 물러났다. 그는 1950년 5월 30일 2대국회에 당선, 4년 내내 국

68) 서중석, 앞의 책, p. 77; 서중석, 《비극의 현대 지도자》(성균관대출판부, 2002년), p. 118.

회부의장을 지냈다. 이승만은 1952년 8월 5일 대선에 혼자 출마하기를 은근히 바라며 기다렸지만 대선을 불과 열흘 앞둔 7월 24일 조봉암은 대선출마를 전격 선언했다. 8월 4일 일간신문 광고에 실린 조봉암 후보의 제1정강은 "계급 독재사상을 배격한다. 공산당 독재도 자본가와 부패분자의 독재도 강고히 반대하고 민주주의(民主主義) 체제를 확립하려 한다"고 밝혔다. 선거결과는 이승만이 5,238,769표로 대통령에 당선되었다. 조봉암도 797,504표를 획득, 764,715표의 민국당 이시영을 물리치고 2위를 차지하는 기염을 토했다. 미 대사관은 이를 미리 예측했고 "이 선거에서 유일한 경쟁자는 조봉암뿐이었다"고 평가했다. 이에 당황한 이승만 정권은 조봉암에 대해 노골적 탄압을 가했다. 그의 선거사무차장이었던 김성주는 1953년 이승만 암살사건과 관련 헌병총사령부에 끌려가 군법회의에 회부되었고, 1954년 4월 16일 처형되었다.

1955년 조봉암은 민주당 입당이 무산되자 진보당을 창당했다. 무엇보다 1956년 5월 15일 정부통령 선거가 진보당 결성에 강력한 지렛대로 작용했다. 이승만은 3월 23일 재출마 결정을 발표했고, 29일 서울운동장에서 81회 탄생경축식이 열렸다. 민주당은 대통령후보에 신익희, 부통령후보에 장면을 선출했고, 진보당은 조봉암과 박기출을 뽑았다. 1956년 4월 25일 신익희와 조봉암은 야권후보 단일화를 위한 비밀회동을 가졌다. 27일 양인은 조봉암이 사퇴하는 대신 '자신을 공산주의자라고 모략하지 말 것' 등에 합의했다. 이 합의는 30만 인파가 모인 한강백사장 유세를 마친 신익희가 5월 5일 전주유세를 위해 호남선 열차를 타고 가던중 뇌일혈로 사망해 무산됐다. 두 사람은 6일 전주에서 만나 공동성명을 발표할 예정이었다. 조봉암은 서울로 올라와 투표 당일까지 은신했다. 조봉암은 즉각 장면 부통령후보를 지지했다. 이승만 정권의 탄압으로 진보당은 유세를 벌일 수 없었다. 민주당은 추모표를 호소했지만 이승만 독재정권 종식을 위해 김창숙은 차선책으로 조봉암 지지를 호소했다. 윤무한은 "이승만은 유세를 통해 사상문제를 들고 나와 조봉암을 비난했다"며 "자신이 농림부장관으로 앉힌 조봉암을 '빨갱이로 몰아 죽이기' 방식을 들고 나온 것"이라고 주장했다.

자유당과 민주당이 '북진통일론'에 매진한 반면 진보당은 유엔보장하의 '평화통일론'을 제시했다. 조봉암은 "어떻게 하면 국민 대다수가 굶어죽지 않고 우선 살아갈 수 있느냐이다. 살아남아야 그 다음에 잘 살 것을 생각할 수가 있는 까닭"이라며 절대빈곤 해결을 강조했다. 이 시기의 최대난제는 절대빈곤이었다. 당시 공치는 날이 허다했던 지게꾼 달구지꾼도 실업자가 아니었고, 신문팔이 구두닦이도 직업소년으로 분류되었다고 서중석은 밝혔다.

정부통령선거는 예정대로 진행되었다. 하지만 3·15부정선거 당시 내무장관이었던 최인규는 '옥중자서전'에서 "강원도에서 이승만 지지표가 90% 이상 나온 것은 조작에 의한 것이며, 그 밖에도 엄청난 부정선거가 있었다"고 실토했다. 당시 강원도는 이승만이 644,693표를 얻어 90.8%로 전국 최고 득표를 했다. 선거결과 이승만과 자유당은 큰 충격에 빠졌다. 엄청난 부정선거에도 불구하고 이승만은 5,046,437표, 55%를 얻어 1952년 대선보다 20만 표 이상 적었다. 반면 조봉암은 2,163,808표, 23.9%로 3배 가까이 더 얻었다. 신익희 추모표는 1,856,818표였다. 조봉암은 5월 17일 담화를 발표, 어려운 환경과 강압적 분위기 속에서 패배를 자인하고 이승만의 당선을 축하했다. 조병옥은 6월 5일 국회에서 "나는 이번 3대 대통령선거가 만일 자유분위기 속에서 행해졌더라면 이 대통령이 받은 표는 2백만 표 내외에 지나지 못하리라 판단한다"고 말했다. 투표에서 이기고 개표에서 진 셈이다.

이승만 정권은 1957년부터 본격적으로 조봉암 제거에 나섰다. 온갖 구실을 붙여 조봉암을 '간첩'으로 몰았다. 1958년 1월 13일 조봉암을 체포한 검찰총장은 14일 조봉암과 진보당 관계자들이 북한지령을 받아 평화통일론을 주장한 것처럼 발표했다. 검찰은 계속 언론에 중대발표를 흘렸고, 언론은 조봉암과 관계자들을 '빨갱이 만들기'에 앞장섰다.

## 조봉암 216만 표 획득, 이승만 정권 충격, 본격 제거작업 나서

이승만은 1월 14일 국무회의에서 "조봉암은 벌써 조치되었어야 할 인물이며, 이런 사건은 조사가 완료될 때까지 외부에 발표되지 말아야 할 것이다"고 지시했다. 그는 3월 11일 국무회의에서는 "이제 확증이 생겼으니 유죄라면 전에는 증거 없는 것을 기소한 것같이 들린다. 외부에 말할 때 주의하도록 하라. (각부 장관이 발표하는 것을 보며) 다 말하지 않는 것이 좋을 일을 발표하는 예가 있다. 발표한 것이 외부에 주는 영향을 생각하여 할 말을 다하지 않도록 하라"고 주문했다. 그는 18일 "이 사건의 일반여론은 어떠한가?"라고 물어 돌아가는 여론에 신경썼다. 서울지검은 4월 양이섭과 조봉암을 간첩혐의로 기소했다. 6월 서울지법 유병진 부장판사는 두 사람에게 징역 5년을 각각 선고했다. 이에 불만을 품은 경찰기동대 2백여 명은 재판정에 난입, 난동을 부렸다. 10월 서울고법 김용진 부장판사는 두 사람에게 사형을 선고했다. 선고 직후인 10월 28일 열린 국무회의에서 이승만은 "법관들만이 무제한 자유가 허용된다는 것은 이해할 수 없는 말"이라며 "이러한 판사들을 처리하는 방법은 없는가?"라고 반문했다. 그는 "조봉암사건 1심판결은 말도 안 된다. 그때 판사를 처단하려 했으나 여러 가지 점을 생각해 중지했다. 같은 법을 갖고도 한 나라 사람이 판이한 판결(判決)을 내리게 되면 국민이 이해가 안 갈 것이고, 나부터도 물어보고 싶은 생각이다. 헌법을 고쳐서라도 이런 일이 없도록 엄정해야 한다"고 말했다. 1959년 2월 27일 대법원은 조봉암과 양이섭에게 사형을 확정하고, 다른 진보당 간부들은 무죄를 선고했다. 조봉암은 옥중성명을 통해 "나는 비록 법 앞에 죽음의 몸이 되었다고 해도 내 조국 대한민국에 대한 충성은 스스로 의심할 수 없다는 것을 밝힌다"며 타협을 거부했다. 조봉암은 재심을 청구했으나 7월 30일 기각했고, 31일 사형이 집행됐다. 조봉암은 유언에서 "이 박사는 소수가 잘 살기 위한 정치를 했고, 나와 동지들은 국민 대다수를 고루 잘 살게 하기 위한 민주주의 투쟁을 했다. 나에게 죄가 있다면 사람이 고루 잘 살 수 있는 정치운동을 한 것밖에 없다. (중략) 내 죽음이 헛되지 않고 이 나라 민주발전에 도움이 되길 바랄 뿐이다"고 말했다. 이승만은 8월 5일 국무회의에서 홍진기 법무장관으로부터 사형집행 보고를 받고 "공산당으로 하여 가는 것은 곤란한 것이며 법보다도 중대한 문제인데 법대로 처리되었다니 더 말할 것 없다"고 밝혔다.

덜레스 미 국무장관은 6월 20일 "조봉암 사형선고는 공산주의자들에게 훌륭한 선전거리를 제공하고, 자유국가들이 볼 때 우리가 한국정치 안정과 성숙에 기여했던 여하한 성공도 무효화시키게 될 것"이라며 우려했다. 다울링 주한 미대사는 8월 3일 조정환 외무장관을 만나 "조봉암의 처형은 대단히 의문스러운 결정"이라며 미국의 유감을 전했다.

## 진실화해위, "검찰 인권책무 져버려, 법원 최후보루 책무망각"

이와 관련 이철순은 《해방 전후사의 재인식 2》 "1950년대 후반 미국의 대한정책"에서 "한국 대중이 이승만 독재정권과 미국을 동일시함으로써 반미감정이 확산될 가능성이 있고, 결과적으로 미국의 국가안보 이익을 침해하게 될 것"이라며 "미국은 이승만 정권과의 동일시에서 벗어나 적절한 시점에 절연을 시도할 것을 암시했다"고 밝혔다.[69] 그는 "국가보안법 파동 이후 미국 태도가 결정적으로 바뀌게 된 계기가 조봉암 사형집행이었다"며 "미국은 1960년 선거가 정치위기가 될 것으로 예

---

69) 김일영 외 편저, 앞의 책, "1950년대 후반 미국의 대한정책"편, pp. 594~597.

견하고 이에 대비했다. 미국은 이승만 정권과 절연하고 새로운 제3세력을 찾았다"고 주장했다. 미국은 조봉암의 사형을 계기로 이승만의 몰락을 예고했다. 〈뉴욕타임스〉 등 미국 언론은 조봉암 사진과 함께 그의 사형소식을 전했고, 일본 언론들은 조봉암 사형을 명백한 '사법살인'이라고 비판했다. 영국 〈이코노미스트〉는 "이승만 씨의 경찰이 무고한 조봉암 씨의 목에 오랏줄을 매어 정적을 말살했다"고 비난했다.

정부의 진실화해위원회는 2007년 9월 27일 "검찰은 아무런 증거도 없이 공소사실도 특정하지 못한 채 조봉암 등 진보당 간부들에게 국가변란 혐의로 기소하였고, 양이섭의 임의성 없는 자백만을 근거로 조봉암을 간첩죄로 기소한 것은 공익의 대표기관으로서 인권보장의 책무를 저버린 것"이라며 "민간인에 대한 수사권이 없는 육군 특무대가 조봉암을 간첩혐의로 수사에 나서 재판을 통해 처형에 이르게 한 것은 비인도적, 반인권적 인권유린이자 정치탄압 사건"이라고 규정했다. 진실화해위는 "서울고법 및 대법원이 조봉암이 국가변란을 목적으로 진보당을 창당하였다는 점을 인정할 아무런 증거가 없고, 서울고법 공판에서 번복한 양이섭의 자백만으로 증거재판주의에 위배하여 국가변란 및 간첩죄로 조봉암에게 사형을 선고하여 결국 처형에 이르게 한 것은 인권보장의 최후보루로서의 책무를 저버린 것"이라며 재심을 결정했다.

한편 유영익은 "한국 민중은 1950년대 역사상 처음으로 주권자로서 정치에 참여하는 훈련을 쌓으면서 민주정치를 실천하는 데 필요한 정치의식 — 특히 독재에 대한 비판의식 — 과 권리옹호 방법을 시행착오를 통해 익혀나간 것이 틀림없다"고 말했다.70) 그는 "1956년 선거에서 극심한 경찰과 관권개입에도 불구하고, 야당 부통령후보인 장면을 당선시키는 개가를 올렸던 것"이라며 "이렇게 민중의 정치참여 의식이 고양되었기 때문에 1960년 4·19혁명이 가능했다"고 옹호했다.

---

70) 위의 책, "잃어버린 10년을 찾아"편, pp. 446~447.

# 16. "4·19혁명 정신, 공동체 이상지향"

## 4·19이념 '반독재 민주, 반외세 민족자주, 반분열 통일'

자유와 민주주의의 표상인 4·19혁명이 올해도 어김없이 돌아왔다. 김정남은 "4·19혁명의 이념은 '반독재 민주, 반외세 민족자주, 반분열 통일, 반부패 특권민중'으로 요약할 수 있다. 4월혁명의 이념과 정신은 이승만 정부에 대한 반대와 부정을 뛰어넘는 것"이라며 "처음부터 바로 세워졌어야 할 공동체 이상을 지향하고 있다"고 강조했다.[71]

4·19혁명은 3·15부정선거가 직접 도화선이 되었다. 당시 내무장관 최인규는 '옥중자서전'에서 "1956년 온갖 선거방해와 개표조작에도 조봉암이 216만 표를 얻은 것은 반공국가 체면을 여지없이 추락시켜 그런 '전철'을 밟지 않으려 1960년 3·15선거에서 부정을 저질렀다"고 기술했다. 그는 1959년 11월 하순부터 석 달간 전국 시장군수와 경찰간부들을 매일 10명 내지 20명씩 내무부로 불러 부정투표계획을 지시했다. 유권자 40%의 투표용지를 자유당 지지표로 만들어 투표 전에 미리 투표함에 집어넣고, 공무원친목회라는 선거운동망을 조직, 유권자를 3·9인조로 편성해 자유당원, 경찰관, 공무원 등이 조장이 되어 공개투표로 여당후보를 찍게끔 했다. 그는 "여하한 비합법적인 비상수단을 사용해서라도 이승만과 이기붕이 꼭 당선되도록 하라. 세계역사상 대통령 선거에 소송이 제기된 일이 있느냐? 법은 나중이니 우선 당선시켜야 한

71) 김정남, 《4·19혁명》(민주화운동기념사업회, 2003년), p. 116.

다. 콩밥을 먹어도 내가 먹고 징역을 가도 내가 간다. 국가대업 수행을 위한 것이니 시키는 대로만 하라"고 독려했다.[72]

### "2월 28일 경북고생 시위, '3·15부정선거 규탄' 첫 불 댕겨"

1960년 2월 28일 대구 경북고 학생들은 일요일인 이날 민주당 장면 부통령후보가 대구 수성천에서 유세하자 당국이 고등학생들을 등교시킨 데 대해 분노해 들고 일어났다. 이로써 4·19혁명에 첫 불을 댕겼다. 3월 5일 서울에서 장면 후보 유세가 끝난 뒤 학생들이 시위를 벌였고, 8일 대전고 학생들도 격렬한 시위를 벌였다. 3월 10일~14일까지 수원, 청주, 충주 등지에서도 시위가 일어났는데, 서울과 부산의 시위 규모가 컸다. 3월 15일 정부통령선거가 실시되자 전국 곳곳에서 사전투표, 3인조·9인조 공개투표, 대리투표, 민주당 참관인 축출 등 엄청난 부정이 저질러졌다. 민주당은 투표가 진행중인 오후 4시 30분 "3·15선거는 선거가 아니라 선거 이름하에 이루어진 국민주권에 대한 포악한 강도행위"라고 규정하고 불법무효임을 선언했다. 민주당 마산시당 간부들은 이날 오전 경찰제지를 뚫고 투표소 안으로 들어가 40% 사전투표와 3인조 공개투표를 비롯한 자유당 부정선거현장을 확인하고 증거를 확보했고, 경남도당은 오후 1시 30분 선거무효를 선언했다.

마산에서 민주당원이 중심이 된 3·15부정선거 규탄시위가 일어났고, 시민학생들이 합세해 저녁 7시 30분경에는 1만 명으로 불어났다. 경찰은 총을 쏘았고, 흥분한 군중들은 여당지인 〈서울신문〉, 자유당사무실과 파출소에 들어가 파손했다. 이날 김주열 등 8명이 사망하고 70여 명이 부상했다. 3월 17일 이강학 치안국장은 "마산소요사건은 공산당 수법에 의하여 이루어진 증거가 있어서 배후에 공산당 개제여부를

---

72) 이덕주, 《한국현대사 비록》(기파랑, 2007년), p. 224.

조사중"이라고 발표했다. 이승만은 사태심각성을 파악하고 23일 최인규 내무장관, 28일 이강학 치안국장을 문책해임, 무마하려 했다. 그러나 당시 분위기는 이승만 독재의 둑이 무너져 내리는 도미노 상태에 이르렀다. 3월 17일 성남고 학생들이 3일간 구류처분을 받고 석방되자 김석원 교장선생은 "학생들의 정의는 막을 길이 없다. 정의감마저 없다면 이 나라가 어떻게 되겠는가?"라고 훈화했다.

## 3·15 마산의거 '김주열' 사망 고등학생 주축, "대학생 없어"

마산의 학생 시민들은 4월 11일 실종된 김주열 마산상고 1학년 학생의 시체가 눈에 최루탄이 박힌 채 27일 만에 중앙부두 앞바다에서 떠오르자 일제히 궐기했다. 교복을 입은 김군의 처참한 시체 발견소식을 전해들은 시민들은 분노했다. 이날 오후 6시경 3만여 명의 시위대가 몰려들었고, 이들은 시청과 경찰서를 습격했다. 이 시위에는 수많은 어머니들이 가세해 "죽은 내 자식을 내 놓아라"고 외쳤다. 밤에 다시 경찰은 총격을 가했고, 2명이 사망했다. 시위는 12·13일 계속되었다. 이승만은 13·15일 각각 특별담화를 발표, 마산폭동 배후에 공산당이 있다고 지목하고 15일 군경합동수사본부를 설치해 이들을 검거하도록 지시했다. 그때까지 시위는 주로 고등학생들이 주축이 되었다. 하지만 4월 13일까지의 2차 마산시위를 지켜 본 대학생들은 더 이상 좌시할 수 없다고 생각했다. 강준만은 《한국현대사 산책 1960년대편 ①》에서 "이는 4·19 혁명 주체가 된 대학생들이 혁명 이후 상황에 대한 '마음의 준비'조차 없었다는 걸 의미한다"며 "초보적 의식수준에서 갑자기 혁명주체로 급상승하는 변화를 겪으며 학생들은 과격한 수준의 이상주의에 경도되었을 가능성이 높다"고 지적했다.[73] 그는 "4·25교수시위에서 처음으로 교

---

73) 강준만, 《한국현대사 산책 1960년대편 ①》(인물과 사상사, 2006년), p. 24.

수들이 먼저 '이승만 정권 물러나라'는 공식성명을 했을 정도였다"며 "시위에 참여한 학생들은 혁명 와중에서 빠른 속도로 의식화를 경험했겠지만 모든 사람들에게 기대할 수는 없는 일"이라고 말했다.

고려대 학생위원장 이기택은 이세기, 강우정 등과 모의해 4월 18일 신입생환영회를 구실로 3천여 명의 학생을 김성수 동상 앞에 모이게 했다. 이들은 12시 50분 '4·18선언문'을 낭독했다.

"질식할 듯한 기성독재의 최후적 발악은 바야흐로 전 국민의 생명과 자유를 위협하고 있다. 우리 청년학도는 이 이상 역류하는 피의 분노를 억제할 수 없다. 우리 청년학도만이 진정한 민주역사(民主歷史) 창조의 역군(役軍)이 될 수 있음을 명심하여 총궐기하자." 그리고 학생들은 마산사건의 책임자를 즉시 처단하라는 등 5개항의 구호를 낭독했다. 오후 1시 20분 학생들은 교문을 나와 '민주역적 몰아내자', '자유 정의 진리 드높이자'는 플래카드를 들고 태평로 국회의사당으로 향했다. 고대생 1천여 명은 오후 2시 20분경 의사당 앞에 집결, 경찰의 체포학생 석방과 정부통령 재선거 실시를 요구하며 연좌데모를 벌였다. 유진오 총장은 오후 4시 데모대에게 "우리 학생들이 불의와 싸우기 위해 궐기한 것을 보니 감개무량하다. 학교책임자로서 학생 제군들이 사회불의에 항거하는 용기는 칭찬할 만하다. 지성인다운 이성을 잃지 않는 시위를 한 데 대해 기쁘게 생각한다"며 해산을 종용했다. 고대생들은 동료학생 석방을 요구했고, 홍진기 내무장관 지시로 학생들이 석방되자 오후 6시 40경 귀교길에 올랐다. 7시 20분경 고대생들의 대열이 청계천 4가 천일백화점 앞에 이르렀을 때 유지광이 지휘하는 '반공청년단' 조직깡패 백여 명이 일시에 쇠파이프, 쇠갈고리, 몽둥이, 벽돌, 삽 등 무기를 휘두르며 습격, 고대생 50여 명이 길바닥에 쓰러지고 일대는 피바다로 변했다.

## 고대생 4·18선언문, "청년학도만이 진정한 민주역사 창조역군"

'피의 화요일', 4월 19일 아침 조간신문 1면 머릿기사를 장식한 고려대 학생들의 피습소식에 모든 학생들의 피를 끓게 만들었다. 이날 선언문과 격문 등을 받아 쥔 서울대 문리대생들이 오전 9시 20분경 교문을 나서자 부근에 있던 법대·미대생들이 합세했다. 10시 30분경 3천여 명의 서울대생들이 국회의사당 앞에 모였고, 뒤이어 서울사대와 상대, 건국대생들이 달려나왔고 동성고와 고려대생도 나왔다. 동국대생 2천여 명이 11시경 거리로 쏟아져 나온 것을 비롯해 연세대도 동참했다. 중앙대 등 여러 대학생들이 나섰고, 의대생들은 흰 가운을 입고 나왔으며, 심지어 고교생은 물론 여중생에 초등학생까지 참여했다. 이날 혁명의 불길은 절정으로 향해 가고 있었다. 오후 1시경 서울시내 전역의 시위군중은 10만 명을 넘어섰고, 실업자 구두닦이 신문팔이 등도 합류했다. 이들은 국회의사당 앞 세종로 거리에 운집했다.

시위양상은 오전 11시 50분경 동국대생들이 중앙청과 경무대로 향하면서 바뀌었다. 다른 대학과 동성고생들이 뒤를 따랐다. 오후 1시 40분, 경무대로 향한 시위대 2천여 명이 경무대 입구에서 경찰과 대치했다. 그리고 시위대와 경찰의 간격이 10m로 좁혀지자 바리케이드를 치고 있던 경찰은 발포를 시작했다. 여기서 21명이 사망하고, 172명이 부상당했다. 경무대 경찰서장 곽영주는 국무위원들과 장성들의 총기사용 만류를 무시하고 시위대에 총격을 명령했다.[74] 학생들은 이 대통령과 담판을 요구하며 학생들의 시체를 넘어 앞으로 돌진했다. 경찰 총성이 요란한 가운데 데모대는 20만 명으로 불어나 서울 도심거리에 성난 물결처럼 넘실거렸고, 이들은 이기붕 집으로 향했다. 현장은 시가전을 치르고 난 후 전쟁터를 방불했다. 2시 50분경 중앙청 무기고에서 시위대 8

---

74) 김인수, 앞의 책, pp. 42~43.

명이 더 희생됐다. 지방은 광주 금남로 일대에 1만 명이 경찰과 심한 몸싸움을 벌였고, 밤 9시 20분경 경찰 발포로 6명이 사망하고 70여 명이 부상했다. 부산은 시위대가 경찰차에 불을 지르며 동부산경찰서에 몰려들자 기관총을 발사 13명이 사망하고 60여 명이 다쳤다.

## 시위대 오후 1시 40분 경무대 10m 접근, '곽영주 명령, 경찰총격'

오후 3시부터 4시 사이 성난 시위대는 자유당 나팔수 〈서울신문〉과 정치깡패 소굴 반공연맹에 불을 질렀다. 5시 이후에도 광화문과 세종로, 서울시청 일대에서 경찰과 시위대의 공방전이 계속됐다. 이승만은 서울 등 5대 도시에 비상계엄을 선포했고, 육군 15사단은 밤 10시 동대문, 종로를 거쳐 중앙청에 들어왔다. 계엄군은 공포탄을 지급받고 "발포하지 말라"는 지시를 받았다. 이영희는 자전적 에세이에서 "신문검열이 실시되었지만 대세를 반영한 탓인지 웬만한 사태보도는 그대로 통과되었다"고 말했다. 계엄사령부는 "이날 하루 발생한 사망자 수는 민간인 111명, 경찰 4명이었고, 부상자 수는 민간인 558명, 경찰 169명이었다"고 발표했다. 이들 가운데는 초등학교 6학년생인 전한승(수송), 정태성(금호) 군이 끼어 있다.

미국은 이승만에 대한 지지를 철회하고 세 차례에 걸쳐 이승만에게 압력을 가해 하야를 이끌어냈는데, 신임 주한 미대사 매카나기(Walter P. McConaughy)가 역할을 했다. 매카나기는 19일 밤 이승만을 만났다. 김정렬 국방장관과 홍진기 내무장관이 배석한 가운데 이승만은 "나는 선거부정에 대해 들은 바 없소. 내가 믿는 김 장관이나 홍 장관이 나에게 거짓말을 했거나, 아니면 사실을 숨겨왔다는 말인가요?"라고 반문했다. 매카나기는 이승만에게 최근 사태에 대한 유감과 국민의 정당한 열망에 대한 공감을 표명했고, 정부가 국민불만 해소책을 직접 녹음하여 방송할 것을 촉구했다. 그는 "현 사태가 시정되지 않으면 6월로 예정된 아이젠하워의 방한계획은 취소될 것이며 연간 2~3억 달러에 달하는 미국의 대한 경제원조도 재검토될 수 있다"고 압력을 가했다. 이승만은 20일 국무위원과 자유당당무위원 전원의 사표를 제출하도록 지시하고 수습에 나섰지만 아직 사태를 제대로 파악하지 못하고 있었다.

## 4월 19일, "경찰총격 사망자 111명, 초등학생 2명 포함"

매카나기는 21일 2차 면담을 했다. 이승만은 이 자리에서도 "이번 시위사태는 대중적 불만폭발이 아니라 장면 부통령과 천주교 노기남 주교의 공작입니다. 노 주교는 장씨가 성공하면 이를 틈타 천주교의 영향력을 확대하려는 겁니다. 워싱턴의 시각은 지금 현실과 완전히 틀려요. 미국신문들도 잘못됐어요. 계속 선동하고 문제를 악화시키고 있어요"라고 반박했다. 매카나기는 갈수록 흥분하는 이승만에게 "미국은 데모가 3·15부정선거에 대한 민중분노의 반영"이라는 강경한 내용을 담은 허터 국무장관 각서를 전달했다. 4월 23일 장면 부통령은 이승만 하야를 촉구하면서 부통령 사임서를 제출했다. 이승만은 이날 오후 "국민이 원하는 일이면 무엇이든지 하겠다. 자유당 총재직을 사퇴하고 국무에만 전념하겠다"고 발표했다. 오유석은 《4월혁명과 피의 화요일》에서 "이 단계에서 이승만은 모든 책임을 자유당과 이기붕에게 떠넘기고 자신은 초당적 지도자로 남음으로써 권력을 유지할 수 있다고 생각했다"며 "이것은 이승만이 쓸 수 있는 마지막 카드였다. 자신의 친위대인 자유당을 버림으로써 그는 민중의 지지를 상실한 권력자가 보일 수 있는 가장 추악한 모습을 보였다"고 말했다.[75]

4월 25일 민주당은 이승만 하야권고안을 국회에 제출했으며, 자유당

---

75) 오유석, 《4월혁명과 피의 화요일》(일빛, 2001년), p. 379.

의원들을 압박해 비상계엄 해제를 결의했다. 대법원장은 "4·19시위는 순수한 운동이었다", 송요찬 계엄사령관도 "희생자는 나라의 보배"라며 지지했다. 이날 서울대의대 교수회관에는 27개 대학 258명의 교수가 모였다. 이들은 "이번 4·19혁명은 이 나라 정치적 위기를 극복하기 위한 계기"라며 "대통령과 국회의원 등은 3·15부정선거와 4·19사태 책임을 지고 물러나는 동시에 재선거를 실시하라"는 14개 시국선언문을 발표했다. 이들은 동국대 김영달 교수 제안으로 데모행진, '학생들의 피에 보답하자'는 플래카드를 앞세워 화신 앞과 광화문을 지나 국회의사당까지 행진하면서 '이 대통령 즉시 물러가라! 부정선거 다시 하라! 살인자 처단하라!'고 외쳤다.

### 4·25 교수데모 '학생들 피에 보답하자', '이 대통령 하야' 요구

김형석은 '4·19정신 오남용 말라'는 1990년 4월 18일 〈경향신문〉 칼럼에서 "교수데모를 주도한 교수 대부분이 철학과 역사학을 전공한 사립대 노교수였다. 정치학 교수도 보이지 않았고, 경제학 교수도 주동인물 중에 없었다. 정치와 무관한 교수들이 중심이었는데, 이는 4·19가 학생들 중심으로 일어났으며, 그 흐름도 순수했다는 사실"이라고 회고했다. 운명의 4월 26일, 오전 10시경 시위군중이 경무대로 향할 때 10만 명이 넘었다. 매카나기는 오전 9시 10분 김정렬에게 전화를 걸어 "즉시 이 대통령을 만나 학생대표 면담, 향후 정치적 역할 고려 등을 건의하라"고 촉구했다. 미 CIA 한국책임자 피어 드 실바도 9시 40분 김정렬에게 전화해 "이승만이 경무대와 한국을 떠나는 문제를 매카나기와 협의할 준비를 하라"고 말했다. 김정렬은 "국민의 뜻이라면 대통령직을 사임할 수 있다"는 4개항의 대국민발표문을 마련 이승만의 승인을 받았으며, 10시 15분 매카나기에게 알렸다. 매카나기는 유엔군사령관 카터

매그루터와 함께 10시 30분 경무대를 방문하고 있을 때 라디오에서 이승만 하야성명이 발표되었고, 송요찬 주선으로 학생대표 5명을 잠시 만나고 온 이승만은 10시 40분 면담했다.

> "나는 해방 후 본국에 돌아와 우리 애국애족하는 동포들과 더불어 잘 지내왔고, 이제는 세상을 떠나도 원한이 없으니, 나는 무엇이든지 국민이 원하는 바를 할 것이다. 보고를 들으면 우리 사랑하는 청소년 학도들과 애국애족하는 동포들이 내게 결심을 요구하고 있다 하니 내가 아래 말하는 바대로 할 것이다. 국민이 원하면 사임할 것이며, 3·15 정부통령선거를 다시하고, 이기붕을 공직에서 완전히 물러나도록 하며, 국민이 원하면 내각제 개헌을 하겠다."

## 이승만, 4월 26일 오전 10시 30분 "국민이 원하면 사임" 성명

이 자리에서 매카나기는 "국민의 뜻을 어떻게 결정할 것이냐"며 이승만에게 분명한 답을 요구하자 이승만은 명확한 답을 피하며 진정으로 하야 할 의사가 없었으나 매카나기 회유와 압박으로 사임하게 된 것이라고 이철순은 《해방 전후사의 재인식 2》에서 밝혔다. 그는 "매카나기는 이승만이 분명한 태도를 유보하자 '한국 국민의 정당한 요구뿐 아니라 근본적인 미국이익까지 위험에 처해 있다'고 미국의 우려를 표명했다"며 "매카나기는 이승만을 조지워싱턴에 비유하며 '한국민족의 진정한 아버지'라고 칭찬한 후 '너무 오랫동안 너무 많은 일을 해온 연로한 정치가는 그의 책무에서 벗어나 존경받는 자리로 은퇴하고, 특히 지금 같이 복잡하고 어려운 시기에는 정부의 부담을 젊은 사람에게 넘겨주어야 한다고 국민이 믿는 때가 왔다'면서 사임을 직접 권유했다"고 전했다.[76] 이에 대해 조갑제는 "이승만이 매카나기를 만나기 전 이승만의

76) 김일영 외 편저, 앞의 책, "잃어버린 10년을 찾아"편, pp. 602~603.

하야성명이 방송으로 나갔기 때문에 매카나기 대사가 이승만에게 하야를 권고하여 결심하도록 했다는 통설은 완전히 엉터리"라고 주장했다. 이한우 〈조선일보〉 기자는 〈월간조선〉 1995년 4월호에서 "4월 26일 아침 이승만을 만났던 학생대표 유일라가 이승만 하야를 건의한 후 이승만이 성명을 발표했다"며 "이승만은 미국압력이 아니라 국민의 뜻에 따라 하야를 결심했다는 결정적 증거"라고 반박했다.[77] 그러나 강준만은 "이승만의 하야성명은 김정렬을 경유한 전화통화로 이미 합의를 본 상태였다. 4월 26일 성명의 불분명성을 지적하면서 압박한 것도 미국이었다"며 "한국으로선 불쾌한 사실일 수도 있겠지만 이승만 하야에 미국의 압력이 매우 큰 영향을 미쳤다는 건 분명한 사실"이라고 지적했다.

4월 19일부터 26일까지 희생자는 사망 186명, 부상 6,259명(평생불구 2백여 명)이었다. 사망자는 하층 노동자 61명, 고등학생 36명, 대학생 22명, 초·중학생 19명, 무직자 33명, 회사원 10명, 기타 5명 등이었다.[78] 이승만은 4월 27일 오후 2시 5분 사직서를 국회에 제출하고 마침내 사임했다. 그는 한때 국회에 제출할 사직서에 사인하기를 한사코 거부했다. 28일 새벽 5시 45분 이기붕 일가는 경무대에서 자살했다. 이승만은 이날 경무대를 나와 이화장으로 향했으며, 5월 29일 단오절날 아침 7시 하와이로 극비 망명했다.

서중석은 《배반당한 민족주의》에서 "친미주의자 이승만에게 독자적 생존논리는 찾아보기 어려웠고, 강대국 논리에 철저히 자신을 맡기는 길밖에 없었다"며 "미 육군장관 페이스(Frank Jr. Pace)와 리지웨이(Matthen B. Ridgway) 장군 일행을 만나 다음과 같이 말했다"고 전했다. "만일 내가 한국을 희생시킴으로써 미국의 지위를 강화시킬 수만 있

77) 이한우, "4·19시위대 대표 유일라 씨의 증언," 〈월간조선〉 1995년 4월호, pp. 197~201.

78) 김삼웅, 《해방 후 정치사 100장면》(가람기획, 1994년), p. 116.

다면 나는 그렇게 할 것이오. 왜냐하면 미국이 국가간에 지도적 위치를 확보하는 한 한국은 언젠가는 다시 살아날 수가 있기 때문이오. 그러나 만일 미국 영향력이 쇠퇴한다면 자유세계는 희망이 없을 것이오."[79]

해방정국에서 널리 회자됐던 비유가 있다. "미국놈 믿지 말고, 소련놈에 속지 말자. 일본놈 일어선다, 조선놈들 조심하자." 이 말은 우리 선인들의 놀라운 예지력을 보여준 것으로 오늘날에도 여전히 유효하다. 이승만은 미국만을 믿고 의지하다 결국 권좌에서 쫓겨났다.

---

79) 서중석, 《배반당한 민족주의》(성균관대출판부, 2004년), p. 261.

# 17. "이승만, 경무대 비서에 책임전가 가장 추악"

## 4·19혁명 '위대한 민권승리 민주주의 표상', 촛불집회로 재점화

이명박 대통령은 4·19혁명 49주년 기념사에서 "4·19혁명은 자랑스러운 승리 현대사"라고 역설했다. 한승수 국무총리는 48주년 기념식에서 "4·19혁명은 우리나라 민주주의 발전의 이정표(里程標)이자 우리 미래를 열어갈 좌표(座標)"라며 "우리 역사상 처음으로 민권(民權)이 승리한 민주혁명으로서 우리 민족의 가슴속에 영원히 살아 숨쉴 것"이라고 말했다.

4·19정신은 1980년 광주항쟁, 1987년 6·10항쟁, 2008년 촛불집회로 나타났다. 5월 2일부터 시작된 촛불집회는 미 쇠고기 협상과 국정운영에 대한 국민의 불만을 이명박 대통령에게 전달하는 새로운 광장민주주의를 실현시켰다. 중고생 등 젊은이와 주부들이 인터넷을 통해 최고 10만 명이 넘는 시민들이 자발적으로 참여한 촛불집회는 하나의 축제형태로서 이 대통령에게 큰 경종을 울렸으며 세계최초 '디지털 민주주의'의 새 영역을 창조했다. 이는 김구의 주장처럼 미국식 민주주의를 넘어 우리나라 민주주의를 한 단계 높였다는 평이다.

4·19혁명의 성공에는 언론(言論)의 힘이 컸다. 유영익도 "1950년대 대의민주주의 정치의 기본장치가 보존될 수 있었던 것은 이승만이 민주주의 신봉자였기 때문은 아니었다"며 "민주주의를 사수하겠다는 언론이 무시할 수 없을 정도로 발달했기 때문"이라고 말했다. 그는 "휴전 이후

수준이 현격히 높아진 신문위력이 컸다"며 "오랫동안 일제 탄압 아래서 '반권력적 저항정신'을 길러왔던 한국 신문들은 제 1공화국 시대에도 계속해서 그러한 정신을 유감없이 발휘하여 정부의 '누르는 힘'에 대하여 '튀어 오르는 힘'을 보여주었다"고 밝혔다.[80]

## 〈동아일보〉·〈사상계〉, '4·19혁명 촉발 촉매제'

당시 〈동아일보〉와 〈사상계〉(思想界)는 4·19혁명을 촉발하는 촉매제 역할을 했다. 특히 3~4월 항쟁 때 〈사상계〉의 성가는 더욱 높아 〈조선일보〉 발행부수가 8만 부 선이었는데 〈사상계〉는 9만 7천 부까지 찍는 기록을 세웠다고 서중석은 밝혔다. 4월 19일 데모대열은 〈사상계〉 차량이 지나가면 박수를 치며 격려했다고 취재기자는 증언했다.

장준하는 〈사상계〉 1960년 4월호 권두언을 통해 "이번 3·15정부통령(正副統領) 선거전에서 너무도 심한 충격을 받았다. 이름일망정 민주국가인데 그 집권당 횡포(橫暴)가 이처럼 혹독(酷毒)할 수 있으랴. 공명과 영달에만 현혹되어 거의 광적(狂的)으로 날뛰는 그들은 일당독재(一黨獨裁)의 실을 확연히 노출시켰고 일부 악질지도층은 악랄한 공산당(共産黨) 수법으로 백성의 수족을 꽁꽁 묶어버리려 들었다"며 "우리는 '불법을 감행하라'는 명령에까지 그렇게 성실하게 임하는 관원들의 행위에 개탄(慨嘆)을 마지않는다. 명령은 지켜야 하나 일개 관원인들 어떤 당의 당노(黨奴)가 아니고 공무원(公務員)일진대 법대로 정(正)에 선다는 이성(理性)쯤은 있어야 하지 않을까 한다"고 공무원들을 질타했다. 그는 "관원들도 이 땅의 아들들일진대 나라 정기(正氣)를 외치고 부정과 불의에 항쟁하는 순정무구(純情無垢)한 어린 학도(學徒)들 뒤통수를 방망이로 후려갈기거나 어린 가슴에 총부리를 대어 피를 흘리

80) 김일영 외 공저, 앞의 책, "잃어버린 10년을 찾아"편, pp. 446~447.

게 하는 따위 야만적 행동은 비록 명이라 할지라도 항거할 수 있을 줄 안다"며 "부정에 항거하는 군중시위를 막겠다고 7, 80명의 인명을 살상(殺傷) 한다는 것은 언어도단(言語道斷) 이요, 이런 관원들을 그대로 둔다는 것은 국가 장래를 위해 크게 염려되는 일"이라고 개탄했다.

그는 "우리는 정권교체(政權交替) 를 간절히 바랐다. 누구를 미워서도 아니고 어떤 당에 정권이 넘어감을 원해서도 아니다"며 "오직 백성의 힘으로 정권을 교체시킬 수 있다는 실(實) 을 이 나라 이 백성이 체득케 하기 위하여서였고, 이 대통령의 총명(聰明) 이 이에 미쳐 국민의사(意思) 에는 누구나 복종한다는 전례를 만들어 국부(國父) 로서 만대(萬代) 의 숭앙(崇仰) 을 받아주기를 바라는 간곡한 마음에서였다"고 말했다. 장준하는 "우리는 또다시 오직 후진에게 희망(希望) 을 걸고 이 나라 민도(民度) 향상을 위해 끊임없이 노력하겠노라. 온 국민이 올바른 견해를 가질 수 있도록 계몽(啓蒙) 의 역군이 되겠노라. 이 나라에 민권(民權) 이 확립될 때까지 꿋꿋이 싸우겠노라. 이 나라에 바른 표준(標準) 이 서기를 기원하겠노라"고 다짐했다.

## 장준하 4월호 권두언 "우리는 정권교체 간절히 바란다" 표명

4·19혁명 평가와 관련 서중석은 《한국현대사 60년》에서 "4월혁명은 낡은 것 썩은 것을 몰아내고, 4월의 봄과 같이 새싹이 돋아나는 세상을 만들자는 운동"이라며 "80대의 이승만이나 자유당 간부, 국무위원 대다수를 차지하는 친일파가 낡은 것 썩은 것을 상징했지만 한국사회는 봉건적인 낡은 인습이 강하게 잔존해 있었다. 관존민비, 남존여비 현상은 그런 관습을 단적으로 보여주었다"고 지적했다.[81] 그는 "4월혁명으로 한국인은 특히 학생과 지식인이 그랬지만 일종의 정신혁명을 가졌

---

81) 서중석, 《한국현대사 60년》(역사비평, 2007년), p. 73.

다”고 주장했다. 역사학자 이기백은 《한국사신론》에서 “4·19혁명은 맨주먹밖에 가지지 못한 민중이 강압적 정권을 타도하는 데 성공한 한국사상 최초의 혁명”이라며 “학생들이 4월혁명의 선두에 나섰지만 이 혁명은 국민의 전폭적 지지 속에 이루어진 것”이라고 평가했다.[82] 김정남도 《4·19혁명》에서 “3·1운동과 4·19혁명은 이 나라 이 민족의 위대성을 세계와 인류 앞에 보여준 쾌거였다. 3·1운동이 한민족 자주독립정신을 세계만방에 과시한 것이었다면 4·19혁명은 이 나라 민주역량을 온 세계 인류에 확인시켰다”며 “3·1운동과 4·19혁명은 모두 비폭력 무저항운동으로서 3·1운동은 중국 5·4운동과 인도 비폭력 무저항운동에 영향을 주었고, 4·19혁명은 터키를 비롯한 세계 각국 민주화운동에 귀감이 되었다”고 주장했다.[83]

이만열은 《한국 근현대역사학의 흐름》에서 “4·19혁명은 한국 정치·사회·문화의 여러 분야에 민족주의적 기풍을 새로이 불러일으키게 되었다”며 “부정선거에 항거하면서 자유민주주의를 이룩하려 했던 4·19혁명은 외세에 의한 조국분단을 실감, 민족적 과제로서 통일을 인식하게 하였으며, 냉전체제하에서도 자주적 평화통일을 각성하도록 했다”고 밝혔다.[84] 그는 “민주주의 실현은 평등한 인간관계를 이룩함으로써 대내적 민족주의 기반도 확대하는 것인 만큼, 민주화를 위한 4·19혁명은 그런 민족주의적 기반 위에서 민족화해 통일을 새롭게 촉구하는 운동이 가능해졌고, 민족자주를 강화하기 위한 민주주의 운동이 가능해졌다”고 덧붙였다.

---

82) 이기백, 《한국사신론》(일조각, 1999년), pp. 449~450.

83) 김정남, 《4·19혁명》(민주화운동기념사업회, 2003년), p. 117.

84) 이만열, 《한국 근현대역사학의 흐름》(푸른 역사, 2007년), pp. 619~620.

## "민족적 과제로서 통일인식, 민족화해 통일 새롭게 촉구가능"

이승만에 대한 재평가 작업이 활발하다. 〈월간조선〉 편집부는 《이승만, 박정희를 추억한다》는 책을 통해 이승만과 박정희의 인간적 면모를 부각시켰다. 이동욱 전 〈월간조선〉 기자는 "이승만의 하와이 유폐 5년 2개월 다큐멘터리"에서 "이 박사는 죽기 직전 마지막 유언으로 '다시 나라를 잃고 침략당하지 않는다 하더라도 경제적 문화적 침략에 대비해 정체성을 해칠 노예의 멍에를 매지 말라'고 양아들에게 전했다"고 밝혔다. 그는 "이 박사는 자신이 '망명객'이란 생각을 눈을 감을 때까지 하지 못했을지 모른다. 자신이 망명해야 할 만큼 잘못했다고 생각하지 않았다고 보인다"며 "자신도 모르는 사이에 그 많은 가신(家臣) 들이 거짓보고로 둘러대며 부정과 축재를 일삼는 동안 당신은 한결같은 마음으로 동분서주(東奔西走) 하며 국사를 돌보았다고 자부했기 때문일 것"이라고 설명했다. 이는 마치 3·15부정선거 등 국정농단 책임이 가신들에만 있음을 내비쳤다. 이덕주도 《한국현대사 비록》에서 "자유당 초기 이기붕이 정치권력의 핵심역할을 했으나 정권 말기 이승만과 이기붕이 모두 건강이 악화된 상태에서 자유당 강경파와 경무대 비서에 의해 정치가 좌우되는 지경으로 이르렀다"며 "이승만이 육체적 정신적으로 쇠약해지며 경무대 비서의 전횡은 심각한 상황에 이르렀다"고 전했다.[85] 그는 "정권말기 국무회의 때를 제외하고 내무, 국방, 재무, 외무장관 이외는 대통령을 만날 기회조차 없었다. 모든 정무는 이기붕이 추천한 박찬일이 전횡했다"고 주장했다.

이덕주는 "경무대 비서정치는 내각까지 강력한 거점을 구축, 내무장관 최인규, 치안국장 이강학, 경무관 곽영주, 반공청년단장 신도환 등이 모두 박찬일과 관계를 맺고 '인의 장막'을 형성했으며 고위직 인사는

---

85) 이덕주, 《한국현대사 비록》(기파랑, 2007년), pp. 220~222.

모두 '인의 장막'에 의해 좌지우지되었다"며 "경무대 비서정치는 자유당 당료정치와 결합, 이승만의 리더십을 마비시키고 자유당 정권붕괴를 촉진하는 요인이 되었다"고 강조했다. 그는 "자유당 강경파가 주도하는 권력은 3·15부정선거를 자행했고, 이는 곧 4·19혁명을 유도했다"며 "이승만의 가장 큰 업적은 대한민국 정부수립으로서 그 당시 단독정부라는 비난을 무릅쓰고라도 대한민국을 세우지 않았더라면 오늘 우리 '대한민국'은 지구상에 존재할 수 없었을 것"이라고 주장했다. 외교고문 로버트 올리버는 4·19혁명을 "이미 1950년대 구상되었던 미국의 '이승만 제거작전'이 실행에 옮겨진 것"이라고 말했다.

## 이승만, "자신이 망명해야 할 만큼 잘못했다고 생각하지 않아"

교과서 포럼의 '대안교과서'는 이승만이 대한민국을 건국한 대통령으로서 정당한 평가를 받아야 한다고 주장했다. 유영익은 "이승만은 정치가로서 자질이 높은 사람이었으며, 만사에 완벽주의에다 유아독존적이었다. 좋게 보면 자신감으로 가득 찬 인물로서 이런 자신감이 선배의 호의적인 권고를 무시하는 행태를 보였고 반대를 포용하지 못했다. 때로는 자기 업적을 과장하는 자과벽(自誇癖)을 보이기도 했다. 노욕에 이끌려 3선 개헌을 하고 '인의 장막'에 가려 비극적 종말을 맞은 것은 인간 이승만의 분명한 한계였다. 이승만의 업적을 거시적으로 평가해보면 '공(功) 7 과(過) 3'이 마땅하다"고 주장했다.[86] 이승만이 경무대 비서나 자유당에 책임을 전가하는 것은 국정 최고 권력자로서 가장 추악한 모습이자 무책임의 극치이다.

특히 대안교과서는 일제 식민통치가 한국 근대화에 어느 정도 기여했다고 밝혔지만 이는 3·1운동이라는 피의 대가로 성취한 산물이었다.

---

86) 유영익, 앞의 책, p. 576.

당시 우리나라는 일제의 원료공급지, 상품시장으로 수탈당했을 뿐이다. 그러나 3·1운동에 전국적으로 1,542회에 걸쳐 2,021,448명이 참가하였고, 5월 30일까지 사망자 7,509명, 부상자 45,562명, 체포 49,811명 등이 희생됐다. 당황한 일제는 문맹화 무단정책에서 문화정책으로 방향을 바꾸며 조금씩 근대화 과정을 거치지만 수탈과 침탈을 용이하게 하는 범위에서 용인했다. 따라서 미국 외교관 랭던은 "한국인은 자치능력이 없다"고 보고했다. 오히려 기독교가 한국 근대화와 민주주의 발전에 기여했다는 주장이 설득력이 있다. 박용규는 《한국 기독교회사 2》에서 "한국 근대화와 민족계몽을 통한 민주주의 사상 고취에 가장 크게 기여한 것은 기독교였다"며 "한국인들의 의식변화와 민주정치 계몽운동은 서양의 신교육을 통해서 이루어졌으며 그 일은 배제학당, 이화학당, 경신학교, 정신여학교 등 미션스쿨이 담당했다"고 밝혔다. 그는 "기독교 지도자가 33인 중 과반수를 차지, 3·1운동의 가장 중요한 구심점이었다. 3·1운동 결과 신분과 직업, 종교를 초월해 민족은 하나라는 민족공동체성을 태동시켰다. 종파와 계급, 남녀노소의 장벽을 뚫고 온 겨레가 일치단합한 거룩한 운동이었다"며 "민족공동체 자각은 애국심을 고취하여 민족을 결집시키고, 한민족의 자긍심을 일으켜 교육, 언론, 문예, 학술, 산업 각 부문에서 최선을 다하도록 독려하는 계기가 되었다"고 강조했다.[87] 기독교의 민족근대화 기여부분에 대한 새로운 역사조명이 필요하다.

이승만은 하와이 교포 최백렬 소유 해안가 집에 머물며 5년간의 병고 끝에 1965년 7월 19일 90세를 일기로 별세했고, 국립묘지에 안장됐다.

87) 박용규, 《한국 기독교회사 2》(생명의 말씀사, 2009), pp. 127~173.

# 4

# 김일성 편

김일성.

김일성이 40여 년 간 북한을 통치했던 금수산 궁전. 지금은 김일성 시신이 안치되어 있다.

# 1. 북한, “우리가 떠안아야 할 반쪽 역사”

## 랭던, “한만접경지대 한인 게릴라 높게 평가, 김일성 존재 부각”

북한을 40년간 통치했던 김일성은 1994년 7월 8일 첫 남북정상회담을 2주일 앞두고 갑자기 심장마비로 묘향산 집무실에서 사망, 역사의 뒤안길로 사라졌다. 하지만 그는 아들 김정일을 통한 유훈통치(遺訓統治)라는 이름으로 북한을 아직도 지배하고 있다. 필자는 1991년 북한, 1997년 쿠바를 각각 방문했는데, 북한이 훨씬 통제되고 부자유한 경직된 사회였다. 그래도 김학준이 《북한 50년사》에서 “우리가 떠 안아야 할 반쪽의 우리 역사”라고 규정했듯이 결국 우리가 포용해 통일을 이뤄야 할 상대임은 틀림없다. 우리는 김일성에 대해 과거 두 가지 오해와 편견을 갖고 있었다. 첫째는 ‘가짜설’이고, 둘째는 ‘소련 대리인’이라는 점이다.

먼저 김일성과 관련 미 외교관 랭던 보고서가 눈길을 끈다. 랭던은 1942년 2월 20일 ‘한국독립문제의 몇 가지 측면들’이라는 메모를 작성했다. 이는 태평양전쟁기 미국의 대한정책 기본골격을 형성한 “역사적 문서로 평가받고 있다”고 재미 사학자 방선주는 밝혔다. 《한반도의 분단과 미국》의 저자인 메트레이는 “랭던이 전시 루스벨트 행정부의 대 한반도정책의 기본골격을 완성했다”며 “루스벨트도 랭던 메모를 알고 있었다”고 말했다. 고정휴는 “랭던 메모는 18쪽인데 (1) 한국 사회구조와 지적 생활 (2) 한국인의 대일감정, (3) 한국 독립문제, (4) 독립절차 제언,

⑸ 독립 이전 잠정조치 등 5개항으로 구성되었다"며 간추려 소개했다.[1)]

⑴은 서론으로서 한국국민의 특성, 정치적 견해 등에 대해 서술했다. ⑵는 한국인의 일본인에 대한 인식과 태도를 살폈다. ⑶은 한국독립과 관련 랭던은 "한 세대 동안 한국은 열강의 보호와 지도 및 원조를 받아야만 근대국가의 지위로 나아갈 수 있음이 명백하다"(*It is obvious … that for a generation at least Korea would have to be protected, guided, and aided to a modern statehood by the great powers*)고 기술했다. 태평양전쟁기 신탁통치를 근간으로 한 미국의 대한정책 구상이 여기서 비롯되었다. 이정식은 《대한민국의 기원》에서 랭던은 '신탁통치의 창안자'라고 주장했다.[2)] 이는 필리핀에 대한 미국의 통치경험과 루스벨트와 헐의 식민지 약소민족에 대한 입장이 맞아 떨어지며 미국의 대한정책 구상의 핵심을 이루었다고 이우진은 《한국독립운동과 열강관계》에서 밝혔다.[3)] ⑷는 한국독립 절차에 대해 언급, 랭던은 미국이 성급하게 '이름뿐인 어떤 조직'(*any shadow organization*)도 임시정부로 승인해서는 안 된다고 했다. 이 결과 국무부 극동국은 4월 초 "당분간 어떤 한인그룹도 한국정부로 승인하지 않는다"는 입장을 정리했다. ⑸는 미국은 광복군보다는 한만(韓滿) 접경지대에서 투쟁하는 한인게릴라들과 접촉, 그들을 재조직하고 무장시키는 것이 바람직하다고 했다. 동만주 산악지대에서 활약하는 두 명의 반군두목(*malcontent chieftains*) 김일성과 최현의 존재를 부각시켰다. 이 부대는 3백 명에 지나지 않지만 장차 '한국 국민군(*a Korean nationalist army*)의 핵심'이 될 수 있다고 했다. 여기서 김일성이 첫 등장한다.

---

1) 고정휴, 《현대한국학연구소 학술총서 ⑧ 이승만과 한국독립운동》(연세대 출판부, 2004년), "한국독립과 임시정부 승인외교활동"편, pp. 494~499.
2) 이정식, 《대한민국의 기원》(일조각, 2006년), p. 300.
3) 이우진, 《한국독립운동과 열강관계》(한국정치외교사학회, 1985년), pp. 159~165.

## 김일성, "동북항일연군 참여, 1937년 보천보전투 진가발휘"

김일성의 본명은 김성주(金成柱)였다. 김형직, 강반석의 맏아들로 만경대에서 태어났으며, 두 집안은 기독교도였고, 김일성은 1992년 《세기를 넘어서》란 회고록에서 "교회가 지겨웠다"고 밝혔다. 김일성은 만주로 이사, '정의부'(正義府)라는 민족주의(民族主義) 독립운동 단체가 운영하는 화성의숙에서 공부했는데, 숙장은 최동오가 맡았다. 그는 훗날 임정 의정원 부의장과 법무부장을 지냈다. 김일성이 입학할 무렵 정의부는 '백두산 호랑이'로 불린 오동진이 이끌었고, 그는 국내진 입작전을 벌여 많은 전과를 올렸다. 한때 김일성이 '백두산 호랑이'라고 잘못 불리기도 했다. 김일성은 길림 위원〔毓文〕중을 다니다 2학년 때 반일운동 혐의로 퇴학당하고, 1년 가까이 복역했다. 김학준은 "여러 자료를 종합해보면 김일성은 감옥에서 나와 대체로 비공산계 민족주의 단체인 '국민부' 산하 청년조직에서 활동하는 가운데 서서히 공산주의를 수용해나갔던 것 같다"며 "1932년 어머니가 죽고, 일본제국주의가 '만주국'을 세우자 4월 백두산 산록에 위치한 안도현에서 항일유격대에 가담, 1933년 양징위〔楊靖宇〕가 이끄는 중국공산당 '동북항일연군'에 합류했다"고 밝혔다. 이 무렵 김일성으로 바꿨다. 24세의 김일성은 1936년 3월 제1로군 2방면 사장이 되어 3백~6백 명을 지휘했다.

그 중 보천보(普天堡) 전투는 김일성의 진가를 유감없이 보여줬다. 보천보는 함경남도 혜산진 부근 마을로서 1937년 6월 4일 김일성은 2백명 규모의 병력으로 이 마을을 공격, 경찰 주재소를 습격해 파괴 방화했으며, 5일에는 반격하는 일본군을 패퇴시켰고, 곧이어 최현이 거느린 병력과 함께 다시 일본군을 공격해 10여 명을 죽였다. 보천보의 게릴라전은 조선 내로 순식간에 전해졌다. 손기정 선수의 일장기 말소사건으로 무기정간 처분을 받고 6월 1일 막 복간된 〈동아일보〉는 6월 5일 두 차례나 호외를 발행했다. "함남 보천보를 습격, 우편소 면소에 충화(衝火), 작야 2백여 명 돌연 내습, 보통학교 소방서 방화, 김일성(金日成) 일파 ○○○로 판명." 제목은 김일성으로 했지만 기사에는 김일성 일파와 최현 일파 3백 명으로 되어 있다. 6월 6일에는 "기관총 가진 2백여 명 월경, 보천보 시가를 습격 충화, 백여 호 천여 주민이 사는 보전촌락 전멸상태, 김일성 일파로 판명, 경관대 사상 16명, 김일성파에 55명"이라고 보도했다. 김일성은 오성륜이 주도한 천도교 지부, 박금철이 이끈 갑산공작위원회와 재만 한인조국광복회의 많은 도움을 받았다. 그는 1938년 12월 '동북항일연군' 제 1로군 제 2방면 군장으로 승진했다. 1940년 3월에는 일본 마에다 다케이치 부대를 전멸시켰다. 그러나 1940년 2월 양징위가 체포 사살되고 김일성도 수배자가 되어 일본토벌작전에 더 이상 견디지 못하고 1941년 3월 6명의 대원을 이끌고 메이리라는 산림지대를 이용해 두만강변을 따라 극동 러시아로 탈출했다.

김일성은 첩자로 의심받아 감금되었는데 동북항일연군 저우바오중〔周保中〕이 신원보증을 해 살아났다. 그는 자신의 목숨을 구해주면서 함께 탈출해 온 김정숙(金貞淑)과 결혼, 1942년 2월 16일 브야츠크 야영에서 첫아들 김정일을 낳았다. 그는 블라디보스토크 근처 '오케얀스카야 야전학교'에서 최용건, 김책, 강건 등과 낙하산·정보요원훈련을 받았다. 1942년 6월 중순, 소련 극동군은 일본과 전쟁에 대비, 하바로프스크 근처 비밀기지인 브야츠크에 '동북항일연군 교도려(88특별여단)'를 창설했다. 부대장은 저우바오중이었고, 김일성은 소련군 대위계급으로 제 1대대장을 맡았다. 저우바오중은 1945년 7월 말 88특별여단을 중국인과 조선인 전사로 각각 나누어 '조선공작단'을 결성했으며, 사령관에 김일성, 정치위원에 최용건을 뽑았다. 신주백은 《만주지역 한인운동사》에서 "조선공작단에서 김일성이 최용건 다음인 2인자"라고 평가했다.[4] 찰스 암스트롱은 《북조선 탄생》에서 "많은 서방연구자들은 김일성이 해방 무렵과 소련군 점령시기에 소련의 선택으로 지도자로 등극할 수 있었다고 가정하지만 그것은 사실이 아니다"며 "김일성이 종전 이전 저우바오중과 함께 모스크바를 방문했고, 스탈린을 만나 호의적인 인상을 남겼을 수도 있지만, 최소한 1945년 10월까지 김일성은 '모스크바 대리인(*Moscow's man*)이 아니었던 것으로 보인다"고 주장했다.[5]

## 김일성, "정치수완, 카리스마 결합, 33세에 조선공작단 사령관"

김일성은 해방 당시 항일전에 참가하지 못했다. 고태우는 《북한현대사 101장면》에서 "김일성은 부대원을 이끌고 두만강까지 진출했으나 사령부의 되돌아가라는 지시로 입북할 수가 없었다"며 "얼마 후 김일성 일행 50명은 푸가초프호에 승선할 수 있었다"고 밝혔다.[6] 김일성은 김영환이란 가명으로 추석 전날인 9월 19일 원산에 상륙했고, 22일 평양에 도착했다. 〈중앙일보〉 취재보도에 따르면 9월 초순 극동군사령관 바실레프스키 원수에게 김일성을 면접하려고 하니 급히 모스크바로 보내라는 스탈린의 긴급지시가 내려왔다. 바실레프스키는 군용기에 김일성을 태워 곧 스탈린의 특별별장으로 안내됐다. 스탈린의 면접은 식사가 곁들인 가운데 4시간 계속됐다. 김일성은 너무나 황공하다는 표정으로 "예, 예"를 연발했고, 스탈린은 만족한 표정을 지었다. 바실레프스키에게 "김일성은 주목할 만한 인물이다. 북한으로 보내라. 소련군이 전적으로 돌보아 주라"는 비밀지시가 내려갔다. 그는 북한을 관장하는 스티코프 상장에게 "김일성을 북한으로 잘 보내주고, 활동을 적극 도우라"고 지시했다. 레베체프 소장에게는 "김일성에 대해 경호를 철저히 하고 그

---

4) 신주백, 《만주지역 한인운동사》(아세아문화사, 1999년), pp. 487~488.
5) 찰스 암스트롱 지음, 김연철 옮김, 《북조선 탄생》(서해문집, 2006년), p. 72.
6) 고태우, 《북한현대사 101장면》(가람기획, 2001년), p. 22.

의 활동을 적극 도우라"고 지시했다.

10월 14일 김일성은 평양시 기림리 공설운동장에서 열린 김일성 장군 환영 평양시민대회에 모습을 나타냈다. 단상에는 치스차코프 사령관, 레베체프 등 장성들과 조만식 환영대회위원장, 태극기가 자리잡았다. 군중은 6만 명이 운집했다. '동해물과 … '로 시작되는 애국가를 제창하고 조만식이 "민족통일국가가 하루 빨리 세워져야 한다"는 애국적 연설로 청중들의 심금을 울렸다. 이어 김일성이 등단, 민족주의적 입장에서 연설했다. 그는 "노력 있는 사람은 노력을 내고, 돈 있는 사람은 돈을 내고, 지식 있는 사람은 지식을 내어 민족의 모든 구성원들이 손잡고 새로운 나라를 세우자"고 호소했다. 백발이 성성한 노장군을 기대했던 군중들은 30대의 새파란 김일성을 보자 웅성거렸다. 조만식의 비서였던 극작가 오영진은 《하나의 증언》을 통해 "가짜다! 넓은 장내에 모인 군중 사이에 순식간 불신과 실망과 분노의 감정이 전류처럼 전파되었다. 짧은 시간이나마 뒤숭숭한 소음이 장내를 휩쓸었다"고 적었다.

## 30대 새파란 김일성 단상 등단, "군중 실망 분노, 가짜다! 유포"

이때부터 김일성 가짜설이 유포되어 계속 논쟁거리가 되었다. 소련점령군은 1945년 10월 8일 조만식을 위원장으로 중앙정부격인 '북조선5도임시위원회'를 출범시켰다. 공산주의자와 비공산주의자의 연립형식을 취했다. 이때까지만 해도 김일성은 아직 '모스크바의 대리인'으로 최종 낙점되지 않았다. 김학준도 "북한에서 공산계와 비공산계 사이에 이른바 순수형 연립의 단계가 열린 것"이라며 "여기서 주목해야 할 점은 이 시점 공산계 인사들은 소련점령군의 '화물열차 정권'에 실려 온 소련파는 아니었고, 국내파였다는 사실"이라고 밝혔다.[7]

---

7) 김학준, 《북한 50년사》(동아출판사, 1995년), p. 90.

## 2. 소련 "홋카이도 공동점령 무산, 남북분단 결정"

### 스탈린, "제 2차 세계대전 종전 일주일 남기고 대일선전포고"

제 2차 세계대전 종전을 일주일 앞두고 소련은 스탈린이 1945년 2월 얄타회담에서 루스벨트에게 "180일 이내 참전할 것"을 약속한 마지막 날인 8월 8일 자정을 기해 대일선전포고를 했다. 미국이 나가사키에 원폭을 투하한 이후였다. 소련은 바실레프스키 극동군 총사령관에게 참전을 명령했다. 그는 약 70만 명 규모의 일본 관동군을 동·서·북 세 방면으로 포위해 들어갔고, 이 순간 한반도는 남북분단의 운명을 맞게 된다. 미국정부는 '한반도 38도선을 기준으로 분할 점령한다'는 내용을 8월 11일 트루먼 대통령의 '일반명령 제 1호'에 포함시켰다. 소련은 최소한 홋카이도〔北海島〕만큼은 미국과 더불어 공동점령하기를 희망, 한반도 분할을 수용했다. 돈 오버도퍼는 "경솔한 한반도 분단과정과 오랜 역사적 사건들이 예시하듯 한국은 지정학적으로 중요한 위치에 놓인 탓에 강대국들의 각축전에 시달렸지만 어정쩡한 크기 때문에 예외적인 몇몇 경우를 빼고 강대국들의 우선적 관심을 끌지는 못했다"며 "강대국들은 위급한 사건이 발생한 후에야 비로소 문제해결에 나섰으며 근시안적 태도로 한반도정책(韓半島政策)을 결정했다"고 비판했다. 브루스 커밍스는 《김정일 코드》에서 "2002년 안드레이 란코프에 따르면 소련이 8월 북한을 점령할 때 '분명한 계획이나 이미 결정된 활동일정'을 갖고 있지 않았으며, 수개월 동안 모스크바로부터 지시를 거의 받지 않고 날마다 즉석에서 내린 결정에 의해 임시변통으로 일을 진행시켰다"며 "김일성은 소련의 손에 의해 선출된 인물이 아니다. 소련은 수개월 동안 그를 민족주의자인 조만식 부하로 여겨 임시정부 국방을 맡기로 돼있었다. 란코프 표현대로 1946년 2월 김일성은 '거의 우연한 기회'에 권력구조의 상층부에 위치하게 된 것"이라고 밝혔다.[8] 안드레이 란코프는 《평양의 지붕 밑》에서 "1945년 해방되자 소련군 대위 김일성은 평양소련위수사령관 보좌관 임무를 받고 원산에 상륙, 특별히 주목받지 못했으나 '조선인민의 수령'자리 대상자를 고르면서 그에게 주의를 돌리기 시작했다. 김일성은 국내에 뿌리가 없어 소련지도부 손안에 있었다"며 "소련군사령부는 마음대로 조종할 수 있는 김일성을 선택했고, 그는 명목상 북한 통치자가 되었다"고 밝혔다.[9]

찰스 암스트롱은 "스탈린은 제 2차 세계대전을 종식하면서 소련 주변부에서 공산주의 승리를 얻을 수 있는 가장 좋은 기회였던 조선의 독자혁명 가능성을 활용할 생각이 거의 없었던 것으로 보인다. 그는 단지 조선을 방어적으로 보았던 것이다. 당시 미 국무성이 주장한 것처럼 소련의 북한점령이 '접수를 위해 이미 짜여진 공식'이었다는 증거는 희박하다"며 "북한의 친소공산화는 제 2차 세계대전 종전 당시 모스크바의 주요 현안이 아니었다"고 강조했다. 그는 "한반도 양쪽 점령지역에서 조선인 사이의 정치적 조정, 그리고 조선문제에 대한 미국과 소련의 입장경색은 유럽에서 미·소 경쟁과 관련한 일련의 사건들과 무관했다"고 지적했다.[10] 소련은 홋카이도 분할점령이 가장 큰 관심사였지만 미국은 이를 완강히 거부해 강경책으로 돌아섰다. 스탈린의 이러한 결심을 보여준 중요한 지령이 발견됐다. 일본 〈마이니치신문〉은 1993년 2월 26

---

8) 브루스 커밍스 지음, 남성욱 옮김, 《김정일 코드》(따뜻한 손, 2006년), p. 49.

9) 안드레이 란코프 지음, 연합뉴스 옮김, 《평양의 지붕 밑》(연합통신, 1991년), p. 44.

10) 찰스 암스트롱 지음, 김연철 옮김, 앞의 책, p. 75.

일 "스탈린은 1945년 9월 20일 소련이 점령한 북한지역에 '부르주아 민주주의 정권을 수립할 것'을 지시했다"고 전문을 보도했다. 북한지역에 단독정부를 세우라는 것이다. 이정식은 《해방전후사의 재인식 2》에서 "이 지령은 한반도 분단을 고착화시키는 것이었고, 남북의 재통합, 즉 민족 재통일을 위한 모든 논쟁과 노력을 허무하게 만들어버렸다"고 주장했다.[11] 그는 "9월 20일 스탈린 지령은 한국현대사에서 많은 수수께끼를 풀어준다"며 "사실 한반도 분단이 고정화되는 과정에서 소련정책이 미친 영향은 결정적"이라고 말했다.

## "9월 20일 스탈린 지령, 한국현대사 많은 수수께끼를 풀어줄 것"

치스치아코프 소련 제 25군사령관은 8월 24일 함흥에 도착해서야 북한의 중심이 평양이라는 것을 알게 됐고, 26일 평양에 도착, 철도호텔에 '북조선주둔 소련점령군사령부'를 설치했다. 소련군의 점령지에서 경제적 수탈과 강간은 관행이었다. 동독에서 2백만 명 이상의 여성이 강간당했고, 엄청난 산업시설을 빼앗아갔다. 북한도 수풍발전소와 흥남비료공장 등 산업설비들을 전리품(戰利品)처럼 뜯어갔으며 여성에 대한 강간과 시민들에 대한 폭력이 빈번했다. 특히 일본여성들에 대한 강간은 심해 대낮에도 당했다. 북한에는 21만 5천 명의 일본 민간인이 있었는데 북한보다 소련에 대한 두려움이 매우 컸다. 마침내 야밤에 조선여자들도 당하자 평양주민들은 대야를 대문에 걸어놓고 소련군이 나타나면 대야를 두들겨 이웃에 알려 공동대처했다. 암스트롱은 "소련 군인들의 약탈과 폭력, 무례한 행동들은 소련군에 대한 조선 민중들의 애

11) 이정식, "냉전의 전개과정과 한반도 분단의 고착화-스탈린의 한반도정책, 1945," 김일영 외 편저, 《해방전후사의 재인식 2》(책세상, 2006년), pp. 13~14.

정을 식게 만들었다"고 주장했다. 그는 "반면 일본 민간인에 대한 조선인들의 폭력적 보복사례는 놀랍게도 매우 드물었다"며 "대개는 개별적 사건에 불과했다"고 밝혔다. 미 육군 정보국이 1945년 12월 작성한 보고서에는 "소련이 북한에 주둔할 의사가 있는지 의심스럽다. … 약탈, 강간, 그리고 식량공급과 수송을 위해 주민들의 재산을 빼앗고 징발하는 것은 붉은 군대에 대한 염증만을 가져올 것"이라고 적었다.

북한상황은 모스크바 계획보다 앞서 나갔다. 여기에는 스티코프 상장이 있었다. 그는 스탈린의 충실한 심복으로서 김일성을 푸가초프호에 태워 원산항으로 보냈고, 소련점령 당시 북한의 '총독 역할'을 하면서 모든 것을 요리했다. 그의 밑에 레베제프 정치사령관이 있다. 레베제프는 스티코프에 대해 "그의 관여 없이는 북조선에서 어떠한 조치도 취해지지 않았다"고 회고했다. 스티코프 상장은 미·소공위 소련측 수석대표와 초대 소련대사를 지내다 6·25전쟁이 나고 12월 본국으로 송환될 때까지 북한의 실력자로 군림했다. 김학준은 "이 시기 북한의 정치과정이 거의 전적으로 스탈린 복안과 명령에 충실한 스티코프에 의해 영향받았음을 보여준다"고 밝혔다.

## 스티코프, "북한의 총독 역할, 스탈린 충복, 북한 모든 조치 관여"

푸카초프호에서는 이동화를 필두로 김일성, 안길, 오진우, 최현, 박성철, 김책, 김일, 유성철 등 50명 정도가 내렸다. 최용건은 10월에 합류했다. 이들은 후일 만주파 또는 빨치산파로 북한정권의 핵심이 됐다. 암스트롱은 "김일성이 소련 배를 타고 국내에 도착한 것은 우연일 뿐"이라며 "그것은 단시간 내에 북한에서 권력정점에 올랐던 한 사람의 의도하지 않은 출발이었다"고 평가했다. 일행은 원산의 여관 2층에서 여장을 풀었는데 추석 전날이어서 떡과 술이 푸짐하게 나왔다. 3일이 지나자

각자 일단 고향으로 돌아갔는데, 김일성은 고향의 지방인민위원회가 보수적인 기독교 민족주의자 조만식에 의해 지배되고 있음을 알았다.

소련점령군사령부의 민정관리총국은 로마넨코 지휘로 1945년 9월 중순께 모든 도(道) 단위에서 소비에트식 인민위원회를 조직했다. 그는 소련의 통치방식에 저항하는 사람들을 처형하면서 북한정치를 소련이 바라는 방향으로 마음대로 끌고 갔다. 그러나 소련의 지배에 따르지 않는 것처럼 보인 지역이 바로 조만식이 이끄는 평안남도였다. 민정관리총국은 북한에 대한 효과적 통치를 위해 러시아 한인 200~250명을 보조원으로 썼다. 그들은 뒷날 소련파 또는 깔로파로 불렸고 대표적 인물로 허가이, 남일, 박의완, 박창옥, 김열, 김승화 등이다.

김일성 담당관인 메크레르는 1945년 9월 30일 저녁 6시 평양의 유명한 고급요정 '화방'(花房)에서 조만식과 김일성의 대면을 주선했다. 먼저 아랫목에 앉아 있는 조만식에게 김일성이 나중에 들어오면서 "선생님, 김일성입니다"라고 인사했다. 메크레르가 조만식에게 소련점령군에 대한 협조를 부탁하자 조만식은 "민족 통일국가 수립을 위해 소련이 먼저 조선을 도와 줄 것"을 거듭 부탁했다. 며칠 뒤 김일성은 부하들과 짜고 조만식을 어느 특수가옥에 유도해 놓고 폭행하려고 했다. 정보를 입수한 메크레르는 김일성을 불러 "당신 제 정신이오? 조만식에게 폭행을 가했을 때 북한주민들이 가만히 있겠소? 즉시 석방하시오"라고 호통을 쳤다. 김일성은 자기는 모르는 일이라고 발을 빼고 풀어줬다.

이 무렵 김일성은 김동환이라는 가명을 썼으며 '동양척식회사 평양지사'를 사무실로, 사택을 숙소로 삼았다. 그의 '푸가초프호 동창생들'이 손발처럼 움직였다. 김학준은 "소련점령군사령부는 북한 전체를 관할하는 중앙행정기구를 발족시키기로 결정했다"며 "1945년 10월 8일 평양에서 '북조선 5도 임시인민위원회'가 조만식을 위원장으로 출범했다. 10월 28일에는 '북조선 5도행정국'으로 개편됐고, 수반에 여전히 조만식이 선출됐다"고 밝혔다. 그는 "그것은 '북조선 소련점령군사령부'가 북한 단독 정권수립을 향해 첫걸음을 내디뎠음을 의미했다"고 분석했다.

### "45년 10월 13일 행정부 · 당 모두 북한만 단위 중앙조직 구성완료"

소련점령군사령부는 북한의 소비에트화를 추진할 맑스-레닌 혁명정당 발족을 시도했다. 그러나 오기섭, 정달헌, 이주하 등 국내 공산주의자들은 '조선공산당'이 박헌영을 책임비서로 이미 서울에 있기 때문에 평양에 다시 만들려는 데 반대했다. 로마넨코는 박헌영을 10월 8일 개성에서 극비리에 만났다. 김일성은 "서울은 제국주의가 점령하고 있으나 평양은 해방되었으니 '조선공산당' 중앙은 평양에 두는 것이 마땅하다"고 주장한 반면 박헌영은 "한반도 중앙은 서울이므로 '조선공산당' 중앙은 서울에 있어야 한다"고 맞섰다. 결국 서울의 '조선공산당'을 중앙으로 인정하되 평양에 '조선공산당 북조선분국'을 두기로 타협했다. 10월 10일 '조선공산당 서북5도 책임자대회'가 열렸고, 13일 '조선공산당 북조선분국'이 세워졌다. 제 1비서 김용범, 제 2비서 오기섭과 옌안파의 무정이 선출되었다. 행정부와 당이 모두 북한만을 단위로 하는 단일 중앙조직 구성을 완료하자 소련군은 10월 14일 김일성을 공식 등장시켰다.

김일성은 회고록 《세기와 더불어》에서 "내가 연단에 나설 때 '조선독립 만세!'를 외치는 군중들의 환호성을 듣는 순간 나의 심신에서는 쌓이고 쌓인 피곤이 한꺼번에 달아나버렸다. 내 인생에 가장 행복한 순간이 어느 때였냐고 묻는 사람이 있다면 나는 '그 순간'이라고 대답할 것"이라고 술회했다. 반면 '가짜다!'는 소음으로 순식간 장내가 술렁거렸다.

# 3. 신의주 사건, "민족진영, 공산세력 결별"

## "한웅 보안부장 지휘 무차별 발포, 23명 죽고 7백여 명 부상"

소련점령군사령부는 8 · 15광복 2개월 만에 북한 전체를 관할하는 중앙행정기구를 발족시킨 데 이어 북한의 소비에트화를 추진할 맑스-레닌 혁명정당인 '조선공산당 북조선분국'의 결성을 마쳤고, 김일성까지 등장시켰다. 그리고 언론을 통한 공산당 선전에 본격 나섰다. 조선공산당 북조선분국은 11월 1일 기관지 〈정로〉(正路)를 발간했다. 1면에 "독일 파시즘의 붕괴, 일본국가급 군대 대표의 무조건 항복으로 전 세계 평화를 위한 필요조건을 전취했다"로 시작되는 창간사를 실었다. 창간호 구호 '민족의 영면한 지도자 김일성 장군 만세'가 보여주듯 출발부터 김일성을 부각시켰다. 〈정로〉는 1946년 9월 1일자로 제호가 〈로동신문〉으로 바뀌어 오늘날까지 계속되고 있다. 고태우는 "이 신문은 일종의 신호기이다. 전체 당원들에게 행동방향을 지시하고, 신호를 보내주는 역할을 하기 때문"이라며 "신문을 의무적으로 읽어야 하며, 독보회를 통해 듣기라도 해야 하는 신문"이라고 밝혔다.[12]

소련점령군의 조종에 의한 공산통치가 본격화되자 이에 저항하는 세력들이 만만치 않게 생겨났다. 찰스 암스트롱은 "저항의 대상은 첫째, 점령 초기의 폭력 · 붉은 군대에 의한 식량약탈, 산업설비, 기계강탈 등

12) 고태우, 앞의 책, p. 30.

으로 촉발된 소련점령에 대한 반대, 둘째, 소련이 모든 도 인민위원회에서 공산주의자를 50% 이상 차지하게 만들어 공산주의 주도에 대한 반대, 셋째, 사회적 지위를 잃게 된 지주, 과거 식민지관료, '반동'과 '친일파' 등"이라고 말했다. 소련점령군은 정당을 만들어 이들을 관리하는 것이 유리하다고 판단해 조만식에게 창당을 권유했지만 남북분단 고착화를 이유로 단호히 거절당했다. 하지만 반공산계 인사들은 깡패와 불한당들이 주축을 이룬 '적위대원'들의 행패에 맞서 자위수단으로서 정당창당이 절실하다고 고당에게 호소했다. 김학준은 "김일성도 찾아와서 '선생님이 창당하셔서 당수가 되시면 저는 부당수로 들어와 열심히 일하겠다'고 능청을 떨었다"고 밝혔다. 조만식은 마침내 뜻을 같이하는 동지들과 손잡고 '조선민주당'(조민당)을 11월 3일 창당했다. 이날은 '광주학생의거일'로서 이 정신을 이어받는다는 뜻도 반영했다. 정강정책은 '민족독립', '남북통일', '민주주의 확립'을 내세웠다.

조선민주당이 창당되자 북한주민들의 호응은 뜨거웠다. 창당 석 달만에 도·시·군·면까지 지부가 세워졌으며 당원 수는 조선민주당 집계로는 50만 명, 김일성 계산으로는 30만 명에 육박했다. 예상보다 커지자 당황한 소련점령군사령부와 조선공산당 북조선분국은 방해는 물론 테러도 가했지만 '조선민주당'의 세력은 계속 늘어났다. 이처럼 확산되는 반소반공운동은 대폭발로 향해갔다. 먼저 1945년 11월 7일 함흥에서 첫 불을 붙였다. 이어 18일 신의주 옆에 위치한 용암포 구세초등학교에서 용암포시민위원회 주최로 '독립촉성대회'가 열렸다. 수산학교 4학년 학생자치회 최병학 대표가 공산당 훈련소로 사용되는 용암포수산학교 반환과 이용흡 인민위원장 등 공산당의 행패를 폭로규탄하자 시민과 학생들이 '공산당 타도, 소련군 철수'를 외쳤고, 이들과 보안대원들 사이에 격투가 벌어져 제일교회 홍석황 장로가 살해되고, 30명이 부상당했다. 이는 21일 신의주 평북학생자치대 본부에 전해졌고, 신의주 학생들은 소련군의 약탈행위, 공산당의 행패, 공산교육 강요 등을 규탄하기 시작했다. 공산당원들은 마음대로 신의주 법원청사를 점거하고 '조선공산당 북조선분국 신의주위원회' 간판을 걸어 학생들의 집단행동을 폭발시켰다. 평북학생자지대는 11월 23일 오후 2시 총궐기를 결의했다.

## 용암포서 '공산당 타도, 소련군 철수' 격투, 장로 1명 살해

> "현재 평북 공산당은 평북도민의 여론을 배반할 뿐 아니라 소련군의 군사력을 악용하여 약탈·강권남용·불법·기만 등 갖은 학정을 자행하고 있다. 그리고 평북 인민위원회 보안부는 이와 같은 폭정의 본거지인 평북공산당 본부의 지령을 받아 도민들의 생명과 재산을 빼앗고 있다. 그들은 무제한 학원의 간섭과 적색 제국주의 사상의 침투를 감행하고 있으며, 민족문화 말살을 획책하고 있다. 그러므로 우리 청년 학도들은 이 같은 사실을 좌시할 수 없기 때문에 이에 총궐기하여 공산당 통치를 결사반대하는 투쟁을 전개하기로 하는 바이다. 공산당을 몰아내자. 피난민의 대우를 개선하라. 학원의 자유를 쟁취하자. 소련군 물러가라."

신의주 시내 6개 남자 중학생 3천 5백여 명이 평북 인민위원회 보안부와 평북 공산당 본부 등에 접근하자 한웅 보안부장 지휘 아래 무차별 발포, 장원봉 학생 등 23명이 숨지고, 7백여 명이 부상당했다고 고(故) 함석헌이 증언했다. 또 야크비행기의 상공위협 비행에 놀라 학생들은 뿔뿔이 흩어졌다. 그 뒤 2천여 명의 학생 시민이 체포 구금됐고, 이 사건 주동자는 물론 관련자 2백여 명이 시베리아로 유형을 갔다. 함석헌도 수감되어 고초를 겪고 단신 월남했다. 소련점령군은 당황, 이틀 만에 김일성을 급히 신의주로 보냈다. 11월 27일 동중학교에서 시민대회가 열렸다. 김일성은 "진짜 공산주의자는 나쁜 짓을 하지 않는다. 가짜들이 나쁜 짓을 많이 한다"며 공산당 간부들을 비난하고 "도당 책임자와 간부들을 인민재판에 넘기겠다"고 약속, 민심을 어느 정도 가라앉힐 수 있었다. 28일 동중 강당에서 학생들과 간담회도 열렸다. 이날 학생들이 김일성에게 "공산주의자냐?"고 묻자 김일성은 "그렇다"고 대답했다고 북한은 주장했지만 학생들은 "그런 일이 없었다"고 부정했다.

우선 발포 책임자 한웅을 평양으로 압송해 무겁게 징계했고, 용암포와 신의주 공산당 간부들을 징벌했다. 결국 학생들의 거사는 보안대에 의해 순식간에 와해되었다. 찰스 암스트롱은 "신의주 사건은 당과 정권에 획기적인 전환적 계기가 되었다"며 "김일성은 결정적 역할을 한 사람이었다"고 평가했다. 그는 "김일성은 신의주에서 사회적으로 포괄적이면서도 정치적으로 규율이 선 대중정당의 필요성을 인식했다. 특히 당은 북한의 잠재적 문제요소인 청년들의 에너지를 담아낼 수 있는 것이어야 했다"며 "민족적 청년조직을 시작으로, 신의주 사건 이후 북한 공산주의 단체들은 이념적 경직성과 정치적 제약이 완화되어 더욱 포괄적이고 대중적으로 바뀌게 되었다"고 분석했다.

찰스 암스트롱은 "김일성의 입장에서 신의주 사건의 교훈은 공산주의자들이 대중을 이끌기 위해서는 '대중으로부터 배우자'는 것"이라며 "이러한 관점 이동은 부분적으로 김일성 자신의 젊은 시절 민족주의 통일전선전술로 돌아가는 것이었고, 동시에 당시 소련점령군이 요구했던 연합형성의 형태였다"고 설명했다. 그는 "신의주 사건은 김일성에게 중요한 영향을 주었고, 그는 청년들로부터 고립된 지배정당의 위험성을 깨달았다. 공산주의 청년동맹을 민주청년동맹으로 바꾼 것은 신의주 사건 직후였다"며 "공산주의라는 단어는 다음해 공산당 그 자체를 포함해 많은 당 조직에서 삭제되었다. 북조선공산당에 대한 그의 비판에서 김일성은 '대중과의 강력한 연대'와 '대중을 영도'할 필요성을 장시간 연설하였다"고 주장했다.[13]

김학준은 "이 사건을 계기로 순수형 연립기반은 급격히 깨지기 시작했다. 기독교 민족주의자들은 더 이상 공산주의자들과 손잡을 수 없다고 판단해 월남하기 시작했다"며 "이러한 뜻에서 신의주 학생들의 반소반공의거는 해방 이후 북한정치에서 하나의 중요한 분기점을 마련한 것"이라고 밝혔다.[14] 고태우도 "학생들의 시위는 오히려 공산당 지배를 강화시켰을 뿐 김일성 체제와 소련군정에는 거의 영향을 미치지 못했다"며 "함흥·평양에서 일어난 학생시위에서 신의주 원수를 갚자는 구호가 나올 정도로 이 사건은 북한사회에 큰 파문을 던졌고, 조만식 등 민족진영은 소련군정과 더욱 멀어지게 되었다"고 지적했다.[15]

## 김일성 "신의주 사건, 도당간부 징벌, 당·정권 획기적 전환계기"

이처럼 신의주 사건은 비공산세력과 공산세력이 완전히 결별하는 북한정치에서 중요한 분기점이 된 것은 사실이다. 신의주 사건 여진이 여전한 가운데 1945년 12월 13일 초저녁 중국에서 항일독립운동을 펼쳤던 화북 조선독립동맹 김두봉 위원장, 조선의용군사령관 무정 등 이른바 옌안파〔延安派〕들이 증기기관차를 타고 평양역에 도착했다. 이들은 훗날 북한 정부수립에 역할을 했다. 이 중 무정은 성이 김씨로 알려졌고, 김원봉과 함께 서울중앙학교를 다니며 민족의식에 눈을 떴으며 사회주의 사상을 흡수했다. 함경도 출신으로 '중국공산당'의 팔로군 대장정에 끝까지 참여, 중국공산당이 공식적으로 '지도자' 칭호를 붙였다. 무정은 1941년 7월 조선의용군 대장에 취임했다. 무정은 김원봉의 충칭임정참여 요청에 냉담했다. 김두봉은 주시경 선생 제자로 보성고보를 졸업하고, 1919년 3·1운동에 참여한 뒤 상하이로 망명, 임정의정원

13) 찰스 암스트롱 지음, 김연철 옮김, 앞의 책, p. 110.

14) 김학준, 앞의 책, p. 97.

15) 고태우, 앞의 책, p. 36.

의원이 되었고, 인성학교장을 맡았다. 1935년 김원봉이 조직한 조선민족혁명당 중앙집행위원을 지낸 후 충칭을 거쳐 1942년 옌안〔延安〕으로 활동무대를 옮겼다. 7월 조선독립동맹 주석에 취임했다.

이밖에 북한에는 1948년 4월 남북협상회의 후 잔류한 김원봉과 홍명희가 있다. 김원봉은 의열단을 조직해 독립운동을 전개했는데, 단재 신채호는 1923년 1월 6일 6천 4백여 자에 이르는 '조선혁명선언'을 작성해 주었다. 김원봉은 1935년 민족주의 좌파세력인 조선민족혁명당을 발족, 총서기에 취임했다. 1938년 조선의용대를 창설, 일본과 맞섰다. 그는 "의용대 과업은 민족해방이며 계급투쟁은 아니다"며 '민족의 군대(軍隊)'로서의 역할을 강조했다. 1940년대 조선민족혁명당과 김구의 한국독립당은 좌우합작을 통해 임정을 이끌었다. 2진으로 귀국한 김원봉은 김구에 이어 임정의 사실상 2인자였다고 윤무한은 밝혔다.

《임꺽정》의 저자로 잘 알려진 벽초 홍명희는 임정 김규식·조소앙과 한때 고락을 같이했으며, 신채호와는 막역한 사이였다. 최남선·이광수와 함께 조선 3재(三才) 소리를 들었던 홍명희는 고향 충북 괴산으로 돌아와 3·1운동을 주도, 징역 1년 6개월을 선고받았다. 그는 1924년 5월 〈동아일보〉 주필 겸 편집국장에 취임, 1926년 〈시대일보〉 사장에 올랐다. 신간회 결성을 주도했고, 민중대회사건을 일으켜 보안법위반으로 징역 1년 6개월을 선고받고 1932년 1월 출감했다. 그는 1928년 11월부터 불후의 명작 《임거정전》을 〈조선일보〉에 1939년 7월까지 무려 12년에 걸쳐 1,072회를 연재했다. 《임거정전》은 민중풍속과 언어에 지대한 관심을 유발시켜 연재가 시작되자 각계각층의 찬사를 받았다. 그는 1936년 2월 신채호의 옥사소식을 들었고, 1940년 일제의 회유와 협박을 뿌리치고 은둔생활로 끝까지 지조를 지켰다. 1944년 한용운이 죽자 "7천 승려를 합하여도 만해 한 사람 당하지 못한다. 만해 한 사람을 아는 것이 다른 사람 만 명을 아는 것보다 낫다"고 술회했다.

# 4. 고당, "우리 운명 우리가 결정, 신탁통치 끝까지 반대, 감금"

## 소련 탁치관련 9월안 '한반도 통일', 12월안 '38선 고정화' 전제

랭던은 1945년 11월 20일 남한에 상하이 임정 지도자들을 활용해 '통치위원회'를 세울 것을 국무부에 건의했다. 이유는 이 무렵 북한에 공산정권이 세워지고 있다고 분석하고, 남한에서 소련을 봉쇄하기 위한 발판을 확보하려고 했다. 랭던은 뒤늦게 신탁통치 철회를 촉구했지만 모스크바 3상회의에서는 한국의 신탁통치가 결정됐다.

이정식은 《해방전후사의 재인식 2》에서 "한반도 신탁통치에 대한 합의는 타협이라기보다는 번스 미 국무장관의 일방적 양보에 지나지 않았다"며 "런던회의에서 강압적 태도를 취함으로써 미 · 소 간에 충돌을 촉진했던 번스 장관은 국내외에서 공격대상이 되었기 때문에 모스크바회의에서는 합의내용과 상관없이 그저 합의 자체를 이끌어 내려고 노력했다. 모스크바회의까지 결렬되면 대통령을 꿈꾸던 그의 정치생명이 끝장날 것이기 때문"이라고 분석했다.[16] 이는 번스와 함께 모스크바 3상회의에 참석했던 조지 캐넌(George F. Kennan)의 일기에서도 잘 드러났다. 캐넌은 "번스 장관이 조선 · 루마니아 · 이란사람들에 대해서는 아는 바가 없을 뿐 아니라 관심조차 없고, 오로지 어떤 조건이건 간에

16) 김일영 외 편저, 앞의 책, p. 47.

합의를 도출해내는 것만 중요하게 생각했다"고 기록했다. 이정식은 "따라서 미국은 소련이 당초 의도했던 것과 너무나 거리가 먼 제안을 했음에도 아무런 반론 없이 이를 받아들였다고 볼 수 있다"며 "미국은 4대 강국의 이사회가 선출한 고등행정관(*High Commissioner*) 통치하의 신탁제도를 실시함으로써 한반도가 하나의 체제로 분단되지 않은 상태에 있도록 만들자는 제안을 했는데, 소련은 미·소 양군 사령관들로 하여금 임시정부를 설립하게 하자는 의견을 냄으로써 실질적 권한이 이사회에서 현지사령관에게 이양하는 제안을 했다"고 밝혔다. 그는 "미·소 양측 사령관들에게 책임을 지운다는 것은 이들로 하여금 거부권을 갖게 하는 것이기도 했다"며 "소련사령관에게 거부권을 부여한다는 것은 한반도가 실질적으로 분단상태를 유지하도록 허용하는 것과 마찬가지였다"고 말했다. 그는 "소련외무성이 9월 작성한 신탁통치에 관한 문서에서 나타난 신탁통치제도에 대한 소련의 태도와 12월 모스크바 3상회의에서 제시된 신탁통치안 사이에는 커다란 차이가 있다"며 "9월 문서가 '한반도 통일'을 전제하고 있었던 데 비해 12월 제안은 '38선 고정화'를 전제했다"고 주장했다.[17] 이로 인해 번스는 1947년 1월 경질됐다.

38선 분단을 전제로 북한의 단독정부 수립을 비밀 지시한 스탈린의 9·20명령에 따라 소련점령군사령부는 이를 충실히 이행했다. 이를 재빨리 간파한 김일성은 신의주 사건을 계기로 전면에 부상한 데 이어 노골적으로 '조선공산당 북조선분국' 장악에 나섰다. 1945년 12월 17·18일 '조선공산당 북조선분국' 제 3차 확대집행위원회의가 비밀형태로 열렸다. 로마넨코 민정사령관의 정치참모 이그나체프 대령이 몇몇 소련 군인들을 대동, 방청하고 있었다. 회의는 소련점령군사령부의 의도대로 김일성이 책임비서로 선출됐다. 오기섭을 대표로 하는 국내파가 여러 차례 반발했으나 소용이 없었다. 김일성은 연설을 통해 "북한을 하루

17) 위의 책, pp. 48~49.

빨리 조선 전체의 사회주의 혁명을 위한 '민주기지'로 키워야 한다"고 역설했다. 즉, 한반도 전체를 공산화해 '공산주의 통일국가'를 세운다는 목표를 제시하고, 그 목표를 달성하기 위해 우선 북한만이라도 사회주의 혁명의 기지로 변모시킬 것을 제의한 것이다. 북한은 이것을 김일성의 '민주기지 노선'이라고 부른다. 여기서 우리가 주목해야 할 점은 그러면 김일성이 공산주의 사상에 대해 해박한 지식을 가졌느냐는 것이다. 김일성과 자주 대면했던 한 옛 공산국가 외교관은 "그는 유교사상에 대해서는 박식했지만 맑스나 레닌, 헤겔에 대해서는 피상적 지식만을 가지고 있었다고 말했다"고 돈 오버도퍼는 《두 개의 한국》에서 밝혔다.

## 김일성, "유교사상 박식, 맑스 등 공산주의 사상 피상 지식"

김일성이 '조선공산당 북조선분국' 책임비서를 맡고 나자 곧 모스크바에서 신탁통치안이 발표됐다. 소련은 이를 강력히 지지하도록 북한 정치지도자들에게 지시했다. 처음에는 김일성도 신탁통치에 반대했지만 소련의 지시로 공산주의자들은 모두 적극지지를 표명했다. 반면 조만식 조선민주당 위원장의 반대는 완강했다. 소련점령군 치스치아코프 사령관부터 나서서 고당(古堂)을 회유했고, 레베제프 정치사령관과 로마넨코 민정사령관도 회유했다. 김일성은 "선생님이 도와주셔야 합니다"며 수없이 졸랐다. 조만식은 초지일관 반대했다. 심지어 '북조선 총독'인 스티코프 상장까지 나서서 "당신이 '코리아 의정서'를 받아들인다면 조선임시정부의 대통령으로 추대하겠다"며 "끝까지 반대한다면 생명을 보장할 수 없다"고 회유 반 협박 반 압박했다.

1946년 1월 5일 '평안남도 인민정치위원회' 회의실에서 소련점령군사령부 간부 전원과 인민위원들 사이에 마지막 담판이 벌어졌다. 소련 간부들은 거듭 조만식을 회유했다. 그래도 거부하자 '조선민주당' 위원장직 사퇴를 강요했다. 조만식은 "우리의 운명은 우리가 결정하는 것"이라는 반탁요지의 연설을 하면서 여러 차례 책상을 치고, 호통을 쳤다. 조만식은 회의실을 나와 고려호텔로 돌아갔고, 곧바로 감금됐다.

김학준은 "이렇게 '모스크바 의정서'를 계기로 소련군의 북한점령 이후 겨우 유지되던 비공산 민족진영과 공산진영 사이의 순수형 연립은 완전히 깨졌다"며 "공산진영은 노골적으로 비공산 민족진영을 탄압, 조선민주당 인사들은 대거 월남 길에 올랐다"고 밝혔다. 소련점령군은 조만식을 연금하고 6일부터 북한 전역에 대규모 군중집회를 열고 찬탁운동을 벌였다. 평양에서는 3일에 이어 6일에 지지시위를 벌였고, 9일 원산, 10일 진남포에서 열렸다. 1월 11일 북한 총독 스티코프 상장이 하바로프스크로부터 평양으로 날아왔다. 그는 북한의 상황을 면밀히 검토, 치스치아코프 대장에게 이렇게 말했다. "조선에 조만식과 같은 자가 한 사람뿐일까? 아니다. 수백 명이 있다. 그 패거리들은 앞으로도 우리에게 타격을 가해 올 것이다. 치스치아코프 동지여, 경계하라. 그러한 타격에 대처하기 위해서는 조선의 우리 동지들에게 계급투쟁의 본질을 좀더 가르쳐 주지 않으면 안 된다."

스티코프의 명령을 계기로 북한에서는 '반동분자'에 대한 대대적인 색출작업이 벌어졌다. 이그나체프 대령은 "개를 기르라고 했더니 호랑이를 길렀다"며 '조선민주당'을 표적삼아 소련 공산당으로 환골탈태시키는 정치공작을 주도했다. 조선민주당은 김일성의 외척인 강양욱이 임시위원장을 맡았다가 2월 24일 최용건이 위원장에 선출됐다.

미·소공위 예비회의는 2월 8일 '1개월 이내에 미·소 양측 각 5명으로 미·소공위 구성, 남북한 간 우편물교환, 북한으로부터 남한으로 계속적인 송전'에 합의했다. 이 무렵 북조선 천도교청우당이 들러리 정당으로 결성됐고, '조선독립동맹' 김두봉 위원장도 찬탁을 발표했다.

## 스티코프, "조만식 같은 사람 수백 명, '반동분자' 대대적 색출작업"

소련점령군사령부는 북한 단독정부 수립에 박차를 가했다. 미·소공위 예비회담 공동성명을 발표하던 날 김일성의 '조선공산당 북조선분국'을 중심으로 위성정당들과 함께 사이비 연립정권인 '북조선임시인민위원회'를 출범시켰다. 위원장에는 김일성, 부위원장에 김두봉, 서기장에 강양욱을 선출했다. 보안국장은 최용건, 조직국장은 오기섭이 맡았다. '북조선 5도행정국'을 대체한 이 기구는 북한에서 사실상 단독정부 기능을 했다. 이처럼 소련이 단독정부 구성을 위한 작업을 진행시키며 김일성을 전면에 부각시키게 된 데 대해 돈 오버도퍼는 "몇 가지 자료에 따르면 스탈린이 '한국은 젊은 나라이므로, 젊은 지도자가 필요하다'며 후보 중에서 김일성을 최종 선택했다는 설도 있다"고 밝혔지만 확실치는 않다. 오버도퍼는 또 "정식교육을 많이 받지 않은 탓이었는지 김일성은 독서를 좋아하지 않았고, 객관적으로 보았을 때 그다지 지적인 인물도 아니었다"며 "그러나 그는 북한의 국기를 제작할 때 지성을 존중하는 마음에서 전통적인 공산주의 상징인 망치와 낫에 펜을 추가했다. 하지만 사적인 자리에서 담소를 나누는 중 세계사나 고전문학 등을 언급하는 경우는 거의 없었다"고 전했다.[18)]

고려호텔에 감금된 조만식은 미 국무부 자료에 따르면 1946년 2월 김일성과 회담하기 위해 은밀히 북행했던 여운형이 면회했고, 10월 초에는 미 군정청 정치고문인 랭던이 평양으로 가 만났으며, 1947년 7월 1일 미·소공위 미국 대표인 브라운 소장이 평양에서 면회했다. 정창현은 《인물로 본 북한 현대사》에서 "월남한 조선민주당원들이 여러 차례 고당의 남행을 권유했지만 자기마저 북한인민을 버릴 수 없다며 거부했던 것으로 알려졌다"며 "그러나 1995년 발굴된 '브라운-조만식 회견기

---

18) 돈 오버도퍼 지음, 이종길 옮김, 《두 개의 한국》(길산, 2002년), p. 46.

록'에 의하면 고당은 1947년 미·소공위가 열리는 기간 서울에 올 의사가 있었던 것으로 확인되었다"고 밝혔다.[19] 브라운과 조만식의 회견에는 하지의 경제고문인 번스(Bunce) 박사, 통역, 타자수만이 배석했다. 조만식은 세 명의 경비병 감시 아래 둘째 아들, 사위와 함께 지냈는데 "호텔 측에서 다른 손님과 마찬가지로 대우해주고, 건강이 매우 좋기 때문에 지내기에 큰 어려움은 겪지 않고 있다"고 밝혔다. 브라운이 "러시아가 당신이 미·소공위와 협의하기 위한 목적으로 서울에 가는 것을 허가한다면 기꺼이 조선민주당 대표로서 행동할 것인가?"라고 묻자 조만식은 "그것이 내가 원하는 바이다. 나는 그 외에 다른 희망이 없다"고 말했다. 고당은 "나의 희망은 가능하면 빨리 서울에 갔으면 한다"고 덧붙였다. 그러나 그의 서울행은 이뤄지지 않았다.

정창현은 "또 고당은 김구와 이승만을 극우라고 평가하면서 정치지도자들이 미·소공위에 적극 참가해서 임시정부를 수립해야 한다고 주장했다"고 전했다. 특히 고당은 점심식사 자리에서 "조선이 당면한 가장 시급한 문제는 토지개혁 문제이고, 토지개혁은 임시정부가 성공적으로 구성되기 전에 반드시 시행되어야 한다"고 언급했다. 그는 조만식 사망과 관련 "북한 노동당 고위간부를 지낸 신경완의 증언에 따르면 1950년 10월 10일쯤 고당은 강계를 향해 평양을 출발했다. 고당이 다른 사람보다 일찍 출발할 수 있었던 것은 내각 부수상이었던 홍명희가 특별히 부탁했기 때문"이라며 "걸어서 가다 경비병에 업혀서 가다 해서 늦어졌고, 미군의 폭격이 심해 빨리 가지 못했다. 평안남도 숙천 근처에 도착했을 때 미군기의 집중폭격을 받아 당황한 경비병이 자기 목숨만 건지겠다는 생각에서 고당을 쏘아 죽이고 도망가버렸다"고 적었다. 홍명희의 추궁으로 경비병들은 나중에 문책받았다고 한다.[20]

---

19) 정창현, 《인물로 본 북한 현대사》(민연, 2002년), pp. 112~115.

20) 위의 책, pp. 108~111.

# 5. 토지개혁, "김일성 가장 큰 승리자"

## "암살미수 테러 등 저항 맞서 개혁단행, 북한 사회주의 건설 밑거름"

소련점령군 비호 아래 정권을 잡자마자 김일성 등은 '민주개혁'을 통해 돌이킬 수 없는 개혁바람을 불러일으키고, 이를 바탕으로 지주와 자본가들의 어떤 방해에도 뒤집어지지 않는 체제를 만들고자 했다. 그래서 국가경제 핵심인 토지개혁 단행부터 서둘렀다. 김성보 등은 공저 《사진과 그림으로 보는 북한 현대사》에서 "이것은 다가올 미·소공동위원회에 임하는 북측 지도자들의 전략이기도 했다"며 "그들은 이북에 안정된 인민민주주의 정권과 체제를 만들어냄으로써 미·소공동위원회가 그들의 체제를 인정하기를 원했다. 나아가 그 정권형태를 한반도 전체에 적용할 것을 주장했다"고 기술했다.[21] 그러나 소련점령군과 김일성 등은 토지개혁(土地改革)에 앞서서 심한 저항을 받았다. 먼저 1946년 평양역에서 열린 3·1절 기념식장에서 김일성 등 요인암살 폭탄테러 미수사건이 발생했다. 해방 이후 처음 맞는 3·1절이라 감회는 남달랐다. 그러나 소련점령군은 기독교 목사 50여 명이 2월 24일 1919년 3·1운동 현장인 장대현(章臺峴) 교회에서 기념식을 갖기로 결의하자 이들을 구금했다. 이 중 11명은 행사에 끝까지 불참하겠다고 밝혀 계속 구금했다. 기념식장 단상에는 치스치아코프 사령관, 스티코프 상

21) 김성보 외 공저, 《사진과 그림으로 보는 북한 현대사》(웅진닷컴, 2004년), p. 40.

장, 레베제프 정치사령관, 로마넨코 민정사령관 등 소련점령군 간부와 김일성, 김두봉, 무정 등 북한 지도부들이 참석했다. 기념식 도중 연단에 수류탄이 날아왔고, 집회경비를 맡은 소련군 소위 손에서 폭발해 오른팔이 잘려나가고 한쪽 눈을 다치는 중상을 입었다. 또 치스치아코프 사령관 관사에도 의문의 불이 났다. 김학준은 “점령군사령관의 숙소가 방화될 정도로 북한주민의 저항이 컸던 것”이라고 강조했다.

다음으로 장대현교회 신도 5천여 명이 3·1절 기념예배를 마치고 태극기와 십자가를 앞세우고 평양시가 시위행진을 가진 후 철야단식을 벌였다. 평양 장대현교회는 장로교의 본산으로 불리던 평양 산정현교회와 함께 미국선교사들이 설립한 교회로 1907년 일본 통감부 설치에 맞서 길선주, 이길함(Graham Lee) 목사 주도로 평양 대부흥운동을 일으켜 민족정신을 고취키는 등 일제 36년 동안 가장 강력히 저항했던 민족주의 교회였다. 3·1운동 당시 장대현교회에는 3천 명 이상이 모여 ‘독립선언서’를 낭독하고 교회 밖으로 나가 시위를 벌였다. 이러한 배경에서 해방 이후 처음 맞는 3·1절을 유서 깊은 장대현교회에서 기념예배를 보려고 했다. 그런데 평양역 3·1절 기념식 도중 폭탄테러 사건이 발생하자 이를 우익의 소행으로 판단, 5천여 명의 신도가 기념예배를 보는 장대현교회로 소련군과 보안대원들을 급파했다. 이들은 예배를 인도하던 황은균 목사 등을 연행하려 하자 교인들이 가로막고 나섰다. 신도들은 자연스럽게 목사들을 에워싸고 태극기와 십자가를 앞세운 채 찬송가를 부르며 평양시가를 시위행진하고, 철야 단식기도에 들어갔다. 시위대들은 3·1절 기념행사와 관련되어 연행되거나 구금된 목사들의 석방을 요구했고, 소련점령군은 시위대 해산을 요구한 뒤 그날 연행해간 목사들과 구금되어 있던 목사 11명을 저녁 늦게 석방했다.

## 장대현교회 신도 5천여 명 3 · 1절 기념예배, 평양시가 시위행진

장대현교회 사건은 북한 기독교와 소련 및 북한공산당과의 관계에서 긴 투쟁의 서막을 열었다. 이런 가운데 치밀하게 준비를 마친 북한임시인민위원회는 1946년 3월 5일 전문 17조의 '북조선 토지개혁에 관한 법령'을 전격 발표했다. 여기에는 1945년 11～12월 소련으로부터 파견된 농업전문가 2명이 깊이 관여했다. 토지개혁 열망은 오랜 역사적 숙원이었다. 북한자료에 따르면 식민지 말엽 약 7백만 명의 농민들은 토지가 전혀 없거나 생존을 위한 최소한의 땅도 보유하지 못했다. 김일성은 1945년 10월 '민족 대동단결에 대하여'라는 연설에서 드러났듯 초기입장은 소련과 마찬가지로 단지 일본인과 그들의 '주구'로부터 토지를 몰수하는 것이었다. 김일성은 또 중국의 혁명경험에 공명하는 조선에서의 반제 통일전선을 촉구, "단순히 소련식 노선을 앵무새처럼 말하는 사람이 아니었다"고 찰스 암스트롱은 주장했다.

토지개혁 단행에 앞서 1월 31일 북조선농민동맹이 결성됐고, 2월에는 '토지를 농민에게'라는 탄원을 북조선임시인민위원회에 청원했다. 임시인민위는 2월 8일 "일본인과 주구는 물론 '대지주'의 토지 또한 몰수해야 한다"고 결정했다. 토지개혁은 계획과정에서부터 공포에 이르기까지 비밀리에 진행되었다. 토지개혁법령기초위원회(위원장 김책)가 구성되었고, 김일성을 비롯해 김책 · 안길 등이 실제소유 토지형태를 파악하기 위해 농촌을 방문했다. 현지조사를 마친 후 상무위원회에서 초안을 넘기고, 일주일 후인 2월 27일 법령안을 통과시켰다. 당초 소련은 '무상몰수 유상분배'를 주장했지만 북한 총독 스티코프는 "아무런 대가 없이 가난한 소작농들에게 토지를 분배해야 한다"는 북한지도부의 제안을 과감히 받아들였다. 김일성의 '해방 후 조선' 자료에 따르면 3 · 1절 기념식에서 백만 명 이상의 농민들이 토지개혁 시위를 하면서 '낫과

호미를 들었다'고 밝혔다. 농민동맹은 3월 3일 토지개혁안을 제출했고, 북조선임시인민위는 이를 채택하여 이틀 후 공포했다.

## 김책, "위원장 맡아 토지개혁 계획과정서 공포까지 비밀리 진행"

'토지는 밭갈이 하는 농민에게!'라는 구호로 단행된 토지개혁법령 제1조는 "일본인 토지소유와 조선인 지주들의 토지소유 및 소작제를 철폐하고, 토지 이용권은 경작자에게 있다. 북조선에서의 농업제도는 농민의 개인소유인 농민경리에 의거한다"고 규정했다. 그러나 제 10조는 무상분배된 토지는 매매할 수 없으며, 소작도, 저당도 못하게 해 개인소유 규정은 허구에 불과했다. 당시 토지상황에 대해 북측은 "1946년 북조선 총 경지면적 198만 2,431정보 중 지주가 58.2%를 점령하고 있었으며, 북조선 지주 총 호수는 4만 6,134호로 4%에 불과하며, 반면 총 소작농이 43만 5,868호이고, 농촌 고용자가 26만 2,685호로서 농가 총 호수의 45.4%라는 절대적 비율을 보이고 있었다"고 설명했다.

토지개혁의 집행자는 농민위원회였다. 농민들은 농민총회를 열고 농민위원회를 구성했다. 도시에서는 노동자들이 파견되었다. 위원회는 빈농・소작인・머슴・농업노동자 등 5~6명으로 구성되었고, 전국에 1만 1,930개 조직이 결성되었으며, 위원 6만 697명 등 총 19만 7,485명의 농민이 참가했다. 토지개혁을 지켜 줄 농민자위대도 구성되었다. 몰수대상은 일본국가, 일본인, 일본인 단체 소유지가 첫 번째였고, 이어 민족반역행위자들과 월남자들의 토지, 마지막으로 지주들의 토지 순이었다. 토지개혁 목표는 지주-소작제의 해체였기 때문에 소작을 주는 모든 토지는 그 소유주가 누구든 몰수되었다. 5정보(49,586㎡) 이상을 소유한 지주는 토지와 모든 재산을 몰수하고, 다른 지역으로 이주시켰다. 다만 직접 농사를 짓는 토지는 몰수하지 않았다. 종교단체 토지도 5정보가 넘고 소작을 주었으면 몰수대상이 되었다.

## 북한전역 종교재산 포함 1,049,738정보 몰수, 723,324농가 분배

이렇게 몰수한 토지는 집집마다 가족 수와 노동력(나이)에 따라 점수를 매겨 분배했다. 18세에서 60세까지의 남자와 18세에서 50세까지의 여자는 1점, 9세 이하 어린이나 남자 61세・여자 51세 이상 노인은 0.3점을 주었다. 땅을 빼앗긴 지주들은 대거 월남했다. 김성보 등은 "노동력이 왕성한 성인이 많은 집일수록 많은 토지를 받을 수 있었다. 비옥한 토지와 척박한 토지의 경우에는 그 정도에 따라 분배면적을 달리했는데, 분쟁을 최소화하기 위한 노력이었다"며 "토지를 몰수당한 대지주를 다른 곳으로 이주시킨 것도 소작농들과의 분쟁을 피하기 위해서였다"고 밝혔다. 이렇게 4만 4천 명의 지주들로부터 몰수된 토지는 1,049,738정보로 북한 전체 농지의 50% 이상이었고, 723,324 농가가 분배받았다. 이는 북한인구 50%, 농촌인구의 70%가 무상혜택을 입었다. 여기에는 종교단체 소유토지 14,555정보도 포함됐다. 토지개혁은 한 달도 채 안 걸린 3월 30일에 끝날 정도로 급속히 진행되었다.

세계에서 유래를 찾아볼 수 없는 빠른 속도였지만 저항도 만만치 않았다. 평양 공산당위원회 건물에 수류탄이 투척되었고, 평남인민위원회는 조선민주당원들이 의도적으로 태업, 퇴장했다. 평안남도 강동군에서는 지주끼리 의논하여 토지개혁에 앞장선 한 읍 경찰국장을 구금했다. 황해도 해주에서는 중학생 2백여 명이 수업을 거부했고, 사리원에서는 토지개혁과 김일성을 반대하는 전단이 살포되었다. 신막에서는 월남한 지주 아들 8명이 무장조직을 만들어 토지개혁을 방해했다. 3월 13일 함흥과 흥남일대에서 큰 규모의 반정부 시위가 일어났다. '소련군 쌀공출 중단하라'는 구호로 시작해 '학원자유 보장하라'는 구호로까지 번지며 각급학교 학생들이 일어섰고, 시민들이 합세했다. 시위대와 보안대가 충돌, 6명이 사망하고 33명이 중상을 입었으며 2천여 명이 구속됐다.

고태우는 《북한현대사 101장면》에서 "특히 황해도의 안악·재령, 평안남도의 순천, 평안북도의 정주·용천, 함경남도의 고원·함주, 강원도의 안변 등지가 심해서 그해 5월까지 계속되었다"고 전했다. 저항은 대체로 황해도와 평안남북도의 서부 평야지대에 집중되었는데, 전통적으로 지주가 많은 지역이었다고 김성보 등은 지적했다.

### "평양 공산당건물 수류탄 투척, 함흥 흥남일대 충돌 6명 사망"

하지만 20여 일 만에 토지개혁이 끝날 수 있었던 것은 이에 대한 열망이 컸기 때문에 가능한 일이었다. 토지개혁의 결과 집집마다 평균 1.63정보(약 4,890평: 16,137㎡)의 땅을 갖게 됐다. 토지개혁은 성공적이었다. 가장 큰 승리자는 김일성이었다. 조선공산당원들이 1945년 12월 말 4,530명에 불과했는데, 1946년 4월 2만 6천 명, 8월에는 36만 6천 명으로 80배가 넘게 폭증했다. 무엇보다 큰 수확은 혁명주체세력이 형성되었다는 점이다. 김일성은 4월 15일 '북조선임시인민위원회 제1차 확대집행위원회 토지개혁 총화보고'에서 다음과 같이 평가했다.

> "토지개혁은 모스크바 3상회의에서 결정된 조선의 민주주의적 발전을 위한 경제적(經濟的) 토대(土臺)를 만들어 놓은 것이다. 이것은 참으로 조선민족의 발전적 약속을 실현하여 조선에서 파시스트를 획책하는 일본제국주의 잔재와 봉건 잔재를 소탕함으로써 조선도 역시 속한 기일에 진정한 민주주의 국가가 되어 세계 민주주의 국가들과 같이 평화를 위한 반파시스트 전선에 힘 있게 나설 것을 맹세하는 첫 걸음이 된 것이다(중략)."

찰스 암스트롱은 《북조선 탄생》에서 "북한의 토지개혁은 해방 이후 수년간 위로부터의 주도와 아래로부터의 요구가 결합하여 만들어낸 신속하고 급진적인 변화 중에서도 가장 중요한 사례"라며 "이러한 결정들은 모스크바와 소련 점령당국, 그리고 북한 지도부에 의해 이루어졌다"고 적시했다. 그는 "북한의 개혁과정에서 사회주의에 대한 언급이 없었다. 개혁은 민주적, 애국적, 그리고 반일이라는 광범위한 기치로 묘사되었다. 당의 문건들은 '조선의 현 사회발전단계는 자본주의 생산양식의 민주적 단계'라고 강조했다. 조선은 '봉건제'를 넘어 독점자본주의도 아니고, 소련식 사회주의도 아닌 곳을 향하고 있었다"며 "토지개혁은 '진보적 민주사회의 성립을 위한 물적 토대'였던 것"이라고 평가했다.[22]

## 김일성, "일제와 봉건잔재 소탕, 조선 진정한 민주국가 건설" 강조

고태우도 "토지개혁은 경제·사회뿐만 아니라 김일성의 정치기반 조성에 큰 공헌을 했다. 김일성의 자체 평가에서도 지적했듯이 농민위원들을 당 조직이나 인민위원회 등에 등용, 김일성의 지지기반을 강화하는 계기가 되었다"며 "토지개혁으로 북한 내의 반공세력은 급속도로 몰락하게 되어 김일성으로서는 커다란 정치적 승리를 거두게 되었다. 뿐만 아니라 천도교·기독교·불교 등의 종교재산을 몰수함으로써 종교활동을 위축시키는 부수적 효과도 나타났다"고 밝혔다.[23] 김성보 등은 "결국 토지개혁은 북한사회에 사회주의 체제를 건설할 수 있는 밑거름 역할을 했다. 반대로 토지개혁은 사회주의를 반대한 세력의 몰락을 가져왔다"며 "지주와 지주제는 뿌리째 뽑혀버렸다. 불교와 천주교의 재정기반이 약화되고, 기독교를 기반으로 하던 황해도와 평안남북도 평야지대의 지주와 민족주의 세력기반이 송두리째 없어졌다"고 적었다.[24]

22) 찰스 암스트롱 지음, 김연철 옮김, 앞의 책, pp. 128, 136.
23) 고태우, 앞의 책, p. 59.

김학준도 "이 조처는 북한 공산정권에 큰 정치적 이익을 안겨주었다. 지주들이 반정부 조직에 공급할 우려가 있는 자금을 원천적으로 제거했고, 농민들이 지주들에게 바쳤던 돈이 세금형태로 공산정권으로 들어갔다. 지주와 부농이 몰려 있던 조선민주당의 계급적 기반은 빠르게 약화됐다"며 "토지개혁은 확실히 혁명적 실적이었다. 고질적인 지주와 소작인 사이의 지배와 피지배 관계는 한꺼번에 청산됐다"고 평가했다.[25] 미 국무부도 북한 토지개혁에 대해 "절반에 이르는 북한주민들이 새로운 정권에서 이익을 얻었으며 동시에 북한은 남한에 대한 선전에서 커다란 무기를 획득하게 되었다"고 밝혔다.[26]

## 토지개혁, "평안도 등 지주와 민족주의 세력기반 송두리째 없어져"

북한이 자신들의 체제를 확실히 굳혀가는 가운데 3월 21일 서울에서 미·소공위가 열렸다. 소련은 "신탁통치를 반대하는 사람과 단체는 미·소공위에서 제외해야 한다"고 주장했다. 이정식은 "당시 남한의 거의 모든 정치단체들이 신탁통치를 반대했으므로 소련의 지령을 따르는 공산세력 외의 집단들이 모두 협의대상에서 제거된다는 뜻이었는데, 그것은 남한의 정치참여 권리를 박탈한다는 것을 의미했기 때문에 미국은 이를 받아들일 수가 없었다"고 밝혔다.[27] 북한은 제 1차 미·소공위가 결렬되자 6~8월에 걸쳐 하루 8시간 근로의 '노동법' 및 '남녀평등법' 등 8개의 긴급한 과제들이 실천에 옮겨졌다. 북한은 친일파에 대해서도 본격적으로 숙청했는데, 김일성은 일본군 통역관을 지낸 자기 동생 김영주는 처벌하지 않아 논란을 빚었다.

24) 김성보, 앞의 책, p. 43.
25) 김학준, 앞의 책, p. 108.
26) 찰스 암스트롱 지음, 김연철 옮김, 앞의 책, pp. 127~128.
27) 김일영 외 편저, 앞의 책, p. 49.

# 6. 스탈린 '김일성 · 박헌영 면담, 김 지지'

## 박헌영, "소련군, 김일성 빨치산부대 중심 공산혁명 추진 잘못 지적"

소련점령군사령부는 미 · 소공위가 열리기도 전에 토지개혁을 단행, 경제기반을 새롭게 형성했다. 이완범은 《한국해방 3년사》에서 "소련은 만약 통일된다면 북에서 일방적으로 추진된 토지개혁은 어떻게 해야 할지 심각하게 고민하지 않았으며 통일에 대비해야 했다면 이러한 개혁은 정식 독립국가 수립 후에 이루어져야 자연스러웠을 것이다. 경제적으로는 이미 이때부터 분단되었다고 해도 과언이 아니다"고 주장했다.[28] 그리고 제 1차 미 · 소공위가 결렬되자 각종 개혁을 추진해 국가체제 기반을 다졌다. 이 무렵 박헌영은 "소련점령군이 국내파 공산주의자들을 배격하고 김일성 빨치산부대를 중심으로 한반도 공산혁명을 추진함으로써 많은 잘못이 저질러지고 있다"는 내용의 편지를 소련 국가공안위원회 극동지부에 보냈다. 스탈린은 북조선공산당 책임비서 김일성과 조선공산당 책임비서 박헌영을 함께 극비리에 모스크바로 부른 사실이 〈중앙일보〉 취재결과 밝혀졌다. 〈중앙일보〉 자료에 따르면 1946년 7월 20일경이었다. 소련 극동군 제 1방면군 사령관 멜레치코프 원수가 군용기를 타고 하바로프스크로부터 평양에 도착했다. 그는 자신이 로마넨코 민정사령관과 함께 김일성, 박헌영을 동승시켜 크렘린으로 가

28) 이완범, 《한국해방 3년사》(태학사, 2007년), pp. 168~169.

게 됐음을 알렸다. 박헌영은 서울주재 소련부영사 샤브신과 함께 평양에 와 있었다. 김일성과 박헌영은 각각 자신의 통역관을 대동했다. 이미 스티코프 상장도 와 있었다. 스탈린은 김일성과 박헌영에 대해 한반도 정세와 남북한 정세를 자세히 질문했다. 그리고 스탈린은 김일성에게 여러 가지를 지시했고, 박헌영에게는 남한의 어려운 여건에서 투쟁하느라 고생 많았다고 위로했다.

김학준은 "이 자리에서 스티코프와 로마넨코는 스탈린이 김일성을 북한의 최고 지도자로 최종 재가한 것으로 읽었다. 결정적인 시점에 스탈린은 다시 한번 김일성을 확실하게 밀어준 것"이라며 "크렘린으로부터 돌아오자마자 소련점령군사령부와 김일성은 우선 북조선 공산당과 조선신민당의 통합을 적극 추진했다"고 말했다.[29] 두 당은 1946년 8월 28~30일 평양에서 합당대회를 열고 '북조선노동당'(약칭 북노당)으로 새롭게 출발했다. 새 지도부 구성에 들어가 위원장에 김일성을 선출하자고 하자 조선신민당 대의원들이 동요했다. 김일성은 존경받는 국문법학자이자 자신보다 23살이나 더 많은 김두봉에게 일단 양보하는 모습을 보이는 것이 유리하다고 판단, 김두봉을 위원장으로 선출하자고 제의했고, 김두봉이 위원장으로 선출됐다. 김일성은 주영하와 함께 부위원장이 되었고, 최창익, 허가이와 더불어 5인 정치위원회를 구성했다. 이날 당 기관지 〈로동신문〉을 창간하기로 결정했다.

## 북한 인민위원회 토지개혁 단행, "경제적으로 이때부터 남북분단"

박헌영도 소련의 지시를 받고 9월 4일 '조선공산당'과 여운형의 '조선인민당', 백남운의 '남조선신민당'을 합쳐 '남조선노동당'(약칭 남로당) 창당에 합의했고, 남로당은 11월 23~24일 창당됐다. 앞서 여운형은 9

---

29) 김학준, 앞의 책, p. 112.

월 하순 농부로 위장해 평양에 들어가 김일성과 회담했다. 이 자리에서 여운형은 "남로당이 폭동을 일으키면 그것은 엄청나게 큰 유혈사태를 빚어낼 것이고, 남한의 주민들은 좌익으로부터 점점 멀어져 갈 것이며, 미군의 남한 주둔은 길어지게 될 것"이라고 경고했다. 여운형의 말대로 10월 1일 대구 폭동이 일어났다. 북한의 표현을 빌린다면 '10월 인민항쟁'이 벌어진 것이다. 미군정은 10월 폭동 배후주모자 박헌영에게 체포령이 내려졌고, 그는 10월 11일 월북했다. 이로써 남한에서 공산주의 활동은 불법단체로 규정, 크게 위축됐고, 지하로 스며들었다. 이제 김일성은 박헌영에 대해 확실한 우위를 확보했다.

김일성 개인숭배는 1946년 한설야 등 작가들이 김일성의 항일투쟁을 부각시키며 이미 시작되었고, 북로당 창당대회에서 김일성은 '모든 조선인민의 지도자', '민족의 영웅', '위대한 지도자' 등으로 열렬히 칭송되었다. 김일성도 "북조선 민주세력은 동방 제 민족국가에 대해 그 모범이 되는 것이요, 그 선도적 역할을 한다. 남조선에도 북조선과 같이 철저한 민주주의 개혁을 실시하여 그럼으로써 통일적인 완전 독립국가를 세워야 한다"며 "이는 조선민족의 해방자 스탈린 대원수의 덕택"이라는 찬사를 잊지 않았다. 김학준은 《북한 50년사》에서 "그것은 김일성이 이처럼 각종 공산사회주의 정책을 취하면서도 자신이 하는 일이 사회주의도 아니고, 공산주의도 아니라고 북한주민들을 속였다는 사실"이라며 "김일성 스스로 뒷날 말했듯이 북한사람들이 사회주의나 공산주의를 싫어한다는 것을 잘 알았기 때문"이라고 지적했다. 김일성은 심지어 사회주의 법령을 발표하면서도 "우리가 추진한 토지개혁과 산업국유화를 보고 북조선에서는 공산주의가 실시되고 있다고 말하는 사람들은 모두 우리가 망하기를 바라는 미 제국주의자의 앞잡이들이거나 친일 민족반역자들이다. 우리가 추진한 것은 모든 인민의 토지소유, 모든 인민의 산업소유이지 공산주의나 사회주의가 아니다"고 까지 말했다.[30] 이처럼 북한은 이중적 태도 속에 공산사회주의 제도로 전환이 이루어졌다.

국가체제를 갖추기 위해 북한은 군대를 창설했고, 교육도 본격 시행했다. 북한군은 1946년 8월 15일 보안대와 군관학교 및 신병훈련소를 통괄하는 '보안간부 훈련대대부'를 평양 서기산 무덕전에서 창설, 최용건이 사령관을 맡았다. 전술, 포병, 사격, 통신 등 4개학부에 3개 중대로 출범했다. 북한은 군대라는 인상을 피하기 위해 보안간부대대라고 불렀다. 이들 편제는 소련군부대 정규군 형태를 따랐다. 앞서 1945년 10월 21일 치안유지를 목적으로 준군사조직인 보안대대를, 1946년 1월 11일 철도보안대를 각각 창설했다. 그리고 2월 8일 북조선임시인민위원회 보안국장에 최용건을 임명했다. 인민위원회는 2월 남포에 군사학교인 평양학원을 설립했는데, 여기서는 여성중대와 대남반이 별도로 설치되었다. 특히 대남반은 남한에 침투하는 유격대원을 양성했다. 6월에는 개천에 보안훈련소를 개소했다. 소련군은 6월 20일 전투, 포병, 사격, 통신학부를 강서군에 설치 운영했다.

## 46년 8월 15일 보안간부 훈련대대부 창설, '사실상 북한 정규군 역할'

무엇보다 1946년 9월부터 북한 청년들을 대상으로 대대적인 강제징집을 실시했으며, 1947년 1월에는 소련에 북한의 양곡을 주는 대가로 소련무기를 공급받는다는 비밀협정을 맺어 4월까지 거의 모든 부대가 소련제 무기로 무장했다. 김일성과 최용건이 훗날 북한의 권력을 장악하게 된 핵심요인들 가운데 하나가 바로 보안대와 형성한 강력한 연결이었다. 그들은 소련점령군의 비호에 더해 국내 무력의 엄호를 받았기 때문에 반대파를 힘으로 누를 수 있었다. 이처럼 북한이 군대창설을 서두른 데는 만주지역의 불안정한 정세와도 밀접한 관계가 있었다. 1946

30) 위의 책, pp. 116~117.

년 7월부터 1947년 6월까지 국민당군이 요동과 만주지역을 전면 공격해 중요 도시를 점령했다. 북한은 국민당군과 38선 이남의 미군 사이에 끼인 꼴이 되었다. 그래서 급히 군대를 창설해 대응했던 것이다. 북한은 1947년 초 조·중 국경지역을 통해 중국의 배후지원 역할을 했으며, 만주에서 김광협 등 조선군들이 대거 지원해와 북조선 군대가 급속히 증가했다. 지금도 군부는 여전히 북한을 지탱하는 핵심축이다.

북한은 1948년 2월 8일 조선인민군 창설을 공식발표, 총사령관에 최용건, 부사령관에 무정을 임명하고 김책, 김일, 강건 등 요직은 거의 모두 김일성 빨치산파가 장악했다. 찰스 암스트롱은 《북조선 탄생》에서 "돌이켜보면 김일성은 항상 만주 빨치산 그룹을 대표해왔음이 명백하다"며 "빨치산 투쟁경험으로부터 얻어진 김일성의 탁월한 전략 중의 하나는 정치적 연합을 만들고, 대중적 지지를 획득하기 위해 광범위한 포괄적 성격의 '통일전선'을 활용하는 것이었다. 이러한 전략은 김일성을 급부상시키고 광범위한 통일전선 내에서 조선공산당을 전위에 서게 하는 데 매우 효과적인 것이었다"고 평가했다.[31] 1948년 3월 만주에서는 소련, 중화인민공화국, 북한 3자 사이에 일종의 군사협의체가 발족되어 북한의 군사력을 키워주는 일을 돕기로 했다. 이로써 군부에 대한 김일성의 장악력과 지배체제는 확고해졌다.

당시 북한 정규군은 약 6만 명이었는데, 이 중 약 1만 명은 시베리아에서 탱크와 항공기 및 현대식 통신장비 등에 관한 훈련을 받았다. 김일성의 개인숭배와 지배력이 강화되자 1946년 10월 1 '김일성 종합대학'이 평양에서 개교했다. 초창기 소련으로부터 수십 명의 교수들과 연구원들이 평양에 도착했다. 북한은 남한의 이른바 진보주의 좌파지식인들의 월북을 적극 추진, 훗날 북한 교육상이 된 백남운이 역할을 했다. 그는 연세대교수로 있으며 맑시스트 경제학자로 이름이 높았다. 또 남한

31) 찰스 암스트롱 지음, 김연철 옮김, 앞의 책, p. 218.

에서 좌익활동이 불법화되고 북한의 적극 월북공작으로 학계, 음악계, 미술계, 문학계 등 우수한 인재들이 북행길에 올랐다. 이 중 백석, 김순남, 임선규, 김석형 등이 대표적이다. 이들은 "나 북한에 간다"고 할 정도로 가볍게 생각하고 서울을 떠났다. 북한은 모든 사람들이 고루 잘 살며 자주적인 사회주의 국가가 건설되고 있다는 믿음으로 그러한 노력을 돕겠다는 순수한 마음에서 월북했지만 대부분 숙청됐다.

북조선노동당이 북한 전역에 걸쳐 조직을 장악하게 되자 북조선임시인민위원회는 1946년 9월 모든 행정단위에 대해 인민위원 선거를 실시했다. 1946년 11월 3일 도·시·군단위 제1차 인민위원회 첫 선거는 북한노동당, 조선민주당, 천도교 청우당 등 여러 정당들과 사회단체들이 참가해 결성한 '북조선민주주의 민족통일전선'(약칭 북민전)이 모든 선거구에서 단일후보를 냈다. 북민전은 1946년 7월 22일 조직된 북한의 통일전선조직으로 이들 정당 외에 조선직업총동맹·조선민주청년동맹·예술총연맹·조소문화사업협회·불교총무원·교육문화후원회·반일투사후원회·보건연맹·건축연맹·소비조합이 참여했고, 김두봉이 의장을 맡았다. 암스트롱은 "이 기구는 1945년 말 이후 김일성의 북조선공산당이 추진해온 정치동원을 위한 포괄적이고 대중적인 접근의 조직적 표현이었다. 사회개혁, 민족독립, 남북통일 등 주요 정치문제들에 대해 통일된 입장을 대표할 유일한 포괄단체로서 그 산하에 북한 내의 모든 주요 정치·사회, 그리고 문화단체들을 끌어들이고자 했다"고 설명했다. 북한은 유권자들이 병풍 등으로 가려진 곳에 후보자를 지지하면 백함에, 반대하면 흑함에 넣어 자기의사를 표시하는 흑백선거였다. 이 선거에서 총유권자 4,516,120명 중 99.85%가 투표에 참가하여 80.63%가 찬성 3,459명의 인민위원을 선출했다고 발표했다.

## 장로교 5도연합회 등 기독교계 중심 선거반대, "20% 가까운 반대표"

하지만 선거에 대한 반발은 주로 평안도 서북지방에 강력한 기반을 구축한 기독교계에서 나왔다. '북조선 장로교 5도연합회'는 11월 3일 선거일이 일요일이기 때문에 교인들은 선거에 참여할 수 없다고 결정했다. 김일성은 종교가 민주개혁에 방해가 되어서는 안 된다고 강행한 반면 목사들은 반선거 운동을 계속했다. 김학준은 "실제로는 북한주민들의 반대가 이것보다 더 컸던 것 같다"며 "엄격한 통제가 실시되었는데도 20% 가까운 반대표가 나왔다는 것은 북한 공산정권에 대한 주민들의 저항이 얼마나 강했던가를 말해준다"고 말했다. 북한은 책자를 통해 "민주선거의 파탄을 책동하는 세력들이 '흑함운동'을 일으켜 유권자들로 하여금 검은색 상자에 투표하도록 유도했다"고 인정하고 "이들이 노동자들을 책동하였으며, 학생들을 책동하여 선거사업을 반대하려고 했다. 심지어 그들은 토지를 도로 찾아준다는 허구로써 옛 지주들을 충동하려고까지 했다"고 비난했다. 이러한 선거방해세력을 "남조선 반동파들의 간첩들과 인민의 적들"이라고 이름붙였다.

북한 공산사회주의의 또 다른 특징인 집단동원이 본격 시작됐다. 김일성의 제안으로 북조선임시인민위원회는 1946년 11월 25일부터 '건국사상총동원운동'을 시작했는데, 이는 북한 건국 초기 최초 사회주의 동원의 효시이자 대중운동의 시발점(始發點)이 된다. 김일성은 건국사상총동원운동을 시작하면서 다음과 같이 호소했다.

> "전 국민적으로 되든 군중적으로 되든 전국정신총동원과 사상의식을 개조하기 위한 투쟁을 전개할 것을 호소한다. 우리 간부들은 아직도 우리가 어떤 조건과 환경에서 새 나라를 세우기 위하여 싸우는가 하는 것을 똑똑히 인식하지 못하고 있다. 그렇기 때문에 일부 간부들 가운데는 나태하고, 사치하기를 좋아하고, 개인향락을 따르고, 부화하고,

해태하고, 단결함을 모르며, 학습하기 싫어하는 기풍이 있다. 일본제국주의가 장구한 통치의 악독한 결과로 우리 민족 가운데 남겨놓고 간 나쁜 관념과 악습(惡習)이 우리 생활 가운데 아직도 뿌리깊이 남아서 우리 사업의 전진을 장애하고 있다. 모든 부문에서 일하는 간부들은 물론이며 전체 인민에 이르기까지 정신상 새로운 동원(動員)과 전변(轉變)을 일으켜야 할 것이다."

## 스티코프, 치스치아코프, 김일성 4자모임 공산정권 수립합의

'건국사상총동원운동'은 일제 잔재의 청산과 새로운 조국건설이라는 명분이 해방 직후 민심에 잘 적용된 데서 그 이유를 찾을 수가 있다. 집단주의를 통해 사회주의를 실현하고 공산정권 창출을 위한 정치적 의도가 더 큰 것이었지만, 명분상으로 거역할 수 없었다. 고태우는 《북한현대사 101장면》에서 "이는 사상적으로는 맑스-레닌주의에 대한 인식도를 높였고, 경제적으로는 애국미 헌납운동 등을 전개하여 생산의욕을 높였으며, 정치적으로는 김일성의 지배구도를 확립시킬 수 있는 계기가 되었다"며 "더욱이 이 운동이 성공적일 수 있었던 가장 큰 이유는 토지개혁을 통해 민심을 얻을 수 있었기 때문"이라고 평가했다.

이처럼 1946년은 북한이 정치, 경제, 사회적으로 사회주의체제를 굳히는 해였다. 1947년이 되자 소련은 북한에 김일성을 앞세운 소비에트식 사회주의 단독정권수립에 박차를 가했다. 〈중앙일보〉가 발굴한 자료에 따르면 북한 총독인 스티코프 상장은 1947년 1월 3일부터 6일까지 소련점령군사령관 치스치아코프 대장, 민정사령관 로마넨코 소장, 그리고 김일성을 자신의 사무실이 있는 연해주 보로쉬로프로 불렀다. 네 사람은 북한에 소비에트식 공산정권을 세우는 일을 자세히 검토했으며, 모든 세부사항들에 대해 스티코프가 지시하고 확인했다. 앞으로 북한에서 치러질 각급 선거와 정치일정이 여기서 결정됐다.

# 7. 북한 "48년 2월 창군행사, 국가건국 알려"

## 김일성, "소련군, 조선인들이 2년 동안에 독립국가 건립" 발언

북한 총독 스티코프와 김일성 등 4자 회동에서 합의된 정치스케줄에 따라 1947년 2월 17일부터 20일까지 평양에서 도·시·군 인민위원대회가 열렸다. 이 대회에는 인민위원 3,459명 중 3분의 1 규모로 정한 1,171명의 대의원 가운데 1,158명이 참석, 법령개정 등을 승인하고 민주개혁의 합법성을 부여했다. 인민위원회는 대회 마지막 날인 20일 최고행정기관으로 '북조선임시인민위원회'를 '북조선인민위원회'로 개편하기로 결의했으며, 237명의 대의원으로 최고입법기구인 '북조선인민회의'를 탄생시켰다. 북조선인민회의는 21일 제 1차 회의를 열어 상임위원회를 두기로 결의하고 위원장에 김두봉, 부위원장에 최용건, 김달현을 선출했다. 이어 북조선인민위원장에 김일성을 선출했다. 부위원장은 김책, 홍기주가 선출됐다. 북조선인민위원회는 2월 22일 공식출범했다. 김일성이 명실상부한 북한의 실질적 통치자가 되었다. 뒤이어 동·리 인민위원회 선거를 1947년 2월 24~25일, 3월 5일에는 읍·면 인민위원회 선거를 실시했으나 선거분위기는 혼탁했다. 특히 동네단위 선거였던 만큼 씨족과 혈연이 크게 작용한데다가 "누구는 일제 때 무슨 짓을 했다"는 식의 밀고와 모략이 잇따랐다.

김일성은 북조선인민위원장으로 행정수반이 되어 공산주의나 사회주의라고 말은 하지 않으면서 소비에트 사회주의 건설에 박차를 가했다. 김일성은 북한 통치자로서 미국에 과감히 도전장을 던졌다. 1947년 3월 19일 김일성 인민위원장 명의로 미군정장관 브라운 소장에게 공문을 보내 '남조선 송전문제와 전기요금 지급 교섭'을 요구했다. 북한을 통치하는 실질적 정치집단이 '북조선인민위원회'라는 뜻으로 미국의 반응을 떠보고자 했다. 당시 북한은 여권도 김일성 명의로 발급되었다. 북한은 김일성 명령으로 1948년 5월 14일 송전을 중단시켰다. 그러나 미군정은 북한을 지배 통치하는 것은 '소련점령군사령부'라고 반박하고 '북조선인민위원회'를 전혀 인정하지 않고, 오히려 북한을 무시하려는 태도를 보였다. 이처럼 미군정의 부인과 외면에도 불구하고 북한은 사실상 김일성 정권이 들어서 실질통치를 하고 있었다. 이는 제 2차 미·소공위 결렬과 남한의 단정수립에 결정적 영향을 미쳤다.

김일성은 행정부를 장악하자마자 스탈린의 경제계획을 본받아 곧바로 경제계획에 착수했다. 그는 계획경제에 대해 물질적 조건이 정치·문화적 전환보다 우선한다는 맑스의 주장을 뒤집은 하나의 전형이라고 선언했다. 2월 19일 '민족경제 부흥발전'을 위한 1개년 계획이 도·시·군 인민위원회 회의에서 채택되었다. 김일성은 유일한 국가계획 아래서만 "경제를 빠르게 복구하고 발전시킬 수 있다"고 독려했다. 1947년 경제계획은 건설, 철강, 석탄, 화학, 전력, 수송 특히 철도분야에 집중하여 공업생산액을 전년 대비 92%의 성장을 요구했다. 미국 정보기관 보고서들은 북한의 경제계획은 소련 모델을 따른 것이지만, 다른 한편 일본식 정부주도의 국가자본주의라는 앞선 사례도 있었다고 보고했다. 소련 고문관과 함께 1947년 경제계획의 주요 설계자는 김광진과 이문환이었다. 김광진은 게이오대학 강사였고, 이문환은 일본에서 경제학을 공부하고 산업성국장이 되었다. 또 일본인 기술전문가들은 국영기업 고문관으로 억류되어 있었고, 북한기술자들이 어느 정도 기술을 익힌 후인 1948년에 이르러서야 대부분 일본으로 돌아갔다. 이들은 김일성으로부터 특별우대를 받았다고 증언했다.

## 도·시·군 인민위원대회, '북조선인민위원회' 탄생 김일성체제 확립

북한 통계에 따르면 북한의 공업생산액은 1946년과 1949년 사이 3배 이상 증가했고, 건설, 방직, 야금, 기계, 광업, 석탄생산이 특히 가장 높은 성장을 기록했다. 이 중에서도 국영기업들의 성장세가 두드러졌다. 북한의 공업발전은 풍부한 전력공급으로 더욱 향상되었다. 1947년 북한이 국가체제를 사실상 공고하게 갖추고 경제계획까지 실시하는 가운데 제 2차 미·소공위가 5월 21일 서울에서 개최되었다. 당시 이미 미·소 냉전구조가 본격화되는 시기였기 때문에 2차 미·소공위에서 미·소는 불가능한 타협을 모색, 8월 12일 사실상 결렬을 선언하고 대표단을 철수시켰다. 이제 남북은 각자의 단독정부 수립에 본격 나섰다. 소련은 이미 북한에 김일성을 중심으로 한 소비에트 사회주의 국가로서 사실상 국가체제를 갖췄기 때문에 미·소공위가 필요 없었다.

북한은 8월 10일 '북조선중앙박물관 현대사실(現代史室)'을 열고 김일성 장군 투쟁기록을 전시, 역사왜곡을 예고했다. 10월 12일 만경대학원을 열어 혁명자녀 육성에 나섰다. 1947년 12월 1일에는 화폐개혁을 단행, 북조선중앙은행권을 발행했다. 국가경제의 핵심인 독자화폐를 가짐으로써 국가면모가 더욱 체계를 갖추게 됐다. 북한은 1948년 2월 8일 인민위원회 출범 1주년을 맞아 6만의 병력으로 '조선인민군' 창설을 공식발표, 총사령관에 최용건을 임명했다. 이제 북한은 입법, 행정, 사법에 이어 교육, 경제계획, 화폐개혁, 군대 등 공고한 국가체제를 갖추게 됐다. 김일성은 창군행사에서 "자신의 군대를 가지지 못한 국가는 완전한 독립국이 될 수 없으며, 진정한 평화와 자유는 우리가 강하고 절대적인 (군사적) 우위에 있을 때만 보장된다"고 공언했다. 특히 김일성은 소련군과 미군을 대비하면서 "전자는 조선을 독립시키고 조선인들이 2년 동안에 독립된 국가를 건립하도록 했는데, 후자는 우리 민족을 둘로 나누고 재식민화하려 든다"고 비판했다고 찰스 암스트롱은 북조선노동당 선전부가 1948년 2월 발간한 《조선인민군》 책자 12쪽에서 밝혀냈다. 이는 김일성 스스로가 북한에 국가가 건국됐음을 알린 중요한 단서가 된다. 남한보다 최소 6개월이 앞선 것이다. 이에 따라 후에 발행된 연설문에서는 소련에 대한 모든 언급을 삭제했다.

## 입법 · 행정 · 교육 · 경제계획 · 군대 등 국가체제 갖춰

북한군은 소련의 자문과 지원에 절대적으로 의존했다. 1948년 말 소련군이 철수했지만 소련고문관은 계속 남아 있었다. 조선인민군 간부들은 1948년 4월부터 모스크바에서 비밀훈련을 받았다. 탱크, 비행기 등 중무기들이 1948년 중반부터 북한에 반입되어 북한을 무장시켰는데 이는 한국전쟁 발발 이전까지 계속되었다. 김일성은 이때부터 남한을 침략해 통일시키겠다는 의도를 품었던 것 같다. 북한은 유엔한국임시위원단의 입북 거절과 국제연합의 결의에 의한 남북한 총선거 실시를 거부했다. 하지만 김일성체제에 대한 저항도 만만치 않았다. 서울 천도교 중앙총부는 북한에서 천도교를 중심으로 남북총선거실시 수용운동을 벌이기로 결정하고 유운덕 · 박현희 두 여성을 밀사로 평양에 파견했다. 둘은 어렵게 평양에 도착, 천도교 조직대표인 김일대 · 김덕린에게 밀령을 전달했고, 천도교회와 '청우당'은 3월 1일 총궐기하기로 했다. 그러나 김달현 위원장이 밀고, 2월 26일부터 1만여 명의 교인들과 당원들이 체포, 학살당했다. 영변, 희천, 오전에서는 민중봉기가 일어났지만 처참하게 진압됐다.

공고한 국가체제를 갖춘 북한은 2월 16일 김구, 김규식이 남북정치지도자회의를 제의한 데 대해 3월 25일 이를 받아들이겠다고 발표했다. 동시에 내부체제 강화에 나선 북한은 1948년 3월 27일부터 30일까지 북조선노동당 2차대회를 열어 국내파의 오기섭이 자기 비판, 국내파 공산주의자들을 약화시켰다. 북한의 당정장악력을 강화시킨 김일성은 1948년 4월 19일 평양 모란봉극장에서 태극기와 애국가가 울려 퍼진 가운데 열린 남북 정당 사회단체연석회의에 참석했다. 21일 김일성은 '북조선 정치정세' 보고를 통해 '단독선거 거부'를 강조했다. 23일 홍명희는 '조선정치정세에 대한 결정서'를 낭독, "단독선거 배격운동을 전국적으로 전개해 남조선 단독선거를 파탄시키며, 조선에서 외국군대를 즉시 철수케 하고, 조선인민의 손으로 통일 민주주의 자주독립 국가를 수립하기 위해 강력히 투쟁할 것"을 결의했다. 26~30일 15인 남북지도자협의회의가 열려 외국군대 철수 이후의 내전 불가, 민주주의 통일 임시정부 수립 후 중앙정부 수립 등을 논의했다. 김구·김일성 등 4자회담에서는 조만식의 서울 초청을 논의했으나 성사되지 않았다.

김학준은 《북한 50년사》에서 "이 회의는 북한당국에 의해 일방적으로 진행됐고, 일방적으로 마무리됐다. 5월 1일 발표된 공동성명서는 우선 남과 북 모두에서 외국군을 철수시킬 것을 요구하고, 외국군 철수 이후에 남과 북의 정당 및 사회단체가 모두 모여 정치회담을 열고 조선인의 임시정부를 수립할 것을 제의한 것"이라며 "이 방식은 북한 입장을 그대로 반영한 것으로 외국군이 모두 철수한 뒤, 정규군을 이미 창설한 북한과 작은 규모의 경비대만 유지하는 남한 사이에 예견되는 군사적 충돌을 어떻게 평화적으로 해소할 것이냐의 심각한 문제에 대해 실질적으로 아무런 해답을 주지 못했다"고 지적했다.[32] 고태우도 《북한현대사 101장면》에서 "김구·김규식과 같은 민족지도자들의 통일 독립국가에 대한 순수한 민족적 열정이 소련군정과 김일성의 합작품인 통일전선 전

---

32) 김학준, 앞의 책, pp. 124~125.

략의 희생물이 된 점도 부인할 수 없다"며 "그것은 스탈린의 세계 대전략 속의 한반도 정책을 실현하기 위한 북한정권의 정통성(민주기지론) 확립에 플러스 요인이기도 했다"고 주장했다.[33] 남북협상에 참여했던 남측 인사 중 홍명희 · 이극로 · 백남운 등 70여 명이 평양에 잔류했다. 남한이 5 · 10총선을 치르자 북한도 공식정권 수립에 착수했다. 5월 14일 대남송전(對南送電)을 중단했고, 황해도 연백평야로 보내주던 구암저수지 관수(灌水)도 끊었다.

북한은 헌법제정, 국기와 애국가 폐기 및 제정부터 나섰다. 무엇보다 태극기 폐지여부를 놓고는 상당수 대의원들이 반대했기 때문에 진통과 논란을 겪어야 했다. 먼저 태극기 폐지에 가장 앞장선 인물이 김두봉이었다. 그는 북한주민 대부분이 태극기 폐지에 반대하자 자신의 이름으로 《왜 태극기를 없애야 하는가?》라는 제목의 책을 대량으로 출판해 북한 전역에 뿌렸다. 김두봉은 "태극기의 태극 4괘는 '주역'(周易)의 음양사상을 기초한 것인데, 이 음양사상은 '반민주주의적 지배계급의 미신적 사상"이라며 "태극기는 조선봉건시대의 망여유물(亡餘遺物)이라고 혹평했다. 하지만 정재용은 다음과 같은 이유로 반대했다.

> "우리 인민들은 왜적의 혹정 밑에 쓰라린 시기에도 태극기를 간직하고 그것을 떳떳이 띄울 날을 하루같이 원했습니다. 1945년 8월 15일, 조국이 해방되어 조선인민들은 남녀노소를 막론하고 해방의 감격과 기쁨에 어쩔 줄을 몰랐으며, 그저 희망의 태극기를 받들고, 하늘이 진동하게 만세를 불렀습니다. 태극기는 우리 인민의 가가호호에 띄우게 됐습니다. 중요한 식전에나 건물에는 반드시 소련국기와 아울러 태극기를 나란히 띄우게 됐습니다. 이는 인민들이 태극기를 귀여워하며 사랑하며 사모하기 때문입니다. 북조선 인민들만 그런 것이 아니라, 남조선 인민들도 역시 태극기를 사랑하고 있습니다. 이 태극기 밑에 남북 조선

33) 고태우, 앞의 책, p. 92.

의 인민들은 튼튼히 단결할 수 있습니다. 그렇기 때문에 태극기를 그대로 두자는 의견입니다."[34]

## "정재용, 남조선 인민들도 한결같이 태극기 사랑, 통일 무기"

북한은 김구·김규식·조소앙 등이 불참한 가운데 제 2차 남북연석회의를 6월 29일부터 7월 5일까지 열었다. 여기서 새로운 북한국기인 인공기(人共旗)가 처음 선보였다. 김구는 7월 19일 "이로부터 남북은 호상 경쟁적으로 국토를 분열하여 동족상잔(同族相殘)의 길로 나갈 것"이라는 비난성명을 발표했다. 북한은 7월 10일 '북조선인민회의' 5차회의를 열고 '조선민주주의인민공화국' 헌법의 시행을 결의했다. 그리고 북한은 8월 25일 '조선최고인민회의' 대의원 572명을 선출하기 위한 선거를 실시했다. 이번 선거도 흑백투표였고, 유권자 4,526,065명 가운데 4,525,932명인 99.97%가 투표했고, 4,456,261명인 98.49%가 찬성했다고 발표했다. 김일성이 입후보한 평안남도 강동면 승호 선거구에서는 김일성을 암살하려던 한 반공청년이 잡혔고, 최창익은 해주선거구에서 저격당하는 등 신의주, 함흥, 해주와 기독교 성향의 농촌에서는 저항이 만만치 않았다. 이렇게 선출된 대의원들로 '조선최고인민회의'가 9월 3일 열려 '조선민주주의인민공화국' 헌법을 정식으로 채택했다. 헌법은 소련의 스탈린 헌법을 거의 그대로 모방했다. 이는 모두 소련점령군사령부의 사전 각본에 따른 것이다.

정권요직 인선에도 소련점령군사령부가 깊이 관여했다. 이들은 출신성분, 사상, 일제와의 투쟁경력, 소련에 대한 충성도 등을 기준으로 철저히 심사했다. 9월 8일 최고인민회의 의장에 허헌, 상임위원회 위원장에 김두봉을 뽑았다. 이는 국가주석에 해당하나 한직에 불과했다. 내각

---

34) 김학준, 앞의 책, p. 127.

수상에 김일성, 부수상에 박헌영과 홍명희, 민족보위상에 최용건, 국가검열상에 김원봉, 산업상에 김책이 각각 임명됐다. 북한은 1948년 9월 9일 '조선민주주의인민공화국' 수립을 선포했다. 이로써 아시아에서는 처음으로 소비에트식 공산정권이 탄생했다. 그러나 북한은 1947년 2월 8일 공산주의 정권을 수립했고, 1948년 2월 8일 조선인민군까지 창설해 공고화시켰다. 김일성은 이날 '조선인민공화국' 영토가 한반도 전체임을 상기시키고 '국토 완정(完整)'이 가장 큰 당면과제라고 강조했다. 국토 완정론은 무력에 의한 흡수통일론이다. 김일성은 "남북조선인민의 총의에 의하여 수립된 통일적 조선 중앙정부"라고 규정짓고, 미·소 양군 철수, 일제통치의 청산, 자주적 민족경제 건설 등을 주요 과업으로 선정했다. 한마디로 김일성은 스탈린이 선택한 사람이었다. 그는 특히 1947년 3월 5일 소련과 협정을 맺고 함경북도 청진, 라진, 웅기 세 항구를 소련에 30년 동안 대여했던 사실이 밝혀졌다. 북한 정권수립은 소련이 동유럽 국가에서처럼 아시아에서도 똑같은 형태로 진행되었다.

## 48년 9월 9일 북한정부수립 선포, 김일성 '국토 완정론' 주창

스칼라피노와 이정식은 북한정권수립과 관련 "소련의 권력을 통해 하나의 공산정권이 아시아에서 가장 보수적인 사회 가운데 하나인 북한에 이식됐다"며 "북한은 토착적 혁명을 통해서도 아니요, 공산주의와 민족주의와의 단합을 통해서도 아니라 소련군대 등에 업혀 공산주의 국가가 됐다"고 평가했다. 북한 정치경제를 대표적으로 상징하는 것 중 하나는 1948년 발행된 북한의 우표였다. 머리 위로 붉은 별이 빛나는 가운데 밀단 한 묶음을 안고 있는 김일성과 수력발전소 댐이 그려져 있다. 북한 사회주의는 '전기, 농업, 그리고 김일성'인 것처럼 보였다.

# 8. 스탈린, '50년 3월 30일 김일성 방소, 남침 최종승인'

## 북한, "대남 우월감, '남반부 해방' 역사적 임무, 자기 인식"

김일성은 정권수립과 함께 치밀하게 남침준비에 들어갔다. 남한의 숙군작업에 박정희와 같은 육사 2기 동기인 표무원, 강태무 소령 등 2명의 대대장이 470여 명의 부하들을 거느리고 1949년 5월 4~5일 월북했으며, 공군 조종사 2명은 비행기를 타고 월북했다. 해상에서는 좌익인사들이 해군함정과 미국 상선을 납치해 월북했다. 또 여수·순천10·19사건의 주모자 김지회, 홍순석 중위 등이 1천여 명을 데리고 지리산으로 들어가 빨치산 활동을 전개, 고무받았다. 정병준은 "남북 간의 활동은 거의 닮은꼴이었다. 상대방에 대한 적대의식에 기초해 무장폭동, 내란, 반란을 선동하고 공작을 펼친 것은 똑같았다. 양자의 차이는 한국이 북한에 효율적으로 침투하거나 대중을 움직이는 데 실패한 반면 북한은 남한 내 좌파를 동원해 수많은 공작사건을 성공시켰다는 점"이라며 "북한은 해주폭동과 호림부대 입북 등 단 2건의 공작사건을 매우 강력하고 효율적으로 선전했다. 이러한 선전은 북한이 6·25전쟁을 대내외적으로 '도발받은 정의의 반공격전'으로 위장하는 데 중요한 요소가 되었다"고 지적했다.[35] 김학준도 "무엇보다 중요한 것은 김일성과 그

35) 정병준, 《한국전쟁》(돌베개, 2006년), p. 290.

주변세력 스스로가 가진 우월감이었다. 북한은 일제식민지 잔재를 청산하고 사회주의 개혁을 실시해 깨끗한 독립국가로 출발했다는 자기들 나름의 인식에 빠진 것"이라며 "이 인식으로부터 그들은 '남반부 해방'을 당연한 역사임무로 받아들였으며, 여기서부터 '남조선 해방전쟁'을 계획하게 된 것"이라고 설명했다.[36)]

북한은 이른바 '남조선 해방전쟁', 곧 남침전쟁 준비와 개시를 위해서는 무엇보다도 스탈린의 동의와 지원이 필요했다. 북한은 1949년 2월 22일 김일성을 단장으로 한 박헌영, 홍명희, 백남운 등 6명의 공식수행원과 스티코프 대사 일행은 함께 모스크바로 출발, 3월 4일 도착했다. 김일성은 3월 5일과 7일 두 차례에 걸쳐 크렘린궁에서 스탈린과 회담한 후 3월 25일 레닌그라드를 출발해 귀환했다. 특히 김일성은 3월 7일 스탈린과 면담에서 처음으로 대남공격에 대한 승인을 요청했다. 정병준은 《한국전쟁》에서 "이날 김일성 · 스탈린 면담에서 6 · 25전쟁 개전과 관련된 북한의 핵심개념들이 사실상 확정되었다"며 두 사람간에 오간 면담 핵심내용을 소개했다.[37)]

> "**김일성**: 무력으로 전 국토를 해방하고자 한다. 남조선 반동들은 평화통일을 반대하고, 자신들이 북침할 충분한 힘을 확보할 때까지 분단을 고착화하려 한다. 이제 우리가 공세를 취할 절호기회가 왔다. 우리 군대는 강하고 남조선에 강력한 빨치산 부대의 지원이 있다.
> **스탈린**: 불가하다. 북한군이 남한군보다 확실한 우위가 아니며, 수적으로 열세이다. 남한에 미군이 주둔하고 있으며 개입할 것이다. 미 · 소 간에 38선 협정이 유효하다. 적들이 만약 침략의도가 있다면 조만간 먼저 공격을 해올 것이다. 그러면 절호의 반격기회가 생길 것이다. 그때는 모든 사람이 동지의 행동을 이해하고 지원할 것이다."

---

36) 김학준, 앞의 책, pp. 134~135.
37) 정병준, 앞의 책, p. 203.

## 스탈린, "전면남침 불가 거부, 북침에 대한 무력보복은 승인"

이상에서 보듯 여우같이 노련한 스탈린은 북한군이 남한에 비해 수적으로 열세이며, 미군이 주둔하고 있고, 38선 협정이 유효함을 들어 남침에 반대했다. 정병준은 "보다 중요한 사실은 1949년 3월 시점에서 이미 스탈린이 북한의 무력 대남공격을 기정사실로 인정하고 통일원칙을 수용했다는 점이다. 스탈린은 즉시 남침과 선제공격에는 반대했지만, 북한군의 준비완료와 국제정세의 변화가 허락한다면 언제든지 '도발받은 정의의 반공격전'을 허락하겠다고 통보했다"고 주장했다.[38] 반면 김학준은 이와는 다른 주장을 했다. 김일성은 "인민혁명의 분위기가 익을 대로 익어 있는 남조선은 풍선과 같다. 우리가 한번 찌르기만 하면 곧바로 터진다. 우리가 밀고 내려가면 남조선 인민들은 우리에 호응해 궐기할 것이다. 그때쯤이면 미군은 다 나가서 걱정하지 않아도 된다"고 말했다. 그러나 스탈린은 여전히 "신중히 생각하라"며 계획을 다시 세워보라고 지시했다. 이에 김일성은 어두운 표정을 지으며 "남쪽에서 자꾸 무력으로 공격해와 골치"라고 말하자 스탈린은 "도대체 그게 무슨 소리야? 이에는 이야! 남쪽에서 공격해 오면 갈겨, 후려갈기라구, 무기는 대줄테니까"라고 격려했다. 요약하면 스탈린은 김일성의 전면 남침계획에 대해서는 찬성을 유보했지만 남한의 무력공격에 대한 군사적 보복은 동의했다고 이 회담에 배석했던 통역관은 뒷날 이같이 회고했다.[39]

스탈린은 전면남침 유보 대신 김일성이 소련무기 구매를 위해 미국돈으로 3천만 달러의 차관제공을 요청하자 동의했다. 스탈린은 그 대가로 쌀을 비롯해 여러 가지 광물을 가져갔는데, 그 광물들 가운데 원자폭탄 제조에 쓰이는 많은 재료 가운데 하나인 모나자이트 정광도 포함되

38) 위의 책, pp. 294~295.

39) 김학준, 앞의 책, pp. 135~136.

었다. 3월 17일 '조·소 군사원조에 관한 협정'이 체결되었다. 이 협정에 따라 소련은 북한에 1949년 6월부터 대남공격용 무기원조를 본격 개시했다. 북한은 1949년 10월 1일 정미 3만 톤과 기타 물품으로 상환했다. 1950년에 제공된 군수물자용 차관 1억 2천만~1억 3천만 루블에 대해서는 금 9톤, 은 40톤, 모나자이트 정광 1만 5천 톤으로 지불했고, 평양에 노비코프 장군을 단장으로 한 군사사절단을 상주시켰다. 김일성은 1949년 4월 25일 스탈린에게 전투기, 탱크, 자주포 등 구체적으로 필요한 공격용 무기목록을 제출했다. 김일성은 북한군에 대한 군사기술 이전을 1949년 5월 말까지 끝내줄 것, 항공기술 이전을 1949년 9월 말까지 끝내줄 것을 요청했다. 스탈린은 1949년 6월 4일 김일성에게 요청을 모두 들어주겠다고 회답했다.

김일성은 푸가초프호의 동창생인 만주 빨치산파 김일을 4월 28일부터 5월 초까지 중국공산당으로 비밀리에 보내 남침계획을 설명하고 지원을 요청했다. 마오쩌둥과 저우언라이 등을 면담했다. 마오는 현재로선 북한의 대남공격이 바람직하지 않지만 1950년 초반 국제정세가 유리하게 돌아간다면 북한이 대남공격을 개시할 수 있으며, 일본군이 개입하면 중공군을 보내 격퇴시킬 것이라고 밝혔다. 그러나 마오쩌둥은 중국의 조치는 오직 모스크바의 동의가 있은 후에 시작될 것이라고 강조했다. 1949년 10월 1일 국공내전에서 중국공산당이 승리하자 중국은 1949년 하반기부터 1950년 5월까지 3만 7천 명 이상의 병력을 북한군에 편입시켰다. 조·중·소 삼각동맹 강화에 대한 우려는 여러 정보보고로 나타났다. 1949년 5월 7일 〈동아일보〉는 랭군발 중앙통신을 인용 "중공과 북한 간에 방위조약이 체결되었다"고 보도했다. 〈동아일보〉는 "조·중 조약내용은 ① 공동방위, ② 중공은 1949년 7월 1일부터 8월 31일 사이에 만주로부터 무기 및 병력을 북한에 제공, ③ 북한은 만주의 일본인 기술자 및 군수품 사용에 대해 최우선권을 보유한다"고 밝혔다. 미군 정보참모 정기보고서는 김일성은 방소 당시 남한의 북침위협을 강조하면서 정규군 6만 명과 예비군 8만 명의 무장에 필요한 장비와 군사원조를 요청했으며 액수는 한화로 3억 원, 미화로 86만 6천 3백 달러라고 밝혔다. 북한은 조・중・소 공산주의 삼각동맹의 강화와 병력증강, 무장강화 조치를 취하면서 내부 정치지도체제를 강화하는 조치도 취했다. 6월 24일 북조선노동당과 남조선노동당이 합동회의를 열어 '조선노동당'으로 통합, 출범시켰다. 위원장에는 김일성이 선출됐다. 김일성은 조선민주주의인민공화국 수상과 조선노동당 위원장을 겸해 명실상부하게 당정을 모두 장악했다. 제 1부위원장 박헌영, 제 2부위원장 허가이가 뽑혔다. 6월 28일 북조선민주주의민족전선은 남조선민주주의민족전선을 흡수해 '조국통일민주주의전선'을 결성했다. 7월 15일에는 '조국보위후원회'를 결성, 비행기와 탱크 헌납운동을 벌였다. 반동 부르주아로 찍힌 '조흥공사' 김낙진은 비행기 10대, 선일공업사 김선녀는 비행기 5대, 원동공사 리효주와 국제상사 리종혜, 조선통상 리철하는 각각 비행기 1대를 바쳐야 했다. 남한 빨치산 운동을 지원할 '조선인민유격대'를 창설했다. 박헌영이 장악한 '강동정치학원'을 '대남 게릴라 요원 양성기관'으로 바꿨다.

1949년 7월 1일 남한에 주둔하던 미군이 약간의 군사고문단만 남겨놓고 철수를 끝냈다. 이에 따라 원래 38도선을 경계를 하던 미・소 점령군이 물러나자 충돌이 매일 발생했다. 김일성은 9월 초 스티코프에게 옹진반도 공격계획을 설명했지만 스티코프는 찬성하지 않았다. 이유는 북한의 그러한 행동은 남한에 대한 침략으로 규정될 수 있고, 미국과 국제연합이 남한을 도우면서 한반도에서 다시 개입하게 될 명분을 줄 수 있다는 것이었다. 소련공산당 중앙위원회도 1949년 9월 같은 결론에 이르렀다. 스탈린은 북한이 미국개입을 유도할 수 있는 전면남침을 해서는 안 되며, 평화통일의 길을 계속해서 찾아보도록 노력하라고 지시했다. 스티코프는 1949년 10월 4일 김일성과 박헌영에게 스탈린의 지시를 전달하자 아주 못마땅해 했다. 이처럼 여우 같은 스탈린이 주저한 데는 그럴 만한 까닭이 있었다. 소련은 먼저 핵을 보유하는 미국과 전면전을 극도로 피하고 싶었고, 다음으로 미국이 한반도에서 전쟁이 발생하면 개입할지 여부를 제대로 파악하지 못했기 때문에 미국의 구체적인 한반도정책을 기다렸다. 정병준은 "스탈린이 1950년 1월 30일 스티코프 대사에게 보낸 전문과 1950년 3~4월 김일성과의 면담 때 행한 발언에서 공통적으로 '국제정세가 유리하다는 점'을 지적했다"며 "그가 지적한 국제정세의 유리함은 1949년 8~9월에 본격적으로 조성된 것이었고, 동아시아 정세를 근본적으로 변화시킨 것들이었다. 즉, 스탈린이 1949년 8~9월 동북아시아 정세의 급변을 지켜보면서 사실상 개전을 결심했을 가능성이 높다"고 주장했다. 그는 그 이유로 첫째는 중공이 대륙을 석권한 사실이고, 둘째는 미국이 전쟁에 개입하지 않을 가능성이 커졌다는 것이다.

### 스탈린, "미국 전쟁불개입 판단, 50년 1월 30일 개전결심"

중화인민공화국의 정식수립은 1949년 10월 10일이지만 이미 8~9월에 대륙을 평정했고, 소련은 9월에 원폭실험에 성공했다. 소련은 1949년 4월 중공군이 국부군을 추격하기 위해 양쯔강을 도하하면 미군이 개입할 것을 우려했지만 미국은 개입하지 않았다. 오히려 미국은 1949년 8월 4일 '중국백서'를 발표함으로써 중국포기를 선언했다. 다급해진 이승만은 8월 8일 진해 별장 육각정에서 자유중국 장제스 총통과 정상회담을 갖고 태평양동맹결성을 위한 예비회담 개최를 필리핀 퀴리노 대통령에게 제의했다. 정병준은 "이제 두 가지 점이 분명해졌다. 동북아시아에서 북한을 후원할 수 있는 강력한 공산주의 형제국가는 소련에서 중국으로 확대되었고, 조·중·소 공산주의 삼각동맹이 강화되었다"며 "반면 우려했던 미국의 개입은 없었고, 한 걸음 더 나아가 대륙포기가 선언되었다. 중국 대륙을 포기한 미국이 작은 땅 조각인 한반도에 개입할 가능성은 더욱 희박하다고 여겨졌다"고 말했다.[40] 특히 애치슨 미 국무장관이 1950년 1월 12일 한국과 대만을 미국 방위선에서 제외한다는 '애치슨라인'을 공식발표, 스탈린을 결정적으로 고무시켰다. 필자는 《시대정신과 대통령 리더십》에서 "당시 김일성과 스탈린, 마오쩌둥은 애치슨라인을 믿었고, 남한을 공략할 수 있다는 자신감을 갖게 되었다. 결과적으로 애치슨라인이 남침의 결정적 동기가 되었다"고 밝힌 바 있다.[41]

## 미 '애치슨라인' 공식발표, "불에 기름부은 격" 남침 결정적 동기

이런데도 남한의 이승만은 기회만 있으면 '북진통일론'을 외치며 허풍을 떨었다. 강준만은 《한국현대사 산책 1950년대편 ①》에서 "이승만과 정부의 '공갈 때리기'는 훗날 '6·25 유도설'을 낳게 할 정도로 이해하기 어려운 것이었다"고 지적했다.[42] 반면 김일성은 12월 모스크바를 극비리에 방문, 스탈린에게 전면 남침계획을 설득했다. 그러나 스탈린은 미국의도를 확인할 수 없었기 때문에 "신중해야 한다"고 경고했다. 그래도 김일성은 1950년 신년사에서 "북한은 '공화국 남반부의 해방'을 위한 준비를 다 갖췄다"고 큰소리 쳤고, 최용건 민족보위상은 "조선인민군은 조국의 통일을 위해 적을 분쇄할 준비가 되어 있다"고 장담했다. 김일성은 1950년 1월 17일 박헌영의 관저에서 스티코프 대사를 만나 "남조선 해방분위기가 무르익었는데도 스탈린이 어째서 주저하는지 불만스럽다"

---

40) 정병준, 앞의 책, p. 433.

41) 김인수, 《시대정신과 대통령 리더십》(신원문화사, 2003년), pp. 35~36.

42) 강준만, 《한국현대사 산책 1950년대편 ①》(인물과 사상사, 2006년), p. 26.

고 말했다. 그는 "중국이 통일을 성취했으니 이제는 조선이 통일될 차례로서 조선의 통일이 늦어지면 조선의 인민들은 무척 실망할 것"이라며 "그 점을 생각하면 밤에 잠이 오지 않는다"고 하소연했다. 소련대사관은 "김일성이 술에 잔뜩 취해 주정을 부리며 마구 떠들어 댔다"고 본국에 보고했다. 스탈린은 1950년 1월 30일 스티코프에게 전문을 보냈다. 그는 우선 "김일성의 불만을 충분히 이해한다"며 "그러나 김일성은 대단히 치밀하게 준비해야 하며 절대로 모험을 해서는 안 된다"고 경고했다. 그는 "그 전제 아래 자신이 곧 김일성을 만날 것이며, 북한에 대한 경제 · 군사원조를 제공하겠다"고 약속했다. 스탈린은 2월 2일 스티코프에게 전문을 보내 김일성의 남침계획을 아무도 모르게 철저히 비밀에 부쳐야 한다고 지시했다. 일부학자는 1월 30일 전문을 근거로 스탈린이 김일성에게 6 · 25전쟁을 승인했다고 주장했다.

스탈린은 3개 보병사단 창설을 동의했으며, 전쟁준비를 위해 1951년도 차관분 7천 백만 루블을 1950년에 미리 끌어다 쓰도록 했고, 무기를 새로 구입할 수 있도록 3천만 루블의 차관을 추가로 제공했다. 대신 납 2만 5천 톤을 매년 보내도록 했다. 미국 〈뉴욕타임스〉는 1950년 1월 31일 월터 설리반 극동특파원의 기사를 게재했다. 기사는 중국공산당의 승리는 공산주의자로서보다는 부패 무능한 중국의 전통사회를 개혁하려는 혁명세력으로서 중국사회의 혁명기운에 편승했기 때문에 가능했다는 애치슨의 1월 12일 연설을 인용하며 이승만을 장제스에 비유하였다. 이승만은 중국대륙에서 혁신 기운에 거역하여 결국 패망해버린 장제스처럼 남한에서 혁명 기운에 거역하고 소수만을 위한 부패한 통치를 하고 있다는 것이다. 기사는 또 중국에서 장제스가 실패한 경험에 비추어 볼 때 한국인들이 장래 한국운명을 결정할 텐데 남한의 내정개혁 없이는 미국정부가 부패하고 독재적인 이승만 정권에 아무리 원조해야 소용없을 것이라고 평가했다. 즉, 남한에 무기를 줘봐야 중국에서처럼 미국이 국민당 정부군인 국부군에게 공급한 무기를 가지고 한번 싸워보지도 않고 공산군에 투항하여 결국은 공산군이 미국 무기를 장제스와의 전쟁에 사용한 것과 똑같은 현상이 일어날 것으로 우려했다.[43]

이승만은 애치슨라인 선포나 미국언론의 비판에도 아랑곳 하지 않고 1950년 3·1절 기념식에서도 '북진통일론'을 역설했다. 이승만은 4월 6일 북에 "유엔감시 아래 인구비례에 의한 국회의원을 선출하여 대한민국 국회에 합류 통일정권을 수립하자"며 "김일성과 박헌영도 죄를 용서하고 포섭하겠다"고 허풍떨었다. 이때 스탈린은 남침을 공식 승인했다. 1950년 3월 30일 김일성을 크렘린에 비밀리에 불렀고, 4월 25일 귀환했다. 김일성은 스탈린을 세 번 만났으며 남한군대를 섬멸할 자신이 있고, 미군은 절대로 개입하지 않을 것이라고 장담했다. 스탈린은 "국제적 상황이 유리하게 바뀌고 있으므로 김일성의 계획을 지지한다"며 전면남침 계획에 동의했다. 최종결정은 마오쩌둥의 동의를 받은 뒤 내려져야 한다고 주문했다. 그는 "마오가 반대한다면 김일성의 남침계획은 연기될 수밖에 없다"고 덧붙였다. 김일성과 박헌영은 5월 13~15일 비밀리에 베이징을 방문했다. 마오쩌둥은 스탈린의 의사를 확인한 후 북한을 돕겠다고 확실히 다짐했다. 김일성이 평양에 돌아왔을 때 스탈린이 약속한 무기와 장비들이 도착했다.

## 스탈린, "50년 3~4월 '국제적 상황 유리' 김일성 남침 승인"

북한의 전쟁준비 상황을 전혀 모른 남한의 신성모 국방장관은 5월 10일 "현재 우리 해군은 일단 유사시에는 … 하고 싶은 행동을 어디까지든지 할 수 있는 힘과 태세를 갖추고 있다"고 큰소리쳤다. 이호재는 《한

---

43) 이호재, 《한국외교정책의 이상과 현실: 이승만 외교와 미국정책의 반성》(법문사, 2000년), pp. 431~432.

국외교정책의 이상과 현실》에서 "이승만이 실속 없는 허세만 부림으로써 정작 미국으로부터 공급받기를 원했던 필요한 무기를 얻지 못한 채 그의 무력통일정책은 시종 북한을 위협한 '공갈정책'에 지나지 않는 것이 되어버렸다. 6·25전쟁 돌발 자체가 바로 이승만 대통령의 '공갈정책'이 실패한 결과라고 할 정도로 그의 '무력통일 공갈'은 매우 중요하고 심각한 결과를 가져왔다"며 "무력통일 허세를 부려 (미국) 사람들은 이승만과 그의 정권이 북한에 비해 우월한 힘을 갖고 있거나 적어도 자위할 실력을 가지고 있을 것이라 믿어 더욱 무기를 주려고 하지 않았다. 한국이 북한에 비해 열세라는 것을 아는 사람들은 무기만 주면 이 대통령과 그의 군대가 38선을 넘어 북진할 것을 두려워해 무기를 공급하지 않았다"고 주장했다.[44] 애치슨은 1954년 한 세미나에서 "만약 대한민국이 확고한 보장을 받았다면 매우 도발적이고 호전적이 되었을 것"이라고 말해 이를 뒷받침했다.

이러한 상황에서 북한은 소련과 마지막 협의를 거쳐 남침 개시일을 6월 25일로 확정, 중국에 통고했다. 북한은 마지막 위장평화공세를 펼쳤다. 러시아가 공개한 개전 당시 북한군의 병력규모는 다음과 같다.

> "육군: 총원 17만 5천 2백 명, 10개 보병사단(제 1, 2, 3, 4, 5, 6, 10, 12, 13, 15사단), 국경경비여단 4개(제 1, 3, 7 국경경비여단 및 제 5 철도여단), 105 탱크여단 1개 탱크 258대, 독립포병연대 1개, 독립고사포연대 1개 등 대포 1,600문, 603모터찌끌연대 1개, 공병연대 1개, 통신연대 1개, 경비연대 1개 포함. 공군: 1개 항공사단에 항공기 239대(습격기 IL-1,093대, 전투기 YAK-979대, 기타 67대)와 병력 2,829명 보유. 해군: 4개 함대 및 지원함 19척으로 총 10,297명이며, 그 중 승조원 3,680명, 해병 5,483명, 해안경비 1,134명이다."

44) 위의 책, pp. 433~434.

이에 비해 한국군 병력통계에 따르면 1950년 6월 16일 한국군 보유현황은 육군 94,373명, 해군 7,263명, 공군 1,898명, 경찰 48,273명, 예비군 37,326명 등이었다.[45]

최근 6·25 남침과 관련 자료들이 속속 새롭게 드러나자 "북한도 속았다"며 미국이 세계패권(覇權)을 위해 전쟁을 일으키도록 방치했다는 주장이 제기되었다. 여우 같은 스탈린이 그렇게 염려하고 경고했던 '미국개입'이 남침 전면전이 일어나자마자 눈앞에 현실로 다가왔다. 이희진·오인화 공저의 《한국전쟁 수수께끼》에서 "맥아더는 1949년 1월 19일 육군성에 '공산주의자들의 충동으로 남한 내부의 질서가 혼란한 상태 아래서 자행될 북한의 전면남침에 성공적으로 대처할 능력을 가진 한국의 경비대를 설치하기엔 미국의 능력이 미치지 못한다'고 응답했다. 이를 알면서도 미국방위선에서 한반도를 제외시키는 '애치슨라인'을 선언해 놓고 북한에 경고 한 번 제대로 하지 않았다. 오죽했으면 북한은 미국이 개입하지 않을 것이라고 확신하고 있었을까"라고 반문하고 "인민군 제 2군단 작전참모 이학구는 낙동강 전선에서 포로가 된 후 '미국이 전쟁에 개입할 것이라고는 전혀 생각지 않았고, 미국참전 가능성에 관해서 들은 바도 없었으며, 오산에 미군이 와 있다는 것을 알고 몹시 놀랐다. 그것은 우리로서는 하나의 충격이었다'고 증언했을 정도로 북한은 미국이 개입하지 않을 것이라 확신했다. 그런 확신이 없었다면 감히 전쟁을 일으킬 꿈도 꾸지 못했을 것"이라고 주장했다. 이들은 "미국 특성상 군비에 필요한 예산지출은 국민들의 동의(同意)가 필요했다. 구체적인 전쟁 없이 '공산주의 위협' 운운해봐야 국민들이 막대한 세금을 부담하지 않을 게 뻔했다. 이를 무시하고 밀어붙였다간 선거에서 패배해버린다. 실제로 한반도에서 전쟁이 일어나기까지 미국 방위비는 매년 삭감되고 있었고, 미국경제도 조금씩 불황 기미를 보였다"며 "이런

---

45) 정병준, 앞의 책, pp. 319~326.

추세를 단번에 뒤집어버린 것이 바로 6·25전쟁"이라고 강조했다. 이들은 "한반도에서 소련 세력의 팽창을 직접 막은 결과 미·소의 냉전구조가 확립되고, 미국은 자유세계의 경찰을 자처할 수 있게 되었다. 사실 미·소 냉전구도가 실제로 무력충돌이 벌어진 곳은 한반도가 유일하다. 결국 미국은 6·25전쟁을 기화로 막대한 국방비를 지출할 수 있었고, 덕분에 세계를 주무르는 패권국가가 되었다"며 "6·25전쟁이 없었다면 군비를 축소하려는 흐름을 막을 수도 없었을 것이고, 축소된 군비를 가지고는 세계분쟁에서 원하는 방향으로 사태를 수습해나갈 수 없었을 것이다. 결론은 분명하다. 6·25전쟁이 아니었으면 미국이 지금같이 초강대국(超强大國)으로 올라선다는 것은 불가능한 일"이라고 말했다.[46] 한번쯤 이들의 주장을 새겨볼 필요가 있다고 본다.

## 미국 "'6·25전쟁' 통해 국민설득, 세계패권 초강대국 우뚝"

그런데 이러한 미국의 의도를 간파, 남한에서 전면전쟁이 일어나면 미군의 개입이 불가피해진다고 김일성의 남침계획을 계속 반대했던 인물이 있었다. 바로 김일성의 오른팔인 최용건 민족보위상이다. 서동만은 《북조선 사회주의체제 성립사》에서 "민족보위성 작전국장 유성철의 증언에 따르면 최용건은 미군 개입가능성을 우려하며 전면공격에 소극적이었다. 따라서 그는 전선에 배치되지 않았으며, 대신 전선사령관에 김책이 임명되었다"고 밝혔다.[47]

46) 이희진·오인환 공저, 《한국전쟁 수수께끼》(가람기획, 2000년), pp. 134~143.
47) 서동만, 《북조선 사회주의체제 성립사》(선인, 2005년), p. 381.

# 9. 6·25전쟁, '인간성 상실시대, 인간 사냥터'

## 최소 300만~450만 명 사망, 처칠 "이런 유혈참극 처음"

미 저명 언론인 데이비 핼버스템은 최근 유작《콜디스트 윈터》(*Coldest Winter*)에서 "6·25전쟁은 소련과 김일성의 오판에서 벌어진 전쟁이고 원인제공자는 미국"이라고 했다. 김일성의 오판으로 야기된 6·25전쟁은 3년 동안 3백만 명에서 최대 450만 명이 사망하는 등 한마디로 '인간성(人間性) 상실시대'였다. 특히 남북 모두 저항할 힘없는 노인과 부녀자, 어린이 등 피난민과 양민들이 대량학살당해 한반도 전역은 '인간 사냥터'가 됐다. 윌리엄 스톡은 3백만 명의 사망·실종, 김동춘은 북한 250만 명 남한 195만 명 사망, 브루스 커밍스와 존 할리데이는 3~4백만 명이 사망했다고 했다. 남북한 인구 3천 백만 명 중 최소한 10분의 1 이상이 사망한 것이다. 제 2차 세계대전을 온몸으로 겪으며 참호 속에서 런던이 폐허가 될 때까지 독일의 침공을 견뎌낸 윈스턴 처칠조차 "내가 74살이 먹도록 그렇게 유혈적인 참극이 일어난 곳을 보지 못했다"고 개탄했을까. 케이스 비치(Keyes Beech) 미국 특파원은 "지금은 한국인으로 태어날 때가 아니다. 양키들이 한국인들을 눈에 띄는 대로 쏘아죽이고 있기 때문이다. 신경질적인 미군은 어떤 한국인이든 쏴죽일 태세였다"고 보도했다. 종군기자들 사이에서도 "모든 사람이 가장 하고 싶은 것은 한국인을 죽이는 것이었다"고 썼다.

6·25전쟁이 발발하자마자 남북한의 전력 차는 여실히 드러났고, 한

국군은 일방적으로 밀렸다. 정병준은 《한국전쟁》에서 "한국군의 급격한 붕괴는 한국군이 기본적으로 방어를 염두에 두지 않았다는 점 때문"이라며 "북한군의 주요 예상 공격로를 중심으로 종심방어를 구축하지 않았고, 주요 도로·철도·접근로에 대한 봉쇄계획을 세우지 않았으며, 탱크와 병력이동에 대비해 대전차·대인지뢰를 매설하지도 않았고, 군수보급창고의 대부분을 서울 이북지역에 위치시켰다"고 지적했다.[48] 미군은 1949년 6월 철수하면서 5만 개의 지뢰를 이양했는데 훗날 맥아더는 의회 증언에서 "한국군이 대전차 지뢰를 매설하지 않았다"고 말했다. 이는 당시 한국군의 가장 공포의 대상이었던 북한의 105탱크여단장 류경수를 다룬 회고록에 따르면 개전 초기 북한 탱크부대는 대전차지뢰 매설을 가장 우려했다. 척후정찰을 통해 지뢰매설을 발견했지만 대전차지뢰가 아닌 대인지뢰였다. 이에 북한 탱크부대는 지뢰 우려를 접고, 거침없이 밀고 내려왔다.

## 미국 특파원 "지금은 한국인으로 태어날 때가 아니다"

김양명은 《한국전쟁사》에서 개전 당시 한국군의 방어계획과 관련 "적이 침공할 경우 1차적으로 38선에 배치된 4개 보병사단과 17연대로 하여금 경계진지선(2~4㎞)에서 이를 저지토록 하고 상황에 따라 옹진반도의 17연대를 인천으로 철수시킨다. 2차적으로 주방어선은 임진강 남안-고당포-초성-가평 북방-춘천 북방-주문진 북방의 연신을 구축, 적의 진출을 최대한 저지한다. 후방 사단은 가장 위급한 지역부터 조속히 투입한다"는 정도였다.[49] 미군당국 회고에 따르면 전쟁발발 수일 내에 남한은 군사장비의 70%를 상실했는데, 이는 모두 한강 이북지역의

48) 정병준, 앞의 책, pp.680~681.

49) 김양명, 《한국전쟁사》(일신사, 1976년), p.178.

전투에서 발생했다. 서울이 3일 만에 북한군의 수중에 들어가게 되자 군수물자 대부분이 서울 이북에 위치, 한국군에 의해 소각되거나 북한군에게 넘어갔다. 한국군의 방어를 무시한 공격편제·배치가 초래한 결과였다. 정병준은 "1950년 개전(開戰)은 북한에게 오랫동안 준비해온 전면공격의 실현이자 숨겨왔던 힘의 발현이었던 반면 한국에겐 진정 예상치 못했던 불의의 기습공격이었다. 한국군은 자신이 공격자라고 확신했던 허구적 믿음 위에서 공격당했다"며 "효과는 배가 되어 한국군에겐 물리적 충격 이상의 허점이나 심리적 충격이 가해졌다. 한국군의 초기붕괴는 이러한 심리적 충격이 적지 않은 요인이었다. 1950년 6월 25일은 한국군에게 '진정한 불의(不意)의 기습남침'이었다"고 결론지었다.[50]

전쟁개시 이후 이승만과 김일성의 행동도 대비됐다. 이승만은 6·25 전쟁이 발발하자마자 "국군이 잘 싸우고 있다. 국군이 공산군을 무찌르고 있으니 동요하지 말라"고 계속 방송하면서 피난 갔고, 대전서는 27일 밤 10시 전화로 "정부는 대통령 이하 전원이 평상시와 같이 중앙청에서 집무하고 국회도 수도 서울을 사수하기로 결정하였으며, 일선에서도 충용 무쌍한 우리 국군이 한결같이 싸워 오늘 아침 의정부를 탈환하고 물러가는 적을 추격중이니 국민은 군과 정부를 신뢰하고 조금도 동요함이 없이 직장을 사수하라"는 '거짓말' 방송으로 일관해 국회의원 60여 명이 납북되고 서울시민 백만 명이 그대로 머물다 공산치하에서 곤욕을 치렀다. 이승만은 도망다니기에 바빴다. 특히 박명림은 《한국 1950: 전쟁과 평화》에서 "6월 27일 새벽 2시 서울 탈출 이후 7월 9일 대구로 이동하기까지 서울-대구-대전-수원-대전, 그리고 다시 대전-이리-목포-부산-대구에 이르는 15일 동안 이승만의 행적은 한마디로 의문투성이였다. 단순한 우왕좌왕이라고 부르기에는 국가원수로서 너무 갈팡질팡했다. 누란(累卵)의 위기에서 이승만은 두 번의 통치공백, 사실상의 통

50) 정병준, 앞의 책, pp. 682~683.

수권 유고사태를 빚었다. 처음엔 대구로 혼자 도망갔다가 대전에 도착할 때까지 열차 내에서 머문 12시간 30분이었고, 두 번째는 훨씬 더 길어서 대전-부산 간 이동에 소요된 32시간이었다. 이 시간 동안 이승만은 아무런 군 통수기능을 행사할 수 없었고, 전쟁발발 직후 그를 추적하느라 정부로서 정상적 기능도 수행하지 못했다"고 말했다.[51]

장택상은 국회의원들이 정부를 따라 대전에 집결했을 때 있었던 일화를 소개했다. "국회는 이승만 대통령이 국민들에게 사과문을 발표하라고 의결했다. 신익희 국회의장, 조봉암 국회부의장과 내가 이 박사를 찾아가 그 필요성을 역설했으나 '어디 내가 당 덕종이냐'(백성이 난에 휩쓸리게 한 것을 자기 잘못으로 알고 사과문을 발표한 당나라 덕종) 라고 한마디로 거절했다. '내가 국민 앞에 왜 사과를 해. 사과할 테면 당신들이나 해요'라는 말이 이승만의 마지막 답이었다."[52] 단정수립에 큰 기여를 했던 모윤숙의 항변은 당시 민심을 잘 대변했다. "9월 30일인데 경무대에 가서 이 박사를 만났습니다. 어찌나 분한 생각이 가슴에 북받치던지 곧장 달려들어 넥타이를 붙잡고 대롱대롱 매달렸어요. '할아버지 도대체 나를 부려먹고 막판에는 방송시키고 혼자만 살려고 피난 가기예요' 라고 바락바락 악을 썼어요."[53] 김일성은 한국군의 평양탈환 10월 19일에 앞서 주요 인사들을 10월 12일 모두 대피시켰다.

## 이승만, "국가 최대 위기상황, 도망가기 바빠 대통령 자격 없어"

국가가 전쟁이라는 최대 위기에 처했는데 나 혼자 살겠다고 도망다니기 바빠 군통수권을 48시간이나 유고시킨 국가지도자로서 기본적 자질

51) 박명림, 《한국 1950: 전쟁과 평화》(나남, 2002년), pp. 172~173.

52) 김동춘, 《전쟁과 사회: 우리에게 한국전쟁은 무엇이었나?》(돌베개, 2000년), p. 325.

53) 위의 책, pp. 320~321.

도 갖추지 못해 대통령이라고 부를 수 없는데, 최근 이승만에 대해 초대 대통령으로서 합당한 재조명 작업을 주장하는 일부 학자나 언론을 보면 참으로 안타깝다. 임진왜란 당시 선조가 의주로 피난 갈 때 백성들은 경복궁을 불태웠고, 임금을 버렸으며, 광해군에게 권좌를 잠시 넘겼다. 무초 미국대사는 이승만의 서울 도피를 계속 반대했다. 북한군은 28일 서울을 완전 장악했다. 그리고 북한군은 3일간 그대로 머물렀고 지금도 의문이다. 춘천전투 때문이었다는 주장과 제 1군단이 도하장비를 제대로 갖추지 못했고, 한국군의 한강선 방어가 완강했기 때문에 3일간 그럭저럭 지체되었다는 주장이 보다 설득력을 갖는다. 우선 춘천지구 김종오 6사단장은 6월 22일부터 경계태세를 강화하며 동시에 전 장병의 외출을 금지시켰다. 때문에 북한군 2만 4천 명이 기습공격했지만 40% 이상의 전력을 상실한 채 실패했다. 6사단은 북한군과 3일간 대치하며 춘천을 사수했으나 육군본부 명령에 따라 충주로 철수하면서 북한군은 27일 저녁 10시가 되어서야 춘천에 입성했다. 원래 하루 만에 춘천을 점령하고 한강이남 쪽으로 치고 들어가 국군을 포위하고 한강방어선 구축을 저지하려던 초기작전 계획이 수포로 돌아갔다는 것이다.[54]

박명림은 《한국 1950: 전쟁과 평화》에서 "서울에 1차로 진주한 북한군 3사단은 한강 남안에 대한 공격도 먼저 착수했다. 3사단은 29일 밤이 되어 맹렬한 포격을 가하기 시작했다. 30일 포병과 전차사격의 엄호를 받으며 북한군은 서빙고 방면으로 한강을 건넜다. 대부분은 헤엄을 치거나 도보로 강을 건너 도강(渡江) 장비가 어느 정도인지 알 수 있었다. 전투기록에 따르면 38선 전투에서 23발만 사용했는데 한강 노량진 전투에서는 벌써 602발을 사격했을 만큼 저항은 크게 강화되었다"며 "시흥지구 전투사령관으로서 초전의 한강남안 방어를 담당했던 김홍일에 따르면 한강선에서의 전투는 28일 저녁 인민군 포사격으로 시작되었

---

54) 김종오, 《변질되어 가는 한국현대사의 실상(上)》(종소리, 1989년), p. 249.

고, 본격적인 도강은 29일 오전부터였다"고 증언했다. 북한군은 7월 1일에야 영등포를 점령했다. 박명림은 또 "인민군 2사단 공병부대의 7월 3~4일 극비보고에 따르면 '30일부터 팔당리 구역 한강도하를 개시했으나 도강장비 부족으로 4일까지 완료되지 못한 상태였다. 무게가 12.6톤이 나가는 싸마호트는 그대로 있다'고 적었다. 장비부족으로 도강에 5일이 넘게 걸렸던 것"이라며 "한국군의 저항 역시 38선 전투와는 달리 이미 완강해지기 시작했다. 막강 북한군 4사단은 한강 도하직전에 이미 사망 227명, 부상 1,822명, 실종 107명, 총 2,156명의 인명피해를 기록했다. 전쟁시작 며칠 만에 벌써 사망과 부상의 숫자가 수백 명에서 수천 명 단위에 이를 만큼 큰 전쟁이 되고 있었다"고 밝혔다.[55]

## "춘천전투 북한군 고전, 1군단 도하장비 전무 3일간 지체 불가피"

북한군은 한국군을 언제든지 섬멸할 수 있다는 자신감을 가졌기 때문에 3일 정도는 괜찮다고 서두르지 않았던 것 같다. 이는 북한군이 낙동강 전선까지 파죽지세(破竹之勢)로 밀고 내려가면서 충분히 입증했다. 미 정보기관은 "북한군의 유격기습은 제 2차 세계대전의 어떤 군대보다 뛰어나다"고 기록했고, 김종오는 "북한군의 정신력 또는 '정신적 저돌성'이 탁월했다는 증언들이 잇따랐다"고 밝혔다. 미군 스미스부대는 7월 1일 부산항에 도착, 7월 5일 오산 북쪽 죽미령 고개에서 첫 교전했는데, 540명의 부대원 중 150명 사망, 장교 5명과 사병 26명 실종, 105㎜ 곡사포 등 공용화기 대부분 분실이라는 치욕적 패배를 당했다. 특히 중국내전 등 전쟁경험이 풍부했던 '중국군 출신의 한국인들'로만 구성된 방호산의 제 6사단은 미군에게 강렬한 인상을 남겼다. 방호산은 경기, 충청, 호남지역을 거침없이 돌파한 후 8월 1일 진주를 점령하고 부산을 코

55) 박명림, 앞의 책, pp. 85-87.

앞에서 위협했다. 북한은 방호산에게 8월 29일 영웅칭호를 수여했다고 브루스 커밍스는 밝혔다. 소련 라주와예푸 군사고문단 보고에 따르면 "한강에 도착하면 먼저 도하하라", "도하자재 있으면 먼저 건너가라"고 직접 하달했다. 군사고문단은 초전작전을 평가하면서 공격작전 기간에 한국군에 대한 추격이 효과적으로 이루어지지 않았다는 점을 지적했다. 특히 서울을 점령한 후 각 부대가 행한 극단적으로 완만한 행동과 개별 부대 지휘관들의 임무유기로 한국군은 한강을 도하하고 교량을 파괴했으며, 남쪽 강변에 방어선을 구축하여 북한군의 진격을 늦출 수 있었다고 평가했다. 스탈린은 7월 1일 스티코프 대사에게 전문을 보내 북한당국의 의사가 '계속전진'인지 '진격중단'인지 물었다. 그러면서 스탈린은 "소련의 견해는 의심의 여지없이 계속전진이라는 점"을 분명히 했다. 남한이 빨리 해방될수록 그만큼 미국의 개입가능성은 줄어들기 때문이라는 것이라고 외교통상부는 러시아 외교문서에서 밝혔다. 다음날 스티코프의 전문에 따르면 김일성과 박헌영은 미국의 개입으로 초래된 전쟁의 난관을 인지하고 있었으며, 김두봉과 홍명희는 순전히 북한의 군사력만으로는 미군을 상대로 전쟁을 수행하는 것이 어렵다고 보고 있었다. 이날 소련의 로신 주중대사와 저우언라이의 대담에 따르면 마오쩌둥은 벌써 서울을 방어하기 위해 미군이 상륙할 가능성이 있는 인천지역에 강력한 방어진지를 구축해야 한다고 생각하고 있었다. 또 마오쩌둥은 1949년 5월과 1950년 5월에 미국의 개입가능성에 대해 경고했음에도 불구하고 김일성이 과소평가했음을 언급했다고 한국전쟁관련 러시아 외교문서에서 밝혀졌다. 스탈린과 김일성의 오판이 낳은 결과였다.

7월 3일 김일성은 박헌영과 함께 스티코프를 만나 초전에 군대 진격이 느리고 도강작전(渡江作戰)이 제대로 이루어지고 있지 못한 데 대해 불만을 표출했다. 군대의 진격은 중부방면에서 특히 느렸다. 최용건 민족보위상이 현지에 있음에도 불구하고 도하작전이 조직적으로 진행되지 않았으며 김일성은 그의 업무처리에 대해 불만을 표시했다. 당시 북한 공병상황과 관련 주영복은 "북한군 공병을 무력화한 책임은 전적으로 공병고문 스타니코프가 중좌가 져야 한다. 그는 우리나라 산천을 우습게 봐 왔고 특히 '한강, 금강 따위는 발 벗고 건널 수 있지 않는가?'라는 어리석은 판단을 했다"며 "그래서 개전 이래 빈손이나 다름없는 각 사단 공병대대는 공병보장을 제대로 못해 많은 상급공병군관이 책벌받았다"고 주장했다. 북한군으로서는 최악이었지만 한국군으로서는 더 없는 축복이었다. 그는 낙동강에서도 똑같이 재현되어 뗏목을 타고 중화기를 운반하다가 미군폭격으로 죽을 뻔했다.[56]

## 마오쩌둥, "미국 개입가능성 두 차례 경고 불구 김일성 과소평가"

박명림은 "놀랍게도 김일성은 전쟁의 시작과 거의 동시에 미군의 상륙을 예상하고 있었던 것이다. 최용건에 대한 김일성의 때 이른 불만표출은 도강의 지체가 결코 의도된 선택의 결과라거나 작전의 산물이 아니었다는 점, 북한지도부가 전쟁 초기부터 최고지휘부 수준에서 갈등을 노정하고 있었다는 점을 보여 준다"고 주장했다.[57] 김일성은 4일 최용건 대신 북한군 최고사령관에 취임, 군사지도 전면에 나섰다. 최고사령관 김일성-전선사령관 김책-전선사령부 참모장 강건으로 지휘부가 재편됐고, 군단장은 김웅과 무정이 각각 맡아 보조하면서 사단장들을 진두지휘하며 전쟁을 이끌어갔다. 이 중 강건은 9월 8일 미군 포격으로 사망했다고 주영복은 밝혔다. 초전 작전실패에 대한 책임을 물어 2군단장 김광협은 군단 참모장으로 굴욕적 강등을 당했고, 2사단장 이청송과 7사단장 전우 역시 초전실패를 책임지고 파면당했다. 전선사령부 설치

56) 주영복, 《내가 겪은 조선전쟁》(고려원, 1990년), pp. 454~456.
57) 박명림, 앞의 책, p. 90.

는 스탈린의 제의에 의한 것이었다. 북한은 서울을 점령하자마자 7월 1일부터 '조선인민의용군 동원령'을 발표, 곧바로 시행에 들어갔다. 남한에 조선의용군 본부가 만들어졌고, 18세 이상 55세 미만의 남자는 북한군에 자원입대하거나 전쟁에 필요한 생산과 복구사업에 의무적으로 동원됐다. 7월 30일에는 더욱 강력한 조치가 취해져 18세부터 37세까지 남자들은 언제라도 군에 동원할 수 있도록 해 남한에서 40만 명이 북한군에 입대했다. 그러나 이들은 전투훈련 및 사상훈련 미비로 전투의욕과 사기는 극도로 낮았다. 새로 징집된 병사들로 채워진 비중이 많으면 많을수록 부대통솔이 어려웠고, 지휘체계가 확립되지 않았다. 간부들은 전부 북한출신들로 구성되어 새로 징집된 병사들과 조직적 인간적 연계는 전무했다. 미군에 투항했던 13사단 참모장 이학구는 사단병력 70~80%가 남한에서 징집한 병사들이었다고 진술했다. 그들은 군사훈련을 거의 받지 못했으며 보급체계 붕괴로 식사도 하루 두 끼씩밖에 하지 못했고, 무기는 거의 받지 못했다. 특히 보급체계 붕괴는 미군폭격 때문이기도 했지만 북한군의 양적 팽창도 큰 이유였다.

박명림은 "북한군이 1950년 9월 15일 인천상륙작전과 동시에 낙동강에서 일거에 붕괴된 데는 이러한 연유도 크게 작용했다"며 "거의 모든 부대들은 미군과 한국군의 대규모 공세 없이도 순식간에 무너져 내렸다. 보급과 훈련, 사상무장 없이 마구잡이로 징집된 병사들은 계속된 전투로 인한 피로와 두려움 앞에서 급격히 와해됐던 것"이라고 분석했다.[58]

### "남한 의용군 40만 명 징집, 마구잡이 투입, 전투력 급격 와해"

북한은 점령지에서 토지개혁 등 여러 개혁조치들을 시행했으나 이미 남한도 1950년 4월 토지개혁을 마쳤기 때문에 호응을 받지 못했다. 북

58) 위의 책, p. 218.

한의 동원령 등 점령통치는 대다수 남한사람들로 하여금 공산주의에 대해 엄청나게 큰 반감과 두려움을 갖게 만들었다. 이 점에 대해서도 김일성은 뒷날 남로당 출신 교조주의자들이 점령기간에 적지 않은 잘못을 저질러 남한사람들이 반공사상을 갖게 됐다고 솔직하게 시인했다. 그래도 북한은 여전히 자신감을 보였다. 8월 들어 경상도와 제주도를 제외한 전역을 장악한 김일성은 7월 16일, 8월 1~2일, 8월 9~14일 세 차례 전장을 시찰했다. 그는 "우리는 여러 전투에서 승리했다. 계속 승리할 것이다. 우리 영웅한 인민군은 세계에서 가장 강하다는 미군을 2차, 3차 강타하여 막대한 손실을 주고 구석에 몰아넣었다. (중략) 빨리 부산까지 몰고 가서 바다에 처넣어야 한다"고 독려했다. 김일성은 8·15광복 5주년 기념식에서 "북한군이 남한면적의 90%와 남한 인구의 92%를 해방시켰다"며 "남한사람들이 들고 일어나 미군과 이승만 정권을 몰아내자"고 선동했다. 낙동강 계선에 도달하기까지 북한군은 미군공습으로 엄청난 병력과 무기의 손실을 감당해야 했다. 북한군이 자랑하던 싸마호트 부대는 포탄이 없고 휘발유도 없어 다른 차량의 휘발유를 모두 모아 '조금씩 보충'하는 수준이었다. 북한군 탱크들도 대부분 미군폭격으로 파괴된 상태였다. 미국의 신속한 개입과 공중폭격 지원은 김일성과 스탈린이 전혀 예상치 못했던 시나리오였다. 김일성은 국공내전 과정에서 미국을 일종의 종이호랑이로 오판했다. 세계최강 군대는 자신을 과소평가한 김일성에게 대가를 톡톡히 치르게 했다.

8월 1일 저녁, 미 8군사령관 월튼 워커 대장은 낙동강 방어선 구축을 명령했다. 낙동강 방어선은 부산을 기점으로 하여 남북으로 약 135㎞, 동서로 약 90㎞의 네모꼴 모양이었다. 미군과 한국군이 낙동강을 교두보 삼아 후퇴했을 때 한국군과 미군은 14만 명, 북한군은 7만 명으로 병력, 화력, 전투의지 측면에서 북한군이 한국군을 제압하기는 불가능했다. 특히 북한군이 남한 의용군으로 병력을 긴급보충하다 보니 오합지

졸(烏合之卒)이었고 전투력은 급격히 떨어졌으며 사기는 크게 저하됐다. 이미 낙동강 교두보 주위에는 미군기가 뿌린 삐라를 보고 많은 북한 군인들은 "원자탄이 떨어지면 사람이 많이 사망한다"고 동요했다. 정병준은 "미군은 심리전에서 북한군에게 공포를 불어넣는 데 성공했다"며 "이제 공자(攻子)와 방자(防子)가 서로 위치를 바꿀 때가 된 것"이라고 말했다.59)

## 낙동강 방어선 구축, "한국군 미군 14만 명, 북한군 7만 명"

9월 5차 대공세를 전후해 이미 김일성에게는 패전의 그림자가 드리워지고 있었다. 주영복의 《내가 겪은 조선전쟁》에 따르면 "8월 한 달 인민군 사상자는 10만 명에 달하여 이는 7월 손실의 5~6배이다. 전쟁을 시작한 이래 총 손실은 60%이다. 보충인원 대부분은 의용군 출신으로 충당했으나 전투력은 현저히 저하했다. 하사관은 우수한 전사를 차출해 보충했으나 소대장 이상의 지휘관 보충 또는 교대는 전혀 없었다고 말해도 틀리지 않을 것"이라며 "전쟁이 장기화되고 인적·물적 지원이 점차 고갈하여 전선은 엄중한 단계에 이르렀다"고 기술했다. 김일성은 낙동강 전선을 돌파하기 위해 8월 중순 4차, 8월 31일부터 9월 2일 사이에 5차 최후 대공세를 개시했다. 부산을 지키기 위해 낙동강 방어선은 한국군과 미군이 반드시 목숨을 걸고 지켜야만 했다.

낙동강 전투의 치열성은 상상을 초월했다. 고지마다 시체가 쌓여 시체를 방패삼아 싸울 정도였다. 낙동강 전투에서 가장 치열했던 다부동 전투를 지휘했던 백선엽은 "지옥의 모습이 어떤지는 모르나 이보다는 더할 수는 없으리라 생각한다"고 증언했다. 8월 12일 다부동진지를 구축, 13일부터 12일간 정상 주인이 15번이나 바뀌는 328고지(칠곡, 석

---

59) 정병준, 앞의 책, p. 743.

적, 포남리) 전투와 가장 많은 희생자를 냈던 837고지(칠곡, 가산, 학산리) 탈환전 등 55일간 전투가 계속된 다부동전투는 6·25전쟁 중에서 최대의 격전이었으며 이 전투에서 북한군 1만 7천 5백여 명의 사상자를 냈고 한국군은 1만여 명의 희생을 가져왔다. 그러나 5차 총공세는 15사단이 섬멸당하는 등 김일성의 전략정책 오도(誤導)로 대패했다. 승기를 잡은 미군과 한국군은 9월 15일 인천상륙작전을 감행 성공시키고 16일부터 대반격에 나섰다. 한번 무너진 북한군은 패주할 뿐이었다.

## 5차 총공세 실패, "북한군 퇴로차단, 사기 잃고 북으로 패주"

10월 1일 한국군은 38선을 넘었고, 2일에는 유엔군 역시 38선을 넘자 다급해진 김일성은 박헌영과 이상조를 비밀리에 베이징으로 급파, 파병을 요청했다. 마오쩌둥은 미국이 한반도에서 핵무기를 쓰지 않자 참전을 결정했다. 그는 미국에 대항하고 조선을 지원한다는 항미원조(抗美援朝)와 그것이 집을 지키고 나라를 방위하는 것이라는 보가위국(保家衛國)을 명분으로 내세웠다. 마오쩌둥은 10월 13일 김일성에게 최종 통보했고, 신혼중인 자기 아들 모안영부터 참전시켰다. 그는 "내 아들이 가지 않으면 누가 가겠느냐"며 참전을 고집했다. 중국군은 10월 19일 조용히 압록강을 건넜다. 그리고 11월 1일 최소 30만 중국군 각 부대가 일제히 징과 북을 두드리며 기습공격했다. 운산에서 39군과 정면대결한 미군 1기병사단은 이틀간에 걸친 치열한 공방전을 펼치다 끝없이 밀려드는 인해전술(人海戰術)에 두 손 들었다. 중국군의 강력한 반격에 직면한 미 제 1군단은 더 이상 버티지 못하고 11월 3일 전 전선에 걸쳐 철수했다. 서부전선을 돌파한 중국 지휘관들과 소련 군사고문단들이 마주쳤다. 박명림은 "이들이 나눈 대화에서 이 전쟁에 대한 양국 참전자들의 인식을 잘 보여주고 있다. 거기에는 소련군의 중국군에 대한

멸시와 무시의 염도 들어 있었다. 표현 하나하나에 소련의 고압적 태도와 중국의 씁쓸함이 짙게 배어나오고 있음을 간취할 수 있다"며 "소련 군사고문단들이 전장의 최일선 현장에까지 나와서 전쟁을 지휘하고 있다는 점도 보여줌은 물론"이라고 말했다.[60] 홍학지는 《중국이 본 한국전쟁》에서 이들이 나눈 대화를 다음과 같이 전했다.

소련 군사고문단: 수고 많으십니다. 어디로 가는 길이오.
중국군 지휘관: 황초령 일대 병력배치가 제대로 되어 있는지 살펴보러 갑니다.
소련 군사고문단: 그런데 중국에서 대규모 병력이 조선전쟁에 참전하러왔다는 애기를 들었습니다만 제대로 장비나 갖추었는지 궁금합니다.
중국군 지휘관: 글쎄요. 보시다시피 변변치 않습니다.
소련 군사고문단: 그렇다면 중국에는 전투기는 있기는 있습니까?
중국군 지휘관: 전투기는 한 대도 없습니다.
소련 군사고문관: 그러면 우리의 T-34와 같은 탱크는 몇 대 있습니까?
중국군 지휘관: 전혀 없습니다. 중대마다 박격포 정도가 있을 뿐 대포도 없습니다. 그저 소총 정도의 개인화기와 수류탄 정도 갖추고 있습니다.
소련 군사고문관: 그렇군요.[61]

동부전선에서도 미군은 엄청난 화력에도 불구하고 중국군의 주야에 걸친 인해전술 공격을 막아내지 못했다. 11월 5일 펑더화이는 각 군에 공격중지를 명령함으로써 1차 전역은 종료되었다. 압록강변까지 놀라운 속도로 밀어붙이던 유엔군은 청천강 이남으로 후퇴하지 않을 수 없었다. 전쟁 조기종결이라는 맥아더의 오판으로 전략은 좌절됐다. 미군

60) 박명림, 앞의 책, pp. 664~665.
61) 홍학지, 《중국이 본 한국전쟁》(고려원, 1992년), p. 89.

과 중국군의 역사상 첫 조우에서 중국군의 승리는 매우 의미 깊었다. 세계최강 미군의 패배는 정보부재와 오만이 가져다준 패배였다. 그 점에서 1차 전역결과는 미군이 패배를 자초했다는 의미가 훨씬 더 컸다.

## 펑더화이, "적벽대전 양상, 삼국지 전략 구사, 유엔군 격퇴"

펑더화이는 2차 전역을 앞두고 주력부대를 30~50㎞ 후방으로 후퇴시켰다. 2차 전역을 앞둔 당시 유엔군과 중국군의 병력은 대략 22만 대 38만으로 중국군이 앞섰다. 그런데 맥아더 사령부는 북한군 8만 3천명, 중국군 4만~7만 935명으로 믿었다. 정보의 오판이었다. 중국군은 최소한 30만 명에 달했다. 11월 25일 2차 전역을 앞두고 중국군은 조심스럽게 계속 후퇴했다. 그들은 지형지물을 이용해 긴 자루 형태의 편대를 이뤄 호구(虎口) 속에 미군이 들어오기를 기다렸다. 이것은 적을 깊숙이 골짜기로 끌어들여 역습을 가하는 삼국지에서 나오는 전형적인 전략으로서 당시의 전쟁양상은 적벽대전을 연상케 했다. 11월 16일 펑더화이는 미군이 예정된 전장으로 들어오도록 유도하기 위해 계속 북쪽으로 철수했다. 중국 중앙군사위원회는 11월 18일 펑더화이에게 2차 공격을 앞둔 최종지시를 내렸다. 맥아더 역시 같은 날 워싱턴에 11월 24일 총공세를 취하겠다는 보고를 올렸다. 합참은 새로운 공격에 반대하지 않았고, 유엔군은 최종공세를 앞두고 계속 전진, 자루포위망 호구에 깊이 들어갔다. 11월 23일 미군은 추수감사절을 맞아 이국땅에서 칠면조고기를 먹으며 24일 총공세를 기다렸다.

마침내 맥아더는 성명을 통해 중국군에 대한 유엔군의 대규모 포위섬멸작전을 발표하면서 "바야흐로 결정적 단계에 들어가고 있다"며 "이번 작전이 성공하면 전투는 사실상 종식되고 한국의 평화와 통일이 회복 될 것"이라고 장담했다. 유엔군은 즉시 정주, 태천, 덕천지역으로 밀고 들어갔다. 그러나 중국군은 즉각 대응하지 않았고, 11월 25일을 기다렸다가 2차 전역 총공세를 개시했다. 중국군은 밤낮 없이, 그리고 위장할 필요 없이 이동했다. 빨리 목적지에 도착하기 위해 무전기도 사용하지 않았으며, 미숫가루를 먹었다. 그 결과 113사단은 14시간 동안 무려 72㎞를 행군하기도 했다. 2차 전역 전황도 마찬가지였다. 마오쩌둥의 아들 모안영은 25일 총공세가 개시된 날 평북 후창군에서 죽었다. 일부러 밀리던 중국군과 유엔군·한국군이 격렬하게 격전을 치렀지만 대세는 2~3일 만에 판가름 났다. 펑더화이는 포위섬멸과 도주차단을 명령했다. 마오쩌둥도 28일 미군 주력부대의 섬멸을 지시했다. 적벽대전처럼 미군과 한국군은 힘 한번 제대로 써보지 못한 채 쫓기는 신세가 되었고, 11월 30일 미 합참은 "유엔군의 안전상 필요하다면 한반도 북반부를 포기할 수 있다"고 지시, 지난 10월 이후 견지했던 '북한붕괴, 한국통일'이라는 목표를 포기했다. 12월 6일 평양을 다시 장악했으며, 12월 중순까지는 북한의 거의 모든 지역을 되찾았다. 새해 들어 3차 전역에서도 공세와 후퇴는 계속됐다. 이번에는 12월 27일 서울에서 미리 후퇴를 명령했기 때문에 텅 비었다. 박명림은 "남한군이 북한군에 패배하였을 때보다도 미군이 중국군에게 패하여 서울을 내어줄 때에 충격은 더욱 컸다. 전자는 국부적 대결에서 이승만이 김일성에게 패한 것이었으나 후자는 전혀 차원이 다른 패배였다"며 "중국군 참전 이래 미군의 길고 긴 후퇴는 세계 최강 미국의 국제적 위신에도 결정타를 가했다. 6월 28일 후퇴가 작은 한국의 후퇴였다면 1월 4일 후퇴는 큰 제국 미국의 후퇴였다. 모든 면에서 우월한 쪽은 미군이 아니었던가?"라고 반문했다.[62] 1월 5일 중국군과 북한군은 재차 득의양양한 모습으로 서울에 입성했다. 베이징 천안문 광장에는 승전을 축하하는 인민들이 밤새워 열광했다.[63] 펑더화이

62) 박명림, 앞의 책, p. 704.

63) 홍학지, 앞의 책, p. 168.

는 제 2차 인천상륙작전을 우려해 서울점령 후 조심스럽게 추격했고, 보급선이 너무 길면 안 된다며 평택, 안성, 원주에서 멈추도록 했다.

## "유엔군 반격 3월 30일 중국군 38선 이북으로 밀어내고 휴전"

스탈린은 12월 중순 스티코프 대사를 소환하고 후임에 레베체프를 임명했다. 유엔군과 한국군은 반격을 개시 3월 15일 서울을 재탈환하고 3월 30일 무렵 38선 이북으로 밀어냈다. 1951년 4~5월 중국군과 북한군은 춘계대공세를 취했지만 미군의 막강한 공격력 앞에 참전 이후 가장 큰 인명손실을 입었다. 펑더화이가 다시 휴전을 건의하자 마오쩌둥은 주저 없이 받아들였다. 김일성은 휴전에 찬성했지만 박헌영은 반대했고, 남한에서 이승만도 반대했다.

전상인은 6·25전쟁이 남긴 사회상과 관련 "두말할 나위 없이 전쟁자체에 대한 공포(恐怖)이다. 죽음과 학살, 기아와 도피, 그리고 이산 및 동원의 장기간 직접체험은 여하한 전쟁에 대해서도 정당성을 거부하는 심성을 만들었다"며 "전쟁은 극단적 이기주의(利己主義)를 조장하면서 도덕의 사회적 파탄상태를 야기했다. 이웃을 비롯한 공동체(共同體)가 와해되는 대신, 약육강식의 경쟁원리가 득세했으며, 그 결과 극단의 불신사회가 등장했다. 다른 입장에서 보면 전쟁이 한국사회를 졸지에 '만인에 대한 만인의 투쟁무대'로 변질시키면서 사회구성원간의 신분적 혹은 계층적 평준화를 결정적으로 촉진한 측면이 있다"고 강조했다.[64]

---

64) 유영익·이채진 편저, 《한국과 6·25전쟁》(연세대출판부, 2002년), p. 220.

# 10. 김일성 유일지도체제 확립, 경제 괄목성장

## 우리식 사회주의 '주체이론' 정립, 3개년 경제계획 먼저 시행

6·25전쟁이 끝난 1950년대 북한은 김일성 유일체제가 뿌리내리고, 경제성장을 이룩한 시기였다. 또 '우리식 사회주의'라는 '주체이론'의 기틀을 마련한 시기였다. 1953년 2월 8일 인민군 창건 5주년에 김일성은 북한 최초의 원수가 되어 '김일성 원수'로 불리게 되었다. 5월부터는 《김일성 선집》이 간행되기 시작했고, 휴전협정 다음날인 28일 김일성은 공화국 영웅칭호와 국가훈장 제 1급을 수여받는 등 우상화에 박차를 가하는 한편 정적들을 제거해 나갔다.

우선 소련파 우두머리 허가이는 1951년 11월 1일 노동당 중앙위원회에서 "조선말도 제대로 못하는 허가이가 조선실정은 외면한 채 외국방식을 기계적으로 적용하고 당의 문을 닫아버린 관문주의(關門主義) 적 자세를 취했다"며 비판받아 당 제 1비서 자리에서 해임되어 농업담당 부수상으로 좌천됐다. 그는 순안저수지 복구사업을 현장지휘하다 자살한 것으로 발표됐으나 모스크바에 사는 허가이 아들은 "아버지가 북한 정보요원들에게 암살된 것으로 들었다"고 증언했다. 7월 30일 박헌영을 제외한 서울시당위원장을 지낸 이승엽, 조일명, 임화, 이강국 등 남로당파 12명은 '북한정부 전복음모' 혐의로 최고재판소에 기소됐다. 서기는 김영주가 맡았는데, 이는 김일성이 이 재판을 얼마나 중시했던가를 보여준다. 이들은 8월 3~6일 재판에서 쿠데타를 계획하고, 미제 스파이 활동혐의로 10명에게 사형, 2명에게 징역 10년이 선고됐다.

8월 5~9일 열린 노동당 중앙위에서 박헌영 등 7명이 반역자로 몰려 제명당했다. 김일성은 "남침하면 20만 당원이 봉기한다는 박헌영의 장담은 당을 기만한 것"이라며 "이들 종파쟁이들이 당에서 한 발짝도 움직이지 못하도록 감시해야 한다"고 지시했다. 박헌영은 1955년 12월 3일 미국 간첩혐의로 기소됐고, 12월 15일 사형이 선고됐다. 소련 흐루시초프는 박헌영에 대한 사형선고를 못마땅해 했지만 김일성은 처형을 강행했다. 서동만은 "한국전쟁과 김일성"에서 "남로당파 숙청은 북한 최초의 스탈린식 정치재판극이었다"며 "북한은 6·25전쟁 이전 냉전이 본격화한 시기에도 정치적 숙청(肅淸)은 피할 수 있었다. 정파간 연대의 끈이 유지되어 있었고 어느 하나의 파벌을 배제할 수 있을 정도의 강력한 정치적 중심도 아직 형성되지 않았다. 그러나 막대한 희생을 치른 전쟁에 대한 책임문제는 정치적 사활의 문제였다. (중략) 김일성이 책임진다면 내외적으로 파급될 범위가 너무 넓었다. 결과적으로 남로당파가 희생양이 된 것은 소련과 중국을 전쟁실패 책임으로부터 분리하는 형태로 전쟁책임 문제를 처리하기 쉬웠기 때문"이라고 말했다.[65]

## "이승엽 등 남로당파 숙청, 북한 최초의 스탈린식 정치재판극"

국내파를 숙청한 김일성은 미국을 제국주의 원수로 묘사하면서 남한을 강점해 인민들을 착취하고, 북한에 대한 재침기회를 노리고 있다고 부추겼다. 김학준은 "김일성은 이를 빌미로 북한주민들을 언제나 긴장시킬 수 있고, 북한을 병영국가체제로 유지시키며, 자신의 통치체제를 독재적 동원체제로 유지시킬 수 있었다"며 "김일성은 '미 제국주의 때문에 평화통일은 아주 어렵고 먼 목표가 됐다'고 한탄했다"고 밝혔다.[66]

---

65) 서동만, "한국전쟁과 김일성," 〈역사비평〉 제51호(2000년 여름), p.39.

김일성은 1954년부터 1956년까지 3개년 경제계획을 통해 모든 경제분야를 전쟁 이전 수준으로 끌어올리는 데 목표를 두었다. 김일성은 소련과 중국을 순방했다. 1953년 9월 1일부터 29일까지 소련을 방문, 전쟁 동안 소련이 베풀어준 지원에 감사했고, 9월 19일 조・소 경제기술원조 협정을 맺어 10억 루블(미화 2억 5천만 달러) 차관에 합의했으며 빚을 절반 탕감받았다. 11월 10일부터 27일까지 중국을 방문, 고마움을 표하고 11월 23일 '조・중 경제문화협정'을 체결해 8조 위안(미화 3억 2천만 달러) 물품차관에 합의했으며, 빚 전액을 탕감받았다.

김일성은 3개년 경제계획에 박차를 가했는데, 중공업 우선정책이었다. 투자의 49.6%가 공업부문에 할당됐으며, 이 중 81.1%가 중공업 투자에 배정됐다. 이는 인민들의 생활과 삶의 질 향상이나 개선이 아니라 군사력 강화에 있었다. 그리고 중국의 인민공사제도를 모방한 농민들의 농토를 협동농장으로 집단화시켰다. 개인 땅을 잃은 농민들과 중공업 우선정책으로 살기 더욱 힘들어진 노동자들의 불만이 적지 않았다. 이는 결과적으로 소련파와 연안파가 중심이 되어 김일성을 축출시키기 위한 1956년 8월 '종파사건'을 야기시킨 직접원인이 됐다. 이들은 중공업 우선정책이 인민의 물질생활을 무시하고 있다고 비난했고, 농민의 집단농장이 북한 실정에 맞지 않다고 비판했다. 김일성은 1955년 4월 1~4일 열린 노동당 중앙위원회 연설에서 "맑시즘-레닌이즘을 조선의 구체적 상황에 연결지어 공부해야 한다"며 "맑시즘-레닌이즘의 기계적 수용과 적용을 피해야 한다"고 주장, '주체이론'이 발아(發芽) 됐다. 김일성은 이를 빌미로 연안파의 박일우와 방호산을 숙청했다.

소련 흐루시초프는 1956년 2월 25일 제 20차 소련공산당 대회에서 스탈린이 자행했던 숙청, 학살 등 만행을 규탄하며 스탈린 우상화 격하운동을 개시했고, 미국 등 자본주의 국가들과 평화공존을 선언했다. 이는

---

66) 김학준, 앞의 책, p. 178.

1956년 말 헝가리 등 동유럽에 민주화 바람을 몰고왔다. 북한도 '기계에서 밥이 나오느냐'는 소련파의 주장은 중공업을 우선 발전시켜 경공업과 농업을 동시에 발전시킨다는 3개년계획에 대한 불만의 표현이었다.

경제노선과 권력안배로 파벌대립이 잉태하고 있던 1955년 12월 28일 김일성은 '당 선전선동 일꾼들 앞에서 한 연설'을 통해 "혁명사업은 조선의 형편에 맞는 방식으로 해야 한다"며 '주체사상이론'을 구체화시켰다. 그는 '사상사업에서 교조주의와 형식주의를 퇴치하고 주체를 확립할 데 대하여'라는 연설에서 "조선혁명은 우리 당 사상사업의 주체"라며 "사업에서 혁명적 진리, 맑스-레닌적 진리를 우리나라 실정에 맞게 적용하는 것이 중요하다"고 강조했다.[67] 김일성은 좌수우수론(左手右手論)을 제시했다. "밥을 먹는 데 왼손으로 먹으면 어떻고, 오른손으로 먹으면 어떠한가? 숟가락으로 떠먹으면 어떻고, 젓가락으로 먹으면 어떤가? 밥이 입으로 들어가기만 하면 되는 것이 아닌가? 마찬가지로 조선혁명이 소련식이어야만 하고, 중국식이어야만 하겠는가?"라고 반문했다. 그는 박창옥, 박의완 등 소련파를 공격했지만 스탈린 비난을 자제했고, 얼마 동안 자신에 대한 개인숭배도 중단시켰다. 김일성은 1956년 4월 23~29일 열린 노동당 3차대회 연설에서 집단지도체제나 스탈린 격하운동에 대해 전혀 언급 없이 대신 민족반역자로 몰면서 타도를 외쳤던 김구와 김규식을 찬양했다고 김학준은 밝혔다.[68] 이 자리에는 후일 소련 서기장이 된 브레즈네프가 참석했다.

## 김일성 '좌수우수론, 조선혁명 우리 실정에 맞게 적용 중요'

노동당 3차대회를 마친 김일성은 1957년부터 시작되는 5개년계획에 원조를 얻기 위해 6월 1일부터 7월 19일까지 소련 등 9개국을 순방했으

67) 정규섭, 《북한 외교의 어제와 오늘》(일신사, 1997년), p. 86.

68) 김학준, 앞의 책, p. 187.

나 소련으로부터 겨우 3억 루블을 받아냈을 뿐이다. 흐루시초프는 김일성의 개인숭배와 독재제체를 비판했다. 다급해진 김일성은 서둘러 평양에 돌아왔다. 반 김일성 세력은 8월 30일 당 전원회의에서 김일성 축출을 결의하기로 했다. 연안파 최창익, 윤공흠, 서휘 등이 김일성 1인 독재 개인숭배와 중공업 우선정책을 비판했고, 소련파 박창옥, 김승화, 박의완 등이 지지했다. 평양수비사령관 장평산은 쿠데타를 도모했다. 그러나 김일성의 핵심인 최용건이 즉각 군대를 동원했고, 사태는 역전되어 반대세력이 축출됐다. 이 소식을 접한 소련은 부수상 미코얀, 중국은 부수상이자 국방상인 펑더화이가 평양을 방문, 반대세력은 9월 복귀했다. 펑더화이는 김일성을 권좌에서 끌어내릴 계획을 세웠으나 김일성이 순순히 잘못을 시인했기 때문에 그냥 돌아갔다는 설도 있다.[69] 당시 소련의 스탈린 격하운동과 집단지도체제로 개인숭배 우상화와 1인 독재체제의 김일성이 최대위기에 몰린 것은 분명했다.

그런데 국제정세는 김일성 편이었다. 1956년 헝가리 사태로 국제공산주의 진영이 분열되고, 1957년 중국의 정풍운동과 뒤이은 중 · 소 갈등이 김일성의 입지를 넓혀주었다고 임영태는 밝혔다. 김일성은 연안파 지도자 김두봉부터 축출, 제 2기 최고인민회의 상임위원장에 최용건을 앉혔다. 12월 '평양시당 열성자대회'에서 김두봉은 반당 · 종파분자로 몰려 출당됐고 시골에서 1960~1961년 죽었다. 최창익 · 박창옥 · 양계 · 강성민 · 김민산 · 장평산 · 한무 등이 숙청됐다. 오기섭 · 박의완 · 김택영도 사라졌고, 박영빈, 김승화 등은 소련으로 돌아갔으며, 이상조 대사는 소련에 남았다. 김일성은 1958년 2월 8일 북한군창설 10주년 연설을 통해 "'대한독립군'과 '조선의열단'은 자산계급 이익을 옹호하던 군대", "'조선의용군'은 일본 놈만 오면 달아나던 군대"라고 매도하고 "1932년 만주에서 조직한 빨치산 부대를 계승해야 한다"고 주장, 김

---

69) 임영태, 《북한 50년사 I: 해방에서 천리마운동까지》(들녘, 1999년), p. 323.

원봉도 곧 숙청됐다. 특히 군부는 총정치국장 최종학 상장, 부국장 김을규・윤군창, 부장 석파・이영득, 민족보위성 부상 김웅, 김원술 중장, 총참모장 이권무 상장, 후방총국장 정목 중장, 부국장 박민 소장, 부총참모장 최인・유성철・박송파 중장, 박창림 소장, 왕련 평양항공사령관, 이활 부사령관, 해군사령부 부사령관 전원, 공병국장 박길남 중장, 정찰부국장 윤성복 중장, 김재욱・기석복・한일무 중장, 제 7군단 사령관 이철용, 포병사령관 조세걸 등 1천여 명이 숙청당해 북한군 사상 최대 규모를 기록했다. 김일성은 1958년 3월 당대표자 회의에서 '8월 종파사건'을 매듭짓고, 1인 지배체제는 더욱 강화됐다.

### "김일성에 반기, 8월 종파사건, 사상 최대 규모 북한군 숙청"

김일성은 1957년부터 1961년까지 5개년계획은 북한에 사회주의 공업화의 토대를 닦고 주민들의 의식주 문제를 해결하는 데 1차적 목표를 두었다고 선언했다. 김일성은 북한판 '잘 살아보세' 운동인 '천리마(千里馬) 운동'을 제창했다. 1956년 12월 노동당 중앙위에서 그는 천리마운동을 "사람들을 공산주의 사상으로 교양하며, 집단적 영웅주의와 집단적 혁신을 불러일으키는 대중적 대진군운동"이라고 규정했다. 고태우는 《북한현대사 101장면》에서 "천리마운동이 단순한 경제성장을 위한 캠페인이 아니라 공산주의 교양을 통해 경제를 혁신시키고 공산주의 사회를 지향하는 경쟁운동이라는 것"이라고 언급했다.[70] 천리마운동은 6만 톤 생산능력밖에 없던 것을 12만 톤으로 늘려 생산했다는 강선제강소 한 작업반에서 시작되었다. 북한은 5개년계획의 추진력을 '천리마운동'이라고 말하고 1958년 9월부터는 사회 다른 부문들에서도 추진, 각 분야에서 기적과 같은 혁신들이 나타났다고 했다. 80㎞의 광궤철도가

---

70) 고태우, 앞의 책, p. 159.

75일 만에 부설되는가 하면, 대규모 비닐론공장이 1년 동안에 건설되고, 3～4개월 만에 1천여 개 지방 산업공장들이 건설되었고, 37만여 정보의 논과 밭을 수리화하는 데 6개월이 걸렸다고 선전했다.

천리마운동은 중국, 소련과 마찬가지로 결국 북한주민들을 철저하게 동원해 노동력을 최대한으로 발휘하도록 하는 공산주의체제 특유의 방법이다. 북한은 노동력이 부족하다고 판단, 1958년 9월 김일성의 담화를 계기로 재일조선인총연합회(조총련)를 앞세워 재일교포 북송사업을 추진했다. 북한 적십자사와 일본 적십자사가 1959년 8월 인도 캘커타에서 협정을 체결하고, 12월 26일 재일교포 975명을 태운 첫 북송선이 니가타항을 출발 청진에 도착했다. 1984년까지 총 9만 5천 명이 이주했다. 그들은 '천리마운동'에 동원됐다. 한홍구는 "남쪽에서 볼 때는 꼭 저지해야 할 '북송'이고, 일본은 한 명이라도 더 보내버렸으면 하는 '귀환사업'이며, 북쪽에서는 감격스러운 '귀국'이었다. 모리스 스즈키 교수의 연구에 의하면 일본은 생활이 어려운 재일동포들을 한 명이라도 더 많이 귀국하도록 생활보호금을 깎거나 취소하는 등 인도주의(人道主義)를 가장한 사실상의 추방운동을 벌이는 판이었다. 이 사업을 통해 북으로 간 재일동포는 다시는 일본 땅을 밟지 못했고, 새로운 이산가족을 만들어냈다"며 "10만 명 가까운 재일동포가 북으로 귀국했다는 것은 그만큼 일본생활이 고달팠다는 것을 보여주고, 동포사회 내에 누구나 북에 친척을 두게 되었다는 것을 의미했다"고 지적했다.

2008년 6월 '재일교포 북송사업'으로 북한에 이주했다 탈북한 재일동포 여성 고정민(47) 씨는 조총련을 상대로 오사카법원에 위자료 등 약 1천만 엔의 손해배상 청구소송을 제기했다. 지난 2003년 탈북해 오사카로 돌아온 그는 재일한국인 2세로 조총련이 주도한 '북송사업'으로 북한에 갔지만 수용소에 수감되어 신체적, 정신적 피해를 입었다고 밝혔다. 그는 소장에서 "1960년 9월 23일 오사카에서 태어나 1963년 10월 11일

제 111차 귀국선을 타고 함경북도 청진에 도착했다"며 "조총련은 북한이 '지상낙원'이라고 선전하면서 일본거주 동포귀환사업을 벌였으나 북한 생활실태에 대해서는 제대로 설명하지 않았다"고 주장했다.

## 재일교포 등 9만 5천 명 송환, 탈북자 "조총련 상대 손해배상 제기"

천리마운동은 6・25전쟁 이후 피폐된 북한경제를 재건하고 주민들에게 자긍심을 심어주는 등 긍정적 측면도 있었지만 부작용도 적지 않았다. 목표량을 채우는 데 급급해 질이 떨어져 실제로 쓰기 어렵고 수출도 어렵다는 것을 인정했다. 그래도 조순승이 1967년 발표한 논문에서 지적했듯이 북한은 5개년 경제계획 추진을 통해 표면적인 경제력 면에서 국민소득 83달러였던 남한을 앞질렀다. 그가 작성한 대비표를 보면 1961년 현재 석탄 2 : 1, 전기 5.7 : 1, 철 16 : 1, 비료 10 : 1, 어획고 1.4 : 1, 시멘트 4.3 : 1로 북한이 앞섰다. 쌀과 밀의 생산량을 합쳤을 때 북한이 농업국 남한을 약간 앞섰다. 김학준도 "북한의 경제성과는 컸다. 1954~1960년 기간에 연평균 20.3%의 높은 성장을 과시하면서 1960년대에 도달되는 북한경제 전성기의 기초를 형성했다"며 "그래서 1960년부터는 의료시술의 질은 낮았지만 북한은 모든 주민에 대한 무상치료제가 전역에서 실시될 수 있었다"고 말했다.[71] 이승기는 합섬섬유 비닐론을 발명 보급해 1961년 5월 '노력영웅' 칭호를 받았다. 이승만 정권도 경제개발계획을 세웠으나 실현되지 못했고, 민주당도 계획을 수립했지만 5・16쿠데타로 무산됐다. 박정희는 경제개발 5개년계획을 강력히 실천에 옮겨 남한에서 '가장 성공한 대통령'으로 평가받고 있다.

---

71) 김학준, 앞의 책, p. 207.

# 11. 국가예산 30% 이상 국방비 투입, 경제성장 한계

## 7개년 경제계획 성과 남한 압도, 김일성 유일 영도체계 확립

1960년대는 김일성 전성기로서 주체사상과 유일 영도체계가 확립된 시기이다. 경제계획도 큰 성과를 거두며 남한을 압도했다. 그러나 북한 경제가 감당하기 어려운 엄청난 군비지출로 경제성장은 한계에 부닥쳤고, 북한경제는 1970년대 내리막길을 걸었다. 이대근은 《북한 군부는 왜 군사쿠데타를 하지 않나》에서 "1966년 4대 군사노선 선언은 북한에게 국방·경제 병진노선이란 힘든 과제를 안겨주었다"며 "이 결과 국가예산 중 군비지출은 1961년 2.5%에서 1964년 7.5%, 1966년 11.8%로 증가했고, 1967년 30.4%로 3배나 급증했으며, 1971년 31.1%를 차지했다"고 지적했다.[72] 북한이 경제성장을 이룰 수 없음은 자명하다.

김일성은 경제적 우월성을 바탕으로 남한에 대대적인 평화통일공세를 펼쳤으며, 조소앙·안재홍 등을 동원하자 이들은 저항했다. 북한은 엄항섭·명제세·노일환 등이 반당·반혁명 행위를 시도했다며 연행했다. 그러자 조소앙·안재홍·최동오·현상윤·백관수 등 민족지사들이 목숨을 걸고 단식으로 맞섰고, 북한은 적지 않은 부담을 느껴 이들을 모두 병원에 보내 치료받게 하는 선에서 매듭지었다. 조소앙은 1958

72) 이대근, 《북한 군부는 왜 쿠데타를 하지 않나》(한울 아카데미, 2003년), p.63.

년 9월 9일 숨졌다. 그의 죽음을 목격했던 관계자는 귀순해 "독립과 통일의 제단에 나를 바쳤다고 후세에게 전해다오. 통일을 못하고 가는 것이 한이오. 꼭 통일을… "이라는 유언을 남기고 운명했다고 증언했다. 석 달 뒤 3·1운동 당시 33인 중 한 사람인 최린도 사망했다. 김일성은 1960년 8월 14일 민족해방 15주년을 맞아 남북연방제를 제의했다. 1961년 5월 13일에는 '조국평화통일위원회'(조평통)를 발족시켜 대남선전공세를 전담하게 했다. 위원장에는 홍명희가 맡았다.

1961년 5·16군사정변이 일어나자 처음에는 친북좌파가 정권을 잡은 것으로 착각해 하루반나절 북한방송은 사실보도만 하고 일체 논평을 피했다. 그러나 '군사혁명위원회'가 반공·친미의 '혁명공약'을 발표하고, 남북교류와 협상을 지지하던 혁신세력을 구속하자 북한방송은 격렬한 비난을 쏟아놓기 시작했다. 김학준은 《북한 50년사》에서 "그 비난 속에는 새로운 군사반공정권에 대한 짙은 경계심이 깔려 있었다. 박정희 정권이 미국과 제휴, 북한에 군사적으로 도전하려는 것은 아닌가 하는 의구심조차 품게 된 것"이라며 "이러한 의구심은 김일성으로 하여금 소련 및 중국과 군사유대를 강화하도록 만들었다"고 밝혔다.[73]

## 김일성, "이팝 고깃국 먹고 비단옷 고래등 기와집 살게" 큰소리

김일성은 중국과 소련의 틈새에 끼어 중·소 이념분쟁을 이용, 최대한 실리를 챙겼다. 그는 1961년 6월 29일부터 7월 10일까지 소련을 방문, 7월 6일 '조·소 우호협정 및 상호원조협정'을 체결했는데, 군사동맹조약이다. 그는 7월 11일부터 15일까지 중국을 방문, 7월 11일 '조·중 우호협조 및 호상원조에 관한 협정'을 체결했는데, 이것도 군사동맹조약이다. 둘 다 방위조약으로 한국은 이미 1953년 10월 '한미상호방위

73) 김학준, 앞의 책, pp. 213~214.

조약'을 체결했다. 북한은 5 · 16군사정변 지도층에 접근하기로 하고, 1961년 8월 29일 노동당 연락부 소속 황태성을 밀사형식으로 남파했지만 10월 20일 서울에서 간첩으로 체포되어 처형당했다. 김학준은 "황태성이 남한으로 잠입했던 그 무렵 황태성과 무관하게 남북고위층이 동의한 가운데 1961년 9월 28일 첫 번째 '남북정치회담'이 서해안 북한령 용매도에서 열렸고, 그 뒤 몇 차례 용매도 또는 부근의 불당포에서 계속됐다가 깨졌다. 참석자들은 남과 북 모두 정보요원들"이라고 전했다.

북한은 1961년 9월 11일부터 18일까지 노동당 4차대회가 열렸는데 세계에서 무려 32개 국가와 공산당 대표들이 참석, 역대 '조선노동당대회'에서 가장 큰 규모였다. 여기에는 중국 덩샤오핑〔鄧小平〕도 포함되어 있었다. 김일성은 정적들을 모두 숙청, 승리자임을 감추지 않았고 무려 6시간을 연설했다. 그는 북한 성공의 원인을 '천리마운동'에 돌리고, 7개년계획에 대한 결의를 다지면서 '새로운 공산주의 인간형'을 역설했다. 김학준은 "새로운 공산주의 인간형은 이기심을 완전히 버리고 어떠한 대가도 바라지 않으며 오로지 당과 국가의 목표달성을 위해 희생적으로 일하는 인간을 말한다"며 "인민들이 이기심과 같은 부르주아 근성(根性)을 아예 버리고 희생심과 봉사심으로 가득 찬 프롤레타리아 혁명정신으로 무장해야 한다고 강조했다"고 밝혔다.[74] 김일성은 1962년 신년사에서 "머지않아 모든 인민들이 이팝(쌀밥)에 고깃국 먹고 비단옷 입으며 고래등 같은 기와집에서 살게 해주겠다"고 큰소리쳤다. 김일성은 30년이 지난 1992년 경제정책 실패를 자인하면서 똑같이 말했다.

북한은 군사력 강화를 위해 1961년부터 추진하던 야심적인 제 1차 7개년계획을 전면 수정했다. 노동당은 1962년 12월 10~14일까지 중앙위원회를 열어 "국방에서의 자위원칙"을 결정했다. 이 자위노선은 1966년 10월 당대표자 대회에서 '전국 요새화, 전군 간부화, 전군 현대화,

---

74) 위의 책, pp. 206, 218.

전민 무장화' 등 4대 군사노선으로 구체화되었다. 북한은 이제 완전한 병영국가체제에 들어가 막대한 군사비를 쏟아 부었다. 김일성은 한·미·일 '3각 군사동맹'으로부터의 군사적 위협을 강조하면서 그것에 상응하는 군사적 대비를 역설함으로써 7개년계획의 진도가 만족스럽지 못한 책임을 다른 곳으로 돌릴 수 있었다. 강준만은 《한국현대사 산책 1960년대편 ③》에서 "김일성과 박정희라는 적대적 관계에 있는 두 지도자끼리 서로 국가안보를 위협하면 그 두 나라 독재자의 영구집권 가능성은 그만큼 높아지게 되는 것"이라며 "1968년은 적대적 공존관계가 어떻게 작동하는지를 보여준 대표적인 해였다"고 주장했다.[75)]

북한은 민족보위상 김창봉과 조선인민군 총정치국장 겸 대남사업 책임을 맡은 허봉학 등 군강경파가 득세했다. 이들은 1·21청와대 습격사건을 비롯해 1백 명의 울진삼척 무장공비 침투 등 무리한 도발을 강행하며 한반도를 위기로 몰고 갔다. 1968년 1월 21일 밤 10시 북한 무장공비 31명이 청와대 뒤편 자하문 검문초소까지 내려와 최규식 종로경찰서장이 직접 불심검문하자 기관총을 난사했다. 고갯길을 내려온 시내버스가 헤드라이트를 비추자 국군출동으로 착각하고 수류탄 세 발을 던지고 도주했다. 무장공비단은 모두 함경도 출신이었으며 27명이 살해됐고, 3명은 북한으로 돌아갔으며, 김신조는 체포됐다. 우리는 민간인을 포함해 30명이 사망했고, 52명이 부상했다. 김신조는 "(우리는) 인민군 124군부대 31명의 특공대다. 청와대를 까러왔다. 박정희의 모가지를 따러왔다"고 말했다. 박정희는 분노했고, 자정 무렵 미국대사 윌리엄 포터를 불러 "북을 공격해야 겠소. 이틀이면 평양에 닿을 수 있다"며 미국의 지원을 요청하자 포터는 "북을 공격하시려거든 혼자 하십시오"라고 냉담한 반응을 보였다고 이상우는 《박 정권 18년: 그 권력의 내막》에서

75) 강준만, 《한국현대사 산책 1960년대편 ③》(인물과 사상사, 2006), pp.201~202.

전했다. 이틀 후인 23일 미국 첩보함 푸에블로호의 영해침범으로 부커 함장 등 승무원 82명이 북한에 억류됐고, 미국은 2월 1일 비밀협상에 들어갔다. 미국은 대통령특사 사이러스 밴스를 한국에 파견했다. 박정희는 구체적인 공격목표까지 제시하며 북한 훈련소에 대한 강력한 응징을 주장했다. 밴스는 북한과 협상에서 한국을 따돌리지 않겠다는 것과 1억 달러 추가군사원조, M16 소총공장 건설 등 선물을 내놓으며 박정희를 달랬다.[76] 이어 1969년 4월 15일 EC-121기 격추사건이 발생했다.

## 북한 강경파, '124군부대 특공대 31명, 박정희 대통령 살해 남파'

북한 강경파들은 독자세력을 형성, 당의 통제를 받지 않은 특수부대를 설립했다. 이들은 무제한 권한을 주어 농토를 빼앗아 부업농장을 만들고, 경치 좋은 곳에 휴양소라는 별장을 짓고 처녀들을 능욕하는 등 횡포가 심했다. 이들은 당권이 젊은 김영주 당 조직비서에게 집중되자 이에 반발했다. 김정일과 손잡은 오진우가 주도해 1969년 1월 부수상 김광협, 김창봉, 허봉학, 총참모장 최광, 무력부 부부장 겸 특수작전국장 김정태, 제1집단군사령관 최민철, 제2군단사령관 정병갑 등이 숙청됐다. 고급지휘관 5분의 1 이상이 농장 및 탄광으로 추방됐다. 해병대사령관 이영호, 농업상 임해, 사회안전상 석산도 제거됐다. 이후 군 간부가 집단적으로 당의 지도를 거부하는 사건은 발생하지 않았다고 이대근은 밝혔다.[77] '김창봉·허봉학 사건'으로 1969년 1월 인민군 당위원회는 북한군의 모든 부대에 정치위원이나 정치지도원을 두기로 결정, 군은 이원적 지휘체계로 바뀌었다.

앞서 1967년 3월 당 노선이 경제건설에 앞세울 것을 주장한 당 부위

76) 이상우, 《박 정권 18년: 그 권력의 내막》(동아일보사, 1986년), pp. 84~85.
77) 이대근, 앞의 책, pp. 138~139.

원장 박금철과 당 연락부장 이효순, 김도만 등을 반당 종파분자로 단죄됐다. 그리고 1967년 5월 14~18일 열린 노동당 중앙위원회는 '당의 유일사상 확립문제'를 논의, 김일성 주체사상을 유일 지도사상으로 받아들였다. 주체사상은 "김일성 수령만이 남과 북을 통틀어 한민족 모두의 하나뿐인 정통 지도자이며, 김일성 수령 말씀만이 남과 북 모든 한민족이 따라야 할 가르침이라는 것"이다. 1968년 4월 당 중앙위원회는 김일성 수령의 혁명사상인 주체사상만이 '조선노동당'의 유일사상으로 공식 규정했다. 이종석은 "이 일을 계기로 주체사상 내용에 결정적 변화가 왔다. 전체적으로는 김일성 1인지배를 합리화하는 이론적 도구이지만 1967~1968년 이전의 주체사상은 부분적으로 이해될 수 있는 부분을 가졌다. 강대국 외세의 입김에 좌우되지 않겠다는 부분은 외세의 침략을 자주 받아왔고, 마침내 식민지 노예생활까지 해야 했던 우리 민족의 비운의 역사에 비추어 수긍될 수 있는 점"이라며 "그러나 그 이후의 주체사상은 너무나도 치기어린 김일성 우상숭배 논리, 차차 김일성·김정일 부자세습체제의 합리화 논리라는 외곬으로 가게 된다. 이미 신흥 유사종교의 경전 같던 주체사상은 더욱더 이성에서 멀어지고 우상세계로 깊숙이 빠져 든다"고 지적했다. 김일성 개인숭배는 세계역사에서 그 유례를 찾을 수 없도록 고조됐다고 김학준은 밝혔다.

## 김일성 1인 지배, 개인숭배, '유례 찾을 수 없도록 고조'

북한의 7개년 경제계획은 목표에 훨씬 미치지 못한 연 7.6% 경제성장을 했다. 김일성은 480분 작업시간제를 도입하는 등 노동력 배가에 채찍질하며 독려했다. 그래도 당시 북한경제는 남한경제를 앞서 영국 케임브리지대의 세계적인 좌파 여류경제학자인 조운 로빈슨은 1965년 1월 발표한 논문을 통해 북한경제와 김일성을 긍정적으로 평가했다.

# 12. 미·중 강권 '7·4남북 공동성명', 박정희·김일성 통치체제 강화'

## 70년대 남북대화 '강대국 압력', 90년 남북대화 '민족자체역량 강화'

닉슨이 1969년 7월 괌에서 '닉슨독트린'을 선언하고 주한미군을 감축한 데 이어 핑퐁외교를 통해 중국과 관계개선, 키신저의 긴장완화정책으로 냉전의 얼음장이 깨지기 시작했다. 미국과 중국이 관계개선을 할 때 한반도의 남북관계는 즉각 영향을 받을 수밖에 없다. 당시 미국과 중국의 대한반도 정책과 관련 김학준은 《북한 50년사》에서 "'두 개의 코리아 정책'으로서 한반도의 분단을 합법화하자는 것이었다. 분단된 쌍방을 각각 하나의 독립된 주권국가(主權國家)로 인정하고, 남과 북을 국제연합에 함께 가입시켜 그들 사이를 평화공존(平和共存)과 상호불가침(相互不可侵)으로 규율함으로써 한반도에서 전쟁이 다시 일어날 개연성(蓋然性)을 미리 막자는 것"이라며 "이러한 새 공식이 한반도의 평화적 통일을 반드시 부인하는 것은 아니다. 그 공식은 분단된 쌍방이 평화적 방법에 의해 통일을 달성하려는 것이 타당하다는 것이다. 그러나 통일보다는 분단의 합법화, 곧 분단의 제도화에 더 큰 역점을 두었음은 부인하기 어렵다"고 주장했다.[78] 따라서 1970년대 남북대화는 박정희나 김일성 모두 민족 자체역량에 의해서가 아니라 강대국의 강권에

---

78) 김학준, 앞의 책, p. 269.

의해서 열린 측면이 압도적이었기 때문에 남북대화는 곧바로 남북 모두 체제강화로 악용됐다.

참으로 역사(歷史)는 돌고 돈다. 남북은 정확히 20년 후 똑같은 상황이 벌어졌다. 하지만 20년 후 남북대화의 상황은 강대국의 압력이 아니라 남한의 강력한 북방정책(北方政策) 추진이라는 민족 자체역량 강화 결과와 북한의 체제붕괴 위기의식에 따라 생존차원에서 마침내 남북총리회담을 통해 1992년 남북기본합의서(南北基本合意書)와 남북불가침선언, 그리고 한반도 비핵화에 합의했다. 특히 1991년 5월에는 남한이 단독으로라도 유엔가입을 선언했고, 북한도 결국 가입에 동의해 8월 공동가입했다. 이는 민족 자체역량 강화에 따른 결과였다.

1970년 초 미국은 한국을 상대로 북한과 대화를 갖도록 권고하면서 7월에 주한미군 7사단 철수를 공식통보했다. 1969년 10월 17일 3선 개헌을 하고 1971년 대선을 앞두고 있는 박정희로서도 위기였다. 그는 1970년 8·15 경축사를 통해 북한의 실체를 인정하고 남북평화공존을 위한 남북대화를 제의했다. 반면 김일성은 미·중 긴장완화가 자신의 독재체제에 나쁜 영향을 줄 수 있다는 점에서 본능적으로 두려움을 느꼈는데, 중국은 대북지원에 변함이 없음을 강조했다. 1971년 8월 10일 〈뉴욕타임스〉는 국제적 언론인 제임스 레스턴이 8월 5일 저우언라이와 가진 회견을 보도했다. 저우언라이는 "조선문제는 조선사람들에 의해 해결되어야 마땅하다"며 "주한미군을 철수하고, 언커크를 해체하며, 정전협정이 새로운 평화협정으로 바뀌어야 한다"고 북한주장을 그대로 제의했다. 그리고 9월 9일 '조·중 군사원조에 관한 협정'을 조인했다. 이에 김일성도 8월 6일 남한정부와 협상할 뜻이 있음을 밝혔다. 그리고 남북적십자회담 예비회담이 9월 20일 판문점에서 처음으로 열렸다. 9차례에 걸친 회담에서 별 진전이 없자 남한의 정홍진(중앙정보부 협의조정국장)과 북한의 김덕현(노동당 중앙위 책임지도원)은 11차례 비밀접촉을 가진 後 1972년 3월 28일 판문각 북쪽 문으로 빠져나가 북한이 제공한 승용차를 타고 개성에서 헬기로 평양에 갔다. 그는 회담을 위해 평양을 방문한 최초의 남한관리였다. 정홍진은 31일까지 북한과 교섭한 결과 이후락 중앙정보부장이 평양을 방문하고 북한 고위관리가 서울을 방문하기로 결정했다. 김덕현은 4월 19~20일 서울을 방문했다. 4월 말 서울 중앙정보부장실과 평양 노동당 조직지도부장실은 핫라인이 개설됐다. 이후락 정보부장과 김일성의 첫 만남은 5월 4일 새벽 0시 15분에 이뤄졌다. 이후락은 평양방문 첫날 관광한 건축물을 칭찬했고, 김일성은 "적진을 방문한 매우 대담한 사람이며 영웅이라고 치켜세웠다"며 수행원이 17년 만에 대화록 일부를 공개했다.

> "이후락: 박정희 대통령께서나 제 자신은 우리 스스로 통일해야 한다 생각하고 4대강국이 관여할 문제가 아니며 우리끼리 자주적으로 통일해야 한다, 그것이 박 대통령의 뜻입니다. 우리는 결코 미국과 일본의 앞잡이가 아니고, 우리 문제를 우리가 해결해야 한다 생각합니다.
> 김일성: 우리는 어떤고 하니 외세에 의존하는 통일엔 반대입니다. 우선 이것이 박 대통령과의 의견일치입니다.
> 이후락: 박정희 대통령께서는 외세의 간섭을 가장 싫어하는 분입니다.
> 김일성: 그렇다면 문제는 어지간히 성숙된 것이라 생각합니다. 외세를 배격하고 싸움하지 말고 민족이 단결하고 그 밖에 공산주의, 자본주의 이런 것은 다 덮어둡시다.
> 이후락: 4천만에서 5천만 인구를 가진 민족은 강대국입니다(남한 3천 2백만 명, 북한 천 4백만 명). 백 년 전에는 우리가 약했기 때문에 열강들에 굽실거렸지만 앞으로는 열강들이 우리에게 굽실거릴 것입니다. 열강들이 통일을 희망하는 것은 입으로 하는 헛이야기지 속으로는 좋아하지 않습니다.
> 김일성: 열강이나 제국주의는 한민족을 분할하기 좋아하고 여러 민족으로 만드는 것을 좋아합니다."

## 이후락, "박 대통령 외세간섭 싫어해", 김일성 "외세의존 통일 반대"

돈 오버도퍼는 《두 개의 한국》에서 "김일성은 남한의 불신감을 해소하려는 뜻에서 1968년 청와대 습격기도에 대해 사과의 뜻을 전했다. 자신은 청와대 습격계획을 사전에 미처 알지 못했으며 이 사건은 '조직 내 맹렬분자들'이 꾸민 일로 그 사실을 알고 난 후 정찰국장 및 보위부 참모장을 파면했다. '박 대통령께는 대단히 미안한 사건이었다'고 말했다"고 밝혔다.[79] 북에서는 박성철 부수상이 5월 29일~6월 1일 서울을 방문, 박 대통령을 만났다. 박정희는 "남북 사이의 불신을 없애는 것이 가장 중요하다"고 강조했다. 그런데 여기서 주목해야 할 점은 당시 박정희는 박성철이 제의한 '남북정상회담'을 거절했다고 강인덕은 주장했다.[80] 박정희-김일성 회담이라면 세계적 주목을 받는 빅 뉴스거리가 되었을 텐데 왜 박정희는 남북정상회담을 마다했을까. 혹시 박정희는 처음부터 남북대화를 권력체제 강화를 위한 도구로 활용할 생각이 아니었는지 의구심이 든다. 20년 후에도 김일성은 남북정상회담을 제의했지만 회담일자가 4월 15일로 김일성 생일이었기에 노태우는 거절했다.

1972년 7월 4일 남북은 이후락과 김영주가 서명한 '7·4남북 공동성명'을 발표, 전 국민을 통일열기로 들뜨게 만들었다. 이날 오전 10시 이후락 중앙정보부장이 내외신 기자회견을 통해 '남북 공동성명'을 전격 발표했기에 국민들이 놀라는 건 당연했다.

"서울의 이후락 정보부장은 1972년 5월 2일부터 5일까지 평양을 방문했다. 이 부장은 평양에서 김영주 노동당 조직지도부장과 회담했으며 김일성과는 두 차례 회담했다. 평양의 김영주 부장을 대리해 박성철 부수상이 5월 29일부터 6월 1일까지 서울에 왔다. 박성철은 이 부장과 두

---

79) 돈 오버도퍼 지음, 이종길 옮김, 앞의 책, pp. 52~54.

80) 강인덕, "박정희는 왜 김일성의 정상회담 제의를 거절했나", 〈신동아〉 1993년 1월호, pp. 362-382.

차례, 박정희 대통령과 한 차례 회담했다." 그리고 평화통일 3대원칙을 발표했다. "첫째 외세에 의존하거나 외세의 간섭을 받음이 없이 자주적으로 통일의 문제를 해결한다는 자주의 원칙, 둘째 무력의 행사에 의거하지 않고 평화적인 방법으로 통일을 실현해야 한다는 평화의 원칙, 셋째 사상과 이념 및 제도의 차이를 초월해 하나의 민족으로서 민족적 대단결을 도모한다는 민족대단결의 원칙이다." 지명관은 《한국을 움직인 현대사 61장면》에서 "즉, 한반도 평화통일의 3대원칙으로서 자주·평화·대단결을 내걸었던 것"이라고 말했고,[81] 김학준은 "이 3대원칙은 적어도 겉으로 보기에는 민족의 통일을 달성하는 기본원칙으로서 더할 나위 없이 완벽한 것이라고 하겠다"고 밝혔다.[82] 그러나 이 3대원칙은 김일성이 제시한 것으로 이후락이 서울과 상의도 하지 않고 받아들여 북한의 전략에 넘어갔다는 등 두고두고 논란이 되었다고 〈중앙일보〉는 《실록 박정희》에서 밝혔다. 이동원 전 외무장관의 증언에 따르면 "박 대통령은 '이북이 얘기하는 자주라는 것은 미국 나가라는 소리 아닌가. 아무래도 이후락이 이북에 가서 놀림당하고 온 것 같아'라며 이후락이 북한의 주장을 그대로 수용한 것을 대단히 불쾌하게 생각했다. 7·4 남북 공동성명에 박 대통령이 사인하지 않고 이후락이 사인한 것도 그런 이유"라고 주장했다.[83] 이동원은 박정희의 또 다른 발언을 소개했다. "이 장관, 내 이후락을 통해 김일성 얘기를 들었는데 완전히 김일성이 갖고 놀았더라고. 그런데 이 부장 얘기론 이북의 김일성을 모시는 그곳 사람들 자세가 남달라 우리도 배울게 있다는 구먼. 물론 거긴 공산국가라서 그렇겠지만 우리완 비교가 안 된다는 거야." 특히 차지철은 이동원의 집에 놀러와 다음과 같이 말했는데 심상치 않다. "아무래도 이후락

81) 지명관, 《한국을 움직인 현대사 61장면》(다섯수레, 1996년), p. 110.
82) 김학준, 앞의 책, p. 274.
83) 중앙일보 특별취재팀, 《실록 박정희》(중앙M&B, 1998년), pp. 42~47.

이 김일성한테 끌려 다닌 것 같다. '민족 대동단결'이니 '외세배제'는 결국 북이 주장하는 '연방제'나 '미군철수'와 같은 말 아닌가. 이후락이 주한미군은 유엔군이라 외세에 포함되지 않는다 하지만 그거야 우리 생각이지 북쪽 애들 생각이겠느냐. 제가 어제 각하께 말씀드렸더니 각하도 '내 말이 맞다'고 하면서도 '이북하고 얘기해 본 게 중요한 거지'라고 크게 의미를 두지 않았다. 분명 북의 페이스에 끌려 다녀야 할 텐데 뭔가 '국면전환'이 필요하게 될 것 같다."[84] 이때부터 박정희는 협상결렬과 유신체제를 구상하고 있었음을 암시해 준다. 그래서 신영준은 "김일성은 10월 유신을 알고 있었다"고 주장했다. 장준하는 7·4남북 공동성명 후 한 강연에서 "남은 남대로 북은 북대로 양쪽이 다 본심으로는 (통일을) 원(願)치 않으나 각자 자체모순을 타개(打開)하기 위해 홍수처럼 밀어닥치는 세계사적 조류(潮流)를 탄 것이라고 보아야 한다. 그 조류에 휘말려 7·4까지 온 것으로 역행(逆行)을 피하고 여기까지 온 것은 장한 일이다"며 "나는 지금까지 박 정권의 모든 일에 부정적(否定的)이었으나 이번 일만은 마음으로 긍정(肯定)하고 싶다. 여기에서 박 정권은 자기 만능적 자만심(自慢心)을 버리고 한 걸음 더 나서야 한다. 그것은 대화의 길을 민중에게 넘기는 일"이라고 주장했다. 그는 "민간대표들의 대화가 필요하다는 말"로써 "물론 북에 무슨 민간대표가 있는가 하는 반문(反問)도 있겠으나 그럴수록 더하다"고 강조했다.

### 장준하, "박 정권 자기 만능적 자만심 버리고 한 걸음 나서야"

남북한은 '7·4남북 공동성명'을 이행하고 남북한 사이의 모든 문제들을 개선하며 해결하기 위해 '남북조절위원회'를 구성했다. 남북조절위는 정치·군사·외교·경제·문화 등 5개분과위를 두었다. 북한의

84) 이동원, 《대통령을 그리며》(고려원, 1992년), pp. 128~129.

입장에서 평화통일 3원칙은 자신이 오랫동안 추구해 온 '남조선 혁명의 전제상황'을 충분히 조성할 수 있을 것으로 보았다. 박성철은 평양 기자회견에서 "이제 어떠한 외세도 우리 민족의 내부문제에 간섭할 구실을 찾지 못하게 되었음이 확실해졌다"며 "북으로부터의 남침위협이 더 이상 존재하지 않음이 분명해진 마당에 미제가 우리나라의 내부문제에 더 이상 간섭할 필요가 없어졌으므로 철수해야 한다는 것이 확실해졌다"고 주장했다. 남북조절위는 서울과 평양을 오가며 세 차례 열렸다. 7·4남북 공동성명은 북한에 엄청난 외교적 이익을 가져왔다. 즉, 1973년 4월 스웨덴 등 북유럽 5개국의 북한승인이 이뤄졌는데, 서방국가의 북한승인은 이번이 처음이었다. 북한은 1973년 말까지 꼭 20개국이 승인하는 성과를 거뒀고, 1973년 5월에는 유엔 산하 세계보건기구(WHO) 가입이 실현되어 9월 5일 뉴욕에 유엔대표부를 설치했다. 이로써 남북 동시수교 문호가 활짝 열렸다.

국제적으로 '투 코리아' 추세가 굳어지자 박정희는 1973년 6월 23일 특별선언을 통해 "상호 내정 불간섭과 불가침을 제도화하고 '남북한 유엔 동시가입'을 추진하자"고 제의했다. 이 무렵 동서독은 '동서독기본관계협정'을 맺고 유엔에 동시가입함으로써 평화공존과 상호협력단계로 들어갔다. 하지만 김일성은 같은 날 '조국통일 5대강령'을 발표 '남과 북 유엔 동시가입 반대', '고려연방제 실시', '남북 모든 정당 사회단체대표가 참가하는 대민족회의'를 제의했다. 이 시기 북한은 단일국가와 단일국호 아래 유엔가입을 주장했고, '투 코리아론'은 "분단을 고착화시킨다"며 비난을 가중했다. 여기서 북한은 '조선은 하나다'(*Korea is one*)라는 구호를 대내외적으로 크게 선전하기 시작했다. 이처럼 남북이 날카롭게 대립된 상황에서도 비난받지 않기 위해 남북대화를 먼저 깨뜨리지 못했다. 그러나 1973년 8월 김대중 납치사건이 발생하자 8월 28일 북한 김영주 공동위원장은 성명을 통해 단절을 선언했다. 남북대화는 중단됐고, 이후 남북은 날카롭게 대치, 이후 1974년 남침용 땅굴 발견을 비롯해 1976년 미군장교 2명이 살해당한 판문점 미루나무 도끼만행사건이 발생, 박정희가 "미친개에게는 몽둥이밖에 없다"고 발언하는 등 남북은 다시 일촉즉발의 위기를 맞았다. 그러나 남북한 정권 모두 남북대화를 악용, 1972년 새로운 권력구조를 만드는 정치적 목적을 달성했기 때문에 도구에 불과했던 남북대화는 더 이상 필요 없었다. 남한은 박정희의 영구집권을 위한 '10월 유신'을 단행, '유신체제'를 출범시켰는데, 김학준은 "대통령의, 대통령에 의한, 대통령을 위한 헌법을 만들어냈다"고 꼬집었다.[85] 북한도 12월 27일 김일성 주체사상을 통한 북한식 사회주의를 구현하기 위한 '조선민주주의인민공화국 사회주의 헌법'을 제정했다. 이로써 1948년 제정된 '조선민주주의인민공화국 헌법'은 폐기됐다. 새 헌법은 '김일성 수령의 유일적 영도'를 규정, 1인의 절대적 독재체제를 보장했고, 주석에 김일성을 선출했다.

## 북한경제 "GNP 규모, 1973년부터 남한에 뒤져 공통 의견"

미국 중앙정보부(CIA) 분석에 따르면 북한경제는 1976년부터 국민총생산(GNP) 규모에서 남한에 확실하게 뒤지기 시작했다. 그러나 다른 북한 전문가들은 1970년대 초에 남한에 뒤지기 시작했다고 분석했다. 북한의 주력 수출상품인 구리와 아연 등 1차 광물의 국제가격이 내려갔고, 1973년 석유파동이 북한경제를 강타했다는 것이다. 반면 남한은 1977년 백억 달러 수출달성에 성공했고, 경공업뿐 아니라 1974년 포항제철을 비롯해 중화학 공업이 발달하기 시작했다. 국민소득(GNP) 도 천 백 달러를 넘어섰다. 남북한의 경제역전은 1973년 이후부터라는 것이 전문가들의 공통된 견해이다.

---

85) 김학준, 앞의 책, p. 280.

# 13. 6·25전쟁 재발 조짐, 김정일 승계확정

## 1975년부터 1980년 사이 국제사회 흐름 6·25 당시와 매우 흡사

1인 절대독재체제를 확립한 김일성은 60살이 되자 김정일에게 권력을 세습시킬 준비를 시켰다. 우선 당을 김정일에게 넘겨 후계자가 되는 훈련을 받도록 했다. 김일성은 자신의 닮은꼴인 스탈린과 마오쩌둥의 사후 격하운동을 보면서 생전에 김정일 후계체제를 확고히 굳혔다. 김일성의 이러한 생각은 적중, 그는 유훈통치(遺訓統治)라는 이름으로 지금도 북한을 지배하고 있다. 1969년 초 선전선동부 부부장을 맡은 김정일은 정치적 입지강화를 위해 자신의 주특기인 영화나 연극을 활용했다. 1972년 혁명가극 총화가 있었는데, 김정일은 5개 혁명가극인 〈꽃파는 처녀〉, 〈피바다〉, 〈밀림아 이야기하라〉, 〈당의 참된 딸〉 등을 제작 공연해 혁명원로들로부터 큰 호응을 받았다. 그는 12월 헌법 개정 당시 '당원증 재교부'를 제안했으며, 1973년 9월 당 조직 및 선전선동 비서를 맡게 된다. 김정일은 1974년 2월 당 중앙위원회의에서 '공화국 영웅' 칭호도 받았고, 정치위원으로 선출됐다. 이때부터 김정일은 언론에서 '당 중앙'이라는 표현으로 불리게 됐는데, 4월 25일 〈로동신문〉은 "수령님의 교시와 당 중앙의 방침을 관철하는 길에서는 살아도 영광, 죽어도 영광"이라는 사설을 발표했다. 10월 비밀리에 열린 당 중앙위원회에서 김정일은 사상, 기술, 문화의 3대혁명 소조(小組) 운동의 책임자로 결정됐다. 김학준은 "김정일에게 3대혁명 소조운동을 맡겼다는 것은 김정일로 하여금 대중과의 접촉을, 특히 젊은이들과 접촉을 넓히게 하는 기회를 주었다는 뜻"이라며 "김정일의 지도력이 시험대에 올라선 것"이라고 풀이했다.[86] 김정일은 10월 하순부터 12월 말까지 '70일 전투'라는 '속도전'을 전개했다. 북한 경제분야에서 김정일의 직접지도 아래 속도전이 벌어져 노동자 3백 명에게 노력영웅 칭호가 주어졌고, 15만 명의 노동자들에게는 국가훈장을 수여했다.

그런데 1975년부터 1980년 사이 한반도는 6·25 당시와 외견상 너무도 닮은 국제정세 흐름이 조성되어 전쟁재연 가능성이 가장 높았던 시기였다. 북한은 베트남 등 인도차이나 반도의 공산화, 비동맹회의 가입 등으로 국제사회에서 가장 유리한 고지를 차지해 김일성을 크게 고무시킨 반면 남한은 박정희의 유신체제와 인권탄압, 반민주 철권통치 장기집권으로 카터의 주한미군 철수강행 등을 야기, 이승만 독재정치와 부패로 말미암아 한국방위 제외라는 '애치슨 선언'으로 국제사회에서 남한이 몰렸던 상황과 너무도 흡사했다. 하지만 중국과 소련이 한반도 안정과 평화공존을 주장, 북한 무력도발에 결정적 발목을 잡았다. 이는 6·25 당시 스탈린과 마오쩌둥이 전쟁을 승인한 것과는 180도 달랐다.

## 중·소, "한반도 안정 중요 북한 무력도발 적극저지 발목잡아"

김일성은 남베트남이 공산화될 무렵인 1975년 4월 18일 중국 베이징을 방문, 성대한 환영을 받았다. 돈 오버도퍼는 《두 개의 한국》에서 "김일성은 인도차이나 반도에서 공산주의가 승리, 미국이 지원하는 남한정부는 곧 붕괴되고 세계적으로 맑스-레닌주의가 승리를 거둘 것"이라고 단언했다. 그는 중국 지도층에게 "남한을 해방시키는 것은 '식은 죽 먹기'라고 말했다"고 전했다.[87] 반면 마오쩌둥과 저우언라이, 덩샤

86) 김학준, 앞의 책, p. 302.

오핑은 김일성에게 한반도 안정의 중요성을 강조하고 무력통일에 분명히 반대했다. 대신 중국 지도부는 한국과 관계를 개선하지 않고 계속 북한만을 인정할 것이라고 약속했고, 김일성은 빈손으로 돌아갔다. 더욱이 소련은 방문의사를 밝힌 김일성의 요청을 단호히 거절했다. 소련 역시 김일성의 호전적인 태도를 뒷받침해 줄 생각이 없었던 것이라고 김학준은 지적했다. 돈 오버도퍼는 "당시 한반도 문제에 관여했던 전직 소련 외교관의 말에 따르면 비슷한 시기 소련정부는 김일성에게 '우리는 한반도 문제의 평화적 해결에만 지원할 수 있다'는 의사를 분명히 했다" 고 전했다. 우리 남한으로서는 결정적 안도의 순간이었다.

북한은 1973년 유엔 '언커크'를 해체시킨 데 이어 주한미군 철수를 위해 1974년 3월 25일 '휴전협정'을 대체할 '조 · 미 평화협정'체결을 제안했다. 미국은 "한반도 문제는 남북이 직접 해결해야 한다"며 거절했다. 북한은 1975년 8월 30일 페루 리마에서 열린 '비동맹국가 외무장관회의'에서 회원으로 가입했고, 휴전협정 대체에 대한 북한결의안을 채택했다. 유엔총회는 서방 결의안과 북한 결의안을 통과시켰다. 키신저는 남북한 유엔 동시가입과 남북한 · 미 · 중의 4자회담을 제의했으나, 북한은 반대했다. 1975년 12월 말 현재 북한과 수교국은 90개국에 달했다. 당시 미군사령부 첩보에 따르면 1974년 북한군 병력은 40만 8천 명으로 세계 4위 규모라고 추산했다. 23개 보병부대 가운데 14개 부대가 비무장지대에 동서로 배치되어 있고, 중국 및 소련제 폭격기와 전투기로 완비된 가공할 만한 공군력, 규모는 작지만 여러 가지 다양한 작전기능을 수행할 능력 있는 해군이 있다고 했다. 특히 북한은 1970년대 말부터 야포장비, 로켓발사대, 병력수송 장갑차(APC), 지대공 미사일 등 첨단무기를 대량으로 생산하기 시작했다. 북한은 남침야욕을 불태웠고, 1974년부터 1978년까지 남침용 땅굴 네 곳이 남한에서 발견됐다. 남침

87) 돈 오버도퍼 지음, 이종길 옮김, 《두 개의 한국》(길산, 2002년), p. 108.

용 땅굴은 비무장지대를 관통하여 남한에 미쳤으며, 한 시간 안에 1개 사단이 소규모 무장차량과 함께 지나가기에 충분했다. 이어 1976년 8월 18일 판문점 도끼만행을 저질렀다. 북한군 수십 명이 도끼와 낫을 들고 미루나무 가지치기 작업을 경비하던 미군장교 2명을 살해했다. 김일성은 미국이 보복하지 않을까 두려워했고, 미국 정부에 미군장교 2명의 죽음에 대해 유감의 뜻을 나타냈다. 훗날 김정일이 이 사건을 주도했다고 선전했으며, 김정일이 대단한 곤혹을 치렀다. 이 때문에 김일성은 8월 16~19일 스리랑카 콜롬보에서 열린 비동맹정상회의에서 자신을 '제3세계 지도자'로 격상시키려던 꿈도 포기해야만 했다.

### 김정일, "76년 도끼만행 주도 선전, 미 보복우려 대단한 곤혹 치러"

하지만 김일성에게는 다시 호기(好機)가 찾아왔다. 1977년 1월 출범한 카터 행정부는 주한미군 철수를 강행하려고 했고, 남한은 핵무기 개발로 대응했다. 1974년 11월 주한 미대사관은 남한이 핵개발계획 1단계를 추진중이라고 보고했다. 럼스펠트 국방장관은 1976년 5월 한국정부가 핵무기 개발을 강행할 경우 "미국은 안보 및 경제협력관계를 포함해 남한과의 모든 관계를 재검토할 것"이라고 직접 경고했다. 박정희는 일단 포기했다. 그러나 카터가 주한미군 철수를 강행하려 하자 다시 한국핵연료개발공사를 설립, 핵연료봉 제조를 지시했고, 1978년 프랑스와 재처리 시설에 관한 협의를 재개했다. 이번에는 카터가 직접 나서 지스카르 데스탱 프랑스 총리와 담판지었다. 돈 오버도퍼는 "선우련 전 공보비서관은 1979년 1월 박 대통령이 해안산책 중 1981년 국군의 날 행사에서 자체 개발한 핵무기를 세계만방에 선보인 뒤 대통령직을 사임할 계획이라고 말했다"고 증언했다. 그는 "강창성 전 보안사령관은 박 대통령이 1978년 9월 자신에게 핵무기 개발이 95%가 이미 완료됐으며, 1981년 상반기부터는 핵무기를 생산할 수 있다고 말했다"고 밝혔다.[88] 필자는 "1978년 9월 서해안 한 바닷가에서 '백곰'이라고 불리는 국산 미사일 발사시범이 있었다. 박정희 눈앞에서 한 발사는 대성공이었다"며 "세계에서 일곱 번째의 미사일 보유국이 된 날이었다. 미국은 이 실험성공을 핵무기 개발의 한 단계로 간주하고 바짝 긴장했다"고 밝힌 바 있다.[89]

정작 카터의 주한미군 철수가 중단된 것은 북한의 무모한 무력증강 때문이었다. 존 암스트롱 정보분석가는 북한군 항공사진을 살피며 탱크수를 헤아리던 중 놀라운 결과를 발견했다. 그는 비무장지대 북쪽 80㎞계곡에 전에 없던 탱크사단이 주둔하고 있음을 확인했는데, 탱크 270대 장갑차량 백 대 규모였다. 그는 1977년 12월 주한미군사령부에 이를 보고, 북한군 전력에 대한 전면 재점검에 착수했다. 미 국방부는 세계 각지 35명의 전문가들을 보강한 분석팀으로 평가작업을 벌인 결과 북한은 1971～1972년 대대적인 병력증강을 통해 약 7백 개 대대병력을 보유하는 것으로 추정, 이는 남한에 비해 배나 됐다. 북한은 또 예전보다 훨씬 많은 수의 탱크와 야포장비를 갖췄으며 최말단 부대도 탱크와 야포부대가 포함되어 있었고, 북한병력 대부분이 비무장지대에 근접배치되어 있다는 사실을 알았다. 지상군 병력은 분석결과 종전 48만 5천 명에서 40% 증가한 68만 명에 이르렀고 인구가 배가 많은 남한보다 더 많은 병력을 보유했다. 이래서 주한미군 철수는 무산됐다.

## 북한군, "종전보다 40% 증가 68만 명 판명, 미군철수 중단"

카터는 1979년 6월 한국을 방문, 박정희와 정상회담에서 주한미군 철수 중지에 합의하고, 남북한 미국의 3자 고위회담을 제의했으나 북한

---

88) 돈 오버도퍼 지음, 이종길 옮김, 앞의 책, p. 121.
89) 김인수, 앞의 책, p. 98.

은 거부했다. 7월 20일 브레진스키 백악관 안보보좌관은 "남북한 사이에 군사적 균형이 회복되고 뚜렷한 긴장완화의 조짐이 발견될 때까지 주한미군 추가철수는 1981년까지 연기한다"고 발표했다. 2년 반 동안 실제로 철수한 병력은 674명으로 1개 대대에 불과했고, 오히려 F-4전투기 12대와 조종사 등 9백 명이 추가배치됐다. 미군 3만 7천 명은 그대로 남한에 주둔했고, 핵탄두 250개는 군산기지로 통합했다.[90]

김정일은 1980년 10월 10~14일 열린 노동당 제 6차대회에서 후계자로 공식 확정되었다. 북한은 '전제왕조 권력세습국가'가 되었고, 김정일의 이름을 천리마체(고딕체)로 썼고, 김일성과 똑같은 예우를 받게 되었으며, 38세였다. 고태우는 《북한현대사 101장면》에서 "겉으로 드러난 자료들에는 아무런 저항도 반대세력도 없었던 것으로 되어 있다. 당중앙위원회 군사위원이 된 것은 무엇을 뜻하는 것일까"라며 "그것은 아마 군부장악을 위한 포석임에는 틀림없겠지만, 거꾸로 생각해보면 군부의 반발이 있었다는 해석도 가능한 것"이라고 밝혔다.[91] 이는 당대회 인사개편에서 드러났다. 정치국원 34명 중 10명이 군인이었고, 248명의 중앙위원 중 군인이 42석을 차지했다. 김일성은 세습체제 안정을 위해 군부지지가 긴요하다는 점을 잘 알고 있었다. 김정일 우상화 작업도 본격 시작되었다. 이 시점부터 '대를 이은 충성'을 강조한 캠페인이 북한 전역에서 벌어졌고, 1982년 들어와 김정일의 권력은 한층 더 강화, 2월 16일 40회 생일부터 공식 공휴일로 지정됐다. 1997년 한국으로 망명했던 황장엽은 김정일의 이론적 대부로서 3월 31일 '전국주체사상토론회'에서 '주체사상에 대하여'를 발표해 김정일의 이미지를 부각시켰고, 혁명사적지 12곳을 조성했다. 1989년 백두산의 한 봉우리인 장수봉 화강암절벽에 '정・일・봉'이라고 새겼다. 그 밑에 통나무집을 지어 김정

---

90) 돈 오버도퍼 지음, 이종길 옮김, 앞의 책, p. 173.

91) 고태우, 앞의 책, p. 283.

일이 태어난 생가로 성역화했다. 김정일 우상화 작업의 극치이다. 1992년에는 김정일 선집도 선보였다. 김학준은 "김정일은 김일성과 함께 사실상 공동통치자로서 위치에 서게 됐다"며 "이들에 대해 공동통치자라는 표현을 처음 쓴 재미 한국인 정치학자 신린섭에 따르면 김일성은 통치하기보다 군림했고, 김정일은 통치일선에 나와 있었다"고 밝혔다.

## 김일성, "김정일에게 선위(禪位), 전제왕조 권력세습국가 탄생"

김정일이 후계자로 공식 결정될 때 북한이 직면한 가장 큰 과제는 경제를 어떻게 살려내느냐였다. 그는 '사회주의 경제건설 10대 전망목표'라는 무지개 비전과 고려연방제 통일방안을 제시했다. 그리고 경제분야에서 일해 온 강성산, 연형묵 등 경제전문가들을 65명이나 당 중앙위원에 발탁했다. 결론부터 말하면 김정일의 북한경제는 완전히 수렁 속에 빠지고 말았다. 실패의 가장 좋은 본보기는 '다락밭'사업이다. 이른바 김정일 농법으로서 낮은 산꼭대기까지 밭을 개간해 소출을 늘리자는 것으로 처음 몇 해는 성과가 좋았지만 1980년대 후반 이후 장마가 지고 폭우가 쏟아져 산사태가 일어나자 흙과 돌이 하천은 물론 벌판까지 덮쳤다. 강바닥이 높아져 장마가 지면 해마다 벌판이 범람했고, 쌀 수확은 크게 줄어 식량난이 급격히 가중됐다. 김일성은 "쌀이 곧 공산주의"라고 외치면서까지 식량증산을 독려했지만 효과는 없었다. 북한 식량위기는 여기서 촉발됐다. 1984년께부터 심각해진 전기부족은 경제난을 재촉했다. 이때 뇌물풍조도 만연했다. 북한은 1984년 '합영법' 채택, 1986년 '성과급 임금제'를 도입, 북한경제를 건져내고자 했으나 개혁과 개방을 안 해 결국 실패했다.

1980년대 김일성과 김정일에게 가장 큰 패배와 쓴맛을 안겨준 것은 88서울올림픽이었다. 김정일은 1983년 6월 중국을 방문, 덩샤오핑 등으로부터 공식후계자로 인정받은 대신 중국은 한반도 안정을 가장 중시, 무력충돌을 적극 반대했으며, 남한과의 비공식 교류를 희망했다. 북한의 강력한 반대에도 불구하고 중국은 86아시안게임에 참가했고, 자신들의 경제발전을 위해 한국과 인적 · 경제적 교류를 확대시켜 한 · 중 관계는 가까워지고 있었다. 반면 소련은 1985년 고르바초프가 집권하면서 8월 13일 알리예프 부총리가 평양을 방문했고, 3척의 소련전함이 원산항을 방문했다. 페트로프 국방차관과 오진우 인민무력부장은 회담을 갖고 미국의 동북아정책에 공동대처를 다짐했다. 소련은 미그23기 10대를 북한에 추가공급, 모두 26대로 늘어났다. 소련은 북한에 '핵확산금지조약'(NPT) 가입을 강력히 요구했다. 북한은 이미 영변에 원자로단지를 만들어 놓고 핵개발을 하고 있었다. 북한은 경수로 4기를 지어주겠다는 소련제의에 12월 12일 가입했다. 1986년 2월 25일 '조 · 소 경제과학기술협정'을 체결했고, 10월 22일 김일성은 소련을 방문했다. 고르바초프는 김일성에게 페레스트로이카와 글라스노스트를 권고했다고 훗날 밝혔다. 특히 서울 88올림픽에 소련과 동구권 국가들이 참가하지 않도록 강력히 권고해달라는 김일성의 부탁을 거절했다. 실망한 김일성은 10월 27일 평양으로 돌아왔다.

## 김정일, "다락밭사업 대표적 경제실패 본보기, 식량난 가중"

김학준은 북한경제와 관련 "1980년대에 침체와 부진을 겪었다. 1989년 세계청년학생축전에 40억 달러를 쓴 것으로 알려졌는데, 이는 1990년 무역총액에 육박하는 규모"라며 "1990년대 들어와 더욱 나빠져 북한경제는 이미 스스로의 힘으로 되살리기 어려운 상황에 빠져들었다"고 분석했다.[92] 북한 사회주의 경제체제의 한계를 여실히 드러냈다.

---

92) 김학준, 앞의 책, pp. 378~379.

# 14. 김일성 "92년 남북정상회담 염원무산, 아쉬워"

## 88서울올림픽 후 사회주의 국가 잇단 붕괴, 북한 살아남기 안간힘

김정일은 1990년 5월 국방위원회 제1부위원장, 1991년 12월 인민군 최고사령관, 1992년 4월 원수칭호가 수여, 사실상 모든 권력승계를 마쳤다. 북한은 88서울올림픽을 치르고 나서 소련을 비롯한 동구권 사회주의 붕괴라는 초유의 사태에 직면, 살아남기에 혈안이 되었다. 노태우의 북방정책과 1989년 동서독의 흡수통합은 김일성 부자에게 심각한 체제붕괴 위기로까지 몰리게 됐다. 그래서 북한이 자구책 차원에서 들고 나온 것이 남북대화와 핵개발이었다. 북한은 핵을 보유함으로써 1인 유일영도체제를 유지하고 김정일 정권을 보장받겠다는 것이다. 북한은 2006년 10월 9일 1차, 2009년 5월 25일 2차 핵실험을 했다.

먼저 88서울올림픽의 성공개최는 국제사회의 흐름을 단번에 바꿔놓았다. 필자는 "1945년 해방 당시 최빈국이자 1970년대 초반까지만 해도 북한에 뒤졌던 한국의 발전상과 저력이 세계 언론으로부터 주목받았고 한국은 선진개발도상국으로 부상했다. 특히 소련과 중국을 비롯해 동구권 사회주의 국가들의 변화와 개혁, 몰락에 결정적 기여를 했다"고 밝힌 바 있다.[93] 북한과 긴밀한 관계를 유지했던 동구권 국가들이 받아들이는 충격이 남달랐다. 한국은 1989년 2월 1일 헝가리와 수교를 시작으로 1991년 8월 22일 알바니아까지 동구권 전체와 국교를 수립했다. 이

---

93) 김인수, 앞의 책, pp. 144~145.

로써 북방외교는 대성공을 거두었다. 반면 김일성과 김정일은 소련 등 동맹국들이 모두 등을 돌리는 참담한 좌절과 패배는 물론 김일성 유일 독재체제의 붕괴위기로 몰렸다.

문재철은 《청와대 메모》에서 노태우 대통령은 "청와대 박철언 보좌관을 파견한 것은 정상적 외교경로로는 성공을 자신하지 못했기 때문이었어. 박 보좌관이 그로스 헝가리 서기장과 면담이 이루어지지 않고 고생하는 것을 내가 이전의 친분을 통해 좀 도와주고 박 보좌관이 물고 늘어져 성사될 수 있었지요. 1984년 LA올림픽에 참가하지 못한 소련 젊은이들의 불만이 대단히 크다는 사실을 알고, 거기에 내가 불을 질렀습니다. 심지어 IOC후원자 역할을 해온 아디다스사의 다슬러 회장을 통해 소련을 위시한 여러 나라의 불참의사를 돌리게 했습니다. 소련을 자주 드나들면서 소련 지도층과 교분이 두터운 다슬러 회장은 소련의 정책결정자를 자극시켜 서울올림픽 참가를 유도한 것이죠. 그리고 서울올림픽에 소련이 참가함으로써 어려움을 풀어나갈 수 있었고, 그후 한・소 관계개선도 올림픽이 결정적 계기가 되었던 겁니다"[94] 라고 밝혔다.

## 노태우, "뒷문으로라도 소련 뚫자", 고르바초프와 정상회담 성사총력

노태우는 1988년 6월 박철언 정책보좌관과 김종휘 외교안보보좌관을 불러 "한반도 문제, 즉 민족분단과 전쟁의 위협을 해소하려면 앞문은 곤란하니 뒷문으로라도 들어가야겠다. 순서가 있는데 소련이 핵심이다. 소련을 뚫도록 하라. 우선 소련과의 접촉창구를 만들라"고 지시했다. 김종휘는 독일 콜 수상 안보보좌관인 텔칙에게 지원을 요청, 텔칙의 주선으로 함부르크를 거쳐 모스크바에서 열린 유엔학술회의에 참석, 고

94) 문재칠, 《청와대 비밀메모》(갑인출판사, 1993), p. 14.

르바초프 측근인 아르바토프 미·캐나다 연구소장과 친분을 익혔다. 이미 박철언은 두나이예프 노보스티통신 도쿄지국장을 통해 아르바토프와 루킨 외무성차관보를 만났고, 루킨은 고르바초프 대통령 보좌관을 소개해 노 대통령 친서를 고르바초프에게 전달했다. 노태우는 1989년 7월 "우리의 안보와 통일 접근을 위해서도 소련과의 관계개선이 필요하고, 그래야 유엔도 가입되고, 중국과도 관계진전을 이룰 수 있다"며 한·소 정상회담 추진을 지시했다. 성사가능성이 5%도 안 되어 암호명은 5%로 정했다. 김 보좌관은 탤칙 사무실을 방문, 한·소 정상회담을 희망하는 메시지를 부탁했고, 메시지는 서독 수상의 소련 방문 때 전달되었다. 1990년 초 김 보좌관은 솔로몬 미 국무성 동아태차관보에게 한·소 정상회담 주선을 주문했다. 솔로몬은 앵커리지에서라도 한·소 정상회담을 희망한 한국 입장을 미 행정부에 전달했다.

하지만 두나이예프 채널이 결정적으로 주효했다. 김종휘는 4월 23일 박철언에게 두나이예프를 통한 한·소 정상회담 주선을 요청했고, 박철언의 부탁을 받은 두나이예프는 모스크바로 갔다가 며칠 후 돌아와 곧 도보리닌 대통령 외교고문이 서울을 방문 세부문제를 협의할 것이라고 알려왔다. 도보리닌은 5월 21일 전직국가수반협의회(IAC) 서울총회에 참석차 신라호텔에 여장을 풀었다. 다음날 낮 도보리닌은 극비리에 청와대에 들어와 상춘재에서 노 대통령, 노재봉 비서실장, 김종휘 보좌관과 만났다. 도보리닌은 "고르바초프 대통령의 전권을 위임받아 서울에 왔고, 고르바초프 대통령은 한국의 노 대통령과 회담할 용의가 있다"는 구두메시지를 전달했다. 김종휘는 눈물이 핑 돌았다고 했다.

## 1990년 6월 4일 한·소 정상회담 성사, 취재진 2천 명 몰려 성황

도보리닌은 이번 일은 대통령궁의 독자적 판단에 따른 것으로 소련 외무성에 절대로 알려져서는 안 된다고 강조했다. 개혁을 추진하는 대통령궁과 보수적 성향의 외무성과의 미묘한 관계를 실감나게 했다. 이렇게 해서 1990년 6월 4일 역사적인 한·소 정상회담은 샌프란시스코 페어먼트 호텔 23층에서 열렸다. 두 정상은 미국시간 오후 5시 15분 서로 악수를 나눴다. 〈워싱턴 포스트〉는 '통일로 이어질 극적 해빙', 〈뉴욕타임스〉는 '더 싼 비용으로 더 큰 안보획득'으로 평가했다. 특히 미 ABC 등 3대 TV 인기 앵커맨 등 세계 각국 취재진 2천여 명이 몰려들어 역사적 현장을 취재했다. 고르바초프와 노태우는 1991년 4월 19일 제주도에서 3차 정상회담을 가졌다. 러시아 대통령의 방한은 남북을 통털어 처음이었다. 엘친과 푸틴 대통령도 방한했다.

한·소 정상회담을 전혀 몰랐던 김일성은 5월 24일 최고인민회의에서 기존의 미군철수라는 강경입장에서 물러나 "미국이 남한에서 한꺼번에 주한미군을 철수할 수 없다면 점진적으로 철수할 수도 있을 것"이라는 의미심장한 정책연설을 했다. 또 5월 31일 북한 최고인민회의는 미국과 남한의 팀스피리트 훈련 발표로 수개월 동안 중단됐던 남북대화의 즉각 재개를 촉구했다. 그로부터 3주 후 북한은 남쪽에 전화통지문을 보내 남북 고위급회담 재개를 거듭 제안했고, 남북총리 회담에 합의했다. 10월 초에는 서동권 안기부장이 이끄는 3명의 대표단이 비밀리에 평양 주석궁을 방문해 백화원초대소에서 김일성과 김정일을 만났다. 서 부장은 '남북정상회담을 통해 한반도 평화통일의 길을 민족 자주적으로 함께 찾자'는 취지를 담은 노 대통령 친서를 전달했다. 이에 대해 김일성은 '고려연방제의 수용'을 제안했다. 11월 초 김일성은 대남담당 사업비서인 윤기복을 밀사로 서울에 파견했다. 윤기복은 청와대 근처 안가에서 노 대통령을 만났다. 그는 '고려연방제 수용을 앞세운 남북정상회담안'을 담은 김일성의 친서를 전달했다. 김학준은 "이것은 노 대통령으로서는 받아들일 수 없는 것이었다"고 주장했다. 그러나 서 부장은 "1991년 초 남북정상회담 개최 합의에 거의 도달했는데, 막판 통일문제를 공동선언문에서 어떻게 하느냐를 놓고 의견이 엇갈려 정상회담 논의가 결렬됐다"고 전했다. 김정일이 김일성 생전에 함께 만난 남한 고위관리는 서동권이 처음이자 마지막이었다. 서동권은 김정일에게 단독면담을 제의, 김정일은 흔쾌히 수락했지만 나중에 '너무 바빠 약속을 지킬 수 없다'고 면담을 취소했다. 김일성은 남한 대표단에게 "살아 있는 한 내가 이 나라를 통치할 것"이라고 넌지시 강조했다고 밝혔다.

## 노태우-김일성 남북정상회담, "공동선언 내용 놓고 협상결렬"

이 당시 북한은 '남한에 흡수통일'될 것을 가장 우려했다. 김학준은 《위기의 남북한, 그래도 희망은 있다》에서 "1990년 9월 남북고위급 회담이 열렸을 때 사석에서 북한 대표단이나 수행원들을 만나 얘기하면 '우리 조선민주주의인민공화국은 절대로 붕괴하지 않습니다'를 자주 되풀이했다. 북한사람들은 누가 묻지 않아도 '우리는 결코 무너지지 않습니다'를 되뇌었다"며 "1991년에도 마찬가지였다. '우리 체제는 절대로 붕괴하지 않습니다.' '뿌리 깊은 나무는 바람에 흔들리지 않고 샘이 깊은 물은 가뭄에도 마르지 않는다는 속담처럼 우리 조선민주주의인민공화국은 결코 쓰러지지 않고 영생불멸할 것'이라고 용비어천가를 인용해가며 연설했다"고 밝혔다.[95] 필자도 이 같은 말을 직접 들었다. 1991년 10월 22일부터 25일까지 평양에서 열린 4차 남북총리회담 취재기자로 참여해 첫날 모란각에서 열린 환영만찬에서 북한 인사들은 "남한이 북한을 흡수통일할 경우 남조선은 불바다를 각오해야 할 것"이라며 "절대로 흡수통일은 안 된다"고 강조했다. 특히 옆에 앉은 임수경 취재를 전담했던 조선중앙TV 기자는 "남북한이 한 번 붙어봅시다"고 서슴없이 말하는 것을 보고 섬뜩했다. 동독이 서독에 흡수통일되고, 소련과 동유럽

95) 김학준, 《위기의 남북한, 그래도 희망은 있다》(문음사, 1998년), pp. 234~235.

이 모두 공산주의를 버리고 민주주의를 선택한 마당에 북한으로서는 체제붕괴에 엄청난 위기의식을 느끼지 않을 수 없었다.

노태우는 1991년 연두기자회견과 아태경제협력이사회(ESCAP) 서울총회 개막연설에서 유엔가입을 천명했다. 그는 북한이 끝까지 동시가입에 호응하지 않으면 우리만이라도 먼저 가입하겠다며 4월 5일 정부각서를 유엔안보리 회원국에 회람시켰다. 노 대통령이 이렇게 한 데는 믿는 구석이 있었는데, 고르바초프 대통령이 4월 19일 제주도를 방문해 한·소 정상회담을 가짐으로써 양국 간 화해와 협력의 분위기는 절정을 이뤘다. 한국의 유엔가입에 소련이 찬성으로 돌아섰고, 중국도 1991년 1월 한·중 무역대표부를 설치했다. 필자도 1990년 베이징아시안게임 참관 겸 중국 사정을 살펴보기 위해 베이징을 첫 방문했는데, 당시 중국 고위층 인사들은 한·중수교는 '시간문제'라고 했다. 소련과 중국이 상임이사국으로서 한국의 유엔가입을 지지, 북한은 결국 1991년 5월 27일 동시가입에 찬성했다. 이는 1973년 동서독 동시가입과 똑같았다.

## 고르바초프 소련 대통령 첫 방한, "남북한 유엔 동시가입 실현"

북한의 굴욕은 계속됐다. 소련과 국교를 수립하자 다급해진 쪽은 중국이었다. 아시아·태평양 경제각료회의(APEC) 총회에 참석차 방한한 전기침(錢其琛) 외교부장은 청와대를 예방했다. 노 대통령은 "우리는 북한의 체제를 인정, 교류와 대화를 통해 민족의 동질성을 회복하면서 통일을 해나가고자 한다"고 말하자 전 외교부장은 "북한과 일본 및 미국과의 수교가 먼저 이루어져야 한다는 것은 한·중수교의 전제조건이 아니다"고 방침변화를 분명히 했다. 전은 1992년 4월 아·태지역 경제사회이사회 베이징총회에 참석한 이상옥 외무장관에게 비밀 수교회담을 제의했다. 김종휘 외교안보수석이 총괄을 맡았고, 5월 14, 15일 중국

조어대에서 회담했다. 6월 20일 워커힐에서 3차 회담이 열려 공동성명 내용과 정상회담에 합의했다.

남북관계도 급변했다. 김일성과 김정일은 체제붕괴 위기 속에서 탈냉전의 분위기에 재빨리 편승, 남한이 제의한 남북고위급회담에 응했다. 남북총리회담은 1990년 9월 4일부터 7일까지 강영훈 국무총리와 연형묵 북한 정무원총리 사이에 1차 본회담이 서울서 열린 것을 시작으로 1992년 9월 15일부터 18일까지 평양에서 8차 회담까지 열렸다. 가장 중요한 회담은 1991년 10월 22일부터 25일까지 평양에서 열린 4차와 12월 10일부터 13일까지 서울에서 열린 5차였다. 여기서 남북은 의견접근을 이뤄 1991년 12월 13일 정원식 국무총리와 연형묵 북한 정무원총리 간에 '남북 사이의 화해와 불가침 및 교류협력에 관한 합의서'에 서명했다. 1991년 12월 한반도 핵문제를 협의하기 위한 남북 고위급회담을 세 차례 가졌다. 남북한 협상조건으로 북한은 영변 핵시설에 대해서 외부 사찰을 허용했고, 대신 남한은 1992년 팀스피리트 훈련을 취소하기로 합의했다. 12월 31일 조인된 6개항의 최종합의문은 '핵무기를 실험·생산·도입·처리·저장·배치, 그리고 사용'하지 않고 '핵 재처리시설과 우라늄 농축시설도 보유'하지 않기로 했다. 추후 구성될 핵통제 공동위원회를 통해 상대방 핵시설을 상호사찰하기로 했다. 김일성의 지시 때문인지 북측은 순순히 타협에 응했다. 1992년 1월 20일에는 '한반도 비핵화에 관한 공동선언'에 서명했다. 핵협정 조인식을 마치고 평양에서 개성으로 향하는 승용차에서 북한 김영철 소장은 남한 박용옥 소장에게 "협정문안의 90%가 남한 주장에 따라 작성된 것인 만큼 이것은 당신네 협정이지 우리 협정이 아니다"고 불평했고, 그 불평의 실체는 조만간 드러났다. 남한 대표의 불안감과는 달리 김일성은 남북핵협정을 위대한 승리라고 평가했다. 그는 기뻐서 헬기를 판문점에 보내 협상대표단을 개선장군 모시듯 평양에 데려왔다. 이 역사적인 두 개의 합의서는

1992년 2월 19일 발효되었다.

### 남북총리회담, '남북기본합의서', '한반도비핵화 공동선언' 합의 서명

김일성은 1992년 3월 말과 4월 초 사이에 다시 승부수를 띄웠다. 윤기복을 서울로 보내 1992년 4월 15일 노 대통령을 평양으로 초청해 남북정상회담을 열고 싶다는 뜻을 전달했다. 이는 김일성의 80회 생일에 노 대통령을 초청한다는 뜻이어서 단호히 거부했다. 하지만 노 대통령의 단호한 거부는 북방정책의 대미를 장식하는 데 있어 큰 패착으로 보인다. 결국 북방정책의 최종목표는 북한의 문호를 열어제치고 개방과 개혁을 통해 평화통일로 이끌어 내자는 것이다. 그렇다면 노 대통령이 이미 남북관계에서 북방정책을 통해 국제사회에서 승리한 승자의 아량으로 북한을 포용했더라면 지금 남북관계는 어땠을까 하는 진한 아쉬움이 남는다. 필자도 당시 청와대 출입기자로서 노 대통령으로부터 직접 그런 얘기를 들었고, 당시에는 미처 생각하지 못했지만 지금 생각하면 무척 미련을 감출 수 없다. 당시 북한을 우리 영향력 아래 묶어 두었더라면 훗날 남북문제를 대처하는 데도 훨씬 용이했을 것이다.

돈 오버도퍼는 《두 개의 한국》에서 "김일성이 정상회담 개최의지를 적극적으로 보인 것은 딱 한 차례, 1992년 그의 80회 생일 축하행사에 노태우 대통령을 초청했을 때였다"며 "이에 대해서는 여생이 얼마 남지 않은 김일성이 자신의 후계자인 김정일에게 보다 순탄한 길을 마련해 주고자 했던 것이라는 주장도 있다. 또 다른 해석으로는 미국과의 관계를 근본적으로 개선하기 위해서는 남한과의 관계개선이 선행되어야 한다는 것을 깨달았기 때문이라는 말도 있다"고 분석했다.[96)]

---

96) 돈 오버도퍼 지음, 이종길 옮김, 앞의 책, p. 488.

# 15. 김일성 "경제실패에 김정일 불신, 국정 직접 챙기다 과로사"

## 노태우-김일성 회담 재추진 무산, "마지막 생존 핵카드 꺼내들어"

김일성 시대 막바지인 1992년 북한 군부에는 이른바 '쿠데타음모사건'이 터져 1994년까지 2년간 소련과 동구권에 유학했던 장교들에 대해 대대적인 검거선풍이 불었고, 피비린내 나는 숙청이 시작됐다. 김정일은 "소련 개나 중국 개가 남조선이 파견한 간첩 한 명보다 더 위험하다"며 철저히 적발할 것을 지시했다. 1994년에만 장성 · 고위장교 6백여 명을 제대시켰다. 다만 조명록 공군사령관은 원응희 보위사령관과 친분이 두터워 오금철 상장을 비롯한 공군지휘관들만 살아났다. 그는 "지금 조종사들을 다 죽이면 북한 공군은 망한다"고 읍소했다. 군 현대화 계획도 일시 중단됐다. 북한은 마지막 생존책으로 핵카드를 꺼내 들었다. 북한은 1993년 3월 12일 '핵확산금지조약'(NPT) 탈퇴를 선언하며 국제적 긴장감을 높였다. 북한이 '한반도비핵화 공동선언'을 불평했던 실체, 즉 남한이 불안감을 감추지 못했던 실체가 드러났다. 바로 이 점에서 노태우의 남북정상회담 거절이 못내 아쉽다는 것이다. 우리가 대북 영향력을 행사할 패가 전혀 없기 때문이다. 김영삼 대통령으로서는 상당한 반대를 무릅쓰고 인도주의 입장에서 이인모 노인의 북송을 결정한 다음날이었기에 강한 배신감을 느꼈을 것이다.

북한은 이미 팀스피리트 훈련을 이유로 김정일 최고사령관 명령에 따라 준전시상태가 선포된 상태였다. 다시 NPT탈퇴까지 선언, 북한 전 지역은 자연스럽게 전쟁전야를 방불케 하는 분위기였다. 3월 19일 남북 특사교환 문제를 협의하던 판문점 협상장에서 북한 박영수 단장은 "서울은 여기서 멀지 않소. 전쟁이 일어나면 서울이 불바다가 될 것이오"라는 말을 던지고 회담장을 박차고 나갔다. 돈 오버도퍼는 "청와대는 회담장면을 공개하지 않았던 전례를 깨고 김영삼의 승인하에 회담장면을 담은 녹화테이프를 방송사에 배포했다"고 밝혔다.97) 김영삼의 북한에 대한 배신감이 작용했을 것이다. '남북 불가침 합의'나 '한반도 비핵화 선언'이 무용지물이 되는 순간이다. 실제로 북한의 '서울 불바다' 발언이 허구가 아님을 미 CIA요원 제럴드 리의 보고서는 증명했다.

> "미군이 북한의 핵시설을 선제공격할 경우, 북한은 그들의 핵을 사용하지 않고 휴전선 전방에 배치된 재래식 무기만으로도 서울을 불바다로 만들 수 있다. 서울을 포함한 안양까지 5~6분 사이에 6천 개의 포탄이 떨어진다. 또 노동 1호와 대포동 미사일은 주요 기간산업과 고리, 영광 등 원자력 발전소를 겨냥하고 있는데, 마하 5~6 정도의 속도로 날아오는 대포동 미사일은 충분히 원자력발전소의 보호벽을 깰 수 있다. 만일 이러한 상황이 발생할 경우, 남한 전역은 핵 오염지대가 될 것이다. 전쟁발발 1개월이 지나면 전선에 배치된 미군 3만 5천 명이 사망하고 8~10만 명의 미국인이 죽게 된다. 한국인은 백만 명 이상이 사망할 것이다. 2개월이 지나면 북한 정권은 사라지고 전쟁은 끝난다. 그리고 통일이 될 것이다. 그러나 남한 경제는 50년 전으로 돌아가게 될 것이다."98)

---

97) 돈 오버도퍼 지음, 이종길 옮김, 앞의 책, p. 448.

98) 이용수, 《서울에 남겨둔 제럴드 리의 코리아 파워》(지식공작소, 1996), pp. 209~210.

유엔 안보리는 1993년 5월 11일 북한의 NPT복귀, IAEA의 사찰 수용을 촉구하고 이에 응하지 않으면 추가조치를 취한다는 결의안을 채택했다. 그래도 북한은 계속 전쟁불사론을 들고 나와 어떤 압력이나 제재도 이길 수 있다고 자신했다. 북한은 미국과의 접촉을 통해 6월 11일 NPT 탈퇴 유보를 밝혔다. 실제로 미 클린턴 대통령은 1994년 5월 대북 전면전을 검토했다는 사실이 1년 후 〈워싱턴포스트〉가 처음 보도해 알려졌다. 당시 윌리엄 페리 국방장관도 1997년 한국 강연에서 "한반도에 전쟁위기가 고조되었을 때 미 공군이 마련한 대북공격 가상시나리오를 보고 충격을 받았다"고 증언했다. 가상시나리오에 따르면 한반도에서 전쟁이 터지면 90일 안에 미군 5만 2천 명과 한국군 49만 명이 죽거나 다치고, 이 기간에 치러야 할 전쟁비용은 610억 달러에 이른다는 것이다. 특히 박격포 8천 4백 문과 다연장 로켓포 2천 4백 문을 포함해 전군의 65%를 휴전선 근방에 배치한 북한이 전쟁 개시 12시간 안에 박격포 5천 발을 발사해 서울을 쑥대밭으로 만들 것이라는 점도 지적했다. 페리는 한반도에서 전쟁이 재발하는 것만큼은 피하고 싶어 이 같은 시나리오는 채택하지 않기로 결정했다.

## 클린턴, 94년 5월 대북 전면전 검토, 한반도 전쟁발발 위기

"1994년 6월 어느 날 클린턴 대통령은 재래식 전쟁위험을 감수하고 북한의 핵무기 보유저지 방안을 선택했다. 군부는 세 가지 방법론을 제시했고, 클린턴 대통령이 마지막 결정을 내려야 하는 상황이었다. 그런데 불과 한 시간 전 김일성을 만나러 평양에 간 지미카터 전 대통령으로부터 전화가 걸려왔다. 북한이 영변 원자로의 폐연료봉 재처리를 중단하고 미국과 협상하겠다는 것이다. 1시간 차이로 역사가 바뀌었다."[99]

---

99) 강준만, 《한국현대사 산책 1990년대편 ②》(인물과 사상사, 2006), pp. 25~26.

상황이 위급하게 돌아가자 아·태재단 김대중 이사장은 5월 12일 워싱턴 내셔널 프레스클럽에서 "지미 카터 전 대통령 같은 원로를 북한에 특사로 보낸다면 김일성 주석으로부터 중대 양보를 끌어낼 수 있을 것"이라고 밝혔다. 수년 전 북한을 방문해달라는 초청을 받아 놓은 지미 카터는 6월 15일 평양을 방문, 김일성을 만났다. 카터는 경수로 건설 및 미국과의 관계개선을 전제로 영변시설의 동결을 제안했고, 김일성은 동의했다. 카터는 CNN을 통해 북한이 핵 프로그램을 동결한다면 북미 고위급회담을 재개하겠다고 선언했다.

돈 오버도퍼는 "북한이 납치했던 미국 푸에블로호가 전시되어 있는 대동강의 요트 주 선실 안에 놓인 탁자를 사이에 두고 김일성과 마주 앉은 카터는 남북관계 개선과 김영삼 대통령이 부탁한 남북정상회담 가능성을 언급했다. 김일성은 남북대화에 진전이 없었던 잘못에 대한 책임은 남북한 양측이 공동으로 나누어져야 한다고 말했다"고 지적하고 "김일성은 김영삼이 1993년 2월 대통령 취임식에서 '어느 동맹국도 민족보다 더 나을 수는 없다'며 '때와 장소를 불문하고 정상회담을 하겠다고 밝힌 점을 주목하고 있다'고 말했다. 그는 김 대통령을 만날 준비가 돼 있으며 두 사람의 만남은 아무런 전제조건이나 거추장스러운 준비회담 없이 개최돼야 한다고 말했다"고 전했다.[100] 1994년 7월 25일 김영삼과 김일성의 남북정상회담 평양개최가 성사되는 순간이었다. 김일성은 1994년 7월 6일 집무실에서 고위관리들에게 내년 경제목표에 관해 훈시하고 있었다. 이로 미루어 볼 때 김일성이 죽기 전에 이미 김정일에게 맡겼던 국정업무를 대부분 회수했던 것으로 보인다. 이때 북한은 식량부족, 외화부족, 생필품 부족의 3부족(三不足)에 시달리고 있었다. 이무렵 북한경제는 수출입을 합친 무역량이 1991년 27억 달러, 1992년 26억 달러, 1993년 26.4억 달러, 1994년 21억 달러로 남한과 비교할 수조

100) 돈 오버도퍼 지음, 이종길 옮김, 앞의 책, p.488.

차 없는 형편이었다. 남한은 1995년 수출 천억 달러를 달성했다.

## 91년 방북, '북한, 식량 외화 생필품 3부족' 직접체험

필자가 평양에 있으면서 겪은 일화를 하나 소개하면 이렇다. 1991년 10월 남북총리회담에 취재갔던 기자들도 백화원초대소(지금은 국가원수 숙소로 이용하는 백화원 영빈관)에 머물고 있었는데, 하루는 한 기자가 몸이 아파 대표단과 합류하지 않고 백화원초대소에 남아있었다. 그 기자는 하도 목이 말라 물을 마시기 위해 식당에 갔는데, 한 지도원이 밥을 먹는 모습을 보고 깜작 놀랐다는 것이다. 완전히 꽁보리밥과 소금국물에 백김치 몇 조각이 전부더라는 것이다. 그 광경을 들킨 지도원은 밥을 얼른 감추면서 왜 나가지 않았느냐고 버럭 화를 내기에 몸이 아프고 목이 말라 물 마시려고 왔다고 했다. 지도원이면 북한에서 꽤 높은 직위이고, 1991년 10월이면 추수가 끝났는데도 소금국물에 꽁보리밥을 먹고 있어 북한 식량난이 어느 정도 심각한지 알 수 있었다.

1993년 12월 8일 노동당 중앙위원회에서 강성산 총리는 1987년부터 1993년의 제 3차 7개년 경제계획의 실패를 자인했다. 그는 특히 전기와 철강, 화학섬유 분야에서 실패를 지적했다. 1994년 1월 신년사에서 김일성은 경제가 난관에 봉착해 있음을 시인한 후 농업과 경공업 무역의 중요성을 강조했다. 외채는 눈덩이처럼 불어나 1993년 현재 103.2억 달러로 국민총생산에 대한 외채비율이 무려 50.3%에 이르고 있었다. '우리식대로 살자'는 북한경제는 스스로의 힘으로 도저히 일어설 수 없는 지경에 이르렀다. 국정을 어떻게 운영했기에 경제를 이 모양으로 만들어 놓았는지 김일성으로서도 분통이 터질 노릇이었다. 그래서 김일성은 죽는 순간까지 경제를 챙겼다. 김일성은 힘차게 손짓을 하며 "농업・경공업・해외무역이 최우선이오"라고 다시 반복했고 건강에 전혀 이상이 없었다. 철도와 철강, 전력증산을 최우선 과제로 삼았다. 그는 경수로형 원자로를 통해 전력부족을 해결하는 것은 시일이 너무 오래 걸리니 중유를 원료로 하는 발전소의 추가건설이 시급하다고 했다. 지금 6자회담에서 북한은 중유 백만 톤을 요구했고, 일본을 제외한 나머지 4개국이 분담해 지원했다.

김일성은 죽기 직전인 6월 한 달 동안 17차례의 공식행사에 참여하는 등 82세 노인답지 않게 왕성한 활동을 보였다. 5월 5차례에 비해 훨씬 많았다. 그는 남북정상회담 준비에도 골몰했다. 그리고 과로로 인해 7월 8일 새벽 2시 심장마비로 묘향산 집무실에서 숨졌다. 김일성의 죽음과 관련 음모설이 제기되는 것도 이러한 연유에서 나온 것인데 신빙성은 희박하다는 것이 중론이다. 그는 50년 가까이 절대권력을 행사하다 역사의 뒤안길로 사라진 것이다.

김학준은 "김일성은 동족상잔의 '인민해방전쟁'을 일으키는 길을 걸었다. 국내외적으로 여러 가지 요인들이 겹쳐져서 6·25전쟁이 일어났고, 또 한반도 내부의 갈등들이 얽히고설켜 6·25전쟁의 한 부분을 형성했던 것도 사실이지만, 그러나 김일성이 그처럼 끈질기게 스탈린과 마오쩌둥을 설득하면서 전쟁을 준비하지 않았다면, 3년 1개월에 걸쳤던 대규모의 동족상잔은 피할 수 있었을 것"이라고 말했다.[101]

## 김일성, "스탈린·마오쩌둥 끈질기게 설득, 동족상잔 '전쟁'도발 원죄"

윤무한은 《인물대한민국사》에서 "북한이 구조적 위기에 처하거나 거스를 수 없는 거대한 변화가 몰아닥칠 때 김일성은 예외 없이 실용주의 노선을 취했다. 1969년 미·중 화해물결이 밀려들었을 때, 김일성은 기존 강경정책을 급변시켜 군사모험주의 예봉을 꺾고 경제 활성화라는

101) 김학준, 앞의 책, p. 409.

실리를 택했으며, 한·소 수교 직후에는 북·일 수교를 적극 전개했다. 1994년 핵사찰 위기를 맞았을 때 전격적인 남북정상회담으로 돌파하려 한 것도 위기 때마다 나타는 실용주의적 전략구사의 한 단면을 보여주는 것"이라며 "김일성은 스탈린·흐루시초프·마오쩌둥·덩샤오핑·티토·호치민·카스트로·수카르노·시아누크에서 카터에 이르기까지 각기 다른 개성을 지닌 역대 세계지도자들과 회담한 경력을 갖고 있다. 김일성을 관찰한 사람들은 김일성이 천부적 사교력과 판단력을 가진 상당한 수준의 외교가였다고 평가했다"고 말했다.[102)]

반면 서울대 행정대학원 통일정책팀은 《남과 북 뭉치면 죽는다》에서 "이미 남북한의 사상적·심리적 이질화는 동족개념을 무색하게 하며 경제교류는 마츠와 엥글러가 지적하는 대로 이들의 성공적인 자본주의와 민주주의에의 적응을 담보하지 못 한다"며 "결국 엥글러의 노동자적 사회이론이나 마츠의 감정정체론을 통해서 해석되는 북한인민들의 이질적이고도 부정적인 모습은 같은 민족이기에 통일은 당연하다는 지금까지의 감상적 통일론과 경제교류를 통한 점진적 통일을 꿈꾸는 기능론적 통일론의 허구성을 극명하게 지적함과 동시에 남한에는 통일을 위한 전혀 새로운 전략과 접근이 필요하다는 것을 강하게 시사하고 있다"고 주장해 주목을 끌고 있다.[103)]

그러나 존 페퍼는 《남한 북한》에서 "미국은 한반도 통일문제에 관심이 없다. 통일이 진행되든 안 되든 상관할 바 아니며, 오직 미국의 관심사는 대 중국관계이다"며 "현재의 위기는 점차 해결되고 남북한 양국은 한반도 재통일을 위한 길로 다시 들어서려고 한다. 사실 한국민 스스로 민족의 미래에 대한 주도권을 갖게 된다는 것이 무엇보다 중요하다"고

---

102) 윤무한, 《인물대한민국사》(나남, 2006년), p. 295.

103) 서울대 행정대학원 통일정책연구팀, 《남과 북 뭉치면 죽는다》(랜덤하우스중앙, 2005년), pp. 303~304.

강조했다. 그는 "침략과 분단이라는 과거의 아픔 속에서도 남북한 양국은 여전히 전쟁과 분단을 극복할 기회를 잃지 않고 있다"며 "역사라는 맥락에서 한국민은 아시아 중심부에 뚫려 있는 구멍을 메우면서 분할된 동아시아 지역을 새로운 경제 및 정치의 중심지로 만들 능력이 있다"고 말했다.104)

## 한국민, "분할된 동아시아 통합, 경제 정치 중심지 만들 능력 지녀"

김구 · 이승만 · 김일성으로 이어진 우리나라 현대사 1세대들의 행적과 공과를 살펴보면서 존 페퍼의 한국민에 대한 기대치는 우리를 더욱 힘이 솟아나게 만든다. 21세기 동북아시아의 유교문명시대가 도래할 것으로 세계 석학들은 전망했으며, 이는 가시화되고 있다. 일부 전문가들은 빠르면 2020년 무렵부터 동북아 유교문명의 경제공동체 시대가 열릴 것으로 점치고 있다. 21세기 들어 동아시아 전역에 불고 있는 한류(韓流) 열풍도 문화적 동질성에 기인하며, 경제적 동질성으로 확대시킬 필요가 있다. 동북아 경제공동체와 관련 중국과 일본, 러시아의 주도권 경쟁이 치열하다. 그러나 중국은 패권국, 일본은 침략국이라는 원죄, 러시아는 유럽 문명권에 속해 있다. 따라서 한국이 동북아 경제공동체의 도래에서 일 · 중 · 러의 완충역을 맡아야 한다. 이것이 앞으로 우리에게 주어진 과제임을 존 페퍼는 강조하는 것이다.

---

104) 존 페퍼, 《남한 북한》(모색, 2005년), p.262.